中外哲學典籍大全
總主編 李鐵映 王偉光

中國哲學典籍卷

經部春秋類

春秋集注

〔宋〕張洽 著
蔣軍志 點校

中國社會科學出版社

圖書在版編目（CIP）數據

春秋集注／（宋）張洽著；蔣軍志點校．—北京：中國社會科學出版社，2021.8

（中國哲學典籍大全）

ISBN 978-7-5203-8798-9

Ⅰ.①春… Ⅱ.①張…②蔣… Ⅲ.①中國歷史—春秋時代—編年體②《春秋》—注釋 Ⅳ.①K225.04

中國版本圖書館 CIP 數據核字（2021）第 144166 號

出 版 人	趙劍英
項目統籌	王　茵
責任編輯	王　茵
特約編輯	崔芝妹
責任校對	趙　威
責任印製	王　超

出　　版	中國社會科學出版社
社　　址	北京鼓樓西大街甲 158 號
郵　　編	100720
網　　址	http://www.csspw.cn
發 行 部	010-84083685
門 市 部	010-84029450
經　　銷	新華書店及其他書店
印　　刷	北京君昇印刷有限公司
裝　　訂	廊坊市廣陽區廣增裝訂廠
版　　次	2021 年 8 月第 1 版
印　　次	2021 年 8 月第 1 次印刷
開　　本	710×1000　1/16
印　　張	43.5
字　　數	458 千字
定　　價	159.00 元

凡購買中國社會科學出版社圖書，如有質量問題請與本社營銷中心聯繫調換

電話：010-84083683

版權所有　侵權必究

中外哲學典籍大全

總主編　李鐵映　王偉光

顧　問（按姓氏拼音排序）

陳筠泉　陳先達　陳晏清　黃心川　李景源　樓宇烈　汝　信　王樹人　邢賁思
楊春貴　曾繁仁　張家龍　張立文　張世英

學術委員會

主　任　王京清

委　員（按姓氏拼音排序）

陳　來　陳少明　陳學明　崔建民　豐子義　馮顏利　傅有德　郭齊勇　郭　湛
韓慶祥　韓　震　江　怡　李存山　李景林　劉大椿　馬　援　倪梁康　歐陽康
龐元正　曲永義　任　平　尚　杰　孫正聿　萬俊人　王　博　汪　暉　王柯平
王　鐳　王南湜　謝地坤　徐俊忠　楊　耕　張汝倫　張一兵　張志強
張志偉　趙敦華　趙劍英　趙汀陽

總編輯委員會

主　任　王立勝

副主任　馮顏利　張志強　王海生

委　員（按姓氏拼音排序）

陳鵬　陳霞　杜國平　甘紹平　郝立新　李河　劉森林　歐陽英　單繼剛　吳向東　仰海峰　趙汀陽

綜合辦公室

主　任　王海生

「中國哲學典籍卷」

學術委員會

主　任　陳　來　趙汀陽　謝地坤　李存山　王　博

委　員（按姓氏拼音排序）

白　奚　陳壁生　陳　靜　陳立勝　陳少明　陳衛平　陳　霞　丁四新　馮顏利

干春松　郭齊勇　郭曉東　景海峰　李景林　李四龍　劉成有　劉　豐　王中江

王立勝　吳　飛　吳根友　吳　震　向世陵　楊國榮　楊立華　張學智　張志強

鄭　開

項目負責人　張志強

提要撰稿主持人　劉　豐　趙金剛

提要英譯主持人　陳　霞

編輯委員會

主任 張志強 趙劍英 顧青

副主任 王海生 魏長寶 陳霞 劉豐

委員（按姓氏拼音排序）

陳壁生 陳靜 干春松 任蜜林 吳飛 王正 楊立華 趙金剛

編輯部

主任 王茵

副主任 孫萍

成員（按姓氏拼音排序）

崔芝妹 顧世寶 韓國茹 郝玉明 李凱凱 宋燕鵬 王沛姬 吳麗平 楊康 張潛 趙威

中外哲學典籍大全

總 序

中外哲學典籍大全的編纂，是一項既有時代價值又有歷史意義的重大工程。

中華民族經過了近一百八十年的艱苦奮鬥，迎來了中國近代以來最好的發展時期，迎來了奮力實現中華民族偉大復興的時期。中華民族祇有總結古今中外的一切思想成就，才能並肩世界歷史發展的大勢。爲此，我們須編纂一部匯集中外古今哲學典籍的經典集成，爲中華民族的偉大復興、爲人類命運共同體的建設、爲人類社會的進步，提供哲學思想的精粹。

哲學是思想的花朵，文明的靈魂，精神的王冠。一個國家、民族，要興旺發達，擁有光明的未來，就必須擁有精深的理論思維，擁有自己的哲學。哲學是推動社會變革和發展的理論力量，是激發人的精神砥石。哲學解放思維，凈化心靈，照亮前行的道路。偉大的

時代需要精邃的哲學。

一　哲學是智慧之學

哲學是什麼？這既是一個古老的問題，又是哲學永恆的話題。追問哲學是什麼，本身就是「哲學」問題。從哲學成為思維的那一天起，哲學家們就在不停追問中發展、豐富哲學的篇章，給出一個又一個答案。每個時代的哲學家對這個問題都有自己的詮釋。哲學是什麼，是懸疑在人類智慧面前的永恆之問，這正是哲學之為哲學的基本特點。

哲學是全部世界的觀念形態，精神本質。人類面臨的共同問題，是哲學研究的根本對象。本體論、認識論、世界觀、人生觀、價值觀、實踐論、方法論等，仍是哲學的基本問題和生命力所在！哲學研究的是世界萬物的根本性、本質性問題。人們可以給哲學做出許多具體定義，但我們可以嘗試用「遮詮」的方式描述哲學的一些特點，從而使人們加深對何為哲學的認識。

哲學不是玄虛之觀。哲學來自人類實踐，關乎人生。哲學對現實存在的一切追根究底、打破砂鍋問到底。它不僅是問「是什麼」（being），而且主要是追問「為什麼」（why），特別是追問「為什麼的為什麼」。它關注整個宇宙，關注整個人類的命運，關注人生。它關心柴米油鹽醬醋茶和人的生命的關係，關心人工智能對人類社會的挑戰。哲學是對一切實踐經驗的理論升華，它具體現象背後的根據，關心人類如何會更好。

哲學是在根本層面上追問自然、社會和人本身，以徹底的態度反思已有的觀念和認識，從價值理想出發把握生活的目標和歷史的趨勢，展示了人類理性思維的高度，凝結了民族進步的智慧，寄託了人們熱愛光明、追求真善美的情懷。道不遠人，人能弘道。哲學是把握世界、洞悉未來的學問，是思想解放、自由的大門！

古希臘的哲學家們被稱為「望天者」，亞里士多德在形而上學一書中說，「最初人們通過好奇──驚讚來做哲學」。如果說知識源於好奇的話，那麼產生哲學的好奇心，必須是大好奇心。這種「大好奇心」祇為一件「大事因緣」而來，所謂大事，就是天地之間一切事物的「為什麼」。哲學精神，是「家事、國事、天下事，事事要問」，是一種永遠追問的

精神。

哲學不祇是思維。哲學將思維本身作為自己的研究對象,對思想本身進行反思。哲學不是一般的知識體系,而是把知識概念作為研究的對象,追問「什麼才是知識的真正來源和根據」。哲學的「非對象性」的思想方式,不是「純形式」的推論原則,而有其「非對象性」之對象。哲學之對象乃是不斷追求真理,是一個理論與實踐兼而有之的過程,是認識的精粹。哲學追求真理的過程本身就顯現了哲學的本質。天地之浩瀚,變化之奧妙,正是哲思的玄妙之處。

哲學不是宣示絕對性的教義教條,哲學反對一切形式的絕對。哲學解放束縛,意味著從一切思想教條中解放人類自身。哲學給了我們徹底反思過去的思想自由,給了我們深刻洞察未來的思想能力。哲學就是解放之學,是聖火和利劍。

哲學不是一般的知識。哲學追求「大智慧」。佛教講「轉識成智」,識與智相當於知識與哲學的關係。一般知識是依據於具體認識對象而來的、有所依有所待的「識」,而哲學則是超越於具體對象之上的「智」。

公元前六世紀，中國的老子說，「大方無隅，大器晚成，大音希聲，大象無形，道隱無名。夫唯道，善貸且成」。又說，「反者道之動，弱者道之用。天下萬物生於有，有生於無」。對道的追求就是對有之為有、無形無名的探究，也就是對天地何以如此的探究。這種追求，使得哲學具有了天地之大用，具有了超越有形有名之有限經驗的大智慧。這種大智慧、大用途，超越一切限制的籬笆，達到趨向無限的解放能力。

哲學不是經驗科學，但又與經驗有聯繫。哲學是以理性的方式、概念的方式、論証的方式來思考宇宙人生的根本問題。在亞里士多德那裏，凡是研究實體（ousia）的學問，都叫作「哲學」。而「第一實體」則是存在者中的「第一個」。研究第一實體的學問稱為「神學」，也就是「形而上學」，這正是後世所謂「哲學」。一般意義上的科學正是從「哲學」最初的意義上贏得自己最原初的規定性的。哲學雖然不是經驗科學，却為科學劃定了意義的範圍、指明了方向。哲學最後必定指向宇宙人生的根本問題，大科學家的工作在深層意義上總是具有哲學的意味，牛頓和愛因斯坦就是這樣的典範。

哲學不是自然科學，也不是文學藝術，但在自然科學的前頭，哲學的道路展現了；在文學藝術的山頂，哲學的天梯出現了。哲學不斷地激發人的探索和創造精神，使人在認識世界的過程中，不斷達到新境界，在改造世界中從必然王國到達自由王國。哲學不斷從最根本的問題再次出發。哲學的歷史呈現，正是對哲學的創造本性的最好說明。哲學史上每一位哲學家對根本問題的思考，都在為哲學添加新思維、新向度，猶如為天籟山上不斷增添一隻隻黃鸝翠鳥。

如果說哲學是哲學史的連續展現中所具有的統一性特徵，那麼這種「一」是在「多」個哲學的創造中實現的。如果說每一種哲學體系都追求一種體系性的「一」的話，那麼每種「一」的體系之間都存在着千絲相聯、多方組合的關係。這正是哲學史昭示於我們的哲學多樣性的意義。多樣性與統一性的依存關係，正是哲學尋求現象與本質、具體與普遍相統一的辯證之意義。

哲學的追求是人類精神的自然趨向，是精神自由的花朵。哲學是思想的自由，是自由

的思想。

中國哲學，是中華民族五千年文明傳統中，最為內在的、最為深刻的、最為持久的精神追求和價值觀表達。中國哲學已經化為中國人的思維方式、生活態度、道德準則、人生追求、精神境界。中國人的科學技術、倫理道德，小家大國、中醫藥學、詩歌文學、繪畫書法、武術拳法、鄉規民俗，乃至日常生活也都浸潤着中國哲學的精神。華夏文化雖歷經磨難而能夠透魄醒神，堅韌屹立，正是來自於中國哲學深邃的思維和創造力。

先秦時代，老子、孔子、莊子、孫子、韓非子等諸子之間的百家爭鳴，就是哲學精神在中國的展現，是中國人思想解放的第一次大爆發。兩漢四百多年的思想和制度，是諸子百家思想在爭鳴過程中大整合的結果。魏晉之際，玄學的發生，則是儒道冲破各自藩籬，彼此互動互補的結果，形成了儒家獨尊的態勢。隋唐三百年，佛教深入中國文化，又一次帶來了思想的大融合和大解放，禪宗的形成就是這一融合和解放的結果。兩宋三百多年，中國哲學迎來了第三次大解放。儒釋道三教之間的互潤互持日趨深入，朱熹的理學和陸象

山的心學，就是這一思想潮流的哲學結晶。

與古希臘哲學強調沉思和理論建構不同，中國哲學的旨趣在於實踐人文關懷，它更關注實踐的義理性意義。中國哲學當中，知與行從未分離，中國哲學有着深厚的實踐觀點和生活觀點，倫理道德觀是中國人的貢獻。馬克思說，「全部社會生活在本質上是實踐的」，實踐的觀點、生活的觀點也正是馬克思主義認識論的基本觀點。這種哲學上的契合性，正是馬克思主義能夠在中國扎根並不斷中國化的哲學原因。

「實事求是」是中國的一句古話。今天已成為深遂的哲理，成為中國人的思維方式和行為基準。實事求是就是解放思想，解放思想就是實事求是。實事求是毛澤東思想的精髓，是改革開放的基石。只有解放思想才能實事求是。實事求是就是中國人始終堅持的哲學思想。實事求是就是依靠自己，走自己的道路，反對一切絕對觀念。所謂中國化就是一切從中國實際出發，一切理論必須符合中國實際。

二　哲學的多樣性

實踐是人的存在形式，是哲學之母。實踐是思維的動力、源泉、價值、標準。人們認識世界、探索規律的根本目的是改造世界，完善自己。哲學問題的提出和回答，都離不開實踐。馬克思有句名言：「哲學家們只是用不同的方式解釋世界，而問題在於改變世界！」理論只有成為人的精神智慧，才能成為改變世界的力量。

哲學關心人類命運。時代的哲學，必定關心時代的命運。對時代命運的關心就是對人類實踐和命運的關心。人在實踐中產生的一切都具有現實性。哲學的實踐性必定帶來哲學的現實性。哲學的現實性就是強調人在不斷回答實踐中各種問題時應該具有的態度。

哲學作為一門科學是現實的。哲學是一門回答並解釋現實的學問，哲學是人們聯繫實際、面對現實的思想。可以說哲學是現實的最本質的理論，也是本質的最現實的理論。哲學始終追問現實的發展和變化。哲學存在於實踐中，也必定在現實中發展。哲學的現實性

要求我們直面實踐本身。

哲學不是簡單跟在實踐後面，成為當下實踐的「奴僕」，而是以特有的深邃方式，關注著實踐的發展，提升人的實踐水平，為社會實踐提供理論支撐。從直接的、急功近利的要求出發來理解和從事哲學，無異於向哲學提出它本身不可能完成的任務。哲學是深沉的反思，厚重的智慧，事物的抽象，理論的把握。哲學是人類把握世界最深邃的理論思維。

哲學是立足人的學問，是人用於理解世界、把握世界、改造世界的智慧之學。「民之所好，好之，民之所惡，惡之。」哲學的目的是為了人。用哲學理解外在的世界，理解人本身，也是為了用哲學改造世界、改造人。哲學研究無禁區，無終無界，與宇宙同在，與人類同在。

存在是多樣的、發展是多樣的，這是客觀世界的必然。宇宙萬物本身是多樣的存在，多樣的變化。歷史表明，每一民族的文化都有其獨特的價值。文化的多樣性是自然律，是動力，是生命力。各民族文化之間的相互借鑒，補充浸染，共同推動著人類社會的發展和繁榮，這是規律。對象的多樣性、複雜性，決定了哲學的多樣性；即使對同一事物，人們

也會產生不同的哲學認識，形成不同的哲學派別。哲學觀點、思潮、流派及其表現形式上的區別，來自於哲學的時代性、地域性和民族性的差異。世界哲學是不同民族的哲學的薈萃，如中國哲學、西方哲學、阿拉伯哲學等。多樣性構成了世界，百花齊放形成了花園。不同的民族會有不同風格的哲學。恰恰是哲學的民族性，使不同的哲學都可以在世界舞臺上演繹出各種「戲劇」。即使有類似的哲學觀點，在實踐中的表達和運用也會各有特色。

人類的實踐是多方面的，具有多樣性、發展性，大體可以分為：改造自然界的實踐，改造人類社會的實踐，完善人本身的實踐，提升人的精神世界的精神活動。人是實踐中的人，實踐是人的生命的第一屬性。實踐的社會性決定了哲學的社會性，哲學不是脫離社會現實生活的某種遐想，而是社會現實生活的觀念形態，是文明進步的重要標誌，是人的發展水平的重要維度。哲學的發展狀況，反映著一個社會人的理性成熟程度，反映著這個社會的文明程度。

哲學史實質上是自然史、社會史、人的發展史和人類思維史的總結和概括。自然界是多樣的，社會是多樣的，人類思維是多樣的。所謂哲學的多樣性，就是哲學基本觀念、理

論學說、方法的異同，是哲學思維方式上的多姿多彩。哲學的多樣性是哲學的常態，是哲學進步、發展和繁榮的標誌。哲學是人的哲學，哲學是人對事物的自覺，是人對外界和自我認識的學問，也是人把握世界和自我的學問。哲學的多樣性，是哲學的常態和必然，是哲學發展和繁榮的內在動力。一般是普遍性，特色也是普遍性。從單一性到多樣性，從簡單性到複雜性，是哲學思維的一大變革。用一種哲學話語和方法否定另一種哲學話語和方法，這本身就不是哲學的態度。

多樣性並不否定共同性、統一性、普遍性。物質和精神，存在和意識，一切事物都是在運動、變化中的，是哲學的基本問題，也是我們的基本哲學觀點！

當今的世界如此紛繁複雜，哲學多樣性就是世界多樣性的反映。哲學是以觀念形態表現出的現實世界。哲學的多樣性，就是文明多樣性和人類歷史發展多樣性的表達。多樣性是宇宙之道。

哲學的實踐性、多樣性，還體現在哲學的時代性上。哲學總是特定時代精神的精華，是一定歷史條件下人的反思活動的理論形態。在不同的時代，哲學具有不同的內容和形

式，哲學的多樣性，也是歷史時代多樣性的表達。哲學的多樣性也會讓我們能夠更科學地理解不同歷史時代，更為內在地理解歷史發展的道理。多樣性是歷史之道。

哲學之所以能發揮解放思想的作用，在於它始終關注著科學技術的進步。哲學本身沒有絕對空間，沒有自在的世界，只能是客觀世界的映象，觀念形態。沒有了現實性，哲學就遠離人，就離開了存在。哲學的實踐性，說到底是在說明哲學本質上是人的哲學，是人的思維，是為了人的科學！哲學的實踐性、多樣性告訴我們，哲學必須百花齊放、百家爭鳴。哲學的發展首先要解放自己，解放哲學，就是實現思維、觀念及範式的變革。人類發展也必須多塗並進，交流互鑒，共同繁榮。采百花之粉，才能釀天下之蜜。

三　哲學與當代中國

中國自古以來就有思辨的傳統，中國思想史上的百家爭鳴就是哲學繁榮的史象。哲學

是歷史發展的號角。中國思想文化的每一次大躍升，都是哲學解放的結果。中國古代賢哲的思想傳承至今，他們的智慧已浸入中國人的精神境界和生命情懷。

中國共產黨人歷來重視哲學，毛澤東在一九三八年，在抗日戰爭最困難的條件下，在延安研究哲學，創作了實踐論和矛盾論，推動了中國革命的思想解放，成為中國人民的精神力量。

中華民族的偉大復興必將迎來中國哲學的新發展。當代中國必須有自己的哲學，當代中國的哲學必須要從根本上講清楚中國道路的哲學道理。中華民族的偉大復興必須要有哲學的思維，必須要有不斷深入的反思。發展的道路，就是哲思的道路，文化的自信，就是哲學思維的自信。哲學是引領者，可謂永恆的「北斗」，是時代最精緻最深刻的「光芒」。從社會變革的意義上說，任何一次巨大的社會變革，總是以理論思維為先導。理論的變革，總是以思想觀念的空前解放為前提，而「吹響」人類思想解放第一聲「號角」的，往往就是代表時代精神精華的哲學。社會實踐對於哲學的需求可謂「迫不及待」，因為哲學總是「吹響」這個新時代的「號角」。「吹響」中國改革開放之

一四

「號角」的，正是「解放思想」「實踐是檢驗真理的唯一標準」「不改革死路一條」等哲學觀念。「吹響」新時代「號角」的是「中國夢」，「人民對美好生活的向往，就是我們奮鬥的目標」。發展是人類社會永恒的動力，變革是社會解放的永遠的課題，思想解放，解放思想是無盡的哲思。

中國哲學的新發展，必須反映中國與世界最新的實踐成果，必須反映科學的最新成果，必須具有走向未來的思想力量。今天的中國人所面臨的歷史時代，是史無前例的。十三億人齊步邁向現代化，這是怎樣的一幅歷史畫卷！是何等壯麗、令人震撼！不僅中國歷史上亘古未有，在世界歷史上也從未有過。當今中國需要的哲學，是結合天道、地理、人德的哲學，是整合古今中西的哲學，只有這樣的哲學才是中華民族偉大復興的哲學。

當今中國需要的哲學，必須是適合中國的哲學。無論古今中外，再好的東西，也需要再吸收，再消化，必須要經過現代化和中國化，才能成爲今天中國自己的哲學。哲學是解放人的，哲學自身的發展也是一次思想解放，也是人的一個思維升華、羽化的過程。中國人的思想解放，總是隨著歷史不斷進行的。歷史有多長，思想解放的道路就有多長，發

展進步是永恒的，思想解放也是永無止境的，思想解放就是哲學的解放。

習近平說，思想工作就是「引導人們更加全面客觀地認識當代中國、看待外部世界」。這就需要我們確立一種「知己知彼」的知識態度和理論立場，而哲學則是對文明價值核心最精練和最集中的深邃性表達，有助於我們認識中國、認識世界。立足中國、認識中國，需要我們審視我們走過的道路，立足中國、認識世界，需要我們觀察和借鑒世界歷史上的不同文化。中國「獨特的文化傳統」、中國「獨特的歷史命運」、中國「獨特的基本國情」，「決定了我們必然要走適合自己特點的發展道路」。一切現實的，存在的社會制度，其形態都是具體的，都是特色的，都必須是符合本國實際的。抽象的制度，普世的制度是不存在的。同時，我們要全面客觀地「看待外部世界」。研究古今中外的哲學，是中國認識世界、認識人類史，認識自己未來發展的必修課。今天中國的發展不僅要讀中國書，還要讀世界書。不僅要學習自然科學、社會科學的經典，更要學習哲學的經典。當前，中國正走在實現「中國夢」的「長征」路上，這也正是一條思想不斷解放的道路！要回答中國的問題，解釋中國的發展，首先需要哲學思維本身的解放。哲學的發展，就是哲學的解

放，這是由哲學的實踐性、時代性所決定的。哲學無禁區、無疆界。哲學是關乎宇宙之精神，是關乎人類之思想。哲學將與宇宙、人類同在。

四 哲學典籍

中外哲學典籍大全的編纂，是要讓中國人能研究中外哲學經典，吸收人類精神思想的精華；是要提升我們的思維，讓中國人的思想更加理性、更加科學、更加智慧。

中國有盛世修典的傳統。中國古代有多部典籍類書（如「永樂大典」「四庫全書」等），在新時代編纂中外哲學典籍大全，是我們的歷史使命，是民族復興的重大思想工程。

只有學習和借鑒人類精神思想的成就，才能實現我們自己的發展，走向未來。中外哲學典籍大全的編纂，就是在思維層面上，在智慧境界中，繼承自己的精神文明，學習世界優秀文化。這是我們的必修課。

不同文化之間的交流、合作和友誼，必須達到哲學層面上的相互認同和借鑒。哲學之

間的對話和傾聽，才是從心到心的交流。中外哲學典籍大全的編纂，就是在搭建心心相通的橋樑。

我們編纂這套哲學典籍大全，一是中國哲學，整理中國歷史上的思想典籍，濃縮中國思想史上的精華；二是外國哲學，主要是西方哲學，吸收外來，借鑒人類發展的優秀哲學成果；三是馬克思主義哲學，展示馬克思主義哲學中國化的成就；四是中國近現代以來的哲學成果，特別是馬克思主義在中國的發展。

編纂這部典籍大全，是哲學界早有的心願，也是哲學界的一份奉獻。中外哲學典籍大全總結的是書本上的思想，是先哲們的思維，是前人的足跡。我們希望把它們奉獻給後來人，使他們能夠站在前人肩膀上，站在歷史岸邊看待自己。

中外哲學典籍大全的編纂，是以「知以藏往」的方式實現「神以知來」，中外哲學典籍大全的編纂，是通過對中外哲學歷史的「原始反終」，從人類共同面臨的根本大問題出發，在哲學生生不息的道路上，綵繪出人類文明進步的盛德大業！

發展的中國，既是一個政治、經濟大國，也是一個文化大國，也必將是一個哲學大國、

思想王國。人類的精神文明成果是不分國界的,哲學的邊界是實踐,實踐的永恒性是哲學的永續綫性,打開胸懷擁抱人類文明成就,是一個民族和國家自強自立,始終仁立於人類文明潮頭的根本條件。

擁抱世界,擁抱未來,走向復興,構建中國人的世界觀、人生觀、價值觀、方法論,這是中國人的視野、情懷,也是中國哲學家的願望!

李鐵映

二〇一八年八月

「中國哲學典籍卷」

序

中國古無「哲學」之名，但如近代的王國維所説，「哲學爲中國固有之學」。「哲學」的譯名出自日本啓蒙學者西周，他在一八七四年出版的百一新論中説：「將論明天道人道，兼立教法的 philosophy 譯名爲哲學。」自「哲學」譯名的成立，「philosophy」或「哲學」就已有了東西方文化交融互鑒的性質。

「philosophy」在古希臘文化中的本義是「愛智」，而「哲學」的「哲」在中國古經書中的字義就是「智」或「大智」。孔子在臨終時慨嘆而歌：「泰山壞乎！梁柱摧乎！哲人萎乎！」（史記孔子世家）「哲人」在中國古經書中釋爲「賢智之人」，而在「哲學」譯名輸入中國後即可稱爲「哲學家」。

哲學是智慧之學，是關於宇宙和人生之根本問題的學問。對此，中西或中外哲學是共

同的，因而哲學具有世界人類文化的普遍性。但是，正如世界各民族文化既有世界的普遍性，也有民族的特殊性，所以世界各民族哲學也具有不同的風格和特色。如果說「哲學」是個「共名」或「類稱」，那麼世界各民族哲學就是此類中不同的「特例」。這是哲學的普遍性與多樣性的統一。

在中國哲學中，關於宇宙的根本道理稱為「天道」，關於人生的根本道理稱為「人道」，中國哲學的一個貫穿始終的核心問題就是「究天人之際」。一般說來，天人關係問題是中外哲學普遍探索的問題，而中國哲學的「究天人之際」具有自身的特點。亞里士多德曾說：「古今來人們開始哲學探索，都應起於對自然萬物的驚異……這類學術研究的開始，都在人生的必需品以及使人快樂安適的種種事物幾乎全都獲得了以後。」這是說，古希臘哲學的一個特點，是與當時這些知識最先出現於人們開始有閒暇的地方。」這是說，古希臘哲學是產生於古希臘的社會歷史發展階段及其貴族階層的生活方式相聯繫的。與此不同，中國哲學是產生於士人在社會大變動中的憂患意識，為了求得社會的治理和人生的安頓，他們大多「席不暇暖」地周遊列國，宣傳自己的社會主張。這就決定了中國哲學在「究天人之際」

中國哲學與其他民族哲學所不同者，還在於中國數千年文化一直生生不息而未嘗中斷，中國文化在世界歷史的「軸心時期」所實現的哲學突破也是采取了極溫和的方式。這主要表現在孔子的「祖述堯舜，憲章文武」，刪述六經，對中國上古的文化既有連續性的繼承，又經編纂和詮釋而有哲學思想的突破。因此，由孔子及其後學所編纂和詮釋的上古經書就以「先王之政典」的形式不僅保存下來，而且在此後中國文化的發展中居於統率的地位。

據近期出土的文獻資料，先秦儒家在戰國時期已有對「六經」的排列，「六經」作為一個著作群受到儒家的高度重視。至漢武帝「罷黜百家，表章六經」，遂使「六經」以及儒家的經學確立了由國家意識形態認可的統率地位。漢書藝文志著錄圖書，為首的是「六藝略」，其次是「諸子略」「詩賦略」「兵書略」「數術略」和「方技略」，這就體現了以「六經」統率諸子學和其他學術。這種圖書分類經幾次調整，到了隋書經籍志乃正式形成「經、史、子、集」的四部分類，此後保持穩定而延續至清。

中首重「知人」，在先秦「百家爭鳴」中的各主要流派都是「務為治者也，直所從言之異路，有省不省耳」（史記太史公自序）。

中國傳統文化有「四部」的圖書分類，也有對「義理之學」「考據之學」「辭章之學」和「經世之學」等的劃分，其中「義理之學」雖然近於「哲學」但並不等同。中國傳統文化沒有形成「哲學」以及近現代教育學科體制的分科，但是中國傳統文化確實固有其深邃的哲學思想，它表達了中華民族的世界觀、人生觀，體現了中華民族的思維方式、行為準則，凝聚了中華民族最深沉、最持久的價值追求。

清代學者戴震說：「天人之道，經之大訓萃焉。」（原善卷上）經書和經學中講「天人之道」的「大訓」，就是中國傳統的哲學。不僅如此，在圖書分類的「子、史、集」中也有講「天人之道」的「大訓」，這些也是中國傳統的哲學。「究天人之際」的哲學主題是在中國文化上下幾千年的發展中，伴隨著歷史的進程而不斷深化、轉陳出新、持續探索的。

中國哲學首重「知人」，在天人關係中是以「知人」為中心，以「安民」或「為治」為宗旨的。在記載中國上古文化的尚書皋陶謨中，就有了「知人則哲，能官人；安民則惠，黎民懷之」的表述。在論語中，「樊遲問仁，子曰：『愛人。』問知（智），子曰：『知人。』」（論語顏淵）「仁者愛人」是孔子思想中的最高道德範疇，其源頭可上溯到中國

文化自上古以來就形成的崇尚道德的優秀傳統。孔子說：「未能事人，焉能事鬼？」「未知生，焉知死？」（論語先進）「務民之義，敬鬼神而遠之，可謂知矣。」（論語雍也）「智者知人」，「仁者愛人」，在孔子的思想中雖然保留了對「天」和鬼神的敬畏，但他的主要關注點是現世的人生，是「天下有道」的價值取向，由此確立了中國哲學以「知人」為中心的思想範式。西方現代哲學家雅斯貝爾斯在大哲學家一書中把蘇格拉底、佛陀、孔子和耶穌作為「思想範式的創造者」，而孔子思想的特點就是「要在世間建立一種人道的秩序」，「在現世的可能性之中」，孔子「希望建立一個新世界」。

中國上古時期把「天」或「上帝」作為最高的信仰對象，這種信仰也有其宗教的特殊性。如梁啓超所說：「各國之尊天者，常崇之於萬有之外，而中國則常納之於人事之中，此吾中華所特長也。……其尊天也，目的不在天國而在世界，受用不在未來（來世）而在現在（現世）。是故人倫亦稱天倫，人道亦稱天道。記曰：『善言天者必有驗於人。』此所以雖近於宗教，而與他國之宗教自殊科也。」由於中國上古文化所信仰的「天」不是存在於與人世生活相隔絕的「彼岸世界」，而是與地相聯繫（中庸所謂「郊社之禮，所以事上

帝也」，朱熹中庸章句注：「郊，祀天；社，祭地。不言后土者，省文也。」），具有道德的、以民爲本的特點（尚書所謂「皇天無親，惟德是輔」，「天視自我民視，天聽自我民聽」，「民之所欲，天必從之」），所以這種特殊的宗教性也長期地影響著中國哲學對天人關係的認識。相傳「人更三聖，世經三古」的易經，其本爲卜筮之書，但經孔子「觀其德義而已」之後，則成爲講天人關係的哲理之書。四庫全書總目易類序說：「聖人覺世牖民，大抵因事以寓教……易則寓於卜筮。故易之爲書，推天道以明人事者也。」不僅易經是如此，而且以後中國哲學的普遍架構就是「推天道以明人事」。

春秋末期，與孔子同時而比他年長的老子，原創性地提出了「有物混成，先天地生」（老子二十五章），天地並非固有的，在天地產生之前有「道」存在，「道」是產生天地萬物的總根源和總根據。「道」內在於天地萬物之中就是「德」，「孔德之容，惟道是從」（老子二十一章），「道」與「德」是統一的。老子說：「道生之，德畜之，物形之，勢成之。」（老子五十一章）老子是以萬物莫不尊道而貴德。道之尊，德之貴，夫莫之命而常自然。」「道生之，德畜之……是以的價值主張是「自然無爲」，而「自然無爲」的天道根據就是「道生之，德畜之……是以

萬物莫不尊道而貴德」。老子所講的「德」實即相當於「性」，孔子所罕言的「性與天道」，在老子哲學中就是講「道」與「德」的形而上學。實際上，老子哲學確立了中國哲學「性與天道合一」的思想，而他從「道」與「德」推出「自然無為」的價值主張，這就成為以後中國哲學「推天道以明人事」普遍架構的一個典範。

書中把老子列入「原創性形而上學家」，他說：「從世界歷史來看，老子的偉大是同中國的精神結合在一起的。」他評價孔、老關係時說：「雖然兩位大師放眼於相反的方向，但他們實際上立足於同一基礎之上。兩者間的統一在中國的偉大人物身上則一再得到體現……」這裏所謂「中國的精神」「立足於同一基礎之上」，就是說孔子和老子的哲學都是為了解決現實生活中的問題，都是「務為治者也」。

在老子哲學之後，中庸說：「天命之謂性」，「思知人，不可以不知天」。孟子說：「盡其心者知其性也，知其性則知天矣。」（孟子盡心上）此後的中國哲學家雖然對天道和人性有不同的認識，但大抵都是講人性源於天道，知天是為了知人。一直到宋明理學家講「天者理也」，「性即理也」，「性與天道合一存乎誠」。作為宋明理學之開山著作的周敦頤

太極圖說」，是從「無極而太極」講起，至「形既生矣，神發知矣，五性感動而善惡分，萬事出矣」，這就是從天道講到人事，而其歸結為「聖人定之以中正仁義而主靜，立人極焉」，這就是從天道、人性推出人事應該如何，「立人極」就是要確立人事的價值準則。可以說，中國哲學的「推天道以明人事」最終指向的是人生的價值觀，這也就是要「為天地立心，為生民立命，為往聖繼絕學，為萬世開太平」。在作為中國哲學主流的儒家哲學中，價值觀又是與道德修養的工夫論和道德境界相聯繫。因此，天人合一、真善合一、知行合一成為中國哲學的主要特點。

中國哲學經歷了不同的歷史發展階段，從先秦時期的諸子百家爭鳴，到漢代以後的儒家經學獨尊，而實際上是儒道互補，至魏晉玄學乃是儒道互補的一個結晶；在南北朝時期逐漸形成儒、釋、道三教鼎立，從印度傳來的佛教逐漸適應中國文化的生態環境，至隋唐時期完成中國化的過程而成為中國文化的一個有機組成部分；宋明理學則是吸收了佛、道二教的思想因素，返而歸於「六經」，又創建了論語孟子大學中庸的「四書」體系，建構了以「理、氣、心、性」為核心範疇的新儒學。因此，中國哲學不僅具有自身的特點，

八

而且具有不同發展階段和不同學派思想內容的豐富性。

一八四〇年之後，中國面臨着「數千年未有之變局」，中國文化進入了近現代轉型的時期。在甲午戰敗之後的一八九五年，「哲學」的譯名出現在黃遵憲的日本國志和鄭觀應的盛世危言（十四卷本）中。此後，「哲學」以一個學科的形式，以哲學的「獨立之精神，自由之思想」推動了中華民族的思想解放和改革開放，中、外哲學會聚於中國，中、外哲學的交流互鑒使中國哲學的發展呈現出新的形態，馬克思主義哲學在與中國的歷史文化傳統、中國具體的革命和建設實踐相結合的過程中不斷中國化而產生新的理論成果。中華民族的偉大復興必將迎來中國哲學的新發展，在此之際，編纂中外哲學典籍大全，中國哲學典籍第一次與外國哲學典籍會聚於此大全中，這是中國盛世修典史上的一個首創，對於今後中國哲學的發展、對於中華民族的偉大復興具有重要的意義。

李存山

二〇一八年八月

「中國哲學典籍卷」出版前言

社會的發展需要哲學智慧的指引。在中國浩如煙海的文獻中,哲學典籍占據著重要地位,指引著中華民族在歷史的浪潮中前行。這些凝練著古聖先賢智慧的哲學典籍,在新時代仍然熠熠生輝。

收入我社「中國哲學典籍卷」的書目,是最新整理成果的首次發布,按照内容和年代分爲以下幾類:先秦子書類、兩漢魏晉隋唐哲學類、佛道教哲學類、宋元明清哲學類、近現代哲學類、經部(易類、書類、禮類、春秋類、孝經類)等,其中以經學類占多數。

本次整理皆選取各書存世的善本爲底本,制訂校勘撰寫的基本原則以確保校勘品質。全套書采用繁體竪排加專名綫的古籍版式,嚴守古籍整理出版規範,並請相關領域專家多次審稿,整理者反復修訂完善,旨在匯集保存中國哲學典籍文獻,同時也爲古籍研究者和愛

「中國哲學典籍卷」出版前言

好者提供研習的文本。

文化自信是一個國家、一個民族發展中更基本、更深沉、更持久的力量。對中國哲學典籍進行整理出版，是文化創新的題中應有之義。中國社會科學出版社秉持「傳文明薪火，發時代先聲」的發展理念，歷來重視中華優秀傳統文化的研究和出版。「中國哲學典籍卷」樣稿已在二〇一八年世界哲學大會、二〇一九年北京國際書展等重要圖書會展亮相，贏得了與會學者的高度讚賞和期待。

點校者、審稿專家、編校人員等為叢書的出版付出了大量的時間與精力，在此一並致謝。由於水準有限，書中難免有一些不當之處，敬請讀者批評指正。

趙劍英

二〇二〇年八月

點校説明

一 張洽的生平和著作

張洽（1161—1237），字元德，號主一，南宋臨江清江人。生於宋高宗紹興三十一年，卒於理宗嘉熙元年，享年七十七歲。張洽自幼聰穎，從朱熹學，爲朱熹嫡傳弟子之一。宋史列傳第一百八十九道學四有云：「洽少穎異，從朱熹學，自六經傳注而下，皆究其指歸，至於諸子百家、山經地志、老子浮屠之說，無所不讀。嘗取管子所謂『思之思之，又重思之，思之不通，鬼神將通之』之語，以爲窮理之要。」從這段記載中可以看出張洽不但博覽群書，而且勤於思考。黄榦嘗曰：「向來問學之士，凋落殆盡，江西則甘吉甫、黄

去私兄弟、張元德，不過數人爾。」[二]身爲朱子門人，張洽也頗得朱熹許。朱熹曾對黃榦說：「所望以永斯道之傳，如二三君者不數人也。」[三]

張洽爲南宋嘉定元年（1208）進士，歷官松滋尉、袁州司理參軍，知永新縣、池州通判。張洽爲人正直，忠於職守，爲官期間頗有善政。宋史本傳中多有記載：「嘉定元年中第，授松滋尉。湖右經界不正，弊日甚，洽請行推排法，令以委洽。洽於是令民自實其土地疆界產業之數投於匭，乃籌覈而次第之，吏姦無所匿。其後十餘年，訟者猶援以爲證云。」[三]出任松滋尉時，土地經界不正，弊端日益凸顯，張洽以正經界爲務，推行推排法，有效解決了這一問題。張洽平時與常人無異，至義所當爲，則勇不可奪。知永新縣，「湖南寇作亂，與縣接壤，民大恐。洽單車以往，邑佐、寓士交諫，弗聽。至則寇未嘗至，乃延見隅官，訪利害而犒之，因行安福境上，結約土豪，得其歡心。未幾，南安舒寇將犯

[一] 黃宗羲：宋元學案卷六十九，中華書局 1986 年版，第 2321 頁。
[二] 脫脫等：宋史卷四百三十，中華書局 2000 年版，第 3254 頁。
[三] 脫脫等：宋史卷四百三十，中華書局 2000 年版，第 3254 頁。

境，聞有備，乃去」[1]。任官期間，張洽折獄斷訟公正果決。「改袁州司理參軍。有大囚，訊之則服，尋復變異，且力能動搖官吏，累年不決，而逮繫者甚衆。洽以白提點刑獄，殺之。有盜點甚，辭不能折。會獄有兄弟争財者，洽諭之曰：『訟於官，祗爲胥吏之地，且冒法以求勝，孰與各守分以全手足之愛乎？』辭氣懇切，訟者感悟。盜聞之，自伏。」「郡守以倉廩虛，籍倉吏二十餘家，命洽鞫之，洽廉知爲都吏所賣。都吏者，州之巨蠹也，嘗干於倉不獲，故以此中之。洽度守意銳未可嬰，姑繫之，而密令計倉庾所入以白守曰：『君之籍二十餘家者，以胥吏之妄也。今校數歲之中所入，已豐於昔，由是觀之，胥吏妄矣。君必不忍受胥吏之妄，而籍無罪之家也。若以罪胥吏，過乃可免。』守悟，爲罷都吏，免所籍之家。」[2]張洽爲人正直，對於下屬的瀆職行爲嚴懲不貸。「一日謁告，聞獄中榜笞聲，蓋獄吏受賕，乘間訊囚使誣服也。洽大怒，亟執付獄，明日以上於郡，黥之。」[3]「以江東提舉常平薦，通判池州。獄有張德脩者，誤蹴人以死，獄吏

---

[1] 脱脱等：宋史卷四百三十，中華書局2000年版，第3254頁。
[2] 脱脱等：宋史卷四百三十，中華書局2000年版，第3254頁。
[3] 脱脱等：宋史卷四百三十，中華書局2000年版，第3254頁。

誣以故殺，洽訊而疑之，請再鞫，守不聽。會提點常平袁甫至，時方大旱，禱不應，洽言於甫曰：『漢、晉以來，濫刑而致旱，伸冤而得雨，載於方冊可考也。今天大旱，焉知非由德脩事乎？』甫爲閱款狀於獄，德脩遂從徒罪。復白郡請蠲征稅，寬催科，以召和氣，守爲寬稅。三日果大雨，民甚悅。」[一]

曹彥約舉張洽自代狀有云：「張洽履行純粹，經學該博，在州縣則精通民政，爲幕屬則深諳事體，使之論思獻納必有可觀。」[二]張洽不但政績卓越，而且學問深厚，曾出任白鹿洞書院山長。「時袁甫提點江東刑獄，甫以白鹿書院廢弛，招洽爲長。洽曰：『嘻，是先師之迹也，其可辭！』至則選好學之士日與講說，而汰其不率教者。凡養士之田乾没於豪右者復之。學興，即謝病去。」端平元年（1234），張洽已七十四歲，大臣多舉薦張洽，召其赴都堂審察，張洽以疾不赴，乃除秘書郎，尋遷著作佐郎。宋史中有宋理宗召洽的記載。「度正、葉味道在經幄，帝數問張洽何時可到，將以説書待洽，洽固辭，遂除直祕閣，

[一] 脱脱等：宋史卷四百三十，中華書局 2000 年版，第 3254 頁。
[二] 曹彦約：昌穀集卷八舉張洽自代狀，文淵閣四庫全書本。

主管建康崇禧觀。」[一]嘉熙元年（1237），張洽以疾乞致仕，十月卒，年七十七。

張洽自少用力於敬，故以「主一」名齋。居閑不言朝廷事，或因災異變故，輒顰蹙不樂，及聞一君子進用，士大夫直言朝廷得失，則喜見顏色。所交皆當時名士，如呂祖儉、黃幹、趙崇憲、蔡淵、吳必大、輔廣、李道傳、李燔、葉味道、李閎祖、李方子、柴中行、真德秀、魏了翁、李埴、趙汝讜、陳貴誼、杜孝嚴、度正、張嗣古、皆敬慕之。張洽所著書有春秋集注、春秋集傳、左氏蒙求、續通鑒長編事略、歷代郡縣地理沿革表、文集。

張洽所著春秋集注共十一卷，綱領一卷，書前有自序，亦即進書狀，自言于漢、唐以來諸儒之議論，莫不詳考細究，取其足以發明聖人之意者，附於每事之左，名曰春秋集傳。既而又因此書尚屬粗備，復仿先師朱熹語孟之書，會其精意，詮次其說，以爲集注。

關於春秋集注的善本，中國古籍善本書目（上海古籍出版社1998年版）經部上冊第268至269頁，著録宋張洽春秋集注善本計六種：春秋集注十一卷綱領一卷，宋張洽撰，宋寶祐三年臨江軍庠刻本；春秋集注十一卷綱領一卷，宋張洽撰，宋刻本；春秋集注十

[一] 脱脱等：宋史卷四百三十，中華書局2000年版，第3254頁。

點校說明

五

一卷綱領一卷，宋張洽撰，清影宋抄本；春秋集注十一卷綱領一卷，宋張洽撰，清初毛氏汲古閣影宋抄本；春秋集注十一卷綱領一卷，宋張洽撰，清影宋抄本；春秋集注十一卷綱領一卷，宋張洽撰，清康熙十九年通志堂刻本；春秋集注十一卷綱領一卷，宋張洽撰，宋端平二年臨江軍庠刊本二册；春秋集注十一卷綱領一卷，宋張洽撰，清乾隆間寫四庫全書薈要本六册。筆者根據王清原的遼寧新發現宋德祐刻本春秋集注（圖書館學刊2006年第5期）以及Examination of a Song Edition of the Chunqiu jizhu（Collected Annotations for Spring and Autumn Annals）[East Asian Library Journal，2002，11（1）]等文考證，張洽春秋集注善本共計九種：宋寶祐三年臨江軍庠刻本、宋德祐元年華亭義塾刻本、明嘉靖四十三年朱睦㮮聚樂堂刻本、明抄本、清初毛氏汲古閣影宋抄本、清影宋抄本、清康熙十九年通志堂

春秋集注

舊籍總目（全二册，1983年版）經部春秋類，上册第98頁，收錄春秋集注善本四種：春秋集注十一卷綱領一卷，宋張洽撰，明抄本。而「（臺北）故宮博物院」善本堂刻本；清影宋抄本；春秋集注十一卷綱領一卷，宋張洽撰，明嘉靖四十三年朱睦㮮聚樂

六

刊乾隆五十年修補本、清乾隆寫文淵閣四庫全書本、清乾隆間寫四庫全書薈要本。

大陸對張洽及其著作的研究極少，山東大學孫俊柯的張洽春秋集傳研究探討了張洽對春秋性質和宗旨的認識、春秋集傳所體現的春秋解讀方法、春秋集傳的學說特點和思想以及春秋集傳的學術影響。而其他的研究成果散見於趙伯雄的春秋學史和李建軍的宋代春秋學與宋型文化。與大陸相比較而言，臺灣在張洽及其著作的研究上取得了一定的成果。臺灣目前有兩篇研究張洽及其著作的學位論文：一篇為臺灣成功大學黃智群的張洽春秋集注研究，另一篇為臺灣高雄師範大學楊棣娟的張洽春秋學研究。筆者的碩士論文以張洽的春秋集注為研究對象，撰寫了論文正君臣父子夫婦之分——張洽春秋集注思想研究。與宋代春秋學者如孫復、劉敞、孫覺、程頤、胡安國等人一樣，張洽好以義理注解春秋，發揚春秋微言大義，此大義以人倫關係為主，擴及尊王攘夷、辨天理人欲等義理思想。在古代中國，倫理與政治密切相關。張洽在注解春秋經時，以大量的篇幅論述了君臣、父子、夫婦關係，認爲「夫君臣、父子、夫婦之分，一失其正，則亂之所從生」。張洽論述了該如何正確處理君臣、父子、夫婦與國家治理之間的關係。在春秋集注一書中，張洽敏銳地意識到人倫秩序

婦關係。在君臣關係上，張洽主張正君臣之道，認爲君主應當明政刑、抑強臣、謹君臣之密，而臣子則應當諫君、死難、爲君復仇，不可事二君。對於那些違背君臣之道的亂臣賊子，張洽則極力主張討伐。在他看來，天子、臣子、伯主、諸侯、夷狄都應當討亂臣賊子。在父子關係上，張洽主張明嫡庶之分、明待疾之法、爲父復仇。在夫婦關係上，張洽主張正婚姻之始、正夫人之位、謹男女之別、尊賢以明婦行。

二　整理説明

現存春秋集注的宋刻本有兩種，一種是宋寶祐三年臨江軍庠刻本，另外一種是宋德祐元年華亭義塾刻本。宋之後的刻本有明嘉靖四十三年朱睦㮮聚樂堂刻本、清康熙十九年通志堂刊乾隆五十年修補本、清乾隆寫文淵閣四庫全書本。本書以中國基本古籍庫所收的清通志堂經解春秋集注爲底本，並以宋寶祐三年臨江軍庠刻本參校。春秋集注全書分爲春秋綱領、繳省投進狀、傳文三部分。傳文分十一卷，閔公經文併入莊公，其他各公皆爲一

春秋集注中所引的各種古籍較多，所以本次整理對書名的用法進行了統一：第一，並列書（篇）名之間加頓號，如「尚書伊訓畢命」，標點爲「尚書伊訓、畢命」。第二，篇名的使用力求統一和規範。如引用周易的卦辭、爻辭、彖、象等皆作篇名，分別標爲乾、乾九二、乾九二彖、乾九二象等。引乾、坤二卦之文言，標爲乾文言、坤文言。凡行文中出現的一般泛指的「經」「注」「傳」等詞，皆不加書名綫。春秋集注含經、前人的注和著者本人的按語等多個層次的內容，多使用引號，以清眉目，凡注文和按語中引用經文原文，皆使用引號。對底本中出現的異體字，在不影響原意的前提下，適當改爲現在通用字形。同一詞條重複出現的，祇在每一卷首次出現時出注。

蔣軍志

二〇一八年六月

目録

春秋綱領 …………………………………………………… 一

卷一 ………………………………………………………… 一〇

隱公元年 ………………………………………………… 一〇

隱公二年 ………………………………………………… 一七

隱公三年 ………………………………………………… 二一

隱公四年 ………………………………………………… 二五

隱公五年 ………………………………………………… 二九

隱公六年 ………………………………………………… 三二

隱公七年 ………………………………………………… 三三

隱公八年	三六
隱公九年	三九
隱公十年	四一
隱公十有一年	四三

卷二 …… 四六

桓公元年	四六
桓公二年	四七
桓公三年	五〇
桓公四年	五三
桓公五年	五四
桓公六年	五七
桓公七年	五九
桓公八年	五九

桓公九年	六一
桓公十年	六二
桓公十有一年	六三
桓公十有二年	六五
桓公十有三年	六七
桓公十有四年	六八
桓公十有五年	七〇
桓公十有六年	七四
桓公十有七年	七六
桓公十有八年	七八

卷三 ……………… 八一

莊公元年	八一
莊公二年	八四

莊公三年 …… 八六
莊公四年 …… 八七
莊公五年 …… 八九
莊公六年 …… 九〇
莊公七年 …… 九二
莊公八年 …… 九三
莊公九年 …… 九五
莊公十年 …… 九七
莊公十有一年 …… 一〇〇
莊公十有二年 …… 一〇一
莊公十有三年 …… 一〇三
莊公十有四年 …… 一〇四
莊公十有五年 …… 一〇六

莊公十有六年	一〇七
莊公十有七年	一〇八
莊公十有八年	一一〇
莊公十有九年	一一一
莊公二十年	一一二
莊公二十有一年	一一二
莊公二十有二年	一一三
莊公二十有三年	一一五
莊公二十有四年	一一七
莊公二十有五年	一一九
莊公二十有六年	一二〇
莊公二十有七年	一二二
莊公二十有八年	一二三

莊公二十有九年	一二五
莊公三十年	一二六
莊公三十有一年	一二八
莊公三十有二年	一二九
閔公元年	一三三
閔公二年	一三四

卷四 …… 一三八

僖公元年	一三八
僖公二年	一四一
僖公三年	一四三
僖公四年	一四五
僖公五年	一四八
僖公六年	一五三

僖公七年 …………………………………………………… 一五三

僖公八年 …………………………………………………… 一五四

僖公九年 …………………………………………………… 一五六

僖公十年 …………………………………………………… 一五八

僖公十有一年 ……………………………………………… 一六〇

僖公十有二年 ……………………………………………… 一六一

僖公十有三年 ……………………………………………… 一六二

僖公十有四年 ……………………………………………… 一六二

僖公十有五年 ……………………………………………… 一六四

僖公十有六年 ……………………………………………… 一六七

僖公十有七年 ……………………………………………… 一六八

僖公十有八年 ……………………………………………… 一七〇

僖公十有九年 ……………………………………………… 一七二

僖公二十年 …… 一七五
僖公二十有一年 …… 一七六
僖公二十有二年 …… 一七九
僖公二十有三年 …… 一八〇
僖公二十有四年 …… 一八一
僖公二十有五年 …… 一八三
僖公二十有六年 …… 一八四
僖公二十有七年 …… 一八七
僖公二十有八年 …… 一八八
僖公二十有九年 …… 一九五
僖公三十年 …… 一九七
僖公三十有一年 …… 一九八
僖公三十有二年 …… 二〇〇

僖公三十有三年 …… 二〇一

卷五 …… 二〇四

文公元年 …… 二〇四
文公二年 …… 二〇六
文公三年 …… 二〇九
文公四年 …… 二一一
文公五年 …… 二一三
文公六年 …… 二一四
文公七年 …… 二一六
文公八年 …… 二一八
文公九年 …… 二二〇
文公十年 …… 二二三
文公十有一年 …… 二二四

文公十有二年 …… 二二五
文公十有三年 …… 二二七
文公十有四年 …… 二二八
文公十有五年 …… 二三三
文公十有六年 …… 二三六
文公十有七年 …… 二三九
文公十有八年 …… 二四〇

卷六 …… 二四四
宣公元年 …… 二四四
宣公二年 …… 二四九
宣公三年 …… 二五一
宣公四年 …… 二五三
宣公五年 …… 二五五

宣公六年 ………………………………………………………………………… 二五六
宣公七年 ………………………………………………………………………… 二五七
宣公八年 ………………………………………………………………………… 二五九
宣公九年 ………………………………………………………………………… 二六三
宣公十年 ………………………………………………………………………… 二六六
宣公十有一年 …………………………………………………………………… 二七一
宣公十有二年 …………………………………………………………………… 二七四
宣公十有三年 …………………………………………………………………… 二七九
宣公十有四年 …………………………………………………………………… 二八〇
宣公十有五年 …………………………………………………………………… 二八二
宣公十有六年 …………………………………………………………………… 二八六
宣公十有七年 …………………………………………………………………… 二八七
宣公十有八年 …………………………………………………………………… 二八九

卷七 …… 二九二
成公元年 …… 二九二
成公二年 …… 二九五
成公三年 …… 三〇〇
成公四年 …… 三〇四
成公五年 …… 三〇六
成公六年 …… 三〇八
成公七年 …… 三一一
成公八年 …… 三一五
成公九年 …… 三一九
成公十年 …… 三二三
成公十有一年 …… 三二四
成公十有二年 …… 三二六

成公十有三年	三一七
成公十有四年	三二〇
成公十有五年	三二一
成公十有六年	三三五
成公十有七年	三四一
成公十有八年	三四六

卷八

襄公元年	三五一
襄公二年	三五三
襄公三年	三五六
襄公四年	三五八
襄公五年	三五九
襄公六年	三六三

襄公七年 ………… 三六五
襄公八年 ………… 三六八
襄公九年 ………… 三七〇
襄公十年 ………… 三七二
襄公十有一年 …… 三七六
襄公十有二年 …… 三八一
襄公十有三年 …… 三八二
襄公十有四年 …… 三八二
襄公十有五年 …… 三八五
襄公十有六年 …… 三八七
襄公十有七年 …… 三九〇
襄公十有八年 …… 三九二
襄公十有九年 …… 三九五
襄公二十年 ……… 三九九

襄公二十有一年	四〇一
襄公二十有二年	四〇四
襄公二十有三年	四〇六
襄公二十有四年	四一一
襄公二十有五年	四一三
襄公二十有六年	四一八
襄公二十有七年	四二三
襄公二十有八年	四二六
襄公二十有九年	四二八
襄公三十年	四三三
襄公三十有一年	四三八

卷九 …… 四四一

昭公元年 …… 四四一

目録

一五

昭公二年 …… 四四六
昭公三年 …… 四四八
昭公四年 …… 四五〇
昭公五年 …… 四五五
昭公六年 …… 四五九
昭公七年 …… 四六一
昭公八年 …… 四六三
昭公九年 …… 四六六
昭公十年 …… 四六八
昭公十有一年 …… 四七〇
昭公十有二年 …… 四七四
昭公十有三年 …… 四七七
昭公十有四年 …… 四八五

昭公十有五年 四八七
昭公十有六年 四八九
昭公十有七年 四九一
昭公十有八年 四九三
昭公十有九年 四九五
昭公二十年 四九六
昭公二十有一年 四九九
昭公二十有二年 五〇一
昭公二十有三年 五〇六
昭公二十有四年 五一一
昭公二十有五年 五一二
昭公二十有六年 五一八
昭公二十有七年 五二一

昭公二十有八年 ………………………………… 五二三

昭公二十有九年 ………………………………… 五二四

昭公三十年 …………………………………… 五二五

昭公三十有一年 ………………………………… 五二八

昭公三十有二年 ………………………………… 五二九

卷十 ……………………………………………… 五三二

定公元年 ……………………………………… 五三二

定公二年 ……………………………………… 五三七

定公三年 ……………………………………… 五三九

定公四年 ……………………………………… 五三九

定公五年 ……………………………………… 五四七

定公六年 ……………………………………… 五四九

定公七年 ……………………………………… 五五一

定公八年 ……… 五五三
定公九年 ……… 五五八
定公十年 ……… 五六〇
定公十有一年 ……… 五六五
定公十有二年 ……… 五六六
定公十有三年 ……… 五六八
定公十有四年 ……… 五七一
定公十有五年 ……… 五七六

卷十一 ……… 五八一
哀公元年 ……… 五八一
哀公二年 ……… 五八三
哀公三年 ……… 五八六
哀公四年 ……… 五八九

哀公五年	五九一
哀公六年	五九三
哀公七年	五九六
哀公八年	五九九
哀公九年	六〇一
哀公十年	六〇二
哀公十有一年	六〇四
哀公十有二年	六〇七
哀公十有三年	六一一
哀公十有四年	六一七
附録一　傳記資料	六二〇
附録二　春秋集注版本著録	六二五

春秋綱領

論語：「堯曰：『咨！爾舜！天之曆數在爾躬，允執其中。四海困窮，天祿永終。』舜亦以命禹。曰程子云『曰』上少『湯』字：『予小子履敢用玄牡，敢昭告于皇皇后帝：有罪不敢赦。帝臣不蔽，簡在帝心。朕躬有罪，無以萬方；萬方有罪，罪在朕躬。』周有大賚，善人是富。『雖有周親，不如仁人。百姓有過，在予一人。』謹權量，審法度，修廢官，四方之政行焉。『興滅國，繼絕世，舉逸民，天下之民歸心焉。』所重：民、食、喪、祭。寬則得眾，信則民任焉，敏則有功，公則說。」

顏淵問為邦。子曰：「行夏之時寅为人正时以作事，當以人為紀，故取之，乘殷之輅得質之中，服周之冕得文之中，樂則韶舞。放鄭聲，遠佞人。鄭聲淫，佞人殆。」

子張問：「十世可知也？」子曰：「殷因於夏禮，所損益，可知也。周因於殷禮，所

損益，可知也。其或繼周者，雖百世，可知也。」所因謂三綱五常，所損益謂文質三統也。

子曰：「道千乘之國，敬事而信，節用而愛人，使民以時。」

子曰：「晉文公譎而不正，齊桓公正而不譎。」

子曰：「齊一變，至於魯；魯一變，至於道。」

孔子曰：「天下有道，則禮樂征伐自天子出；天下無道，則禮樂征伐自諸侯出，蓋十世希不失矣；自大夫出，五世希不失矣；陪臣執國命，三世希不失矣。天下有道，則政不在大夫。天下有道，則庶人不議。」

孔子曰：「祿之去公室五世矣，政逮於大夫四世矣，故夫三桓之子孫微矣。」

孔子曰：「夷狄之有君，不如諸夏之亡也。」

陳成子弒簡公。孔子沐浴而朝，告於哀公曰：「陳桓弒其君，請討之。」公曰：「告夫三子！」孔子曰：「以吾從大夫之後，不敢不告也。君曰『告夫三子』者！」之三子告，不可。孔子曰：「以吾從大夫之後，不敢不告也。」

孟子曰：「世衰道微，邪說暴行有作，臣弒其君者有之，子弒其父者有之。孔子懼，

作春秋。春秋，天子之事也。是故孔子曰：「知我者其惟春秋乎！罪我者其惟春秋乎！」公羊傳：「子曰：『春秋之信史也，其事則齊桓、晉文，其會則主會者為之也，其詞則丘有罪焉爾。』」亦此意也。「昔者禹抑洪水而天下平，周公膺戎狄、驅猛獸而百姓寧，孔子成春秋而亂臣賊子懼」。「王者之迹熄而詩亡，詩亡然後春秋作。」晉之乘，楚之檮杌，魯之春秋，一也。其事則齊桓、晉文，其文則史。孔子曰：『其義則丘竊取之矣。』」春秋無義戰。彼善於此，則有之矣。征者，上伐下也。敵國，不相征也。

史記：「魯哀公十四年春，狩于大野，獲麟。孔子曰：『吾道不行矣！』乃因史記作春秋，上至隱公，下訖哀十四年，約其文詞而指博。故吳楚之君自稱王，而春秋貶之曰子；踐土之會實召周天子，而春秋諱之曰：『天王狩于河陽。』推此類以繩當世，孔子在位聽訟，文詞有可與人共者，弗獨有也。至於為春秋，筆則筆，削則削，子夏之徒不能贊一詞。」

莊周氏曰：「春秋經世先王之志也，聖人議而不辯。」又曰：「春秋以道名分。」

公羊氏曰：「春秋何以始乎隱？祖之所逮聞也。何以終乎哀十四年？曰：『備矣！

春秋集注

君子曷爲爲春秋？撥亂世，反之正，莫近諸春秋。』」

漢董氏[一]曰：「孔子知時之不用，道之不行，是非二百四十二年之中，以爲天下儀表，貶諸侯，討大夫以達王事。曰：『我欲載之空言，不如見之行事之深切著明也。』有國者不可不知春秋，前有讒而不見，後有賊而不知；爲人臣者不可不知春秋，守經事而不知其宜，遭變事而不知其權。爲人君父而不通於春秋之義者，必蒙首惡之名；爲人臣子而不通於春秋之義者，必陷篡弒、誅死之罪。其實皆以善，爲之而不知其義，被之空言不敢辭。故春秋者，禮義之大宗也。」

隋王通氏[二]曰：「春秋之於王道，是輕重之權衡、曲直之繩墨也。」

濂溪周子[三]曰：「春秋正王道，明大法也，孔子爲後世王者而修也。亂臣賊子，誅死者於前，所以懼生者於後也，宜乎萬世無窮，王祀孔子，報德報功之無盡焉。」

[一] 漢董氏，漢代大儒董仲舒，此處出自史記太史公自序。
[二] 隋王通氏，隋朝著名儒家王通，此處出自王通所著的中說。
[三] 濂溪周子，北宋著名理學家周敦頤，世稱「濂溪先生」，北宋五子之一，此處出自通書孔子上第三十八。

河南邵氏[一]曰：「春秋，孔子之刑書也，功過不相揜。五伯者功之首，罪之魁也。先定五伯之功過，而學春秋則大意立矣。春秋之間，有功者未有大於四國者也，有過者亦未有大於四國之功過，不先治五伯之功過，則事無統理，不得聖人之心也。」

橫渠張氏[二]曰：「春秋之書在古無有，乃仲尼所自作，惟孟子為能知之，非理明義精，殆未可學。先儒未及此而治之，故其說多鑿。」

伊川程氏[三]曰：「詩、書載道之文，春秋聖人之用。詩、書如藥方，春秋如用藥理病。聖人之用，全在此書，所謂不如載之行事之深切著明者也。律令惟言其法，至於斷例，始見其法之用。」又曰：「五經之有春秋，猶法律之有斷例也。他經非不可窮理也，但論其義耳，春秋因其行事，是非較著，故窮理為要。春秋以何為準？無如中庸。欲知中庸，無如權，須是時而為中。中非手足胼胝，閉户不出之間所可取也。視其當然之時，則閉户胼胝各為其中也。權之為

[一] 河南邵氏，北宋著名理學家邵雍，北宋五子之一，此處出自皇極經世觀物外篇。
[二] 橫渠張氏，北宋著名理學家張載，世稱「橫渠先生」，北宋五子之一，此處出自張載集呂大臨橫渠先生行狀。
[三] 伊川程氏，北宋著名理學家程頤，世稱「伊川先生」，北宋五子之一，此處出自二程遺書。

春秋綱領

五

言，稱錘之謂也。何物爲權？義也，時也。亦只説到義，以上更難説，在人自看如何。」又曰：「春秋傳爲按，經爲斷。」又曰：「春秋之法極謹嚴，中國而用夷禮則夷之，韓子之言深得其旨。」又作春秋傳序曰：「天之生民，必有出類之才君長之，導之而生養遂，教之而倫理明，然後人道立，天道成，地道平。二帝而上，聖賢世息，隨時有作，順乎風氣之宜，不先天一作「時」以開人，各因時而立政。暨乎三王迭興，出，三重既備，子丑寅之建正，忠質文之更尚，人道備矣，天運周矣。聖王既不復作，有天下者，雖欲倣古之迹，亦私意妄爲而已。事之謬，秦至以建亥爲正；道之悖，漢專以智力持世，豈復知先王之道也！夫子當周之末，以聖人不復生也，順天應時之治不復有也，於是作春秋，爲百王不易之大法。所謂『考諸三王而不謬，建諸天地而不悖，質諸鬼神而無疑，百世以俟聖人而不惑』者也。先儒之傳曰：『游夏不能贊一辭。』辭不待贊也，言不能與斯耳。斯道也，惟顏子嘗聞之矣。『行夏之時，乘殷之輅，服周之冕，樂則韶舞。』此其準的也。後世以史視春秋，謂褒善貶惡而已。至於經世之大法，則不知也。春秋大義數十，其義雖大，炳如日星，乃易見也。惟其微辭隱義、時措從宜者，爲難知也。或抑或

縱，或與或奪，或進或退，或微或顯，而得乎義理之安，文質之中，寬猛之宜，是非之公，乃制事之權衡，揆道之模範也。夫觀百物然後識化工之神，聚眾材然後知作室之用，於一事一義而欲窺聖人之用心一本無「心」字，非上智不能也。故學春秋者，必優游涵泳，默識心通，然後能造其微也。」又曰：「春秋大率所書，事同則辭同，後人因謂之例。然有事同辭異者，蓋各有義，非可例拘也。」又曰：「有重疊言者，如征伐盟會之類，蓋欲成書，勢須如此，不可事事各求異義，但一字有異，或上下文異，則義須別。」又曰：「春秋之文，一一意在示人，如土功之事，無大小，一一書之，其意止欲人君慎重民力也。」胡氏曰：「詞同者，正例也，詞異則其例變矣。正例非聖人莫能立，變例非聖人莫能裁。惟窮理精義，以學春秋者，於例中見法，例外通例也。」

武夷胡氏〔二〕曰：「春秋魯史爾，仲尼就加筆削，乃史外傳心之要典也。孟氏又發明宗旨，以為天子之事者。周道衰微，乾綱解紐，亂臣賊子接迹當世，人欲肆而天理滅矣。仲尼天理之所在，不以己任而誰可？五典弗惇，己所當敘；五禮弗庸，己所當秩；五服弗章，己所當命；五刑弗用，己所當討。故假魯史以寓王法，撥亂世反之正。敘先後之

〔二〕武夷胡氏，北宋學者胡安國，世稱「武夷先生」，潛心研究春秋，著有春秋胡氏傳，此處出自春秋胡氏傳春秋傳序。

倫，而典自此可惇；秩上下之分，而禮自此可庸；有德必襃，而善可勸，有罪必貶，而惡可懲。其志存乎經世，其功配於抑洪水、膺戎狄、放龍蛇、驅虎豹，其大要皆天子之事也。故曰：『知我罪我者，其惟春秋乎！』知孔子者，謂此書遏人欲於橫流，存天理於既滅，爲後世慮至深遠也；罪孔子者，無其位而託二百四十二年南面之權，使亂臣賊子禁其欲而不得肆，則戚矣。是故春秋之作，公好惡，則發乎詩之情；酌古今，則貫乎書之事；興常典，則體乎禮之經；本忠恕，則導乎樂之和；著權制，則盡乎易之變。百王之法度，萬世之準繩，皆在此書。故君子以爲五經之有春秋，猶法律之有斷例也。學是經者，信窮理之要；不學是經，而處大事、決大疑能不惑者，鮮矣。去聖既遠，欲因遺經窺測聖人之用，豈易能乎？然世有先後，人心所同然者一爾，苟得其所同然者，若見聖人親炙之也。而春秋之權度在我矣。」又曰：「傳春秋者三家，左氏敘事見本末，若見聖人親炙之也。而春秋之權度在我矣。」又曰：「傳春秋者三家，左氏敘事見本末，公羊、穀梁詞辯而義精。學經以傳爲按，則當閱左氏，玩詞以義爲主，則當習公、穀。如載惠公元妃繼室及仲子之歸于魯，即隱公兄弟嫡庶之辨、攝讓之實，可按而知也，當閱左氏謂此類也。若夫來賵仲子，以爲豫凶事則誣矣，王正月之爲大一統，及我欲之，暨不得

已也，當習公羊氏謂此類也。謂母以子貴，媵妾許稱夫人則亂矣。段，弟也弗謂弟，公子也弗謂公子，賤段而甚鄭伯之處心積慮成於殺也，當習穀梁氏謂此類也。以大夫日卒爲正則鑿矣。萬物紛錯懸諸天，衆言淆亂折諸聖。要在反求於心，斷之以理，精擇而慎取之，則美玉之與武砆，必有能辨之者。」左氏釋經，雖簡而博通諸史，敘事尤詳，能令百代之下頗見本末，其有功於春秋爲多。公、穀釋經，其義皆密，如衛州吁以稱人，爲討賊之辭也；公蔑不地，故也。不書葬，賊不討，以皐下也。若此之類，深得聖人誅亂臣討賊子之意，考其源流，必有端緒，非曲說所能及也。啖趙謂三傳所記，本皆不謬，義則口傳，未形竹帛，後代學者妄加附益，轉相傳授，浸失本眞，故事多迂誕，理或舛駁，其言信矣。然則學者於三傳忽焉而不習，則無以知經，習焉而不察，擇焉而不精，則春秋之弘意大旨，簡易明白者，汩於僻說，愈晦而不顯矣。

卷一

杜氏〔一〕曰：「春秋者，魯史記之名也。史之所記，必表年以首事，年有四時，故錯舉以爲所記之名也。」

隱公名息姑，惠公之子，母聲子。諡法〔二〕：「不尸其位曰隱。」

傳：「惠公元妃孟子，孟子卒，繼室以聲子，生隱公。宋武公生仲子，仲子生而有文在其手，曰：『爲魯夫人。』故仲子歸于我，生桓公而惠公薨，是以隱公立而奉之。」

公羊傳：「桓公幼，諸大夫扳隱而立之。隱於是焉而辭，立則未知桓之將必得立也。且如桓立，則恐諸大夫之不能相幼君也。故凡隱之立，爲桓立也。」

伊川程子傳曰：「夫子之道，既不行於天下，於是因魯春秋立百王不易之大法。平王東遷，在位五十一年，卒不能復興先王之業，王道絕矣。適當隱公之初，故始於隱公。」孟子曰：『王者之迹熄而詩亡，詩亡然後春秋作。』

―――――
〔一〕 杜氏，西晉著名學者杜預，著有春秋左傳集解及春秋釋例。
〔二〕 諡法，追諡的準則。即帝王、諸侯、卿大夫、大臣等死後，朝廷根據其生前事迹及品德，給予一個評定性的稱號以示表彰。

隱公。又曰：『詩亡者，謂雅亡。』

泰山孫氏[二]曰：「春秋之始於隱公者非它，以平王之所終也。平既不王，東遷之後，周室微弱，諸侯強大，朝覲不修，貢賦不奉，號令無所束，壞法易紀，變禮亂樂，攘國竊號，在在有之。征伐四出，蕩然不禁，天下之正、中國之事，皆諸侯分裂之。平王庸暗，歷孝逾惠，莫能中興，播蕩陵夷，逮隱而死，雅誥不復作，天下無復有王矣。故詩至黍離而降，書至文侯之命而絕，春秋乃作自隱公而始也。」

元年，春，王正月。

元年者，隱公之始年也。古者諸侯之國，各隨其君之年以紀事，故不書。是年爲平王之四十九年。至於正朔，則王所建也。此所謂「春」，乃建子月。冬至陽氣萌生，在三統爲天統。蓋天統以氣爲主，故月之建子即以爲春，而丑寅之氣皆天之所以生。劉歆云：「三統者，天施、地化、人事之紀。」天施，周正建子也；地化，商正建丑也；人事之紀，夏正建寅之謂也。周正建子，在夏時則十一月也。聖人雖欲行夏之時，而春秋因史作經，方尊周以一天下，豈遽改其正朔哉？然古者紀事簡略，多以事繫日，以日繫月，以月繫年。至於事之以大略見者，乃繫事於時。考之書，如「春，大會于孟津」，「秋，大熟未穫」，此事以大略見，而繫時者也。其餘記其日月則不必繫時，如伊訓：「惟元祀十有二月。」畢命：「惟十有二年六月庚午朏。」其他如武成、康

[二] 泰山孫氏，北宋學者孫復，人稱「泰山先生」。有春秋尊王發微十二卷等。

誥、顧命等篇，皆月不繫於時，蓋止欲紀歲月，故舉月則知時也。春秋筆削史記以立大法，於元年之下王正月之上，每歲四時必加謹春夏秋冬之文者，程氏所謂：「春，天時；正月，王正。書『春王正月』示人君當上奉天時，下承王正。明此義，則知王與天同大，而人道立者也。」正月加王，示正月之必出於王也。正朔者，天子所以奉若天道，而敬授人時者也。堯之曆象，舜之璿璣，皆帝王之首政，天下所當奉承者。是時，王政不行，天子不能頒朔於諸侯，諸侯放恣，不惟禮樂征伐不稟於周室，而正朔之大，亦國自爲曆。故考之唐志，周、魯、宋各有曆法，晉當獻、惠之世，大抵皆用夏正。夫子示撥亂反正之法而特書王正月，此「元年春王正月」所以爲謹始之書也。不書「即位」，蓋公羊所謂大一統于此，而禮樂征伐之專者，以次而正焉，故於筆削之際，謹嚴以示褒貶。隱公自立，不由王命與先君之命，故絀其「即位」。恐其之舉有難以顯言者，故特書正月以起之。蓋諸侯之有國，必受天子之土而無天子之命，守宗廟之典籍而不出於先君之命，則其有是國而治民也，其身正而可以正國人未著，故特書正月以起之。蓋諸侯之有國，必受天子之土而無天子之命，守宗廟之典籍而不出於先君之命，則其有是國而治民也，其身正而可以正國人矣。苟或不然，守天子之土而無天子之命，付是二者，一或闕焉，君子有所不居。今隱公兩皆無之，於是立乎其父惠公本欲立桓公，然惠公之薨，桓尚幼，諸大夫扳隱而授之位，而懼桓之卒不克立，於是立乎其位，以俟桓之長而授之。然公之志雖如此，而上不請於天子，下不以告於方伯，人孰知其果有與桓之實意哉？又泥居位十有餘年，而大命不發，讒說得行，故胡氏以爲諸大夫扳已而遂立乎其位，是與爭亂造端而篡弒所由起。

春秋紲隱公即位，所以著父子君臣之倫，有國者不可不明於始也。

三月，公及邾儀父盟于蔑。

邾，公羊並作「邾婁」，與禮記檀弓同，蓋齊人語也。

三月，建寅之月。公，隱公也。邾，魯附庸之國。及，與也。凡盟會侵伐，則從其本爵，而魯獨書公，蓋父母之邦、先祖之所，逮事從臣子所稱之爵，所以崇敬也。及，與也。凡盟會侵伐，内爲主，書「及」；外爲主，書「會」，所以别首從而謹善惡之首也。邾，今襲慶府鄒縣。儀父，邾君之字。左氏曰：「邾子克也。」邾，魯之附庸。附庸之君，例稱字。盟，約信誓神之事。其禮蓋殺牲而歃其血，告誓神明。若有背違，欲令神加殃咎，如此牲也。蔑，姑蔑，魯地。鄭樵曰：「今兖州瑕丘縣有姑蔑城。盟不書日，遠而失之也。」

公攝位而欲求好於邾，故爲蔑之盟。夫繼好息民，固有國之當然，而殺牲要神則非爲人上者，相與講信修睦之道。故書公之及盟，以譏其未免徇習俗之私，而不出於由中之信，於是魯、邾之好卒不能以久成也。

夏，五月，鄭伯克段于鄢。

鄭，今鄭州新鄭縣。鄢，今開封府鄢陵縣。鄭伯，名寤生。段，鄭伯之弟，大叔段也。克，勝也。

鄭莊公之父武公娶于申，曰武姜，生莊公及共叔段，愛段欲立之。及莊公即位，爲之請京，使居之，謂之京城大叔。祭仲諫：「都城過百雉。」公曰：「姜氏欲之，焉辟害？」對曰：「姜氏何厭之有？不如早爲之所，無使滋蔓！蔓，難圖也。」公曰：「多行不義，必自斃，子姑待之。」既而大叔命西鄙、北鄙貳於己，又收以爲己邑，至於廩延。子封曰：「可矣，厚將得衆。」公曰：「不義不暱，厚將崩。」大叔完聚，繕

甲兵，具卒乘，將襲鄭。夫人將啓之。公聞其期，曰：「可矣！」命子封帥車二百乘以伐京。京叛大叔段。段入于鄢，公伐諸鄢。五月，大叔出奔共。

春秋於諸侯之國事則稱國，言君與大臣共圖之也。於其君之父子、兄弟出入誅殺之事則稱君，著其君之志也。仁人之於弟，不藏怒，不宿怨，親愛之而已矣。其或不中不才，亦必正之以義，使不格姦，厚之以恩，道以至於亂。今莊公之於叔段，無念鞠子哀之心，而懷其母偏愛，欲奪己位之所，縱使失不離富貴。方其居京收邑之時，可制而不制，如鷙鳥將擊而匿形於未發之先，稔其惡以待其成。及其逆節已露，然後以寇讐之法討之。以力勝爲期，必誅爲期。至于伐京、伐鄢之日，雖段之死于兵而有所不恤矣。經不書其弟段，固皋其不弟也。然莊公非特以段之不才棄之，乃其心實欲養成其惡，待以寇賊，無復天倫之念，故書曰「克段于鄢」。然後莊公忮忍之心施于同氣者，舉形見於筆削之間矣。

穀梁氏曰：「段失子弟之道矣。賤段而甚鄭伯也。何甚乎鄭伯？甚鄭伯之處心積慮成于殺也。」

程子曰：「言勝之，見段之強，使之強所以致其惡也。不書奔，義不繫於奔也。」

秋，七月，天王使宰咺來歸惠公、仲子之賵。

天王，周平王也。宰，太宰；咺，其名。來，來魯也。曰惠公、仲子，公羊傳曰「兼之是也」。惠公，隱公之父。仲子，惠公之妾。惠公以去年薨，仲子卒之年月不可知，或亦去年也。曰賵，仲子卒之年月不可知，或亦去年也。曰賵，所以助主人送葬也。車馬曰賵。士喪禮：「公賵：玄纁束，馬兩。」天子賵，諸侯之制未聞。案，惠公、仲子皆已葬，則此已不及事

而追行其禮也。

周王稱王耳，《春秋》加「天」於「王」之上，見天子當奉若天道，而行天之命，如皋陶所謂命討典禮皆出于天王者，奉而行之，此《春秋》稱天王之義也。天子於諸侯有賵禮，所以襃有功德而厚其終也。諸侯無再娶之禮，惠公牽于私愛，寵庶妾之仲子，而立為夫人，正犯以妾為妻之戒，瀆亂夫婦之綱，乃天討之所當加，所謂犯令陵政，蓋此類也。平王不能正惠公之皋，反厚其送終之禮，遣冢宰而來賵。仲尼以《春秋》之初，方書天王以立法，於是貶冢宰於上士、中士之例，深皋其以百揆之尊，瘝官失職，一至于此。貶其臣則君可知矣。凡《春秋》之書以尊者而貶從卑者之列，必有大皋極惡而從加焉，不可以常事觀也。

九月，及宋人盟于宿。

宋，今應天府宋城縣。

凡盟以國地者，國主亦與焉。及，內之微者。宋人，外卑者也。惠公之季年，敗宋師于黃，公立而求成焉，故盟于宿。書此，與蔑之盟同旨。夫盟以結信，終身不變可也。七年伐邾，十年伐宋，敗師取邑，盟之不足恃，斷可識矣。

冬，十有二月，祭伯來。

祭，周畿內采地。伯，爵。祭伯，畿內諸侯，為王卿士。寰內諸侯，非有天子之命，不得出會諸侯，不正其外交，故穀梁傳：「來者，來朝也。其弗謂朝，何也？寰內諸侯，非有天子之命，不得出會諸侯，不正其外交，故弗與朝也。禮聘弓鏃矢不出竟場。束脩之肉不行竟中。有至尊者，不貳之也。」

謹案，內外之辨，所以殊尊卑也。朝必有玉帛，聘必有幣筐，諸侯可以相交而王臣之與侯甸不可以相授受，所以絕人慾、往來之私而嚴尊君事上之禮。成周盛時，防微杜漸之意，殆必如穀梁氏之說矣。經書祭伯來，所以見周室法度至此蕩然，故特去其朝，以立內外之防也與？

公子益師卒。

傳曰：「眾父卒。」

海陵胡氏〔三〕曰：「益師，字眾父，眾仲其後。理或然也。春秋於諸侯書卒、書葬，與魯君及夫人同；於大夫書其卒而不書葬，恩紀詳略之差等也。君之卿佐是謂股肱，股肱或虧，何痛如之！故問其疾，弔其喪，賵其葬，臣鄰之義，必厚其送終之恩，此春秋大夫卒必書之旨也。」不書官，程子曰：「諸侯之卿必受命于天子，當時不復請命，故諸侯之卿皆不書官，不與其為卿也。」

愚案，東遷以來，王命不行，諸侯不以天子之命為重，故三命再命之制不復請于王。而其強大者，亦不守

〔三〕海陵胡氏，北宋著名學者胡瑗，著有春秋口義。

列國三卿之制，如晉至於命六卿，魯至於三軍之戰亦有四卿。間雖有請于王，如士會以黻冕命將中軍，亦非復先王之制矣。此春秋所以於列國大夫，自宋統承先王修其禮物得自命官者，或有司馬、司城之書，而此外列國一切削之也。大夫卒，必書日；不日，史失之也。

二年，春，公會戎于潛。

戎，胡氏曰：「費誓稱淮夷、徐戎，此蓋徐州之戎，久居中國，在魯之東郊者。後書魯與戎盟會侵伐並同。」趙氏曰：「凡戎狄，不書爵號而君臣同詞。」

臨江劉氏〔二〕曰：「與會者戎之君也，不與君稱，外之也。王者，內京師而外諸夏，內諸夏而外四裔。正朔不加，禮樂不及，朝聘不與，東方曰夷，南方曰蠻，西方曰戎，北方曰狄。雖大，皆曰子。有故也，然後著其名爵，外之也。」

杜氏注：「戎而書會者，順其俗以為禮。潛，魯地。」

傳：「會于潛，修惠公之好也。戎請盟，公辭。」

今案，待戎之法，驅之而已，此費誓所以錄于書也。惠公與之有好，既失之矣。隱公明內外之辨，修戎政

〔二〕臨江劉氏，北宋著名經學家劉敞，一生長於春秋之學，著有春秋傳，此處出自春秋傳卷一。

而絕其好。會，可也。不能絕之，因與爲禮，登戎夷於堂陛[二]，遂來其盟誓之請。雖辭，於今竟不能却，而與盟於後，故於此書曰會戎，所以譏隱公降國君之尊，失中國之重，不修政事，結援四裔，不習武備，百徒爲易安之舉。觀夾谷之會，孔子之所以却萊兵對齊侯者，則知書會戎之旨矣。會狄、會吳放此。

夏，五月，莒人入向。

莒國，己姓，今密州莒縣。向，小國，姜姓，炎帝之後。漢志：「向，屬沛郡。」杜氏注：「龍亢縣東南有向城。」寰宇記屬應天府穀熟縣。書人，將卑師少。入，謂破其都城，蹂踐朝市也。莒子娶于向，向姜不安莒而歸，莒人入向，以姜氏還。當時，征伐不自天子出，陵弱暴寡，紛然無制，莒以一婦人之故，擅興兵入人之國都，王法所當誅也。

無駭帥師入極。

駭，穀梁作「侅」。無駭，不氏，未賜族。左氏以爲司空。不書官，夫子削之也。或曰：「無駭不書官氏，未王命也。」極，據孔氏正義，賈逵以爲戎邑。書帥師，用大衆也。擅興大衆，陵暴小國，義與入向同。

秋，八月庚辰，公及戎盟于唐。

杜氏注：「高平方與縣北有武唐亭。」今之單州魚臺縣也。

[二] 登戎夷於堂陛，原作「等諸戎于堂陛」，今據宋寶祐三年臨江軍庠刻本改。

傳：「戎請盟。秋，盟于唐，復修戎好也。」

諸侯會盟，皆有相與約信，或尋或寒，皆考於此，固有國之所尤謹也。前此蔑宿二盟，皆不書日者，久遠失之耳。至于中國諸侯與戎相詛，尤不可之大者。蓋盟者，刑牲以相示，謂神之殛倍約者，當如此牲。列國屢監尚以長亂，況輕信戎而與之盟。一有間隙，惟利足視，則求小疵而責大信，必肆豺狼之暴，爲宗社之大禍，故春秋於唐之盟不特謹其日，又特書及戎盟，深皋隱公之失道而闇于謀國也。

胡氏曰[一]：「後世乃有結和親以許昏而骨肉棄于遠，如西漢之於匈奴；約外兵以求援而人民爲其略，如肅宗之於回紇；信甘言以與盟而臣主蒙其恥，如德宗之於尚結贊。雖悔於終，亦將奚及？春秋謹唐之盟，其垂戒可謂遠矣。」

九月，紀履綸來逆女。

紀，杜氏注：「在東莞劇縣。」漢屬北海郡，今屬青州壽光縣。履綸，左氏作「裂繻」。陸氏云：「誤也。」今從公、穀。履綸，紀未賜族之大夫也。不稱使，公羊曰：「婚禮不稱主人。」今案，劉夏、祭公及凡諸逆女者，皆不書使。蓋雖天子、諸侯亦不自主婚，所以養廉遠恥，故不稱使也。女在國，故稱女。

―――――――
[一] 胡氏，北宋學者胡安國，著有春秋胡氏傳。

稱大夫來逆女，卿爲君逆夫人也。今案，春秋於婚姻事與卒、葬同，皆詳書于策，蓋送終之與謹始一也。男女之配，萬事之先。天子、諸侯無出疆，親迎之禮，必使上卿往迎於其國，至於所館，然後親迎以入，此哀公問所謂大昏既至冕而親迎也。紀以卿逆，猶可言也。其或逆者微，則輕配偶，而無以正一國之夫婦，故其書以見得失。

冬，十月，伯姬歸于紀。

伯姬，魯女，即履緰所逆者。婦人謂嫁曰歸。

臨江劉氏曰：「歸于諸侯則尊同，尊同則志。」

程氏[一]曰：「內女嫁爲諸侯夫人則書逆。書歸，明重事也。」

紀子伯、莒子盟于密。

左氏作「紀子帛」。程子從公、穀曰：「闕文也。當云紀侯某伯、莒子盟于密。」左氏附會作『帛』，杜預以爲裂繻之字。

胡氏曰：「凡闕文，有本據舊史因之不能益，亦有先儒傳授承誤而不敢增。必曲爲之說則鑿矣。」

十有二月乙卯，夫人子氏薨。

――――――――

[一] 程氏，北宋著名理學家程頤。

隱公夫人也。薨,上墜之聲。書內之君夫人卒,葬異于外,尊尊也。不地,夫人薨有常處也。子氏不書葬者,婦人從君,故君存則葬。禮未備,待君薨而合祔也。本朝后雖先崩,必俟合葬於山林,蓋古之遺制與。

鄭人伐衛。

衛都朝歌,今濬州黎陽縣。稱人,將卑師少。陸氏曰:「成公以前侵伐書人者,遠事難詳,不必皆微者也。」

凡師聲罪致討曰伐,無名行師曰侵。

鄭共叔之亂,段子公孫滑出奔衛。衛人為之伐鄭,取廩延。鄭人伐衛討公孫滑之亂也。諸侯擅興兵以侵伐,已則當引咎;或自辨喻之以禮義不得免,已則可免矣。鄭人擅興戎,王法所不容也。

三年,春,王二月程子[一]曰:「月,王月也。事在二月,則書『王二月』;無事,則書時首月。蓋有事,則道在事,無事,則存天時王朝,天時備則歲功成,王道存則人紀立,春秋之大義也。」已巳,日有食之。

不書朔,史失之也。非史之失,日食,君人之表。日者,人君之表。日食,君道所大忌。唐曆志曰:「四序之中,分同道至,相過交而有食,天道之常。」以曆推春秋日食大槩皆入食限,于曆應食而春秋不書者尚多,則

[一] 程子,北宋著名理學家程頤,此處出自程氏經說卷第四。

日食必在交限，其入限者，不必盡。食若過至未分，月或變行以避之；或五星潛在日下，禦侮而救之。或涉交數淺，或在陽曆，陽盛陰微則不食；或德之休明而有小眚焉，則天爲之隱，雖交而不食。此四者德之所生也。今案曆家之言，如此則凡日食者，不可歸之常度，而災之所生，乃德之不修也，明矣。況象見于上而災應于下，自是而後王政日微，中國無霸，君弱臣強，禍亂滋起，此春秋所以特書，以啓人主恐懼修省之心，庶幾乎以德消災，而弭天下之禍亂也。

三月庚戌，天王崩。

平王也，在位五十一年。崩，上墜之形。天子崩不書名，至尊異於諸侯也。喪服：「斬衰裳，苴絰、杖、絞帶，冠繩纓，菅屨三年，諸侯爲天子之禮也。」天王之喪，同軌畢至。爲臣子者以所聞，先後奔喪，禮也。隱公聞喪而不奔，春秋以來送終之禮，薄矣。聖經詳志，以見罪惡之淺深。今此平王之崩，但書來訃，而魯人不徃，且志武氏子之求賻，則隱公之蔑視五十一年天下之共主，視其喪葬無復臣子哀戚之情，邈然不以動其心，而自同於禽獸，則其惡極罪大，不可勝誅，不待貶絕而自見矣。

夏，四月辛卯，尹氏卒。

尹氏，左傳作「君氏」，以爲隱公之母聲子。名稱義例皆無考據，故當以公、穀爲正。尹氏者，王室之世卿。詩節之首章指尹氏大師爲致亂之人，後此二百年立王子朝亦尹氏也，則其爲政於王

室久矣。平王繼幽厲之後，不能擇畀忠賢以修其政，而因用致亂之族，使之深根固柢而不可拔，故春秋於此即其告終，變例書氏以見平王不能中興周室之由，而尹氏數百年相繼禍敗，所以著世卿不擇賢之弊，爲後世之深戒也。

秋，武氏子來求賻。

武氏，王之卿士，稱氏亦世官。其子未命也，不稱使。

胡氏曰：「夫百官總己以聽，則是攝行軍國之事也。以非王命而不稱使，於以謹天下之通喪而嚴君臣之義也。」

案，惠公之薨，宰咺歸賵，而平王之喪，隱公不奔，罪不勝誅。爲政於王室者，不能輔王以舉政刑，而遣使下求於列國，春秋直書以見其墮體失政，取輕天下，文武之澤斬然矣。入隱公三年間，經書周室止四事耳，而人亡政熄，王道之不能復興，蓋已具見，此春秋所以爲簡明也。

八月庚辰，宋公和卒。

和，穆公也。名之諸侯，下於天子，且以別內外而謹始終之際也。穆公者，宣公之弟，宣公之薨也，舍其子與夷而立之。穆公疾，召司馬孔父使之立與夷，群臣欲立穆公子馮。公不許，使馮出居鄭。

程子曰：「吉凶慶弔，講好修睦，鄰國之常禮，人情之當然。諸侯之卒，與國之大，故來告也。」

冬，十有二月，齊侯、鄭伯盟于石門。

齊，國名，今青州臨淄縣。鄭伯，莊公。來告，故書。石門，齊地，在濟南府臨邑縣。隱公十一年之間，盟而不食言者，惟此石門之盟。二君終身未嘗相伐，蓋齊方盛強，而鄭莊姦猾反覆之人也。鄭之深仇專在於宋，故鄭莊恃齊以敵之。雖齊間與宋盟好，而左右離間必使惟己之從，是以石門之盟，齊僖不義，而強王政不綱，諸侯放恣，二國相與之固，列國並被其禍也。人考其本末，而知鄭莊多詐，齊僖不義，而強王政不綱，諸侯放恣，二國相與之固，列國並被其禍也。

癸未，葬宋穆公。

穆公，公羊、穀梁作「繆」。

左氏曰：「天子七月而葬，同軌畢；至諸侯五月，同盟；至大夫三月，同位；至士踰月，外姻。」至此卒自外錄，從赴也。葬自内錄，往會則書。穆，諡也，諸侯合請諡于王。宋公，爵也，其稱公，與齊、衛異矣。然春秋自蔡桓侯之外，皆不請于王而私諡者也。

胡氏曰：「外諸侯葬，其事則因魯史，其義則或存或削。曷爲或存或削？春秋，天子之事也。諸侯於方岳葬禮久近與當會者之節也。

之同盟，其生講會同之好，其没有葬送之禮，是諸侯所以睦鄰國也。卒而或葬或不葬者，有怠於禮而不葬者，有弱其君而不葬者，有討其賊而不葬者，有諱其辱而不葬者，有避其號而不葬者，亦有親送於西門之外者矣，而經不書葬，是討其賊也；晉主夏盟，在景公告喪書日矣，而經不書葬，是諱其辱也；宋殤、齊昭告亂書弒矣，而經不書葬，在吳、楚之君書卒者十，亦有親送於西門之外者矣，而經不書葬，是避其號也。怠於禮，弱其君而不會，無其事闕其文，魯史之舊也。討其賊，諱其辱，避其號，聖人所削春秋之法也。」

四年，春，王二月，莒人伐杞，取牟婁。

杞，夏后氏之後，周之三恪，國在今開封府雍丘縣。牟婁，杞邑。取者，言非其有而恃力兼并之也。莒人擅興兵以伐人，又取其地，明伐不以罪，志在貪其利，故兩書「伐」「取」以見王法所當誅也。

穀梁傳：「言伐言取，所甚惡也。諸侯相伐取地於是始，故謹而志之也。」

戊申，衛州吁弒其君完。

州吁，衛莊公嬖人之子，不稱公子，惡逆之首，去其屬籍，以誅之也。凡弒殺，臣子言殺，卑賤之意，君父言弒，積漸之名也。

初衛莊公娶于齊，曰莊姜，無子。又娶于陳，曰厲嬀。其娣戴嬀生桓公，莊姜以爲己子。嬖子州吁有寵而

好兵，公弗禁，莊姜惡之。石碏諫，弗聽。其子厚，與州吁游，禁之不可。桓公立，乃老。今年州吁弑桓公而立。

謹案，弑逆之事，人道之大變，聖人於易坤之初六言其理，以爲臣子而至於弑君父，非一朝一夕之故，其所由來者漸矣，由辯之不早辯也。衛國之禍，始于莊公之寵州吁，縱其好兵而不知禁。公存之時，妾上僭，夫人失位見于詩，則亂根之萌久矣。殖之滋長，終不能圖，以致篡弑成於莊公之寵立之後。春秋據事直書，亦將使讀者原禍敗之所從起，而嚴履霜之戒也。夫君臣、父子、夫婦之分一失其正，則亂之所從生。衛莊溺私愛而使內寵僭嫡，嬖子害正，石碏之諫足以悟矣。愎而弗圖，辯之不早，貽禍後嗣，可謂慘矣。董氏曰：「爲人君父而不通於春秋之義者，必蒙首惡之名。莊公之謂也。」

夏，公及宋公遇于清。

遇者，不期而會之名。古者諸侯雖非相遇而欲從簡易，則以遇禮相見而不行朝會之禮，故亦曰遇。春秋諸侯出疆朝天子，若罷朝卒然相遇，則近者爲主，遠者爲客，稱先君以相接，所以崇禮讓，絕慢易也。春秋因事而書，以譏其非王事而出竟，無國君之禮。今公與宋公爲會，將尋宿之盟。未及期，衛人來告亂，乃行遇禮而還，故特書以譏之也。

宋公、陳侯、蔡人、衛人伐鄭。

陳，今陳州宛丘縣。蔡，今蔡州上蔡縣。

宋自殤公立，公子馮出居鄭之後，有反取其國之心。鄭莊又從而佐之，於是宋殤與鄭爲深仇矣。及是，衛州吁立，欲求寵于諸侯以定其位，使告于宋，求伐鄭，以穆公不立己爲恨，以除子馮之害，使宋爲主而率陳、蔡以同役，故宋公許之而四國同伐鄭也。

宋殤受國于穆公，而馮有爭位之心，又擊鼓詩怨州吁，言「從孫子仲，平陳與宋」，則衛人乃公孫文仲也。

弒逆之賊，内懷見討之懼而欲納交殤公，苟知名其爲賊，正當修德和民、外好鄰國，告于王而討之，則一舉而父子、君臣之倫定，中國之禍未至如後日之慘也。今乃忧于州吁之邪説，拒其邪説，合陳蔡以助逆賊之黨，而首修怨於鄰國，於是馮得以自固于鄭，而宋國之人不復知君臣逆順之正理，自是日從事於兵而弒逆之事卒及其身，皆殤公不能早辯於此役，從自及也。

春秋書宋公爲戎首，蓋即事而罪自見矣。

秋，翬帥師會宋公、陳侯、蔡人、衛人伐鄭。

翬，魯大夫公子翬，不書「公子」，隱公之罪人也。

傳：「宋公使來乞師，公辭之。羽父請以師會之，公弗許，固請而行。故書曰『翬帥師』，疾之也。」誠如此言，則隱公之弗許乃合於義，而忧于翬之固請，君弱臣强，正不勝而邪説行，辯之不早，孰明于此？然再書宋公、陳侯、蔡人、衛人者，乃重言以見其罪惡之不可勝誅，而左氏乃以爲圍東門，五日而還，今復伐鄭，此説稽之經意事理殊爲繆妄，故前事亦未可深信。要之，隱公不明大義，使翬掌兵權以稔其惡，初不待傳而可見。

至於聖人以簡嚴之法作經，嘗曰：「書之重，詞之複，嗚呼不可不察，其中必有大美惡焉。」此年於宋公、陳侯、蔡人、衛人之書，既敘之又重敘之，所以反覆痛宋殤失計，陳、蔡復無人黨，亂賊以虐無辜，視臣弒其君之大變，不知禽獸無知所不爲者，而以爲可親。魯隱又從而翼之，遂使中國之人視之爲常事，宋、魯、陳、衛淪胥繼亂。學者於此當知聖人傷世變、扶天理之深旨，不可徇傳者之陋見而不明聖人之正意也。

九月，衛人殺州吁于濮。

濮，水名，在曹衛之間，受河汴二水，東北至灘，派分爲二，俱東北至鉅野入濟。

傳：「州吁未能和其民，石厚從州吁如陳。石碏告于陳，請即圖之，陳人執之。衛人使殺州吁於濮，石碏亦使其宰殺石厚于陳。」

胡氏曰：「于濮云者，不但紀地而已，亦閔衛國之人，著諸侯之罪也。夫州吁二月弒君而不能即討者，由四國連兵欲定其位，故久然後殺之于濮耳。夫以討賊許衆人，而以失賊罪鄰國，與賊者寡矣。故曰春秋成而亂臣賊子懼。」

稱「人」，討賊之詞，明國中人人得討之，故凡作亂自[二]立爲君者，其爲國人所殺，皆稱人。言衆所共棄，不以爲君，亦夫人所得討也。

————

[二] 自，原作「白」，今據宋寶祐三年臨江軍序刻本改。

冬，十有二月，衛人立晉。

晉，衛公子也。傳：「衛人逆公子晉于邢。」冬十有二月，宣公即位。今案，名之而不書公子，罪其無先君之命，又無王命也。程子曰：「衛人以晉公子也，可以立，故立之，春秋所不與也。雖先君子孫，不由天子先君之命，不可立也，故去其公子。」

五年，春，公觀魚于棠。

觀，左氏作「矢」，非也。棠，濟上邑，今單州魚臺縣有魯侯觀魚臺。公將如棠觀魚者，臧僖伯諫曰：「凡物不足以講大事，其材不足以備器用，則君不舉焉。」公不聽。昔益戒舜曰：「儆戒無虞，罔失法度，罔游于佚，罔淫于樂。」周公告成王曰：「毋淫于觀、于逸、于遊、于田。」又曰：「『今日耽樂。』乃非民攸訓，非天攸若。」蓋兢兢業業，非禮勿動，然後足以正國而治人。一或惟耽樂之從，則將以逸豫而滅厥德。隱公忽臧僖伯之正諫，而遠從事于遊觀，非所以爲君國子民之道，春秋特書，所以示人君當循禮遵法，以隱公爲戒也。

夏，四月，葬衛桓公。

桓公，名完而謚桓。蓋古不諱嫌名也。弒十四月，賊討而後葬，是以緩。謚法：「辟土服遠曰桓。」謚者，行之迹。桓公見弒而加此謚，又衛侯爵而稱公，見國人私謚也。

程子曰：「送終大事也。不請于王而私加以不正之謚，知忠孝者不忍爲也。」謹案，程子之言，深足以發明一經書葬之旨，學者以此推之，則知春秋之時，爲臣子者皆無以正君父之終也。

秋，衛師入郕。

郕，公羊作「盛」。

凡稱師，將卑師衆。郕，杜氏注云：「東平亢父縣有郕鄉。」今之單州任城縣也。衛之亂也，郕人侵衛，故衛師入郕。宣公遭大亂而得位，既葬，踰時首擅興兵以修怨，爲事則知其無尊王之心、安國固本之志，失君道矣。

九月，考仲子之宮。初獻六羽。

考，猶「考室」之「考」，成也。仲子解見隱元年。仲子非正夫人，不得祔惠公之廟，隱爲桓立故，爲其母築別宮，宮成而祭之也。

胡氏曰：「存則以氏繫姓，以姓繫號，沒則以謚繫號，以姓繫謚者，夫人也；存不稱號，沒不稱謚，單舉姓字者，妾也。此春秋所以正名而定夫人衆妾之分也。羽，翟羽舞者所執，人持一羽。凡舞有干舞、有羽舞。不曰六佾而曰六羽，羽以象文德，干以象武功。婦人無武事，故獨奏文樂也。」

公羊傳曰：「六羽，僭諸公也。天子八佾，諸公六，諸侯四。」

左氏曰：「考仲子之宮，將萬焉。公問羽數於衆仲。衆仲對曰：『天子用八，諸侯用六，大夫四，士二。夫舞，所以節八音而行八風，故自八以下。』公從之，於是初獻六羽。」

程子曰：「成王賜魯以天子之禮樂祀周公，後世群廟遂僭用之。仲尼以魯之郊禘爲周公之道衰，用天子禮樂祀周公，成王之過也。」

謹案，周禮，凡天子、諸公、諸侯之禮節度數各有等，舞必有之。論周室正禮，當從公羊之說。衆仲姑欲止用八之僭，故略諸公，言之非周禮也。曰獻者，不宜獻也。春秋於此書「獻」，以見六羽不當用於仲子之廟。書「初」，以見八佾用於群公之室。一言而盡魯僭禮之本末，非聖人莫能修，謂此類也。

常山劉氏[一]曰：「魯僭天子禮樂，春秋每事書之，以正天下之典也。」

邾人、鄭人伐宋。

宋人取邾田。邾人告于鄭曰：「請君釋憾於宋，敝邑爲道。」鄭人以王師會之，伐宋，入其郛。邾人爲道，主兵也。

螟。

蟲食苗心曰螟。國以民爲本，民以食爲天。螟爲災，國之大事也，故記之。

―――――

[一] 劉氏，原作「劉民」，今據宋寶祐三年臨江軍庠刻本改。常山劉氏，北宋學者劉絢，二程弟子，以精通春秋爲名，著有春秋傳一書。

冬，十有二月辛巳，公子彄卒。

彄即臧僖伯，諫觀魚者。公曰：「叔父有憾於寡人，寡人不敢忘。」葬之加一等。杜氏曰：「葬者，臣子之事，非公家所及，故大夫不書葬。」

宋人伐鄭，圍長葛。

長葛，鄭邑，今穎昌府長葛縣。是宋殤以郕、鄭伐己之故，報怨於鄭。言「伐」、言「圍」，聲其罪而圍其邑。經年乃取，著其暴虐阻兵之甚也。

六年，春，鄭人來輸平。

輸，左氏作「渝」。臨江劉氏曰：「字之誤。今從『輸』。」輸者，納也。和而不盟曰平。

胡氏曰：「平者，成也。鄭人納成於魯，以利相結，釋仇怨，離宋、魯之黨也。公之未立，與鄭人戰于狐壤，止焉。元年及宋盟于宿，四年遇于清，其秋會師伐鄭，即宋、魯爲黨，與鄭有舊怨，明矣。五年，鄭人伐宋，入其郛，宋來告命，魯欲救之，使者失詞，公怒而止。其冬，宋人伐鄭圍長葛，鄭伯知其適有用間可乘之隙也，是以來納成耳。」

謹案，鄭莊之納平，非有講信修睦之心，而深爲合黨敵宋之計，是以不憚屈己求和于魯，繼以納祊而未即求許，所以爲敗宋人許之權輿，魯隱亦入於其術中而不悟也。故惟胡氏之說爲得春秋之旨，學者不可不深考也。

夏,五月辛酉,公會齊侯,盟于艾。

左氏曰:「始平于齊也。」

艾,杜氏注:「泰山牟縣有艾山。」今之襲慶府奉符縣也。

秋,七月。

何氏[1]曰:「歷一時無事則書其首月,春秋雖無事,首時過則書。四時具然後爲年也。」

公羊傳:「此無事,何以書?春秋雖無事,首時過則書。四時具然後爲年也。有事不月者,人道正則天道定矣。」

冬,宋人取長葛。

宋自去冬圍長葛,經年不解,志於必取。鄭莊不赴訴於天子方伯同列,以求保其土地人民,反結交於魯,以爲後日報復之計,而委長葛於宋,稔禍長惡。宋殤雖若得志,而後日終受鄭莊報復,蹙國喪師以及其身,春秋所深誅也。

七年,春,王三月,叔姬歸于紀。

叔姬者,伯姬之娣。伯姬爲紀夫人,叔姬待年于父母之國。媵不書,此特書者,以其終不忘紀之五廟,雖紀侯

[1] 何氏,東漢經學家何休,著有春秋公羊解詁一書。

卒，而歸于鄫，以奉宗祀，沒其身而後已。聖人以其賢，可以厲婦行，將有其末，必錄其本，是以變例而特書之。蘇氏所謂「賢而得書」者也。

滕侯卒。

滕國，今徐州滕縣也。不名，史闕文。不書葬者，魯不會也。魯蓋爲滕之宗國，隱公怠於禮，弱其君，雖同宗之親、同盟之國而不會其葬，春秋深著其罪。胡氏論之詳矣。

夏，城中丘。

中丘，杜氏注：「在琅邪臨沂縣東北。」即今沂州臨沂縣。魯無敵國外患之警，盛夏興役事，無故之工築，妨農害民，非人君之心也。春秋重民力之意，程子及泰山孫氏言之詳矣。

齊侯使其弟年來聘。

聘者，諸侯遣大夫通好與國，見於儀禮之篇，詳矣。然古者諸侯間於天子之事，則有邦交殷聘之禮。自隱公即位以來，未嘗朝聘於天子，以魯推之則諸侯蓋可知矣。而齊僖因艾之盟，遽遣使於魯以結好，忘君臣之大義，植同列之私黨，故觀年之聘，則凡〔二〕春秋書聘可以例推矣。書其弟，又著齊侯寵愛之私也。親親之道，尊

〔二〕凡，原作「几」，今據宋寶祐三年臨江軍庠刻本改。

其位重其禄，非賢則不及以政。齊僖公愛其弟，聘魯致女，交政鄰國，一一使之，愛之之過，遂致亂適庶之辯，以啓年之子無知篡弑之禍。聖人以其過於溺愛之私，而失親親之義，故不書公子而特書其弟以貶年，而著後日之禍始於僖公之不早辯也。公羊以爲母弟稱弟，程子力辯之，學者不可不深考也。

秋，公伐邾。

傳：「宋及鄭平。公伐邾，爲宋討也。」

夫和，大者所以恤小，既平宋、鄭則邾、宋之睚眦亦可和矣。親此而虐彼，苟悅宋而忘蔑之盟。子曰：「小人比而不周。」此足以見書爲宋討邾之旨矣。

冬，天王使凡伯來聘。

凡伯，周卿士。凡，國；伯，爵。杜氏注：「汲郡共縣有凡城。」今濬州黎陽縣之境。魯隱即位，未嘗朝聘，天子而遣使聘之，失王體矣。

戎伐凡伯于楚丘，以歸。

戎，見隱二年。或曰：「此戎，州己氏之戎，本昆吾氏之一族，周衰入居中國者也。」楚丘，今拱州之楚丘縣，漢爲梁國己氏縣，此非衛之楚丘。杜注衛地，非也。

天子之使入境而不衛，地主之罪大矣。

程子曰：「以歸，則非執。凡伯有失節之罪。」蓋以者，言能左右之而為之，以者亦聽其左右，故凡言以歸者，多責其降服而事讎也。

八年，春，宋公、衛侯遇于垂。

宋殤，衛宣。垂，近魯地。不期而會曰遇。此則簡禮相見以謀事也。左氏以為齊人欲平宋、衛于鄭，宋公以幣請于衛，請先相見。今以事理觀之，宋、衛本無隙而與鄭為深仇。今欲求成于齊，故相見以謀之耳，必無齊欲平宋，衛于鄭之事也。觀此遇，止二君素相與者，而瓦屋之盟齊方與焉。私交以植黨，無諸侯相見之禮，春秋之所惡也。

三月，鄭伯使宛來歸祊。

祊，公、穀作「邴」。宛，鄭大夫，未賜族。祊，鄭朝天王于東方，祀泰山之邑。杜氏注：「在費縣東南。」今沂州之屬縣也。

鄭伯請釋泰山之祀而祀周公，以泰山之祊易許田，故使宛來歸祊。凡諸侯有大功盛德于王室者，京師有朝宿之邑以待朝覲。泰山有湯沐之邑，以供朝方岳之祭祀。魯，周公之後也，故成王賜許田於王畿之內為朝宿之邑，鄭桓公，宣王母弟也，故賜祊於方岳之傍。東遷以來，諸侯不朝王，天子無復巡狩，遂各以其所近之邑相易。此謀始于鄭伯輸平之時，先以祊歸魯，蓋鄭所以固魯之好，而未敢及許。其辭則以為釋泰山之祀而祀周公，所

以免魯人不共先祖之罪,而隱公猶未許其易許田也。觀此則鄭莊之不憚委先祖所受王邑于人以合黨締交,所謂將欲取之必固與之,而後日會防之役卒使魯隱問齊于宋,以成敗宋人許之計,又終得許田於魯,春秋特書此,以著世亂則姦謀,遂視君父之尊,真如弁髦,而因以敝之,以成其交征利之計,所以見鄭莊為小人之雄,罪之不可勝誅也。

庚寅,我入祊。

此因鄭之歸我,使吏治其地政而主有之也。既不以力得,則當如齊人歸我濟西田,不必書入祊可也。書入者,難詞,又以見義不當受而據有之。貪利忘上,其惡大矣。

夏,六月己亥,蔡侯考父卒。辛亥,宿男卒。

宿,微國。不書葬,魯不會。不名,史闕之也。

秋,七月庚午,宋公、齊侯、衛侯盟于瓦屋。

瓦屋,周地。此則宋、衛欲成于齊而齊侯從其請而與之盟也。春秋之初,皆離會之盟。至此,則三君共要質于神,以示明信。然則宋殤,王者之後;齊僖,東方之大國;衛亦北州之大國,夫民無信不立,而明年,齊、魯會防之後,齊侯遂從魯以黨鄭。又明年與二國伐宋取邑,視今日盟誓之言不復顧忌,比諸小人平時指天日為誓,而他日臨小利害不一引手救,

反擠之又下石者，正相似也！嗚呼！春秋于瓦屋之盟，列數三君而又書曰以謹之，所以傷世變之甚，悼人理之失者，可勝言哉！以是觀參盟之書，庶乎可以見當時之事實而推聖經之旨矣！

八月，葬蔡宣公。

蔡自共侯至桓侯，書于史記者，其皆稱侯。今考父史記亦書曰宣侯，而春秋以公書，所以著臣子之私諡，其尊之同於諸侯也。

九月辛卯，公及莒人盟于浮來。

公羊、穀梁作「包來」。案，浮來，莒地，今沂州沂水縣有浮來山。

傳：「以成紀好也。」隱公於小國不憚屈己而不明大義，故猶汲汲於盟詛，以國君之貴下比小國之大夫，降班失列而不自知，特書公及，以著非莒人之敢敵諸侯，公蓋自失人君之體也。

螟。

蟲災害稼，民食所係，故特書。

冬，十有二月，無駭卒。

傳：「無駭卒。羽父請諡與族。公問族於衆仲。衆仲對曰：『天子建德，因生以賜姓，胙之土而命之氏，諸侯以字爲諡，因以爲族。官有世功，則有官族，邑亦如之。』公命以字爲展氏。」

胡氏曰：「諸侯之子爲大夫，則稱公子，其孫也而爲大夫，則稱公孫。公孫之子與異姓之臣未賜族而身爲大夫，則稱名，無駭、挾之類是也。古者置卿，必求賢德，不以世官，猶爲近古，此二卿所以書名也。其後官人以世，而先王之禮亡矣。其後至於三家專魯，六卿分晉，諸侯失國出奔者相繼，職由此也。觀春秋所書，而是非之迹著，治亂之效明矣。」

案，春秋無駭之卒與季友、仲遂之卒，實因卿大夫之告終以謹世變，所以著無駭、挾之未賜族不爲薄，而季友、仲遂之恩實過於厚。過厚若隆於恩而先王之禮毫釐之過，則生亂啓釁常必由之，學者不可以不考也。

程子曰：「王法之行，時加聘問，以懷撫諸侯，常禮也。春秋，諸侯不修臣職，朝覲之禮廢絕，王法所當治也。不能正典刑，而反聘之，又不見答，失道甚矣。」

九年，春，天王使南季來聘。

南，氏；季，字，天子下大夫例稱字。

今案，隱公十年之間，宰咺、凡伯、南季三至魯庭，以魯爲周公之胄而欲親之也。公不明尊王之義以正其國，而朝聘之禮不復行于王室，於是諸侯視效而王靈竭，臣子則象而篡弒萌，皆隱公惡積而不可掩之所致也。

春秋詳王使之來魯，以待讀者之自考，則知隱公之罪大矣。

三月癸酉，大雨震電。庚辰，大雨雪。

三月建寅之月，劉向曰：「是時雷未可出，電未可見，雷電已出見，則雪不當復降，皆失節也。雷電，陽也；雨雪，陰也。雷出非其時者，是陽不能閉，陰氣縱逸而將爲害也。」

程子曰：「陰陽運動，有常而無忒，凡失其度，皆人爲感之也。」

胡氏曰：「案陽失節而陰氣縱，公子翬弑逆之難，其兆見矣。春秋凡書災異，不言事應而其應具存，明天人之際者，則可考而見矣。」

挾卒。

挾，公、穀作「俠」。不書姓，未賜族。或曰隱不爵大夫也。

夏，城郎。

郎，魯近邑。書不時。

襄陵許氏[二]曰：「七年城中丘而伐邾。今城郎而後伐宋，公不務崇德修政以戒蕭牆，而念外人之有，非干時動衆，恃城保國，亦已末矣。」

――――――

[二] 襄陵許氏，北宋學者許翰，著有論語解和春秋傳，傳記見宋史卷三百六十三列傳第一百二十二。

秋，七月。

冬，魯公會齊侯于防。

防，魯地，今密州諸城縣有防城。

傳：「宋公不王。鄭伯爲王左卿士，以王命討之，伐宋。宋以入郛之役怨公，不告命。公怒，絕宋使。秋，鄭人以王命來告伐宋。冬，會于防，謀伐宋也。」

今案，魯隱之志於與鄭而仇宋，自伐鄭之役已見之矣。況六年受輸平，八年歸祊入祊，其暱鄭之心已深，故外爲平宋之形，鄭復以不王之罪加於宋而爲防之會，假名義以動齊，心俾齊僖，背瓦屋之盟，伐之而不疑，此會防之謀所以爲明年伐宋之地也。左氏見其名而不察其實，故書之如此，殊不知鄭莊公特假此以詿齊、魯耳。觀桓五年繻葛之役，則宋殤不王，豈至如鄭莊之甚乎！故不辯左氏之誣，不足以知鄭莊、魯隱之心，而明聖人書會防之旨也。

十年，春，王二月，公會齊侯、鄭伯于中丘。

會于中丘，爲師期也。

夏，翬帥師會齊人、鄭人伐宋。

程子曰：「三國先遣將致伐。齊、鄭稱人，非卿也。翬不稱公子，與四年同。」

六月壬戌，公敗宋師于菅。

菅，宋地。凡師皆陳曰戰，詐戰曰敗。公蓋不待齊、鄭二國，譎以敗宋也。

辛未，取郜。辛巳，取防。

郜、防，宋二邑。

傳：「庚午，鄭師入郜。辛未，歸于我。庚辰，鄭師入防。辛巳，歸于我。」

今案，鄭莊以齊之背宋從己，魯之力也。故得二邑而不取，俾魯取之。孟子曰：「夫謂非其有而取之者，盜也。」此胡氏所謂內小惡直書而不隱者，故書「取」以著其無名而擅據之。春秋以二邑非魯之版圖而遂有之，

秋，宋人、衛人入鄭。

傳：「秋七月，鄭師入郊，猶在郊。宋人、衛人入鄭。」

今案，宋衛乘虛以入鄭，鄭莊勞民以務外，而不知守其國之故也。

宋人、蔡人、衛人伐戴。鄭伯伐取之。

戴，公穀並作「載」。戴國，舊城在今開封考城縣。

傳：「宋人、衛人入鄭，蔡人從之伐戴。八月壬戌，鄭伯圍戴。克之，取三師焉。宋、衛既入鄭，而以伐戴召蔡人，蔡人怒，故不和而敗。」

程子曰：「戴，鄭與也，故三國伐之。鄭、戴合攻，盡取三國之衆，其殘民甚矣。」

冬，十月壬午，齊人、鄭人入郕。

傳：「討違王命也。」

程子曰：「討不會伐宋也。宋以公子馮在鄭之故，二國交惡。王臣不行，王師不出，矯假以逞其私忿耳。」

十有一年，春，滕侯、薛侯來朝。

薛，夏奚仲之後，國都在今徐州滕縣。來朝，謂朝魯也。

周禮：「凡諸侯之邦交，殷相聘也，世相朝也。」此乃間於天子之事而講之，穀梁氏謂：「考禮修德，所以尊天子也」。凡諸侯朝各書之，若穀伯、鄧侯者，偕至而朝禮不同日也。累數之，若邾、牟、葛及今滕、薛者同日，行禮惟天子可受之，諸侯不當然也。今隱於天子未嘗朝覲，而滕、薛相率以朝之，非獨驕也，又不特見之而使同日旅見，故臨江劉氏曰：「隱公之志已驕，一旦朝兩國之君，不能識其非禮也而受之。死，不亦宜乎？」

夏，五月，公會鄭伯于時來。

左氏無「五月」。時來，公羊作「祁黎」。杜氏注：「滎陽縣東有釐城。」今屬鄭州。

會，謀伐許也。

秋，七月壬午，公及齊侯、鄭伯入許。

許，今潁昌府長社縣。書及，内爲主也。

傳：「七月，公會齊侯、鄭伯伐許。庚辰，博于許。瑕叔盈取鄭伯之旗蝥弧以登。壬午，遂入許。許莊公奔衛。齊侯以許讓公，公曰：『君謂許不共，故從君討之。既伏其罪，雖君有命，弗敢與聞。』乃與鄭人。鄭伯使許大夫奉許叔居許東偏，使公孫獲處許西偏。」

胡氏曰：「隱公即位十一年，未嘗朝聘而受天王之使，王室告喪而會不奔赴以致求賻，擅征伐之柄，爲人而伐人，忽天子先祖之賜田，許人以相易之，又入人之國而逐其君，皆人臣之大惡也。然則不善之殃，豈特始于惠、成于桓，而隱之積亦不可掩矣。故春秋所載善惡是非之迹施設於前，而成敗吉凶之效見於後，不可不察也。」

臨江劉氏曰：「公之不得其終，以德薄而多功，慮淺而數得意也。備其四境，禍反在内，可不哀與！孔子曰：『人無遠慮，必有近憂。』不在顓臾，而在蕭牆之内也。」

冬，十有一月壬辰，公薨。

書君薨，必詳其地，以示正終。不地者，不暇辯其正。不正而有不忍言者，蓋弑也。不書葬者，君弑，臣子當戮力討賊以復君父之讎，故賊未討，則不敢葬。其不知討賊而遂葬者，春秋絀其葬，以見其臣子之不忠孝而忘君父之讎也。

傳：「公子翬請殺桓公，將以求大宰。公曰：『爲其少故也，吾將授之矣。』使營菟裘，吾將老焉。」羽父懼，反譖公于桓公而請弒之。十一月，公祭鍾巫，齊于社圃，館于寪氏。壬辰，羽父使賊弒公于寪氏，立桓公而討寪氏，有死者。」

胡氏曰：「致隱讓國，立不以正，惠公之罪也。致桓弒君，幾不早辯，隱公之失也。既有譎人交亂其間，憂虞之象著矣，而曰『使營菟裘，吾將老焉』，是猶豫留時，辯之不早辯也，其及也宜。隱公見弒，魯史舊文必以實書，其曰公薨者，仲尼親筆也。古者史官以直爲職，而不諱國惡，仲尼筆削舊史，斷自聖心，於魯君見弒，削而不書者，蓋國史一官之守。春秋萬世之法，其用固不同矣。不書弒，示臣子於君父有隱避其惡之禮；不書地，示臣子於君父有不沒其實之忠；不書葬，示臣子於君父有討賊復讎之義，非聖人莫能修，謂此類也。」

卷二

桓公名軌，惠公之子，隱公之弟，母仲子，史記名允。諡法：「辟土服遠曰桓。」

元年，春，王正月。

春秋書王，所以統諸侯正天下也。桓公弒君自立，故自三年以後不書王。元年書王，以天道王法正桓公之罪。蓋桓公雖無王而天理未嘗亡，此元年所以書王正月也。

公即位。

桓公弒君而立，在周禮九伐之法，當伏賊殺其親之罪。今書公，見周王之無政刑；書即位，見魯之臣子忘不共戴天之讎，而推戴弒君之賊，弁冕南面，立乎其位。故桓公之編，其書法大率異於群公，此聖人修理三綱、敕正民彝之大指也。

三月，公會鄭伯于垂。

公篡立而懼諸侯之討己，欲外結好以自固。因鄭伯嘗歸祊以易許田而未遂，乃求好于鄭。鄭亦欲乘此機遂

求許田，故與桓公會于垂。篡弒之人，凡民罔不憝而鄭莊首與為會，故書公會鄭伯，言出於鄭志，所以深罪鄭伯也。

鄭伯以璧假許田。

許者，魯朝宿之邑，在周之畿內而近於鄭。田者，近邑有田。自隱八年鄭莊使宛來歸祊，意欲易許田，隱公雖入祊，而未與許田。莊公因是遂加璧以請田，蓋其實易之矣。書曰假，諱之也。先王以賜周公之子孫為朝宿之邑，而桓公受璧以喪其田，故以為國惡。諱易言假，以深罪之。內以諱為貶，蓋大惡，然後諱也。

夏，四月丁未，公及鄭伯盟于越。

越，近垂，地名。盟，結祊成世。鄭人欲得許田以自廣，是以為垂之會。桓公欲結鄭好以自安，是以為越之盟。故書及，言內之志也。交貶之，以見其惡。

秋，大水。

大，非常也。水非常則災害廣，蓋陰盛惡逆之氣所感也。

冬，十月。

二年，春，王桓無王而二年書王，以天道王法正宋督之罪也。元年意同。或曰：「弒君之罪當其時未能即治，于今誅之，猶足為奉天討正王法，故桓二年書王正月，猶望王室舉九伐之典於是時也。」正月戊申，

宋督弒其君與夷，及其大夫孔父。

初宋穆公舍馮而立與夷，使馮出居鄭。與夷既立而鄭莊公欲納馮於宋，於是自隱四年以後，鄭、宋屢相侵伐。華督，蓋馮之黨也，將弒與夷而憚孔父，故先攻殺孔父，殤公怒則弒之，遂召馮而立焉。公羊傳曰：「孔父正色而立於朝，則人莫敢過而致難於其君者，孔父可謂義形于色矣。」書與夷之弒而後及孔父，明孔父之死爲君故，所以著其節也。

滕子來朝。

滕，隱十一年稱侯，今纔二年，乃降爵稱子，春秋以其始朝弒逆之人，特貶之也。春秋於諸侯之爵不輕貶絕，惟有棄禮滅義、崇獎逆賊、瀆亂三綱之罪者則黜之，故吳、楚僭王、杞、莒亂制，則黜號降爵，而尤於亂臣賊子，嚴其黨惡之法。此滕之始朝桓公，所以特黜而從後日之稱子也。胡氏論之詳矣。

三月，公會齊侯、陳侯、鄭伯于稷，以成宋亂。

凡會未有言其所爲者，此獨言其所爲，蓋事關世變，特書以著之也。宋，先代之後，統承先王，修其禮物。今有華督弒君之亂，若四國之君有奉天討、誅賊臣之舉，如隱四年之誅州吁，則亂不得成矣。魯桓弒隱，方以類合，三國黨惡，謀以賄行，相與定公子馮于宋，立華督而相之，然後其亂始成，無道遂立，反易天常者得以肆其志於天下，而文武成康之澤幾於滅熄，此聖人所深懼而春秋之所爲作，故直書成亂以深著四國之罪。

夏，四月，取郜大鼎于宋。戊申，納于大廟。

郜，國名。杜預曰：「濟陰成武縣東南有北郜城。郜大鼎，郜國所造器也。大廟，周公之廟也。納者，不受而強致之也。」

穀梁傳：「桓內弒其君，外成人之亂，受賂而退以事其祖，非禮也。其道以周公爲弗受也。」

穀梁傳：「會于稷，爲賂故，立華氏也。」以郜大鼎賂公，齊、陳、鄭皆有賂。」

左氏作「杞」。紀，魯親而弱，爲齊、鄭所謀，故來朝魯。

秋，七月，紀侯來朝。

左氏曰：「杞侯來朝，不敬。杞侯歸，乃謀伐之。」未知孰是。

蔡侯、鄭伯會于鄧。

鄧，蔡地。始懼楚也。小國閒於大國而自立之道，孟子告滕文公之三章詳矣。徒懼而不能自強於爲善，所以不振也。

九月，入杞。

程子曰：「將卑師少。外則稱人，內則止云入某、伐某。」

公及戎盟于唐。

修隱二年盟唐之舊好也。

冬，公至自唐。

國君出竟朝覲會盟，歸必告廟，用牲而飲福。史因記其歸至，與舜巡守，歸格于藝祖之意同。春秋因史策之書可以示法者，存而弗削。隱公十一年間，其出疆、盟會、侵入皆不書至，久遠弗詳且失之也。或曰：「不行告廟之禮也。」今桓公盟戎，與盟越會稷同。彼不書至，而此獨記其至者。程子曰：「危之也。」桓公之初，所與盟會皆同爲不義，今遠與戎盟，故危之而書至戎。若不如三國之黨惡則討之矣，居夷浮海之意也。中國既不知義，外域或能知也。」或曰：「春秋主魯，何乃欲戎之討魯君乎？」愚謂聖人初未嘗以其主魯而廢拯救三綱之心，況桓公之編正月不書王，諸侯來朝者，或貶之，或人之，或坐名之，與沐浴而朝告於哀公，請討之意一也。

三年，春，正月，正月不書王者，胡氏曰：「桓弒君而立，三年喪畢入見天子之時，而王朝不舉殘執之典，鄰國不聞請討之事，魯義不戴天之臣子，反面事讎而不恥，使亂賊肆其凶逆，無所忌憚，人之大倫滅矣，故自是而後不書王，見桓無王而行，與天王之失政而不王也。」公會齊侯于嬴。嬴，齊邑，所謂嬴博之間，蓋齊之東南邑。傳：「成昏于齊也。」杜氏注：「公不由媒介，自齊侯會而成

昏，非禮也。」愚案，亂臣賊子與會而爲昏，著齊侯之罪也。

夏，齊侯、衛侯胥命于蒲。

劉氏[一]曰：「胥命者，相命也。古者有方伯，有州牧，有卒正，有連帥，命于天子，正也。諸侯自相命，非正也。齊，太公之後，東州之侯也。衛，康叔之後，北州之侯也。以事相命，愚謂，東遷以來，王政不綱，諸侯放恣。賢伯之思，自黍苗之作已可見矣。隱公而降，中國絲棼，荆楚僭橫，莫有任中國之事者，獨齊、衛爲列國之望，欲私天下之權於己，遂起而圖之。西周方伯皆命於天子，今欲專之，事出創見，必求勢力之均，相遜相先，布之天下，耳目而不以爲異，然後强者乃敢專之。故蒲之胥命，正齊桓非命伯而專征之始也。王命不行，諸侯以力假仁者爲政于天下，蓋基于此。此春秋所以特書而謹之也。

六月，公會紀侯于郕。

左氏、穀梁「紀」作「杞」。今姑從公羊説，見二年注。紀與魯親而求援于魯，以抗齊、鄭，故桓公因其二年來朝與之會也。

秋，七月壬辰朔，日有食之，既。

既者，日光滅盡也。日食盡，爲異尤大。先儒以爲是後荆楚僭號、鄭伯拒王師射王中肩，故太陽之食既。

[一] 劉氏，北宋著名經學家劉敞，著有春秋傳，此處出自春秋傳卷二。

公子翬如齊逆女。

公子翬，弒君之賊，在隱世名之。今乃書「公子」，或曰王命也，或曰桓之黨也。君臣同弒隱公，乃昏于齊，以求配偶，所謂不待貶絶而罪惡見者也。

九月，齊侯送姜氏于讙。公會齊侯于讙。

讙，魯地。禮，送女，父不下堂，母不出祭門。聖人制禮不可過，不可不及。齊僖愛其女之過，至於越竟而送之，遂使魯桓之出，不爲親迎而爲齊侯在讙，特往會之。故僖公之送、桓公之會皆非所以重大昏而正人倫之始。春秋所以謹而書之也。

夫人姜氏至自齊。

不言翬之以夫人至者，公已受姜氏于讙也。受之齊侯，則姜氏既得見乎公矣。

胡氏曰：「不能防閑，於是乎在禮者，所以别嫌明微，制治于未亂，不可不謹也。」

愚案，春秋詳書于策，以見婚姻之際一違乎禮，則始之不正而終無以正身而正其家也。

冬，齊侯使其弟年來聘。

致夫人也。稱弟，義見隱七年。

有年。

五穀皆熟爲有年。春秋常事不書，而此獨書者，桓公行惡，其所感召，如元年大水，五年旱雩、螽，八年十月雨雪，十三年大水，十四年無冰、御廩災等事，十八年間，獨今年五穀僅熟，故以爲異，特書于策，以著桓公之罪，憫魯國之民也。

四年，春，正月，公狩于郎。

狩者，冬獵之名，周禮所謂遂以狩田是也。春舉之者，狩當用夏時之仲冬，在周正則正月乃其時。常事不書，而此特書，以于郎非其地，譏也。凡國之蒐狩，自有常處，鄭之原圃，秦之具囿，皆擇山林翳密之地，因田獵而從禽，以奉四時之乾豆。魯之大野，乃田狩之地，今不於常所而遠涉郎地，則啓犯害民物、蹂踐苗麥之慾，足以見桓公心不在民而志於行樂。此公狩于郎，春秋所以特書而譏之也。

夏，天王使宰渠伯糾來聘。

天王，桓王也。宰，大宰也。渠，采地；伯，爵；糾，名也。天子之大夫不名，糾位六卿之長而名之，以其爲天子之冢宰，而不能詔王以八柄馭群臣，乃親奉命來聘魯桓，是寵篡弑以瀆三綱，故貶而名之也。春秋奉天道以正王法，以君天下者，必敦典庸禮，命德討罪，以當天心，然後輔相裁成之職盡，而天地以位，萬物以育，故此二百四十年必具天時王月，以見天之所以成一歲之運由，人之賞罰政刑成位乎其中，王者之職虧闕如此，使三綱不建、五常不立，人類將也。今魯桓有弑君之罪，王不能奉天討而反使冢宰聘之，

變爲禽獸。故於今年闕秋冬於家宰聘魯桓之後，以見天地之失其收藏，萬物之失其成遂，由王誅之不加於魯桓而寵秩之。嗚呼！此春秋之所以作，而聖人尤致其謹嚴以示大法者也。

五年，春，正月甲戌[一]**陸淳曰：「此下文脱。」己丑，陳侯鮑卒。**

傳：「陳侯鮑卒，於是陳亂。文公子佗殺太子免而代之。」

夏，齊侯、鄭伯如紀。

齊侯、鄭伯僞朝于紀，實欲襲之。紀人覺之，其計不行而止。實朝于紀然，所以抑强暴、惡譎詐，臨江劉氏所謂聖人誅意之效者。蓋春秋之初，齊僖、鄭莊皆小人之雄，合謀同心以吞噬小國爲事，自隱三年石門之盟至桓十一年惡曹之盟，二十年之間二國爲一，伐宋，取郜防，入郕，入許，今又相與謀紀。自二君如紀之後，紀侯多爲計以謀自免於難，而卒不能止齊、鄭貪噬之心，至莊五年使紀季以酅入于齊，紀侯去國然後快于心。故春秋之初，小國困于强暴者，二君之罪居多，春秋詳其相與之迹，所以深誅之也。

天王使仍叔之子來聘。

傳曰：「仍叔之子，弱也。」公羊曰：「譏父老子從政也。」此書大指以桓王頻遣使聘魯以寵亂賊，又因仍

―――――――

[一] 陸淳，唐代經學家，曾師事啖助、趙匡，著有春秋集傳纂例十卷、春秋集傳辯疑十卷、春秋微旨三卷。

叔已老而子代任事,故書以譏其不親有德,又王朝之大夫父老則子從政,世官不擇賢,非周之法,著周室衰亂之由也。

葬陳桓公。

城祝丘。

秋,蔡人、衛人、陳人從王伐鄭。

初鄭武公、莊公爲平王卿士,王欲以政與虢,鄭莊公怨王,王曰:「無之。」故王子狐爲質於鄭,鄭伯使公子忽爲質于周。平王崩,周人將遂畀虢公政,鄭莊公乃取周麥禾,交惡始此。六年鄭伯朝王,王不禮焉。八年,虢公忌父始作卿士於周。今年王奪鄭伯政,鄭伯不朝,王以諸侯伐鄭,戰于繻葛,王師敗績,祝聃射王,中肩。

案,左氏稱諸侯則其君必親從王,春秋以人書而王不稱天,蓋入春秋以來,王室未嘗興兵伐諸侯。今一旦天子帥元戎啟行而諸侯從之,若天討加於宋督、魯桓,則所謂仁不以勇、義不以力,而真足以大服天下之心矣。今桓王以小忿奪鄭伯之政,又帥諸侯伐之,而大姦大惡,反易天常之亂臣賊子乃屢聘焉,其失天下共主之義,非小過也。遂致鄭伯敢于抗拒,祝聘逆節加於王身,而王靈至此竭矣。故人諸侯而王不稱天,此與莊五年書公會齊人、宋人、陳人、蔡人伐衛,文十七年書晉人、衛人、陳人、鄭人伐宋,宣十年書晉人、宋人、衛人、

曹人伐鄭，襄三十年書晉人、齊人、宋人、衛人、鄭人、莒人、邾人、滕人、薛人、杞人、小邾人會于澶淵，皆罪其舍逆亂稽天討，致王法不行，世變日降，所以明用貴治賤，用賢治不肖之法也。鄭伯敗王師而不書者，程子曰：「王師於諸侯不言敗，諸侯不可敵王也；於夷狄不書戰，夷狄不能抗王也。」此理也，其敵、其抗王道之失也。聖人於此一編，經世變、存王體之意無不具，所謂游夏不能與者，謂此類也夫！

大雩。

雩，祭有常祀，左氏所謂龍見而雩。蓋建巳之月，角亢七宿以次昏見東方，祭天為百穀祈膏雨，此春秋以為常事不書者，非常祀之月，或遇旱暵，則因旱而舉，故春秋書之以見災異。然特加之大者，諸侯之雩禱境內山川及百神耳，今魯以周公故，得用天子禮樂，雩及上帝用盛樂，故特書大雩以志其僭禮也。

程子曰：「成王尊周公，故賜魯重祭，得郊禘、大雩。諸侯雩于境內山川耳，成王之賜，魯公之受皆失道也。故夫子曰：『魯之郊禘，非禮也，周公其衰矣。』歲之常祀不能皆書，故因其非時且遇旱災而雩則書之，所以見其非禮且志旱也。」

臨江劉氏曰：「禮之有天子、諸侯之別，自古以來未之有改。」昔者魯惠公使宰讓請郊廟之禮於天子，天子使史角往，惠公止之，其後在魯始為墨翟之學，使成王之世魯已郊矣，成王者周之盛王也，其亦謹於禮矣，則惠公奚請？惠公之請，殆由平王以下乎？」

今案，程子之說，據明堂位及禮運，劉原父說未知所出，姑存之以俟參考。

冬，螽。

程子曰：「蝗也。既旱又蝗，饑不在書矣。」

冬，州公如曹。

州稱公，與祭公同，則州必畿內之地，河內州縣也。左氏乃云：「淳于公如曹，度其國危，遂不復。」杜氏云：「城陽淳于縣，州國所都。」昭元年傳云：「城淳于。」或云因州公不反國，為杞所并，遂以淳于為都，未詳孰是。曹，姬姓，武王封弟振鐸於定陶，為曹國。漢屬濟陰郡，在唐為曹州。今興仁府濟陰縣。

六年，春，正月，寔來。

淳于公自曹來朝，記禮者曰：「天子曰非佗，伯父寔來。」成二年傳：「王曰：所使來撫子一人，而鞏伯實來。」

今案，書「州公」、曰「寔來」，以其不復國而略之也。

夏，四月，公會紀侯于成。

紀來諮謀齊難，公往會之。成，魯地。此與二年書其朝、三年會于郕同旨。

秋，八月壬午，大閱。

閱，八月夏時之六月，非蒐狩之時。大閱，天子之事，非諸侯之禮，失時僭禮，故書以譏之。程子曰：

「無事而爲之，妄動也。有警而爲，則教之不素，豈所以保其國乎！其不言公，蓋懼鄭畏齊。爲國講武，非公之私欲也。」

蔡人殺陳佗。

傳：「陳厲公，蔡出也，故蔡人殺五父而立之。五父即佗也。篡大子免而立，雖踰年而國人不以爲君，故稱陳佗。蓋春秋之初，先王之澤未泯，人心之正理猶存，故蔡人因人心之不君佗而殺佗立厲公。」

程子曰：「蔡人雖以私殺之，而春秋書之同於討賊之例，見殺賊者，衆人之公也。春秋討亂臣賊子之法，務廣其塗而使之無所容於天地之間，所以扶三綱也。」

九月丁卯，子同生。

傳：「以大子生之禮舉之，接以太牢，卜士負之，士妻食之。公與文姜、宗婦命之。問名于申繻，命之曰同。」蓋適夫人之長子備用大子之禮，故史書于策。春秋於此明與子之法，在於正始，明分其物采等衰殊絕於初，則私愛之所不能行，嬖孽之所不能干，所以定國本息亂源也。其不稱世子，未命于天子也。

冬，紀侯來朝。

請王命以求成于齊，公告不能。程子曰：「紀侯不能上訴於天子、近赴于賢侯，和輯人民，效死以守，而欲求援于魯桓，不能保其國宜也。」

七年，春，二月己亥，焚咸丘。

焚，火田也。咸丘，魯地。書「焚」，見其廣之甚，譏淫獵也。

夏，穀伯綏來朝。鄧侯吾離來朝。

穀，據杜氏注，在南鄉筑陽縣北，今屬襄陽府穀城縣。鄧，今之鄧州，皆去魯絶遠。桓公，弒逆之人，而二國遠來朝之，故特名二國之君。諸侯不生名，生名惡之大也。與反面事讎、滅同姓以孤本根之罪無以異。是年不書秋冬，以諸侯相繼朝桓，逆亂天道，歲功不能成，故不具四時。

胡氏曰：「大司馬之法，賊殺其親則正之家宰，下聘則天下之望於王室者絶矣，故四年去秋冬，見天王之不復能用刑也。田恒弒君，夫子告於哀公而請討，今穀、鄧遠朝則天下諸侯無復可望者矣，故七年去秋冬見諸侯之不復能修其職也。」或曰：「然則邾、牟、葛來朝何以書秋冬。」程子曰：「四年與此明其義矣，三國之來，別立義也。」

八年，春，正月己卯，烝。

此夏正之仲冬，當烝祭之月也。常事書者，以五月復烝，故先錄此以見其瀆于祭祀，弗欽之端見於始矣。

天王使家父來聘。

家父，天子大夫。家，氏；父，字。家父、仍叔，詩序皆有之，與尹氏同。或仍氏、家氏世字，如趙孟、

知伯世稱之也。程子曰：「魯桓弒立未嘗朝覲，而王屢聘之，失道之甚也。」

夏，五月丁丑，烝。

公羊傳：「常事不書，此何以書？譏。何譏爾？亟也。亟則黷，黷則不敬。君子之祭也，敬而不黷。」程子曰：「正月烝矣而非時，復烝者必以前烝爲不備也，黷亂甚矣。」

秋，伐邾。

微者也。

冬，十月，雨雪。

程子曰：「建酉月未霜，雨雪記異。」

祭公來，遂逆王后于紀。

祭公，天子之三公。凡女在其國稱女，今紀季姜在國稱王后者，王命之則成所以別於列國，用見王命之重而存母儀天下之體於始也。遂，繼事。

公羊傳曰：「大夫無遂事，此其言遂何？成使乎我也。其成使乎我奈何？使我爲媒，可則因用是往逆矣。」

愚案，天子雖無親迎之禮，然祭公謀于魯，則當復命于王，然後遣于宗廟，以明逆后之重。今使魯爲媒而

用是往逆,輕襲王配如此,何以示正始之道哉?故書若祭公之私行,而以逆后爲遂事,以深譏之。

九年,春,紀季姜歸于京師。

桓王后也,季,字;姜,姓。

公羊傳:「其辭成矣,則其稱紀季姜何?自我言,紀父母之於子,雖爲天王后,猶爲吾季姜。」

劉氏傳[二]:「自歸者言之,王雖有命,未見宗廟則不敢處也。不敢處,恭也。」

公羊傳:「京者何?大也。師者何?衆也。天子之居必以衆大之辭言之。」

胡氏曰:「凡諸侯之女行,唯王后書。」

傳:「不盡書者,唯過我與來告,則書之也。」

夏,四月。

秋,七月。

冬,曹伯使其世子射姑來朝。

曹伯欲朝魯,有疾不能行,乃使其世子射姑奉命代己行朝禮于魯。凡爲人子,立不中門,坐不主奧,不敢

[二] 劉氏傳,北宋經學家劉敞所著劉氏春秋傳。

卷二

六一

乘父之車，示民有尊也。今曹伯有疾，世子爲國之本，不使之朝夕視膳以尼姦邪窺伺之端，而令棄國忘父，越竟抗禮以朝魯桓。夫春秋於桓方以誅亂賊之事望諸侯，今曹伯之使世子，撲之于義，無一可者。春秋所以直書而深貶之，蓋經有從同同之例，射姑之朝桓當以滕子、穀綏、鄧吾離之例推之，而知其父子之悖人倫且忘其國家之大計也。

十年，春，王正月，胡氏曰：「桓無王，今復書者，十，盈數也。」[二] 天道周，人事變，故遠惡者，十年必棄。桓公至是，宜見誅於天人矣。十年書王，紀常理也。庚申，曹伯終生卒。

夏，五月，葬曹桓公。

秋，公會衛侯于桃丘，弗遇。

桃丘，衛地。杜氏注：「公與衛侯爲會，期中背公，更與齊、鄭，故公獨往而不遇。」愚案，下書三國來戰，衛亦與焉，則背信在衛，直不告魯，誤桓公至桃丘耳。春秋爲國諱恥，故言至桃丘而不相遇。

穀梁傳：「所謂弗，內辭也。」

[二] 春秋胡氏傳：「桓無王，今復書王，何也？十者，盈數也。」浙江古籍出版社2010年版，第64頁。

冬，十有二月丙午，齊侯、衛侯、鄭伯來戰于郎。

傳：「齊、衛、鄭來戰于郎。我有辭也。初，北戎病齊，諸侯救之，鄭公子忽有功焉。齊人餼諸侯，使魯為其班。魯以周班後鄭。鄭人怒，請師于齊。齊以衛師助之，故不稱侵伐。」程子曰：「來戰于郎，三國為主。」劉氏曰：「來戰者，外為志乎戰也。」孟子曰：「善戰者，服上刑，所謂為志乎此戰是也。」愚謂此義施于戰而為主者皆可通矣。

謹案，春秋以主客之辭辨用兵之曲直、殘民之輕重。其罪魯而書公及諸侯戰者多矣。若今年郎之爭，直以三國來戰言之，蓋魯桓之當討，固有大罪極惡足以聲而致討，有辭則罪在三國，不容不反常例以明之。故今年之書，其文異，其辭嚴，專罪三國，特書其來戰，以示外有罪則為主之例。此聖經之特筆，游夏所不能與者，學者反復於此，則所謂史外傳心之要典，可得而識矣。不言敗，為內諱。

十有一年，春，正月，齊人、衛人、鄭人盟于惡曹。

胡氏傳：「微者盟會不志，凡志必君與貴大夫所為也。惡曹之盟，即三國之君矣。既不以道興師為郎之戰，又結怨固黨為此盟，故前書爵而以來戰著罪，後書此盟而以奪爵示貶。」

夏，五月癸未，鄭伯寤生卒。

秋，七月，葬鄭莊公。

九月，宋人執鄭祭仲。

鄭莊公馮。宋莊公娶鄧曼生忽，立爲世子。宋雍氏納女於鄭莊公，生突。莊公卒，雍氏欲立其出，而雍氏宗有[一]寵于宋莊公馮。宋公誘祭仲而執之曰：「不立突，將死。」亦執突而求賂焉。宋公不書「爵」而稱「人」，以其徇大夫之私意，干諸侯之正統，使之黜適立庶，貶之也。死難，臣道也。祭仲貪生畏死，爲鄭正卿，背先君之命而立庶孽，故穀梁子曰：「惡祭仲也。」觀下書突歸于鄭，則祭仲之罪見矣。

突歸于鄭，鄭忽出奔衛。

突名以賤之，罪其以世孽違先君之命，而篡國也。鄭忽以國氏，明其正而異于突也。不能有其位而制於權臣，聽於鄰國，其立其奔皆不由己，是以不爵也。歸者，易辭。以庶孽篡國而權臣主之，鄰國助之，舉國聽命，曾無齟齬以致忽之無所容其身。觀比事屬辭之旨，則宋與祭仲之罪不可勝誅固已甚明，而天子方伯之職不修，以致姦狡強橫肆行而無所忌之實，皆可見矣。

柔會宋公、陳侯、蔡叔，盟于折。

———
[一] 有，原作「右」，今據宋寶祐三年臨江軍庠刻本改。

自去年魯與齊、衛、鄭爲仇敵,至今年桓公欲合黨以敵之,於是結宋與陳、蔡,要言歃血。初無忠信誠慤相與之心,又以未命之大夫敵宋公、陳侯,故盟不足恃以久,而桓公又與宋公屢會,求以補前之失而堅宋之合,然不知其不可也。

公會宋公于夫鍾。

郎地。

冬,十有二月,公會宋公于闞。

闞,魯地,在東平須昌縣東南。

十有二年,春,正月。

夏,六月壬寅,公會杞侯、莒子,盟于曲池。

平杞、莒也,平隱四年莒伐杞之怨。曲池,魯地。

秋,七月丁亥,公會宋公、燕人,盟于穀丘。

燕人,南燕大夫。南燕,姞姓國,漢屬東郡,今滑州胙城縣。穀丘,宋地,在今應天府穀熟縣。

傳:「公欲平宋、鄭,故及宋公盟于句瀆之丘。蓋宋之納突于鄭,求賂而後使之入,及突入國之後,不能償其責言,遂成釁隙,故桓公欲平之耳。」

八月壬辰，陳侯躒卒。

厲公也。去年與柔盟于折，不書葬，魯不會，不恤同盟也。

公會宋公于虛。

冬，十有一月，公會宋公于龜。

傳：「宋成未可知也，故又會于虛，又會于龜。」今案，虛、龜皆宋地，蓋桓公欲成宋之急，而屈己連往宋地與之爲會，不知人之心不親，非屢盟數會之所能回也，故春秋詳書以譏之。

丙戌，公會鄭伯，盟于武父。

宋公辭平，故與鄭伯盟于武父。與人交之道，忠信誠慤本乎中，則有不期合而合者。其人非有是心，相與也，不過以利合，而一旦爭小利則相視忽如仇敵。然公之見棄於宋而盟鄭，其離合正如是。春秋詳書之，以見王政不行，諸侯放恣，魯桓、宋莊、鄭厲皆以簒國而立，交相盟會，紛紛離合，惟利是視，煩盟瀆信，祇以長亂王法之所必誅，而不以赦者也。

丙戌，衛侯晉卒。

十有二月,及鄭師伐宋。丁未,戰于宋。

泰山孫氏[二]曰:「再言丙戌,羨文。」

兵法曰:「爭恨小故不忍憤怒者,謂之憤兵。憤兵者敗,魯桓、鄭突此役是也。鄭突藉宋之力以篡國,宋人責賂則背之而結魯,魯桓爲突比與宋會盟,及宋辭平,曾不反已,遽然連鄭以伐之,故書及鄭師伐宋,罪魯、鄭也。又書『丁未,戰于宋』,言魯、鄭與宋呕爭尋常,殘民暴骨,兩罪之也。不言敗,爲內諱也。」

十有三年,春,二月,公會紀侯、鄭伯。己巳,及齊侯、宋公、衞侯、燕人戰,齊師、宋師、衞師、燕師敗績。

趙氏[三]曰:「内兵以紀爲主,外兵以齊爲主,蓋齊與三國之師伐紀,欲滅之。公與鄭救之而勝也。」

胡氏曰:「紀弱而遇齊,以無道加于己,必有引咎責躬,禮義辯諭之文,猶不得免,則固封疆,效死以守,將必有能伸之者。今紀不如是,憤然藉魯、鄭以勝之,小國之勝,禍之首也。況爲之援者,乃弒君之賊,篡國之人乎!然則紀之不能保國,蓋自此戰始矣,此春秋主紀之旨也。衞侯晉未葬而稱爵,以從金革取敗刲,蓋此

[二] 泰山孫氏,北宋學者孫復。
[三] 趙氏,唐代經學家趙匡,師從啖助,啖助以治春秋著名於世。趙匡曾補訂啖助所撰春秋集傳和春秋統例,並自撰春秋闡微纂類義疏,他的遺說保存在陸淳春秋集傳纂例中。

卷二

六七

即朔與兄伋、壽爭國者惡於立乎其位，忘哀戚之心，比事直書，惡自見矣。戰稱帥師者，故序列君臣。敗稱師，重衆也。」

三月，葬衛宣公。

方與衛戰，往會其葬，怨不廢義也。

夏，大水。

陰盛之災。

秋，七月。

冬，十月。

無冰。

厲公也。與比年連兵戰伐修怨，故來求好，而桓往會之。

十有四年，春，正月，公會鄭伯于曹。

常燠也。「二之日，鑿冰沖沖」乃周正。建丑之月，固陰冱寒之時而不冰，陰不能成物之災。胡氏曰：

「政治縱弛，不明之所致也。」

夏，五。

無「月」字，闕文。

鄭伯使其弟語來盟。

春，二君會于曹矣，又使語來涖盟，以申固要約。稱其弟語，譏其寵愛同氣，使之交政，失友弟之義。

秋，八月壬申，御廩災。

御廩者，粢盛委之所藏也。

乙亥，嘗。

四時之祭，常事耳。今書者，壬申有禦廩災之變，以先格王正厥事之誠心，必遇災而懼，未可以遽有事于祖考。況祭祀用夏時，此八月，乃夏之六月，未當時祭，何爲汲汲然以四日之間，遽舉嘗祭乎？以是觀之，則其無誠敬之心，而所以供粢盛者苟簡蔑裂，槩可見矣。此春秋所以特書壬申禦廩災、乙亥嘗以責其奉宗廟之不誠且不敬也。

冬，十有二月丁巳，齊侯祿父卒。

宋人以齊人、蔡人、衛人、陳人伐鄭。

傳：「宋人以諸侯伐鄭，報宋之戰也。焚渠門，及大逵。伐東郊，取牛首。以大宮之椽歸，爲盧門之椽。」「以」者，行其意也。鄭突賴宋之力得入，篡國歸而背其賂，宋人因此與爲仇讎。魯桓平之，宋人不從，鄭遂

與魯伐宋,爲丁未之戰。宋以鄭突入用其寵而背之,且至見伐,積其憤怒,乞師於齊、蔡、陳、衛以行其意。蓋師雖四國之聽,而左右死生惟宋人之爲聽,比於平日,諸侯各率其師以伐人者又不同,故春秋書「以」以別之,如左氏傳載則鄭之廟市、四郊無不殘破,以逞宋人之憤。夫國以師爲本,而王制兵師爲尤重。今宋不反其黨庶孽徇貨賂之失,而擅用列國之兵以泄其私忿,四國輕以兵假人而使之逞志,聖人所惡,蓋有甚於摟諸侯以伐諸侯者,此春秋特書曰「以」以見宋與四國之罪,不可勝誅也。

十有五年,春,二月,天王使家父來求車。

古[二]者,諸侯有功則車服以庸。蓋王之五路,自同姓以下其用之皆有等差,非諸侯所得而私爲。況可以天子之尊而下求于列國乎?天子之畿內方千里,租賦所入,足以待諸侯。諸侯之九貢,亦無有以車供王室之用者。上越禮以求之,下違法而供之,則示貪風於天下,開賄道於邦國,其失自上非小故也,故特書「天王使家父來求車」,則周室微弱,號令不行,所求無藝以取輕於諸侯,家父爲大夫而無所正救,奉使侯國自取辱命之罪具見矣。

三月乙未,天王崩。

桓王也。

[二] 古,原作「右」,今據宋寶祐三年臨江軍庠刻本改。

夏，四月己巳，葬齊僖公。

五月，鄭伯突出奔蔡。

祭仲專，鄭伯患之，使其壻雍糾殺之。將享諸郊。雍姬知之，以告祭仲。祭仲殺雍糾，尸諸周氏之汪。夏，突出奔蔡。

聖人之大寶曰位。蓋天子至尊，而諸侯次之。孟子論伯夷、柳下惠得百里之地而君之，皆能以朝諸侯，有天下。聖賢貴於得位，以其足以恢弘斯道，潤澤生民，是以謂之寶。其次中才之主苟能制節謹度，用賢治民，自足以守其社稷，何至位南面之尊，秉一國之權，而爲臣民之所逐哉！故凡爲國君而失位出奔者，春秋皆以自出書之，所以罪其道之自失、邦之自喪，非臣民所得而逐之也。其書爵而不名者，罪輕惡淺，雖曰失道而尚可以待其改過自新，則其位爲未絕。若突以庶孽奪嫡，固不可以有國，又初與權臣比而篡位，又與親戚謀而欲殺之，爲反覆盜賊之計，以自取亡，蓋王法之所當誅，故特書其名以絕之也。

鄭世子忽復歸于鄭。

世子忽自十一年五月莊公卒而立，至九月奔衛，五年于外，乃得復歸。不從衛侯朔、衍之例稱爵，乃稱世子者，忽之所以得歸者，以其嘗爲世子也；所以不稱鄭伯者，以其不能君也。故程子曰：「忽稱世子，本當立者；不能保其位，故不爵。」

劉氏曰：「書復歸，諸侯之正也。」

許叔入于許。

許叔，許莊公之弟。隱十一年，齊、魯、鄭入許。莊公奔衞，鄭莊公使其大夫奉許叔居許東偏。許，乃先王封建之國。叔既當立，宜請于天子，告于大國以復先君之位，乃不能以大義自信。今因忽、突之爭，竊入其國，稱叔而不名，著其當有國。人者，難詞，以其進無王命，退非父授。夫諸侯進以正乃可以正邦，因亂竊入，己之不正，無以正乎人，故書「入」以見義有所不受也。

公會齊侯于艾。

艾，公羊作「鄑」，穀梁作「蒿」。傳：「謀定許也。」人許之役，實鄭莊以壤地與許相接，欲滅而兼并之，故糾合齊、魯之力而同伐。既入之後，齊、魯俱遂而不受，乃與鄭人。今鄭既亂不能有，則齊、魯遂爲之謀，以定許叔之位，此許之所以復存也。

邾人、牟人、葛人來朝。

牟國，今登州牟平縣。葛，古葛伯國，今拱州寧陵縣。諸侯來曰朝，此即三國之君矣，乃人之者，公羊傳以爲同外之也。

何氏曰：「桓公行惡而三人朝事之。三人爲衆，衆足責，故同外之。」

謹案，朝桓多矣，春秋獨於滕貶稱子，穀伯、鄧侯名之，邾、牟、葛人者，蓋滕子先諸國而朝，穀、鄧自遠而至，此三國者以諸侯之貴，旅見于惡人之朝，以事天子之禮，事亂臣賊子，聖人安得不憫人心之失正、懼天理之淪亡而深誅之與？故特貶三國以示法，而其餘則從同同也。孟子曰：「春秋，天子之事也。」行天子之賞罰，而五刑五用不加于貴賤尊卑，憤然倒植若此之徒，則所謂亂臣賊子懼者，爲虛言矣。

秋，九月，鄭伯突入于櫟。

櫟，在陽翟縣，今屬潁昌府，鄭別都也。

傳：「鄭厲公因櫟人殺檀伯，而遂居櫟。」十七年，高渠彌弒昭公而立公子亹；十八年齊人殺子亹，祭仲逆鄭子于陳而立之；莊十四年，鄭傅瑕殺鄭子及其二子而納厲公，厲公入；又昭十一年申無宇對楚子虔曰：「鄭莊公城櫟而置子元焉，使昭公不立，由是觀之則害于國，末大必折，尾大不掉，君所知也。」

謹案，春秋止書鄭伯突入于櫟，而自此以後忽、亹、儀之事皆不書者，書櫟所以見大都耦國，既入于此，則鄭國之命已制于突，與入其國都，蓋無以異。特書「入于櫟」，而略其入國者，亦所以謹亂之所從生，而俾爲國者，必明于臂指運動之勢，謹於家不藏甲邑，無百雉之城之禮，又以見忽、亹、儀之爲君者末矣，而不足紀，此春秋所以爲簡嚴之書也。

冬，十有一月，公會宋公、衛侯、陳侯于袤，伐鄭。

袤，公羊作「侈」。杜預曰：「袤，宋地，在沛國相縣西南。」

傳：「會于袤，謀伐鄭，將納突也。弗克而還。」

穀梁傳：「地而後伐，疑辭也。非其疑也。」

胡氏曰：「昭公之與突，是非邪正亦明矣。然昭公雖正，才不足以君國，復歸於鄭，日以微弱。厲公雖篡，其才足以結四鄰之援，既入于櫟，日以盛強。諸侯不顧是非而計其強弱，始疑於輔正，終變而與邪，穀梁所謂非其疑者，責其疑於為義而果於為不義，相與連兵動衆，納篡國之公子也。故詳書其會地而後言伐以譏之也。」

謹案，魯桓、宋莊、衛朔皆以不正得國，其為突謀，乃水流濕、火就燥之意，獨陳侯疑之耳。然寡不勝衆，所以疑而遂合也。

十有六年，春，正月，公會宋公、蔡侯、衛侯于曹。

杜氏曰：「蔡常在衛上，今序陳下，蓋後至。」

夏，四月，公會宋公、衛侯、陳侯、蔡侯伐鄭。

謀伐鄭也。於此又邀蔡而與同事，黨益張矣。

呂氏[二]曰：「當時諸侯皆以一切強弱目前利害為先後，不復用周班也。」

[二] 呂氏，南宋學者呂本中，著有春秋集解、紫微詩話和東萊先生詩集。此處出自呂氏春秋集解卷四。

程子曰：「突善結諸侯，故皆爲之致力屢伐鄭也。」

愚案，自鄭突入國之後，即比魯而仇宋。及其出奔，乃能使魯與宋，自冬及夏悉力伐鄭，所謂善結也。衛侯朔與母構兄，亦姦惡之雄，今復因同惡之，合陵蔡侯而居其上。春秋比事直書，以見當時王政不行，霸者未作，小人恣橫，恃其強衆凌暴寡弱，可畏如此。及桓、文之興，而後少抑焉。當是時，雖欲不與齊、晉，其可得乎！

秋，七月，公至自伐鄭。

孫氏[一]曰：「助篡奪正，踰時而返。」

冬，城向。

十有一月，衛侯朔出奔齊。

傳：「初，衛宣公烝于夷姜，生急子，屬諸右公子。爲之娶于齊，而美，公取之，生壽及朔，屬壽於左公子。夷姜縊。宣姜與公子朔構急子。公使諸齊，使盜待諸莘，將殺之。壽子告之，使行。不可，曰：『棄父之命，惡用子矣！』有無父之國則可也。及行，飲以酒，壽子載其旌以先，盜殺之。急子至，曰：『我之求也。彼何罪？請殺我乎！』又殺之。二公子故怨惠公。十一月，左公子洩、右公子職立公子黔牟。惠公奔齊。」

[一] 孫氏，北宋著名學者孫覺，著有春秋經解十五卷、春秋學纂十二卷、春秋經社要義六卷等，此處出自春秋經解卷二。

公羊傳：「衛侯朔何以名？絕。曷爲絕？得罪于天子也。」

愚案，朔立已五年，二公子不能獨逐之，必因其陵蔑天子，周室欲討，而後二子得以行其志，所以莊六年王人子突救衛，公羊氏之說其必有所傳矣。朔殺兄奪國，王命絕之，故名。

十有七年，春，正月丙辰，公會齊侯、紀侯，盟于黃。

平齊、紀，且謀衛。案，公十三年會紀侯敗齊師以益其怨，今乃盟之，豈足以釋憾！又朔得罪于天子而欲納之，一動而二失也。黃，齊地。

二月丙午，公會邾儀父，盟于趡。

傳作「會」。公羊、穀梁並作「及」，今從之。

高郵孫氏[二]曰：「及，內爲志；會，外爲志。儀父附庸之君，非敢盟公，公欲與之盟耳，此當以『及』字爲定。」趡，魯地。

五月丙午，及齊師戰于奚。

不書「夏」，闕文。

穀梁傳：「內諱敗，舉其可道者也。」今案，不書敗者，以背盟興兵而殘民敗師，諱之也。

――――――――

[二] 高郵孫氏，北宋學者孫覺。

六月丁丑，蔡侯封人卒。

桓侯也。

秋，八月，蔡季自陳歸于蔡。

傳：「桓侯卒，蔡人召蔡季于陳。秋，蔡季自陳歸于蔡。蔡人嘉之也。」何氏曰：「蔡侯封人無子，蔡季當立。封人欲立獻舞而疾季，季辟之陳。封人卒，反歸奔喪，無怨心，故稱字而賢之。」

劉氏曰：「季之去，權也。若季者，道足以與權而不亂，力足以得國而不居。遠而不攜，聞召即歸，能遠禍于未然，不悻悻以爲高，其去就合宜，故春秋貴之，劉氏之傳得之矣。

今案，復國於危疑之際，考之書法，惟蔡季爲善。以其潔身而去，一無爭心，念念宗國，聞召即歸，能遠禍于未然，不悻悻以爲高，其去就合宜，故春秋貴之，劉氏之傳得之矣。

癸巳，葬蔡桓侯。

陸氏[二]曰：「案史記、世本、左氏，蔡之諸君皆謚爲侯，經皆稱公者，以其私謚，與僭同也。惟蔡桓稱侯，蓋告王請謚，王之策書則云謚曰某侯。諸侯國史因而紀之，故特書之，明得禮。」

[二] 陸氏，唐代經學家陸淳，此處出自春秋集傳纂例。

卷二

七七

啖氏[一]曰：「蓋蔡季之賢，請諡於王也。」

劉氏曰：「稱爵，禮也；稱公，非禮也。稱爵者，諱之於天子也；稱公者，非諱之於天子者也。賤不諱貴，幼不諱長，天子崩，諱於郊；諸侯薨，諱于王；大夫卒，諱于君。」

及宋人、衛人伐邾。

桓公春與齊、邾盟，既而皆背之，戰奚，伐邾，並見于一年之中，反顧前日，刑牲詔神、玉帛交錯棄如敝屣，蓋其爲人瀆信而好亂，不仁而佳兵，人理滅矣。宜其不踰年見殺于齊也。

冬，十月朔，日有食之。

不書日，失之也。

十有八年，春，王正月，公會齊侯于濼。公與夫人姜氏遂如齊。

高郵孫氏曰：「正月有王，桓公之終也。弒君之賊，無可赦之理，不見諱於一時，當見諱於歲月；不見諱於其生，當見諱於其死；不見諱於終身，當見諱於萬世。」公會齊侯于濼。

傳：「公將有行，遂與姜氏如齊。」申繻曰：『女有家，男有室，無相瀆也，謂之有禮。易此，必敗。』公

〔一〕啖氏，唐代經學家啖助，著有春秋集傳和春秋統例二書，後又由其弟子趙匡和陸淳加以補充完善。其主要思想保存在陸淳編定的春秋集傳纂例之中。

會齊侯于濼,遂及文姜如齊。齊侯通焉。公謫之,以告。

今案,書濼之會不言夫人者,夫人不與行,會禮也。如齊不言及而言與者,夫人伉也,所以見夫不夫、婦不婦,進退制于夫人也,故劉氏以爲猶曰匹夫匹婦之相與云爾。凡事之異于常者,禍之所從起,故觀公與夫人姜氏如齊之書,即見其違男女之常經而禍亂之所從生,斷可識矣,此聖人謹禮于微、慮患于早之意,不可不察也。

夏,四月丙子,公薨于齊。

傳:「夏四月丙子,齊侯饗公,使公子彭生乘公,公薨于車。」公羊曰:「於其乘焉,拉幹而殺之也。」魯人告于齊,曰:「寡君畏君之威,不敢寧居,來修舊好,禮成而不反,無所歸咎。惡於諸侯。請以彭生除之。」齊人殺彭生。

春秋書魯君見弒之例有二:在內則不書地,在外則不容不書其地,而以上下文之特異者見之。此先書公與夫人姜氏如齊,而明年書夫人遜于齊,又莊公不書即位,則雖不明書齊人戕公,而桓公之不得其死,已昭然于書法之間矣。蓋本國之事,書之與他國同,則非所以見尊君親上之意。是以雖桓公之殺不得而不諱,然又當存不沒其實之意,以示後世之傳信,故曰婉而成章也。

丁酉,公之喪至自齊。

公內不能正室,外取禍于齊,其致痛之也。

秋，七月。

冬，十有二月己丑，葬我君桓公。

葬稱「我君」而後舉謚，趙氏以爲臣子之敬詞。蓋明言我君以舉其新加之謚，然後其詞恭且順，不然則恐涉他國君，而近於不敬矣。

公羊傳：「賊未討何以書葬？讎在外也。讎在外則何以書葬？君子詞也。」蓋國有強弱，勢有順逆。今齊強於魯，而天下既不舉九伐之法，諸侯亦未有以方伯之事自任者，故君子量力，且假使書葬於可復讎而不復，然後深責之也。

卷 三

莊公名同，桓公子，母文姜。諡法：「勝敵克亂曰莊。」

元年，春，王正月。

不書即位，桓公見戕於齊，固不及有立子之命。莊公之生，雖以適嗣書於經，然繼承之初，創鉅痛深異于他公，不但當請於[一]王即位，而父之仇未討，亦當告于天子，以國事委冢宰而專以討賊爲事。今泰然居之，曾不以父之無罪見殺於鄰國爲念，但與桓公之初立不同耳，是以削其即位。蓋莊公之不書即位比于桓、宣之特書者，固未至此。而以人子之心處莊公之時，當知莊之無志，又非隱、閔、僖之比也。此春秋之旨，唯深明乎時義者知之。

三月，夫人孫于齊。

[一] 請於，原作「詣子」，今據宋寶祐三年臨江軍庠刻本改。

夫人，文姜，莊公母也。魯人責其與聞乎弒，于是出奔。左氏謂不稱姜氏，絕不爲親，禮也。穀梁子曰：「人之於天也，以道受命；於人也，以言受命。不若於道者，天絕之也。不若於言者，人絕之也。臣子大受命。」蓋文姜之罪上通乎天，爲魯之臣子者，原先君見弒之罪，固難以嗣君，夫人所出而以恩掩義，故斷以大義而去姜氏以絕之，所以尊社稷而重本也。古之聖人爲禮有等衰、制服有輕重，三綱之設以夫爲妻綱，皆所以明天倫之正，而使人知本，以自別于禽獸者也。

夏，單伯逆王姬。

逆，左傳作「送」，考之春秋之例，非也。況築館在秋，如單伯果以天子大夫送王姬，必俟館成之後方至魯，豈得預書之？當從公、穀作「逆」。

單伯，魯大夫，不書名氏，蓋周禮所謂公之孤四命也，王姬先至于魯，然後往成禮于齊，故魯大夫往逆于周也。曷爲使我主之？天子嫁女乎諸侯，必使諸侯同姓者主之；諸侯嫁女于大夫，必使大夫同姓者主之，此古者王姬下嫁之常禮也。」常事不書而此特書之，又不書如京師逆王姬，穀梁氏曰：「其義不可受于京師是也。」春秋書此所以著魯居斬衰而主婚姻，已非禮之常而不可躬君弒于齊，使之主昏，與齊爲禮，其義固不可受也！況王室之女下嫁齊侯，而齊乃寢苫枕戈不可同天之讎，奈何與之主婚！於此見魯之君臣無復讎之心，而國之三綱至是絕矣。

秋，築王姬之館于外。

築館所以待王姬之舍，以俟齊侯之逆也。於廟則已尊，於路寢則不可，小寢則嫌，故必改築。然魯主王姬前此必有其所，今特築于外者，當是時知仇讐不可與接昏姻，又衰麻哭泣不可雜于吉事，故築于外也。然在平日為可耳，桓公弒于齊未及一年，其創鉅痛深當百倍於先君正終之日，又可以于外為安而命國人以築齊王姬之館與？春秋所以詳書而著其忘父親讎之罪也。

冬，十月乙亥，陳侯林卒。

王使榮叔來錫桓公命。

榮叔，周大夫，榮，氏；叔，字。錫，賜也。桓公弒于齊，桓公已終而賜之命，蓋莊公主王姬之昏，故親魯而寵嘉其父，遣使賜之策命，若昭七年衛襄公之卒，王使成簡公追命衛侯之比也。夫五服五章謂之天命者，誠以命德討罪，上合天心，勸善懲惡。今桓公之弒隱，在王法有賊殺其親之罪，乃司馬九伐之所宜加，周王非特不能討，又以惡為善，示以褒嘉，故春秋之例王必稱天，而此年特去「天」而止書「王」，以見王之不能奉若天道。趙氏以為寵簒弒以瀆三綱也，得春秋之旨矣。

王姬歸于齊。

王姬來而不書至，別于魯之夫人也。書歸，著莊公之忘親釋仇，主婚而成禮也。逆于京師，築館于外而不

書歸于齊，則有本無末，無以見莊公忘仇之實矣。

齊師遷紀郱、鄑、郚。

杜氏[二]注：「郱在東莞臨朐縣東南，鄑在朱虛縣東南，北海都昌縣西有郚城。」

齊欲滅紀，故徙其三邑之民，而取其地。齊圖紀久矣，今始遷三邑，其民之不服者，迫遷之。以齊之民，故稱師而書遷。至是紀之力不足以自守，駸駸於滅亡矣。

二年，春，王二月，葬陳莊公。

未詳孰是。

夏，公子慶父帥師伐於餘丘。

慶父，莊公之庶兄。於餘丘，公羊曰邾之邑也。或曰小國而近于戎者。其曰「於餘」，若曰「於越」然，以成異日子般、閔公篡弒之禍，故春秋詳書以譏之。

莊公之立，寢苦枕戈莫先於率一國以同仇于不義之齊，捨是而命將帥師先有事於無罪之小國，兵興無名而公子慶父以尊屬得兵柄，亦見於此，莊公是時年才十五，慶父得政以制一國之權，軍政之本既失，而權移于下，

[二] 杜氏，西晉學者杜預。

八四

胡氏[二]曰：「魯見弒者三君，隱、般、子惡，皆以翬、慶父、仲遂先制其兵而後得以成篡弒之謀，由辯之不早辯也，豈不信哉！」

秋，七月，齊王姬卒。

禮記檀弓曰：「齊告王姬之喪，魯莊公為之大功。或曰由魯嫁故為之服姊妹之服。」然則王姬比于內女而書卒，禮之常也。至于舍不共戴天之讐而乃主齊夫人之喪，則知有齊而不知有父，莊公之罪可謂大矣。故自單伯逆王姬以至此章特書屢書，辭煩而不殺，以正其洓汨大倫，誣滅天理之罪，所謂婉而成章也。

冬，十有二月，夫人姜氏會齊侯于禚。

禚，齊地，公羊作「郜」，下同。

傳曰：「書姦也。」

趙氏[三]曰：「姜氏、齊侯之惡著矣，亦所以病公也。曰：『子可以制母乎？』夫死從子，通乎其下，況於國君。君者，人神之主，風教之本也。不能正家，如正國何！若公者，哀痛以思父，誠敬以事母，威刑以督

[二] 胡氏，北宋學者胡安國。
[三] 趙氏，唐代經學家趙匡。

卷三

八五

下，車馬僕從莫不俟命，夫人之往也，則公威命之不行，哀戚之不至云爾。」

謹案，春秋，孔子之刑書也。觀春秋書法如此，則以孔子而當周公之任，正文姜之罪，必不免于管蔡之誅矣。

乙酉，宋公馮卒。

三年，春，王正月，溺會齊師伐衛。

溺，不氏，與無駭、挾同。伐衛，爲納朔也。命將出師，會仇讐而納衛侯朔，蓋不待貶絶而惡見矣。

夏，四月，葬宋莊公。

五月，葬桓王。

王以魯桓公十五年崩，至此七年乃葬。劉氏曰：「慢也。」夫喪不過三年，天子七月而葬，此送終之大事，禮經之不可進退者也。及是周室衰微，隱三年平王崩，隱公復不往會其葬，周室之喪禮，至此掃地盡矣。方喪之制，自舜二十有八載之後，三代用之。至于此時，則不待漢文之短喪而已，先亡矣。今桓王七年而不葬者，必久喪以待諸侯之至耳，所以既不會公如，又不書卿大夫往，而止記桓王之葬也。同軌畢至之禮，既不復行，於是諸侯惡其害己而去其籍。先王之喪禮僅傳于後世，惟有士喪，既夕、士虞耳，可勝惜哉！孔子序書而存顧命康王之誥，作春秋而於此書葬桓王，周室之盛衰可以參見矣。

秋，紀季以酅入于齊。

季，紀侯之弟，諸侯之弟例稱字。酅，紀之邑，杜氏注：「在齊國東安平縣。」今郯川之境也。齊欲滅紀，元年又遷其三邑，紀侯力不能抗，欲去其國，故使季以酅事齊，請復五廟。當是時，王政不行，霸者未作，強大吞併，無道肆行，小國不能校異辭下敵，以先王之建國而宗祀之存，反聽命于強暴，春秋所以於紀季無譏焉，而書入以志其難，蓋閔之也。

冬，公次于滑。

公羊、穀梁作「郎」。

傳：「公次于滑，將會鄭伯，謀紀故也。」杜氏注：「滑，鄭地，在陳留襄邑縣西北。」或曰今滑州也。凡師，一宿爲舍，再宿爲信，過信爲次。」公以姻親之故，閔紀之難已在朝夕，而度其力，終不能救，故次師于滑。將以鄭之不會而辭于紀耳，非實有救紀之心也。彼於父之讐尚忘之而不圖，豈真有心於存紀哉。故書次于滑，見師出無名以深譏之。

四年，春，王二月，夫人姜氏享齊侯于祝丘。

享，公、穀作「饗」。祝丘，魯地。享燕，兩君相見之禮。享有體薦，所以訓恭儉；燕有折俎，所以示慈惠。婦人送迎不出門，見兄弟不踰閾。夾谷之會，齊侯欲享魯君，夫子猶以犧象不出門，嘉樂不野合拒之，豈

齊侯、文姜可以行之於祝丘乎！假先王之禮而爲禽獸之行，大亂之道也。漢人有云：「淫亂之漸其變爲篡，文姜之行瀆亂周公之禮多矣。」魯人習之三十餘年，卒至于子般、閔公兩君見弒而後止，聖人作易以閑有家，爲家人之始，垂訓遠矣。

三月，紀伯姬卒。

穀梁傳：「外夫人不卒，此其言卒何也？吾女也。」適諸侯則尊同，以吾爲之變卒之也。蓋諸侯絕傍期，其姑姊妹女子嫁于諸侯則尊同，其卒也爲之服大功九月，然不必皆書。此爲紀侯去國而伯姬葬于齊侯，因魯事以備，當時之變也。

夏，齊侯、陳侯、鄭伯遇于垂。

齊襄公、陳厲公、鄭伯突也。三國遇于垂，謀取紀也。

紀侯大去其國。

紀侯不能下齊，遂以國與紀季，去之以違齊難。大去者，離其民社之守而不反之詞也。

胡氏曰：「與其不爭而去，是以異於失地之君而不名，不與其去而不存，是以書叔姬歸酅而不錄紀侯之卒，明其爲君之末矣。」

愚案，紀之本末，自桓之五年書齊、鄭如紀以至元年、三年凡關紀之存亡者一一備書之，以見齊、鄭圖紀

之淺深有漸,而卒成於今年也。紀之圖存,雖其間不能無失,然而困于強暴之陵迫,委宗廟於其弟而後去之,故特書大去而不曰出奔,所以責強大、閔小弱而寓興滅繼絕之志於言意之表也。

六月乙丑,齊侯葬紀伯姬。

齊襄欲滅紀,雖其夫人尚在殯而迫逐其君以去之,其惡大矣！尚以禮而葬其夫人,君子以為豺狼之行而為婦人之仁,加刃于人而以手撫之,斥言齊侯,以賤之也。

秋,七月。

冬,公及齊人狩于禚。

公羊、穀梁作「郜」。公羊傳:「公不當與微者狩,蓋齊侯也。齊侯而稱人,諱與讎狩也。公前此後此皆有事于齊,而獨於此譏者,蓋通讎之罪俱重,不可勝譏,而尤莫重乎與讎狩,故於此一譏而其餘從同也。」

五年,春,王正月。

夏,夫人姜氏如齊師。

言齊師則齊侯在焉。曰如以見魯道有蕩,而夫人之行往來恣縱,詩人所以有載驅之刺也。

秋,郳犁來來朝。

郳，公羊作「倪」。犁，公羊、穀梁作「黎」。郳，蓋附庸國，即小邾也。杜氏云：「其後數從齊桓以尊周室，王命以爲小邾子。」東海昌慮縣東北有郳城。犁來，名也。

常山劉氏[二]曰：「夷狄附庸例書名，犁來能修朝禮，故書曰『朝』，蓋於此已能自進于禮也。」

今案，宋仲幾云：「滕、薛、郳，吾役也。」則郳蓋宋之附庸，非夷狄也。而不得與邾儀父同稱字者，臨江劉氏以爲未成國，謂之郳，其或然與？

冬，公會齊人、宋人、陳人、蔡人伐衞。納惠公也。

穀梁傳：「是齊侯、宋公也。其曰人何也？人諸侯，所以人公也。其人公何也？逆天王之命也。」

六年，春，王正月，王人子突救衞。

正月，公羊、穀梁作「三月」。王人，下士也。子突，字也。救衞者，奉天王之命，以存黔牟而拒朔也。朔搆兄篡國，天討之所當加，而子突能奉王命以救之。春秋一經王旅之出而合司馬九伐之法者，惟此一事，所以雖微者，帥師而書字以襃之也。

―――――――

[二] 常山劉氏，北宋學者劉絢。

夏，六月，衛侯朔入于衛。

名之又書「入」，與鄭伯突同篡逆之罪也。聖人特人伐衛諸侯於先，又襃子突於後，正名分以示天討之當然，誅黨惡以罪諸侯之同逆。而于此書衛朔之入國，則閔暴行之放恣，憂正理之不明者，爲如何哉！自是而後又十餘年齊桓始霸，然後諸侯知所一，而百餘年間尊卑正否之權[一]，尚有所寄，然後知二霸之作爲小補於世變之盛衰也。

秋，公至自伐衛。

書至，與公至自唐之意同。王誅若行，齊、魯、宋、衛皆有當誅之罪，故書至以危之也。

冬，齊人來歸衛俘。

二傳作「寶」。胡氏曰：「案商書：『遂伐三朡，俘厥寶玉』，則俘者，正文也；寶者，釋辭也。」衛俘，衛朔所賂諸侯之貨寶，齊人首惡，故主受衛之賂而分於黨惡，助亂之國。文姜

傳：「文姜請之也。」衛朔

又取以爲己之功，亦足以見齊襄之淫縱貪黷，操貨賂之權以迷惑人心者，乃元惡大憝。有王者作，則諸侯之不

[一] 權，原作「獾」，今據宋寶祐三年臨江軍庠刻本改。

待教而誅者也。

七年，春，夫人姜氏會齊侯于防。

傳：「齊志也。」杜氏注：「防，魯地。遠至魯地，齊侯之志也。」

夏，四月辛卯，夜，恒星不見。夜中，星隕如雨。

夜，穀梁作「昔」。隕，公羊作「霣」。恒星，經星也。經星不見，夜明也。杜氏以長曆推，辛卯四月五日月光尚微，蓋時無雲，日光不以昏没。如雨者，言衆多，不可爲數也。此蓋王運將終而霸統方作之祥，自此堯、舜、禹、湯、文、武之紀綱法度掃滅殆盡

胡氏曰：「漢成帝永始中亦有星隕之異，而五侯擅權，賊莽居攝，此天示象于上而人事之必應者也。」

秋，大水。

書大，爲異非常也。蓋文姜宣淫，陰盛不制之所感也。

無麥、苗。

穀梁傳：「麥、苗同時也。」周之秋，今五月，麥熟苗將秀，因水漂盡，民食乏絶，有國之大事，故書

冬，夫人姜氏會齊侯于穀。

穀，齊地，杜氏注：「濟北穀城縣。」今屬鄆州東阿縣。

文姜元年以罪孫于齊，後復宣淫自二年至今，詳書于策，斂笴、載驅錄于齊風，與衛之鶉之奔奔、牆有茨諸篇論其時世皆一時之事。魯、衛先王之後，婦行放逸，同播其惡於萬民，故詩謂之變風。夫子曰：「二國之政，兄弟也。」蓋不特周公、康叔之盛，而其世衰俗末政之陵夷亦相似如此。閔公之篇，慶父亂魯，齊幾取之，與衛之滅適同其時。聖人以魯之事已詳於春秋，故不復錄魯詩，而齊詩之及魯事者以不刪而見之。夫二南之風，后妃不待閑而其德足以化天下，後世閑有家之道廢，而亡國敗家之禍，同一軌轍。詩、易、春秋之旨，蓋相爲表裏，學者不可以不考也。

八年，春，王正月，師次于郎，以俟陳人、蔡人。

次，止於外而過信宿也。俟者，杜氏以爲待陳、蔡同伐郕也。不由王命，妄興師衆，久次于外，無名而動，期会莫應，故書師次，又書俟以深責之也。

甲午，治兵。

治，公羊作「祠」。

治，公羊作「祠」。

久次于外而與國不應，則有失伍逃亡之患，衆心不一，雖欲治之，其將能乎？故書曰「治兵」。治者，不治者也。

夏，師及齊師圍郕。郕降于齊師。

失治兵之本矣。故申明約束將以訓，齊其衆而不知出，不以律己，

郎，公羊作「成」。

陳、蔡不至，故会齊以圍之。書及，内之志也。案，左氏：「師及齊師圍郎，郎降于齊師。仲慶父請伐齊師。」莊公不可，則公將而出矣。魯與郎皆文王之昭，蓋同姓兄弟之當親者，莊公忘親而志于取郎，始擇易制之陳、蔡與之同事，而陳、蔡不來，然後不得已而要齊以圍之，所以郎不服魯而寧降于齊。春秋直書以見其從讎而貪利，資人以虐小，二國同役而不同心，敵遂得以間之。魯師之出，大無功也。故略公而書師，所以著輕用民力之罪。

秋，師還。

常山劉氏曰：「春秋書魯用師未有如是之詳者，蓋莊公此年之師尤爲非義，上不稟天王之命，無故次郎，可謂無名；甲午治兵，可謂黷武，圍郎而郎降齊，可謂無功；歷三時而師還，可謂害民。夫逆天道、親仇讎、圍同姓、勦民力、與國不信、伐國不服，故聖人備書之以見其惡。」

胡氏曰：「春秋正例，君將不言帥師，則以君爲重。今莊公親將，其及、其還皆不稱公。及不書公，至重衆也。輕舉大衆，妄動久役，以勞民毒衆，至是師爲重矣，故皆不書公，以著其罪。此輕重之權衡也。」

冬，十有一月癸未，齊無知弒其君諸兒。

無知，公孫也。不書氏，與翬、州吁同例。舉於此後皆稱氏，從同同也。

齊侯使連稱、管至父戍葵丘，瓜時而往，曰：「及瓜而代。」期成，公問不至。請代，弗許，故謀作亂。僖

公之母弟曰夷仲年，生公孫無知，有寵於僖公，衣服禮秩如適。襄公絀之。二人因之以作亂。十二月，齊侯田於貝丘。反，徒人費遇賊于門，伏公而出。鬪，死于門中。石之紛如死于階下。遂入，殺孟陽于牀，曰：「非君也，不類。」見公之足于戶下，遂弒之，而立無知。齊襄之見弒，以禍本言之，則公孫無知之配嫡已積漸于僖公之時，而襄公之惡積而不可掩，如抗王伐衛，殺魯桓公，色荒禽荒睊比小人，以至禍發蕭牆，身殲賊手。考襄公即位以至于今，春秋所書齊事無一非亡國戕身之媒，所謂積不善之餘殃者也。徒人費、石之紛如死而不書，逢君之惡，比而不周，胡氏所謂死不償責者也。或曰，州吁、無知，亦無駭、俠之比也。

九年，春，齊人殺無知。

初，無知虐于雍廩。春，雍廩殺無知。雍廩殺之，而以討賊之辭稱人者，弒君之賊人，無貴賤皆得殺之，所以尊君父、廣忠孝而誅惡逆也。

公及齊大夫盟于蔇。

公、穀並作「暨」。

杜氏注：「蔇，魯地，琅邪繒縣有蔇亭。」今之沂州承縣也。

大夫，齊之太宰。當是時，齊無君，蓋卿大夫總己以聽者也。稱大夫，以其任一國之事而表異之，故不名也。與文七年扈之盟，趙盾書大夫同。公欲納糾，故及大夫盟以定其約。當是時，齊國無君而為之立嗣繼絕，

其德厚矣。然忘不共戴天之怨而施德焉，聖人明著之，而繫以公伐齊，納糾，所謂不待貶絕而罪惡見矣。

夏，伐齊，納糾。齊小白入于齊。

左氏作「納子糾」，今從公羊、穀梁作「納糾」。

案，正義云：「今定本乃有『子』字，則知左氏古本亦作『納糾』矣。」春秋書鄭忽及突，曹羈及赤，并此書糾及齊小白，皆所以別嫌疑、明正否也。小白與糾之正否，程氏論之詳矣。莊公忘齊之仇而納其公子，又所奉者不正，故特書納糾以罪之。桓公當立而書「入」，無王命也。

秋，七月丁酉，葬齊襄公。

無知已誅，可以葬矣。

八月庚申，及齊師戰于乾時。我師敗績。

杜氏注：「乾時，齊地。時水在樂安界岐流，旱則竭，故曰乾時。」

傳：「師及齊師戰于乾時，我師敗績。公喪戎路，傳乘而歸。秦子、梁子以公旗辟於下道，皆止。」

春秋書「及」而沒公，又不諱內敗，蓋復讎而敗，雖敗亦榮，故不為內諱。獨莊公非有復讎之心，而納不正以取敗，故諱公以貶之也。

九月，齊人取子糾殺之。

鮑叔帥師來言曰：「子糾，親也，請君討之。管、召、讎也，請受而甘心焉。」乃殺子糾於生竇，召忽死之。管仲請囚，鮑叔受之以歸，言於公而以爲相。

春秋於上書糾，正小白、子糾之而忽死之。管仲請囚，鮑叔受之以歸，言於公而以爲相。春秋於上書糾，正小白、子糾之分也。今書子糾而書取、書殺之，罪齊人也。糾者，齊桓之天倫也，以其不當爭而爭立則爲罪，以其骨肉之至親則不可殺。

爲齊侯者，當列其罪，上告天子，下告魯人，且明示親親之義而罪齊人者，廢立之際，殺生子奪寄于當國大臣之手，毫釐之差，霄壤之繆。今齊大夫始以糾爲先君之子而盟欲立之，謀不審于初，已爲罪矣。及桓公得國，又不體其君天倫之思，從議親之辟以赦其罪，而必殺之。

廢興生死輕率甚矣，故加「子」於「糾」，又書齊人、書取、書殺則舉國之君臣同責其忘恩失義之罪也。夫天倫之重，苟未至如管、叔之得罪於宗廟先君與天下之民，則必當以親而全其生，此聖人以至公之心，示後世斷國論之權衡。

夫殺兄弟當目君之廢興生死輕率甚矣，故加「子」於「糾」，又書齊人、書取、書殺則舉國之君臣同責其忘恩失義之罪也。夫天倫之重，苟未至如管、叔之得罪於宗廟先君與天下之民，則必當以親而全其生，此聖人以至公之心，示後世斷國論之權衡也。夫天倫之重，苟未至如管、叔之得罪於宗廟先君與天下之民，則必當以親而全其生，此聖人以至公之心，示後世斷國論之權衡也。異於私天下爲己有，欲絕亂本禍根而推刃先君之遺體者，不可不深察也。

冬，浚洙。

洙水，在魯城北，齊伐魯之道也。魯雖殺子糾而猶有畏齊之心，故浚而深之，以備齊師之至。春秋書此以見其不能明政刑，結人心使大國畏之，而重勞民力，務以深險自守，不知困民于無益。古人徹彼桑土，綢繆牖戶之計，不如是之陋也。

十年，春，王正月，公敗齊師于長勺。

書敗某師而不書戰，惡詐戰也。用民力以戰爭，古有司馬車戰之法，定日刻期，兩陳相向以決勝負。雖敗而奔，亦無多殺之禍。若詐戰，則出于不意，或舉眾而覆之。惟荒遠遷徙鳥舉者，皆書某敗某師，譏其待中國之人以荒遠，而深惡其不仁也。莊公政刑不修，制軍無法，齊師之來以詐而僥倖一勝，此書公敗齊之旨也。或曰：「長勺，魯地，而齊師至此即所謂敵加于己，不得已而應者矣，何以責魯乎？」

胡氏曰：「文告不修，疆埸無備，德已衰矣。況兵刃相接，又以詐取勝乎！故書魯爲主，以責之己亂，寡怨之方也。」

二月，公侵宋。

胡氏曰：「凡師聲罪致討曰伐，潛師掠境曰侵。」

莊公以僥倖得志于齊，遂舉無名之師以掠宋境，此所以召郎之師也。

三月，宋人遷宿。

穀梁傳：「遷，亡辭也。其不地，宿不復見也。」杜氏注：「遷而取其地，故異于邢遷。」

襄陵許氏[三]曰：「遷之，使未失其國家以往，其義猶有所難，則是王澤之未竭也。至僖、文以後，則有滅

[三] 襄陵許氏，北宋學者許翰。

夏，六月，齊師、宋師次于郎。公敗宋師于乘丘。

乘丘，魯地，今興仁府乘氏縣。

傳：「齊師、宋師次于郎。公子偃曰：『宋師不整，可敗也。宋敗，齊必還。』自雩門竊出，蒙皋比而先犯之，公從之，大敗宋師于乘丘。齊師乃還。」

臨江劉氏[二]曰：「二國揚兵駐師而不名所伐，欲覘利乘便、快攻取之意，魯又不能推忠信、奉文告以止齊、宋之師，而出奇計詐謀以覆滅其軍。次者，不以義勝者，不以道交，譏之也。」

秋，九月，荊敗蔡師于莘，以蔡侯獻舞歸。

荊，楚之故號也。周成王初封熊繹于丹陽，今江陵之枝江縣也。自荊子熊通侵伐漢東諸侯，其國始大，僭號稱王。今其子熊貲始敗蔡，浸猾夏矣。

傳：「蔡哀侯娶于陳，息侯亦娶焉。息媯將歸，過蔡。蔡侯弗賓。息侯怒，使謂楚文王曰：『伐我，

[二] 臨江劉氏，北宋經學家劉敞。

國無遷國矣。』

卷　三

吾求救于蔡而伐之。」楚子從之，遂敗蔡，以獻舞歸，」不稱人及師荒遠之也，臨江劉氏論之詳矣。書以歸而名獻舞，責其不死于位，生降荒遠也。諸侯不生名，名之則位已絕矣。於此見王政不行，荒遠憑陵中國，楚自此得志中夏者二百餘年，而周之子孫日以陵夷，皆其有以自取之也。

冬，十月，齊師滅譚，譚子奔莒。

譚國，在今濟南府歷城縣。

傳：「齊侯之出也，過譚，譚不禮焉。及其入也，諸侯皆賀，譚又不至。冬，齊師滅譚」滅者，夷其社稷，覆宗絕祀也。譚子爵而不名，以其雖失國而恥反面事讐，猶有興復之望也。不書出，國已滅，無所出也。

齊桓方有志尊王室為政於天下，非特不能興滅繼絕，而以私憾覆滅小國，其罪大矣。

薛氏曰：「五霸，桓公為盛，威陵諸侯以圖霸功，首滅天子之建侯，以肆威耳。儒者之不道也宜哉！」

十有一年，春，王正月。

夏，五月戊寅，公敗宋師于鄑。

鄑，魯地。傳：「宋為乘丘之役，故侵我。公禦之，宋師未陳而薄之，敗諸鄑。宋師再至，再敗。兵禍旋及其君，魯雖再勝，其國亦困於兵矣。」

秋，宋大水。

此外災也，蓋陰盛陽微之徵。外災不書，宋來告，魯弔之也。傳：「公使弔之曰：『天作淫雨[一]，害於粢盛，若之何不弔？』對曰：『孤實不敬，天降之災，又以爲君憂，拜命之辱。』」此見怨不廢禮，與諸侯往弔，主人罪己之辭，蓋古意之猶存而未泯者也。雖然文豈足以應天哉，閔公不能踐敬之，一言而以靳宋萬自禍，乃董氏所謂出災害以譴告之而不知變者。春秋之存災異，可不察哉？

冬，王姬歸于齊。

傳：「齊侯來逆共姬。」此所謂齊侯之夫人三，王姬者也。魯主仇讎之昏，可以辭于王而不辭，然仇已易世，異于元年之[二]大故，所以雖齊侯之來逆而不復書。止書王姬之歸，以譏之也。王女下嫁，曾無以異於諸侯之女適人者，蓋車服不繫其夫，雖以示恩愛之隆，而陰陽之位，夫婦之道，乃三綱之所繫，不可不正，故因其始嫁，而一之於諸侯女歸之辭焉。若曰往之女家，必敬、必戒，是有常禮，不可紊也，此可以觀抑揚而得乎義理之中者矣。

十有二年，春，王三月，紀叔姬歸于酅。

[一] 雨，原作「兩」，今據宋寶祐三年臨江軍庠刻本改。
[二] 有，原作「冇」，今據宋寶祐三年臨江軍庠刻本改。

叔姬，伯姬之娣，隱七年歸于紀者。紀侯大去其國之後，死于他國。叔姬還魯，至是乃歸于酅。蓋伯姬既死，叔姬實攝內事，而能不以國之存亡貳其事君子之心，不以身之榮悴變其奉宗廟之志，故必歸于酅，以終其身。易曰：「眇能視利，幽人之貞。」於叔姬見之矣。鵲巢之德不過如此，春秋可不錄其本末以示婦道之正乎！

夏，四月。

秋，八月甲午，宋萬弒其君捷及其大夫仇牧。

捷，公羊作「接」。萬，南宮長萬，多力之士。乘丘之役，公以金僕姑射萬，公右歂孫生搏之。歸，散舍諸宮中，數月而後歸之。宋人請之，反爲大夫。與閔公博，婦人在側。萬曰：「甚矣！魯侯之淑且美也！天下諸侯宜爲君者，獨魯侯爾！」閔公矜此婦人，顧曰：「此虜也！爾虜焉故魯侯之美惡乎至？」萬怒，搏閔公，絕其脰。仇牧聞君弒，趨而至，遇諸門，手劍叱之。萬臂搬仇牧，碎其首，齒著乎門闔。已而遇大宰督于東宮之西，又殺之。春秋取仇牧遇弒父與君之賊而能不畏強禦，死于其難，故書及以壯之。華督以弒君名列于亂臣賊子，身爲元惡，死不償責，固不得而書也。

冬，十月，宋萬出奔陳。

宋萬弒君而立子游，群公子奔。蕭公子御說奔亳。南宮牛、猛獲帥師圍亳。冬十月，蕭叔大心及戴、武、宣、穆、莊之族以曹師伐之。殺南宮牛于師。殺子游于宋，立桓公。猛獲奔衛。南宮萬奔陳。宋人請猛獲于衛，

衛人歸之。亦請南宮萬于陳,以賂。皆醢之。今不曰宋人殺萬而書宋萬出奔陳,當奉天討,容受其奔罪已大矣,受賂而後歸之,所謂肆人欲而滅天理與!所謂殺其人、汙其宮而瀦焉之意,何其異哉!此所以當服黨惡之罪也。

十有三年,春,齊侯、宋人、陳人、蔡人、邾人會于北杏。

齊侯,穀梁作「齊人」。北杏,齊地。

傳:「會于北杏,以平宋亂。」

今案,四國稱人,蓋齊桓欲合諸侯行霸事,恐諸侯之未諭,故未欲煩其君而使其臣來會以平宋亂,舉霸者之事也。晉悼公合諸侯于邢丘,以令朝聘之數而使諸侯之大夫聽命,故自鄭伯之外,齊、宋、衛、邾皆稱人,殆公之故事與?自東遷以來,王政不行,下逮隱、桓之世,亂賊得志,強暴肆行,天下之心思周道之不可復見,而願得賢伯之興以息亂賊制強暴,蓋已久矣。桓公入國,今已四年,因宋有弒君之亂,首惡方誅,嗣君新立,合諸侯以定宋亂,而陳、蔡、邾並來受命,亦可見天下歸之,幾如水之就下矣。然威公苟能於宋萬初弒君之時,舉兵討之而定其亂,則不勞告諭而天下自翕然宗之,亦不待今日而齊矣。經書宋萬出奔陳,而繼之以此,又因見桓公自失幾會于始也。

夏,六月,齊人滅遂。

遂，杜氏注：「在濟北蛇丘縣。」滅國之說，胡氏論之詳矣。於此見其已亡惻隱之心，故凡其合于仁者，孟子皆以爲假也。

傳：「齊人滅遂而戍之。」

秋，七月。

冬，公會齊侯，盟于柯。

柯，今東平府東阿縣。莊公自齊桓人國，屢與之戰，雖一再勝，而齊方修軍政以圖霸，魯有見伐之虞，此始及齊平。齊桓亦知魯未可取，故不復以用於譚，遂者待魯。公、穀載曹子之事，蓋魯人知桓公之圖霸，盟以求地，齊亦有求諸侯之心，捐小利以妝魯容或有之。但公羊氏言之已過其實，而戰國之士又從而增益之耳，此亦足以見桓公之屈意以和魯，皆霸術也。

十有四年，春，齊人、陳人、曹人伐宋。

將卑師少日人。宋人背北杏之會，故齊帥近宋二國以伐之。

程子[二]曰：「齊自管仲爲政，莊十一年而後未嘗與大衆也。其賦于諸侯亦寡矣。終管仲之身，息養天下厚矣。至于秦、晉使之不競而已不強致也，是以其功卑而易成。」

[二] 程子，北宋理學家程頤。

愚案,伐宋而同陳、曹,皆宋之鄰,不動遠國亦簡便之規模也。

夏,單伯會伐宋。

單伯,見元年逆王姬注,魯大夫之貴者。

魯自盟柯,已平于齊,而未從其役,故因齊之討宋,命上卿率師往會,以示從霸之意。齊桓方興,理勢當從,固異於鄳之會。宋殤黨亂賊以伐無罪矣,是以書會伐而不再敘諸國人也。

秋,七月,荊入蔡。

案,傳:「蔡哀侯爲莘故,譽息嬀以語楚子。」楚子如息,以食入享,遂滅息。以息嬀歸,生堵敖及成王焉。未言。楚子問之,對曰:「吾一婦人而事二夫,縱弗能死,其又奚言?」楚子以蔡侯滅息,遂伐蔡而入之。觀此,則息之亡,蔡之入皆哀侯致之,惟干戈省厥躬,亦足見蔡自會鄧懼楚之後,非但不爲徹桑土綢繆牖戶之謀,而以婦人之故再召楚師,始則身虜繼以國破。楚能賁興兵以悅婦人,當是時齊桓之業未成,遂致其橫行淮漢,浸及中國,故特書蔡之見入,楚之猾夏,兩著其罪也。

冬,單伯會齊侯、宋公、衛侯、鄭伯于鄄。

鄄,衛地,今之濮州鄄城縣。

傳:「宋服故也。」宋公親會,魯卿始與爲衣裳之會,而齊霸略定矣。

十有五年，春，齊侯、宋公、陳侯、衛侯、鄭伯會于鄗。

傳以爲齊始霸，蓋指諸侯始定而言。然魯未信服，而自是之後，宋人猶或主兵，衛、鄭未免復叛，蓋齊之霸業駸駸向定而諸侯之心猶未一也。

夏，夫人姜氏如齊。

文姜不如齊八年矣。至是復如齊者，蓋鄗之會，魯莊不與，此行殆始出于文姜之意。齊侯欲求魯好以定霸業而不之拒也。文姜播惡於齊襄之時，桓公欲圖霸業則絶之於齊，義也。以欲求魯之故，而不監覆車之轍，豈非未聞行一不義雖得天下不爲之法乎！此孔門所以不道霸者，而春秋特書以累齊桓也。

秋，宋人、齊人、邾人伐郳。

鄗，公羊作「兒」。

案，傳：「諸侯爲宋伐郳。」蓋小邾，宋之附庸而不服宋，故桓公爲宋伐之。宋序齊上，蓋是時，伯體未全，正此役爲宋而興，亦猶伐宋之師，邾人爲道而序於鄭之先也。

鄭人侵宋。

間諸侯伐郳而侵宋，不誠於服齊，而背二鄗之會，鄭之反覆於齊、楚之間，蓋始于此。

冬，十月。

十有六年，春，王正月。

夏，宋人、齊人、衛人伐鄭。

宋序齊上，與伐郕同。伐鄭不正，爲宋而已，蓋鄭不服則諸侯之心未一也。

秋，荆伐鄭。

案，傳：「鄭伯自櫟入，緩告于楚，以此受伐。」蓋齊霸未定，楚之威浸及於中國。自桓二年，鄭已懼楚而會鄧。至此三十餘年而後受兵，楚之威不輕用，蓋如此。至是始爲中國患矣。

冬，十有二月，會齊侯、宋公、陳侯、衛侯、鄭伯、許男、曹伯、滑伯、滕子，同盟于幽。

《公羊》「會」上有「公」字，《左氏》無「曹伯」，今從《公羊》、《穀梁》。

幽，宋地。滑國，河南緱氏縣，或曰今滑州也。陳自入春秋以來，常列衛下，今在上者，杜氏：「齊桓始霸，楚亦始強，陳介于二國之間，而爲三恪之客，故齊桓因而進之，遂班衛上。」臨江劉氏曰：「同盟者何？殷同之盟也。古者諸侯之於天子，春見曰朝，夏見曰宗，秋見曰覲，冬見曰遇，時見曰會，殷見曰同。同盟之禮，見於觀禮，爲壇祀方明，方伯臨之。古者六歲而會，十二歲而盟，桓非受命之霸也。假同盟之禮，率諸侯以尊天子，蓋自是始霸也。」

愚案，齊桓欲霸諸侯，至是威行信立，而諸侯宗之爲盟主，不待天子之命而中國之不至者，寡矣。古者方嶽有同盟，以示其考禮修德以尊天子之意。桓公至此以諸侯既授以事而霸業定，因舉是禮約束諸侯，尊周以掩其無王命之事，與伐楚而舉召康公之命相似。自此欲制諸侯而脅從之者，皆稱同盟，其無王命假古誼以制與國一也。而善惡則各繫於其事焉。穀梁稱桓公未嘗有歃血之盟，而孟子於葵丘之會亦曰諸侯束牲載書而不歃血，夫子所謂桓公九合諸侯不以兵車，此蓋其衣裳大會之始也。魯莊與盟，已而背之，諱不書公者，蓋上無天子，下無方伯，非桓公出而尊周攘楚，則中國之民必不免於被髮左衽之禍，此同盟于幽之書，所以罪魯而與齊也。揚雄以習亂爲春秋不得已而與齊、晉，蓋得春秋之旨矣。

邾子克卒。

克，儀父名。稱「子」者，蓋齊桓請王命以爲諸侯，故曰「子」，於是始列於諸侯也。

臨江劉氏曰：「未成國曰邾儀父，既成國曰邾子克。成國而後書其卒，記其葬，未成則否。」

十有七年，春，齊人執鄭詹。

詹，公羊作「瞻」，下同。詹，鄭大夫叔詹也。不氏，與柔、溺同。執鄭詹，討鄭伯不朝齊之罪。當書齊侯而稱人，以非伯討，貶也。諸侯不服不能修德以來之，而執其大夫，則小國之從齊，皆出于力不贍而非有心悅誠服之意，爲可見矣。

夏，齊人殲于遂。

殲，公羊作「瀸」。

傳：「遂因氏、頷氏、工婁氏、須遂氏饗齊戍，醉而殺之。齊人殲焉。」今案，十三年滅遂置戍。今乃見殲於亡國之遺民，蓋絕滅社稷以及其君，慮其民之思舊主而以兵力強制之，不知彼心不服，吾力稍怠，必有出於意料之外者。蓋王者之道責于興滅繼絕，而齊之滅遂不止于殺一不辜而已，故聖人于此不言遂人殲齊戍，而特書其自殲，所以仲遂人以死復讎之志，而著桓公之不仁以至於自殲其衆也。

秋，鄭詹自齊逃來。

執列國大夫踰歷三時，不令其服罪而去，致防閑弛慢，國囚亡逸，齊之罪也。奉命以使霸主，有罪不能即刑，竊身逃竄，同于苟免之匹夫，無大夫之行，失節辱國，詹之罪也。同幽之盟，守信不篤，為逋逃主以取伐於霸主，魯之罪也。片言而三罪著，春秋簡嚴于此可見。

冬，多麋。

麋，鹿之大者，魯所有也。多則為異，先儒皆以害稼而記災。當從山陰陸氏[一]之說以為陰盛所感，惡氣之應，蓋記異也。

[一] 山陰陸氏，北宋學者陸佃，著有陶山集、春秋後傳等。

十有八年，春，王三月，日有食之。

不書日朔，俱失之也。

夏，公追戎于濟西。

泰山孫氏[二]曰：「不言侵伐，止言追者，明不覺其來，已去而追之也。書者，譏內無備也。」

胡氏傳[三]：「爲國無武備，啓戎心而不知警，危道也。春秋之意，其必未雨而徹桑土，閒暇而明政刑。」

秋，有蜮。

蜮，名短狐，含沙以射水中人影，中之輒病，或至于死。江淮以南水濱有之，魯所無也。

山陰陸氏曰：「蜮，陰物也；麋，亦陰物也。是時莊公上不能防閑其母，下不能正其身，陽淑消而陰慝長矣，此惡氣之應也。」

今案漢書五行志，劉向、董仲舒已有是說。蓋麋者，迷也；蜮者，惑也。是時文姜爲亂于閨門之內，其遺毒餘患至于哀姜卒，再成篡弒之禍。物類之感，天之示人，顯矣。

冬，十月。

[二] 泰山孫氏，北宋學者孫復。

[三] 胡氏傳，北宋學者胡安國所著的春秋胡氏傳。

十有九年,春,王正月。

夏,四月。

秋,公子結媵陳人之婦于鄄,遂及齊侯、宋公盟。

程子曰:「鄄之巨室嫁女於[一]陳人,結以其庶女媵之,因與齊、宋盟。摯之以往,結好大國,所以安國息民,以私事之小取怒大國,故深罪之,書其爲媵而往,盟爲遂事。」

愚案,是時,莊公昏懦,文姜制國,政事不修,君命不重,故結無復君言不宿于家之禮,而以私家之鄙事,參會霸之大命,先私後公,而無所畏,興戎致討,而莊公不誅,國之無政莫大于此。書公子結媵陳人之婦于鄄,如臧孫辰告糴于齊,以爲臧孫之私行也。諸家之說,獨程子爲得之。

夫人姜氏如莒。

爲國君之母,非父母之國,而出入縱恣,此行比於詩之所刺,謂魯道有蕩,齊子豈弟者,抑又甚矣!莊公既無復防閑之意,而執國政者無人,抑又可知,安得不成淫風而致篡弑之禍,以至其國幾爲齊之所取與!

冬,齊人、宋人、陳人伐我西鄙。

[一] 於,原作「子」,今據宋寶祐三年臨江軍庠刻本改。

三國書人,將卑師少也。鄙,邊邑也。擁衆於邊鄙,問公子結輕君命、不恭霸主之罪也。惟干戈省厥躬,魯蓋無辭於討矣。

二十年,春,王二月,夫人姜氏如莒。

文姜比年如莒,春秋詳書,蓋與詩之變風相應。當是之時,一反關雎、麟趾之化,而中國之俗於是大亂。夫一國之事,繫一人之本,此春秋所以詳書文姜之行與?

夏,齊大災。

天火曰災。書「大」,志其甚也。齊人來告,魯往弔之,故書。臨江劉氏曰:「凡弔人者,哀其禍而救其乏。」

秋,七月。

冬,齊人伐戎。

戎,穀梁作「我」。

二十有一年,春,王正月。

齊桓於是舉攘戎狄之兵。戎,在徐州之域,最近齊、魯,故先治之也。

夏,五月辛酉,鄭伯突卒。

突，鄭莊公之孽子，莊公既卒，即奪忽之位而篡之。中間雖爲祭仲所逐，旋入于櫟，卒取鄭國。春秋不復著忽、亹、儀之在位，所以著其不能君也，故論者以爲突始終能君。夫篡弑竊國之人，而春秋終始若之，且復記其卒于位，豈真與之哉！所以著小人肆志，亂臣賊子得以終於其位，王法不行而世之所由亂也。

秋，七月戊戌，夫人姜氏薨。

文姜之行，惡矣。而卒以國君之母，寵榮終身，一用小君之禮，此魯之禍所以未艾。必至於莊公之終，兩君弑，哀姜、慶父誅而後魯亂始息也。

冬，十有二月，葬鄭厲公。

二十有二年，春，王正月，肆大眚。

眚，公羊作「省」。謹案，書曰：「眚災肆赦，怙終賊刑」。孔氏曰：「眚，過也」，「肆，緩也」。原其意蓋謂過而入于刑者，緩之，又赦之，此宥過無大之意也。怙終不悛，賊殺刑戮之所加，刑故無小之意也。周官于三刺之後，乃分眚災之日，有所謂不識過失，遺忘幼弱、老耄、蠢愚，可謂詳矣。然後可以求民情，斷民中，此堯、舜三代之法不可偏廢者，後世兩失之。偏慘刻者，不復察其情，舉過失而盡刑誅之。及姑息之過如莊公此者，反取大罪極惡而例之於眚災，以從肆赦之例，怙終得志良善瘖啞，此用舜典眚災肆赦之名而不察其實，春秋謂之肆大眚，以譏其務小惠而失大德也。

癸丑，葬我小君文姜。

陳人殺其公子禦寇。

公子，蓋世子也，不稱世子，未誓于天子也。

故胡氏曰：「陳亂無政，衆人擅殺之也。」衆人擅殺，固不得爲無罪，然禦寇乃君之嗣適，爲一國之儲貳，而衆人得以殺之，則其所自處必有失其道者矣。故臨江劉氏譏禦寇之爲人子，足以殺其身，而春秋略殺者之罪也。

夏，五月。

下脫文也。

秋，七月丙申，及齊高傒盟于防。

公羊傳：「高傒者，貴大夫也。曷爲就吾微者盟？公也。公則曷爲不言公？諱與大夫盟也。」此與及向成盟于劉，其敵大夫以自卑，輕君體以自弱，去國都而汲汲于小信，一也。而此復以婚姻而結盟，不顧禰廟不共戴天之仇，而與齊爲昏，又當比事以觀，而知此爲惡之大者也。

冬，公如齊納幣。

案，婚禮有六，曰：納采、問名、納吉、納徵、請期、親迎。春秋書納幣，即納徵；逆女，即親迎。蓋納幣乃事之成而親迎事之終故也。莊公生至是三十五年矣，制于文姜，過期而不娶。今喪未畢而納幣圖婚，又

忘父仇，禮不當親行而躬致其禮，其爲不孝之罪，不待貶絕而具見矣。

二十有三年，春，公至自齊。

告于廟也。春秋書「至」，蓋原於書巡狩，而歸格于藝祖用特之意。聖人以舉動之公，往返之節，質之幽明而無愧也。今莊公忘父讎而娶其女，冒母喪而往納幣，以此告廟，以爲有人心者，宜于此爲變矣！此與他日書至，不可同日語也。比事屬詞，示人之意顯矣。

祭叔來聘。

祭叔，祭公之臣，爲祭公而聘魯。不言使，穀梁氏曰：「不正其外交，故不與使也。」
胡氏傳：「祭伯來朝而不言朝，祭叔來聘而不言使，尹氏、王子虎、劉卷來計而不書其爵秩，皆所以正人臣之義也。人君而明此，不容下比之臣；人臣而明此，不爲交私之計，黨錮之禍息矣。」

夏，公如齊觀社。

社者，古人祀地之名。古制惟爲社事，單出里，惟爲社田，國人畢作。東遷而後，王制漸變，祀事不存，古意浸爲美觀。襄公二十四年，齊社蒐軍實使客觀之，其廢祀典而夸愚俗，兆于今矣。故左氏外傳載曹劌之言曰：「齊棄太公之法，觀民于社，君爲是舉而往觀之，非故業也。」天子祀上帝，諸侯會之受命焉，諸侯祀先公，卿大夫佐之受事焉，不聞諸侯之相會祀也。君舉必書，書而不法，後嗣何觀！程子曰：「昏議尚疑，故以

觀社再徃請議。後一年方逆，蓋齊難之。觀此亦足以見齊桓欲親魯以圖霸，而親之不以其道也。」

荆人來聘。

楚自四五年來先加兵于蔡、鄭，而以聘使至魯，已用遠交近攻之術。聖人於此書其來聘而不書使，必其禮有未備者。中庸曰：「送徃迎來嘉善而矜不能，此三代柔遠人之道也。」至于此時，以魯而受楚之聘，非有德以懷來之，彼之以禮幣至，亦當審所以待之之術，如班彪述漢宣戒邊吏之言，以爲匈奴大國多變詐，待遇得其情則却敵折衝，應對入其數則反爲輕欺。觀春秋止書荆人來聘，亦可見所以待遇之品節矣。

公及齊侯遇于穀。

爲昏姻而齊難之也。不可與爲婚姻，則當絕之，而數與之約然後與之。書此所以著莊公之不子，而齊桓待人之不以義也。

公至自齊。

蕭叔朝公。

蕭，今徐州蕭縣。諸侯相見曰朝，書朝公以見非其地。蕭之來，魯之受，皆非禮也。

秋，丹桓宮楹。

穀梁傳：「禮，天子諸侯黝堊，大夫蒼，士黈。丹楹，非禮也。」

冬，十有一月，曹伯射姑卒。

十有二月甲寅，公會齊侯，盟于扈。

扈，鄭地，至此又盟，以結其信而後許之也。

二十有四年，春，王三月，刻桓宮桷。

桷，椽也。穀梁傳：「天子之桷，斲之礱之，加密石焉。諸侯之桷，斲之礱之。大夫斲之，士斲本。刻桷，非正也。」刻，鏤也。於礱斲之外又加刻鏤之工也。又曰：「夫人所以崇宗廟也。取非禮與非正，而加之宗廟，以飾夫人，非正也。刻桓宮桷，丹桓宮楹，斥言桓宮以惡莊也。」

葬曹莊公。

夏，公如齊逆女。

諸侯無越竟逆女之禮，於紀履緰逆女之書辨之詳矣。然則莊公無父之仇，猶不可以親至齊廷也。況躬君弒于齊，而舍宗廟之守，往受其女於廟乎！昔晉王衰讀蓼莪之詩而哀痛終其身。莊公思妃偶之合，兩年之間三至齊廷，而念不及於其父，春秋所以詳書而誅其心也與？

秋，公至自齊。

公羊、穀梁與孫氏言之詳矣。杜預究公羊之指歸，以為為孟任故，足以見莊公不夫，哀姜妒忌之情矣。經

以傳爲案，此類是也。

八月丁丑，夫人姜氏入。

謹詳此書夫人之至，特異於桓公及文公以後夫人至之例，而以入書之。穀梁氏曰：「入者，內弗受也。娶仇人子女，以薦舍於前，其義不可受也。」

愚案，妻者，齊也。一與之齊，終身不改，故書夫人姜氏入，而莊公無人子之心，於奉祀祭享之際，終其身爲可見矣。始之不正，終必致亂，故夫人不終，嗣子不立，魯國幾亡，皆哀姜入之所致。書八月丁丑，見後公而至之日多也。在易：「歸妹：征凶無攸利。」莊公之娶哀姜，當之矣。

戊寅，大夫、宗婦覿，用幣。

夫人至，大夫見于宗廟，婦見于內，禮也。男贄，大者玉帛，小者禽鳥；女贄，不過榛栗棗脩。今大夫宗婦並覿同贄，特書以譏其失男女之別。

胡氏曰：「公曰見，私曰覿。夫人不可見乎宗廟，則不可以臨諸臣，故以私言之也。」

大水。

夫人姜氏入而大水應之，天人感應之速如此，春秋所以書也。

冬，戎侵曹。

將以納赤也。曹,文之昭也,戎挾不正以納之,齊桓不能治,所以累齊也。

曹羈出奔陳。赤歸于曹。

羈,繫於曹,與齊小白、鄭忽同,明其正也。杜氏、陸氏以羈爲曹之世子,即位踰年而不稱爵,不能君也。赤不繫國,不書公子,蓋庶孼也。書歸,言易,戎力足以主之,國人聽命,是以不難也。赤以庶逐嫡,戎以外間内,而天子方伯不能正,又著羈之不能自立乎其位,比事屬辭,簡明之旨可以觀矣。

郭公。

蓋經闕誤也。劉氏傳或曰是郭亡也。齊桓公之郭,問父老曰:「郭何故亡?」曰:「以其善善而惡惡也。」公曰:「若子之言,乃賢君也。何至于亡?」父老曰:「郭君善善不能用,惡惡不能去,所以亡也。」考其時與事,理或然也。

二十有五年,春,陳侯使女叔來聘。

女,氏;叔,字。不名,天子之命大夫也。陳始來結好。

夏,五月癸丑,衛侯朔卒。

惠公也,在位三十一年。魯不會,故不書葬。

六月辛未朔,日有食之。鼓,用牲于社。

日食，陰盛陽微之徵。事關天下，固不止為一魯，而諸侯亦有臣民，則因天變以自省，如洪範五事，敬謹於視聽言動思之間，一失其正，則答必應之。古人應天以實而不以文，故高宗肜日、洪範之言，乃古人之所先務。至如胤征與周禮鼓人、大僕所載，乃禮文之末耳。一時遭變，禮文固不可廢，然正其本而後末可理也。今莊公於充陽之本，蓋藐然矣，鼓何益乎！又用牲而欲以物求免，書此以見其本末之皆失也。

伯姬歸于杞。

伯姬，莊公女。不書逆，不使卿，志失禮也。

秋，大水。鼓，用牲于社、于門。

傳曰：「非常也。凡天災，有幣，無牲。非日月之眚不鼓。」愚案，比年大水，陰盛陽微之變極矣。莊公若思先王正厥事之意，謹內外之防，嚴夫婦之別，使陰沴無寖長之漸，則後日之禍猶可及止也。鼓以充陽之事，與後世減膳避寢之禮，皆既具文而未必有正厥事之誠意，實政也。既文而無實，尚非修德應天之道，況徒以牲牷飲食求免乎！書日食、大水、用牲等事，以見莊公非惟不恐懼修省以正其本，而禮文之末亦錯矣，此魯之所以亂也。

冬，公子友如陳。

友，莊公之母弟，報女叔之聘也。

二十有六年，春，公伐戎。

公羊無「春」字。

今年伐戎，爲追于濟西之恥報怨也。以莊公治家與國之多缺，而勞師于戎，雖能復怨，何益于魯之内治乎！書此以見忽蕭牆而修怨，爲不知務也！

夏，公至自伐戎。

勞師事外，踰時而反，危之也。

曹殺其大夫。

曹伯赤殺之也。稱大夫，則不失其官。豈於羈、赤出入之際，或不附戎而殺之，若鄭厲之殺原繁、傅[一]瑕與。君之卿佐，是謂股肱。加之鈇鉞是自虧其股肱也。四凶之罪大矣，而舜所殛死，惟鯀而已。其三人者，曰竄流放尚從末減也。諸侯雖得專一國之權，而大夫非大罪極惡不得擅加以刀鋸，必以聞于天子，此王制之所甚謹。雖霸者之申禁，猶不敢廢，蓋視爲一體，則恩意之篤，自足以感其忠敬之心於無窮，而視猶土芥，無罪而殺之，則寇讎之視有所必至，此春秋於殺大夫所以詳書，以謹之而上下相殺之變至于定、哀而極也。

胡氏曰：「稱國以殺者，君與大臣擅殺之也。義繫於殺，則止書其官；義繫於人，則書其名氏也。」

秋，會宋人、齊人，伐徐。

[一] 傅，原作「傳」，今據宋寶祐三年臨江軍庠刻本改。

卷三

一二一

公、穀作「公會」。左氏古本無「公」字，陸氏纂例同。案，宋、齊皆卑者，則内亦當然。左氏爲正。

徐，嬴姓國，近齊、魯，今泗州臨淮縣是也。徐蓋是時，已服楚，故齊率諸侯伐之。宋序齊上，蓋齊桓使之主兵，然失霸體矣，故劉氏非之。

冬，十有二月癸亥朔，日有食之。

二十有七年，春，公會杞伯姬于洮。

薛氏[二]曰：「洮溝在濟州。」今濟南府是也

傳曰：「非事也。諸侯非民事不舉。會伯姬，非禮也。」

陸氏曰：「參譏之，公及杞侯、伯姬皆失正也。」

夏，六月，公會齊侯、宋公、陳侯、鄭伯，同盟于幽。

再舉同盟之禮，以申霸令而一諸侯之心也。魯、宋、陳、鄭偕至而衛獨不來，故明年伐衛。

秋，公子友如陳，葬原仲。

原仲，陳大夫。原氏，仲，字也。禮，臣既没不名，故稱字。公子友如陳，葬原仲，無以異於葬諸

〔二〕薛氏，南宋哲學家薛季宣，永嘉學派創始人，著有浪語集、書古文訓等。

使,則友之行,莊公使之,非私行也。故劉氏曰:「何以書?譏。何譏爾?君不行使乎大夫,君行使乎大夫,內失正也。大夫而交乎諸侯,原氏失正也。內失正,原氏失正,季子可以已矣,則是從命也。參譏之。」

冬,杞伯姬來。

歸寧也。春會于洮,今又歸寧,志其來往之數,非歲一歸寧之義,所以厚男女之別也。

莒慶來逆叔姬。

慶,莒大夫也。叔姬,莊公女。卿自為逆則稱字。嫁女於大夫不當書,特書莒慶之逆者,諸侯嫁女于大夫,尊卑不敵,當使大夫主以與之。今公自主之,非禮而任情,春秋之所謹,故特書以譏之。

杞伯來朝。

杞為三恪,桓公之篇以侯書。今稱伯者,國小力微,故降爵以自儕于小國。杞之自侯而伯,自伯而子,蓋浸以微弱也。

公會齊侯于城濮。

城濮,衛地。齊欲討衛而會魯于此,定其交而後加兵於人,所以見其謀之審也。

二十有八年,春,王三月甲寅,齊人伐衛。衛人及齊人戰,衛人敗績。

前年同盟，衛人不至，又嘗受盟于幽，伐而不服罪，乃以齊來伐之日，即因其至而急擊之。然終不能敵齊人節制之師而敗。春秋著衛之不服罪以取敗，故舉戰之日加于伐之上，公羊所謂至之日是也。以衛為主，深罪之也。齊稱人，將卑師少也。不地於衛之都也。

夏，四月丁未，邾子瑣卒。

秋，荊伐鄭。公會齊人、宋人救鄭。

公羊「宋人」下有「邾人」。

傳：「楚令子元以車六百乘伐鄭，入于桔柣之門。衆車入自純門，及逵市。縣門不發，楚言而出。子元曰：『鄭有人焉。』諸侯救鄭，楚師夜遁。」

愚案，是時，楚文王卒，成王幼，子元因夫人之言而伐鄭。師出無名，故鄭人示以閒暇而不敢入。閒諸侯之救，而遂遁。時桓公攘楚之計未定，楚政雖亂，然自若敖、蚡冒至于武，文兵制尚在，是後二年之間楚殺子元，授政於令尹子文，復修國政，故召陵之師，雖舉而楚之君臣亦非比時之比，所以僅能使之受盟而已，終不足以大服之也。

冬，築郿。

郿，公羊、穀梁作「微」。

�，魯下邑。築者，創始造邑也。冬雖用民力之時，而下書大無麥、禾，則築鄘之不時，可知矣。

大無麥、禾。臧孫辰告糴于齊。

辰，穀梁作「臣」。不言水旱而言大無麥、禾者，天時人事至此，兩不足也。洪範曰：「五者來備，各以其序，庶草繁廡。」則大無麥、禾已見德之不修，而不能召和矣。然古人初不敢必於天，恐其或爽所應，每預爲儲蓄以待之，故常以三十年之通制國用，節以制度，使有九年之蓄，恃吾之有政而不恃天也。今一年不熟而上下相顧無以粒民，重臣至自請往告糴于鄰國。若不遇齊桓，則魯之民必至坐視轉死於溝壑矣。故不言如齊告糴，甚急不可緩之辭。譏君臣政事不修，遇變苟且，非所以爲國也。

二十有九年，春，新延廏。

延廏，馬閑也。言新，有故而修之也。穀梁傳：「有故則何爲書也？古之君人者，必時視民之所勤。民勤於力，則功築罕；民勤於財，則貢賦少；民勤於食，則百事廢矣。」冬，築微。春，新延廏，以其用民力爲已悉矣。

愚案，孔子以「敬事而信，節用而愛人，使民以時」爲道千乘之國之法，春秋比事而書，足以見莊公無君國子民之心，於斯三者，皆失之矣。

夏，鄭人侵許。

許與鄭世讐也。然自盟幽之後，不與於齊桓之會，鄭人侵之，或齊之命與？自後，許始從中國。

秋，有蜚。

公羊傳：「記異也。」

何氏[一]云：「惡臭之蟲，南粵所生，非中國所有。書有，言本無也。」

冬，十有二月，紀叔姬卒。

十二年歸于酅，至此乃卒。杜氏注：「紀國雖滅，叔姬執節守義，故繫之。紀賢而錄之。」

城諸及防。

諸，防皆魯邑。諸，今密州諸城縣，縣又有故防城。言及者，別二邑也。

三十年，春，王正月。

左氏無「師」字。任公輔曰：「人微師少，不見於經，知當從公、穀書師[二]。」成，魯地，地譜：「今泰山鉅平縣東南。」

夏，師次于成。

────

[一] 何氏，東漢經學家何休。
[二] 師，原作「御」，今據宋寶祐三年臨江軍庠刻本改。

案，趙氏曰：「魯蓋欲會齊圍郕，至成待命。聞郕已降，不復行耳。」以前會城濮，明年來獻捷，考之理必然也。

秋，七月，齊人降郕。

公羊曰：「郕，紀之遺邑也。」杜氏注：「東平無鹽縣東北有郕城。」即今東平府須城縣。趙氏曰：「降服而爲附庸也。」

常山劉氏曰：「齊肆其強力，脅而服之也。不書郕降而曰齊人降郕，以齊之強，故責之薄也。」

八月癸亥，葬紀叔姬。

紀叔姬從一而終，不以存亡貳其心，故詳錄其生死。又紀魯之往葬，皆以正夫人之理，書之所以明婦行，以示後世之法也。

九月庚午朔，日有食之。鼓，用牲于社。

鼓，禮也。用牲，非禮也。

冬，公及齊侯遇于魯濟。

杜氏注：「濟水，歷齊、魯界，在齊爲齊濟，在魯爲魯濟，蓋魯地。」

齊人伐山戎。

謀伐山戎，以其病燕，故簡禮以議軍旅之事，所謂定其交而後求者與？

公羊傳：「齊人伐山戎，此齊侯也。其稱人何？貶。曷爲貶？子司馬子曰：『蓋以操之爲已蹙矣。』」

孔子曰：「遠人不服，則修文德以來之。」今中國之聲教未洽，近有荊楚爲中國患，尚未正罪而勤兵于遠，爲燕闢地，其治之先後、兵之次第，皆失之矣，故人齊侯以爲舍近事遠，勞中國以事遠，略之，戒示強本治內，柔服遠人之道也。

三十有一年，春，築臺于郎。

何氏注：「禮，天子有靈臺，以候天地；諸侯有時臺，以候四時。登高遠望，人情所樂動，而無益于民者，雖樂，不爲也。」

劉氏傳：「何以書？譏。何譏爾？譏厲民也。去國而築臺，是樂而已矣。」

夏，四月，薛伯卒。

薛，始稱伯，蓋降班而告終也。

築臺于薛。

杜氏注：「薛，魯地。」

六月，齊侯來獻戎捷。

傳：「非禮也。凡諸侯有敵愾之功則獻於王，王以警于遠，中國則否。諸侯不相遺俘。」

常山劉氏曰：「齊伐山戎得其捷。齊侯躬來，夸示以威我，而聖人書曰來獻者，抑之也。」

愚案，獻者，下奉上之辭。觀筆削之旨，則齊桓之恃功而不知禮，魯不當納而輕受之，其罪皆可見矣。

秋，築臺于秦。

杜氏注：「東平范縣西北有秦亭。」案，寰宇記：「范縣，今屬濮州，亭尚存。」

穀梁氏曰：「不正。罷民三時，虞山林藪澤之利。且財盡則怨，力盡則懟，君子危之，故謹而志之也。」

愚案，莊公一歲築三臺，政所謂及是時，般樂怠敖者，則治國治家之當務荒廢多矣，此所以踰年身死，而蕭牆之禍至奕世而不能定也。可不鑒哉！

冬，不雨。

一歲三築臺。明年春城小穀，故冬書不雨，則莊公無閔雨之志可知。然獨西戌亥之月不雨，故不得歷時而言也。

三十有二年，春，城小穀。

小穀，魯地。泰山孫氏曰：「曲阜西北有小穀城。」胡氏曰：「孫，魯人也，而終身學春秋，其考此事詳矣。」

永嘉薛氏[二]曰：「莊公自六年之後大無麥、禾，無麥苗、螟、麋、蜚、蜮相繼，而有大水者三，中君之性尚當少警而公之侈心日起。因娶而觀社，丹楹刻桷，告糴之後有築郿之役，次年新廄，城諸防，去年三築臺而不雨，今春又城小穀，平歲猶曰不可，況薦饑而輕用民力乎！」

夏，宋公、齊侯遇于梁丘。

梁丘在濟州昌邑縣。

齊侯為楚伐鄭之故，請會于諸侯。宋公請先見于齊侯，故遇于梁丘。書先宋公，齊不以霸主自居，以梁丘近宋而先之也。

秋，七月癸巳，公子牙卒。

杜氏注：「牙，慶父同母弟，諡僖叔。」

傳：「初，公築臺臨黨氏，見孟任，從之。閟。而以夫人言，許之，割臂盟公，生子般焉。公疾，問後於叔牙。對曰：『慶父材。』問於季友，對曰：『臣以死奉般。』公曰：『鄉者牙曰慶父材。』成季使以君命命僖

[二] 永嘉薛氏，尚未考證。

公羊傳：「曷為不言刺？為季子諱殺也。季子之遏惡奈何？莊公病，召季子。季子至，而授之以國政，曰：『寡人即不起此病，吾將焉致乎魯國？』慶父也存。」季子曰：『夫何敢？是將為亂乎？夫何敢？』俄而，牙弒械成。季子和藥而飲之。公子牙今將爾，辭曷為與親弒者同？君親無將，將而誅焉，然則善之與？曰：『然。』何善爾？誅不得辟兄，君臣之義也。然則曷為不直誅而酖之？君親之惡，將而誅乎兄，隱而逃之，使託若以疾死然，親親之道也。」

愚案，古者公族有死罪，則磬于甸師氏，刑于隱者，不與國人，慮兄弟也。叔牙黨慶父而萌篡弒之心，故季子正其罪，以君命討而誅之。又以親親之義，不彰其惡，唐陸氏所謂恩義俱立，權而得中也。或謂季友雖殺叔牙而無補于後日子般、閔公之禍，是蓋不然。自文姜以來，胎養亂本至此已成，若于此時不誅叔牙，則莊公之薨，濟以叔牙，雖有季子之忠，秉禮之俗，亦無所措其手矣。故叔牙之誅，乃魯國存亡之幾，慶父成敗之決，春秋取其遏惡救亂，能先事而誅之，所以原其心而為之諱也。

八月癸亥，公薨于路寢。

書月書日，謹之。又書其所詳，凶變且以別正不正也。路寢，正寢也。

穀梁氏曰：「寢疾居正寢，正也。男子不絕於婦人之手，以齊終也。」

冬，十月己未，子般卒。

己未，公羊、穀梁作「乙未」。

子般，莊公子，見上注。

公羊氏曰：「子卒云子卒，此其稱子般卒，何？君存稱世子，君薨稱子某，既葬稱子，踰年稱公。子般卒，何以不書葬？未踰年之君也。有子則廟，廟則書葬。無子不廟，不廟則不書葬。」

傳：「初，雩，講于梁氏，女公子觀之。圉人犖自牆外與之戲。子般怒，使鞭之。公曰：『不如殺之，是不可鞭。犖有力焉，能投蓋于稷門。』公薨，子般即位，次于黨氏。十月己未，共仲使圉人犖賊子般于黨氏。成季奔陳。立閔公。」

愚案，此子般見弒而書卒者，諱之也。莊公主魯之社稷而君道不立，上不能正其母，使出入淫縱，配偶不早立，是致家嗣之位不足以自定，內失閑家之道，而使圉人犖得以戲女公子，觀其告子般之言，非不知犖之可誅，而又欲以誅殺之權委其子，亦終於不能殺，而貽身後之患。易曰：「閑有家，悔亡。」傳曰：「欲治其國者，先齊其家。」莊公反此，使淫亂肆行，雖其身免篡弒之禍，而及其二子，載莊公內治之失，而終之以此，所以罪其無風教之本，而不免于首惡也。

公子慶父如齊。

慶父自莊公即位以來已專兵柄,而莊公之昏庸耽樂,不卹國事,致慶父肆行姦宄陰爲他日取國之計。觀莊公疾時,與叔牙問答之辭,使非季子應時誅之,則般不復得立矣。今雖弒子般而尚未能取國,非特季子之黨未順,亦見魯俗秉禮人心,未盡從也。故因閔公之立,告于霸主,以爲自託之計。齊桓以方伯自任,與魯爲鄰且親,豈不知慶父爲弒君之賊!容其來使,使之復歸以遺魯國之後禍,即此已見其無討賊之實意而有取魯之私心。春秋書慶父如齊,著莊公不君養成其惡,使得以出入自如,而齊侯失方伯連帥之職也。

狄伐邢。

杜氏注:「邢,姬姓,周公之胤國,在廣平襄國縣。」今之邢州龍岡縣。狄,北狄,前此雖未見於經,然自伐邢而滅衛,三年之間,塗炭兩國,首以伐書,著其強也。

元年,春,王正月。

閔公名啓方,莊公之子,母叔姜。史記云名「開」。諡法:「在國遭難曰閔。」

胡氏曰:「不書即位,內無所承,上不稟命也。」

今案,閔公以幼爲慶父所立,初不知子般不終之故,此齊桓公之責也。桓公若能請于天子,誅哀姜、慶父

於此時而爲之置君，則父子、君臣之倫定而大義明矣。乃縱慶父歸其國，以致閔公爲篡弒者所立，故不書即位，亦所以累齊桓也。

齊人救邢。

案，傳：「管仲言于桓公以爲戎狄不可縱，諸夏不可棄，燕安不可懷，引詩云：『豈不懷歸，畏此簡。』」

二年，春，王正月，齊人遷陽。

陽國，漢志東海郡陽都縣是。啖助曰：「移其國于國中而爲附庸，蓋桓公之強力施於可取者如此，非有興滅繼絕之誠心也。」

夏，五月乙酉，吉禘于莊公。

禘爲天子宗廟之大祭，不王不禘，諸侯不得用之。魯有禘樂，其非禮與？雖先王所賜而止可用於周公之廟，不可施於群公，趙氏、程氏言之詳矣。況喪禮二十五月而祥，又兩月而禫，然後以吉祭易喪祭。今莊公之薨至此纔二十二月，喪未三年，主未遷祔。嗣君幼弱，而以吉禮盛樂用於神主，忘哀僭上，反易人心，何秉禮之有？此蓋出于哀姜、慶父樂哀謀篡而爲之，又非他日僭禮之所得比矣。婉而成章，尤當比事以考聖人誅絕之旨也。

秋，八月辛丑，公薨。

傳：「公傅奪卜齮田，公弗禁。共仲使卜齮賊公于武闈。成季以僖公適邾。」弒而書薨，諱之也。不地，隱之不忍言也。倒于羣公之書地者，而此不書，則隱諱變故之實亦可見矣。他國之篡弒，明書之可也。凡人於其父祖之罪惡，尚不忍肆言之，聖人書父母國之惡，豈可同於他國而不隱乎？然諱國惡者，臣子之禮也，存事實者，傳信之法也。聖人之經兩存禮法以垂訓萬世，故不徒隱諱而已。而不書地，以變於常，又比事屬辭以見其實，將使後人因例啓疑，考究始末以知莊公不能正身齊家，致後嗣再弒，國幾滅亡。雖欲諱之而其實終不可得而揜。究觀書法，則知左氏所謂微而顯、志而晦、婉而成章，盡而不汙，懲惡而勸善，非聖人孰能修之者，蓋指此類而言之。其說必有所傳，而施于稱族舍族之傳則非也。

九月，夫人姜氏孫于邾。

傳言哀姜欲立共仲而與聞閔公之弒。經書其奔，與文姜不同者，文姜妻也，哀姜母也，妻義尤重，故哀姜於喪歸，貶姓而已。

公子慶父出奔莒。

傳：「成季以僖公適邾，共仲奔莒，乃入，立之。以賂求共仲于莒，莒人歸之。使公子魚請。不許，哭而往。共仲曰：『奚斯之聲也。』乃縊。」

慶父與哀姜謀弒閔公，欲自立而不遂，此魯國秉禮之驗也。方季友適邾之時，使魯國無人，安能逐姜氏、

慶父哉！季友既立僖，則當正慶父之罪，致辟於甸人，以致兩弒其君之討。乃以賂求于莒，不許其入而已，又立孟氏與叔牙同，無復輕重之別，豈非邦憲之失，此所以不書國賊之討，而閔不書葬與？

冬，齊高子來盟。

公羊傳：「高子不名，喜之也。何喜爾？正我也。魯比三君死，曠年無君。桓公使高子將南陽之甲，立僖公而城魯，或曰自鹿門至爭門是也，或曰自爭門至吏門是也。魯人至今以為美談曰：『猶望高子也。』」

常山劉氏曰：「不稱使者，齊侯使高子來視魯，而未定盟。」

愚案，此所謂寧魯難而親之者，然春秋予高子之能恤魯，奉使而知權，是以字之。

十有二月，狄入衛。

衛之滅，非特懿公好鶴而失人心。蓋自惠公即位，宣姜淫恣，耽樂忘政，習實為常。公又重之，亡形已具，故狄人一至而渙然離散，國隨以亡。非齊桓公救而封之，則康叔之後至此無噍類矣。桓公迎其遺民，立文公而為之建國家社稷，此所以止書「入」也。以衛為春秋初之大國，方與齊侯胥命，欲為方伯，才四十年而淪于亡滅，所以治國必先齊家，而淫亂之禍不篡則滅，可不戒哉！

鄭棄其師。

昔舜授禹之辭曰：「后非衆罔與守邦。」此古先聖人相傳之旨也。宗廟社稷主之于君，守之以人。君與

一國之人蓋一體也。今以欲遠所惡之人，而舉一國之衆付之度外，存亡死生舉不以關其心。當時如楚如狄，方有狡焉，思啓封疆之心，一旦乘釁擣虛，則鄭必束手就亡矣。春秋書法因物賦形，或書人臣之奔，或書師旅之潰，此皆不以是書，而蔽罪乃如此，可以識輕重之權衡矣。以此類推之，後世謀國如舉一郡縣之民、三軍之旅陷於重圍之中，置而不救，皆得罪于聖人者。胡氏曰：「惡高克者文公，而特書鄭者，蓋國本顚危，曾不扶持，是大臣之失職也。」

卷四

僖公名申，莊公之子，閔公庶兄，母成風。諡法：「小心畏忌曰僖。」

元年，春，王正月。

僖公之即位在高子來盟之後，桓公又爲之誅哀姜，不可謂不出於方伯矣。然桓公不請命於天子，正君臣之經以示天下之大義，故僖公之立無以異於群公，而桓公止於霸術。觀僖公不書即位，以考時義，當知反經之學，有國者不可不明也。

齊師、宋師、曹師次于聶北，救邢。

聶北，杜氏注：「邢地。」或引在水經云聊城縣東北有聶城。今案，左傳：「聊攝以東。」杜氏注：「聊城東北有攝城。」恐傳寫之訛，未可據也。次于聶北者，屯兵便利以援邢而懼狄。桓公用兵之規，每主於持重，故不遽決於一戰而持久以待之。春秋書「次」雖所以譏其緩，而不書「以」，則予其終有全邢之功也。

夏，六月，邢遷于夷儀。

夷儀，公羊作「陳儀」。案輿地廣記[一]，河北邢州龍岡縣北一百五十里有夷儀嶺，即所遷也。傳：「諸侯救邢，邢人潰，出奔師。師遂逐狄人，具邢器用而遷之，師無私焉。」邢遷如歸此，乃因邢之欲遷而遷以定之。與前邢、鄑、郚、陽、宿之逼遷強取者不同，故公羊以此爲出於其意而彼則非其意也。

齊師、宋師、曹師城邢。

傳：「邢遷夷儀，諸侯城之，救患也。凡侯伯，救患、分災、討罪，禮也。」

案，邢雖已遷，無力自城，諸侯若不城之，終未能以自定，必遺後患。桓公因其既遷，命三師爲之板築，使之足以守而居之安，合於救患分災之禮。於此若止書諸侯之師城邢，無以見桓公定邢之美意，故再敘三師，以見入春秋以來，悉力存亡惟有此舉得南仲城朔方、仲山甫城東方之遺制。

秋，七月戊辰，夫人姜氏薨于夷。齊人以歸。

傳：「哀姜孫于邾，齊人取而殺之于夷。以其尸歸，僖公請而葬之。」今案，書薨于夷者，諱國之惡也。言齊人以歸，則爲魯誅其辠而以喪歸，齊可知矣。自文姜弑桓公得逃致辟而淫縱益甚，使魯國三四十年間濁亂昏迷，卒成再弑其君之禍。至此齊桓舉方伯之職，慶父、哀姜皆誅死不赦，然後三綱稍明，人倫粗正，此縱辠誅惡失得之明驗也。

―――
[一] 輿地廣記，北宋時期歷史地理學著作，歐陽忞編撰。

楚人伐鄭。

荊至是稱楚者，蓋荊乃州之名也。商頌稱奮伐荊楚，則楚亦其國之舊名。但自武文以來，雖騃騃強盛，而未暇正其國之號也。及熊頵即位，令尹子文得政，始定改號曰楚，以交於中國。案，前此獨來聘稱人，其侵敗中國皆以州舉。自此始稱號稱人，則浸強而有陵駕中國之意矣。然終齊桓世，雖伐滅小國止稱人者，以桓之力猶足以制之也。及桓沒，而宋襄霸，然後列於會盟，偃然主諸侯，而春秋有以爵書者矣。

八月，公會齊侯、宋公、鄭伯、曹伯、邾人于檉。

檉，公羊作「朾」。杜氏注：「檉，陳國陳縣西北有檉城。」今宛丘縣也。傳：「謀救鄭也。」今案，楚人伐鄭，桓公不遽救而會諸侯謀之，蓋楚方強而公謀制楚十全之策也。

九月，公敗邾師于偃。

偃，公羊作「纓」。偃，邾地。方是時，楚人陵駕上國，公與邾同會于檉，以謀之。曾未兩月，僖公遽以詐敗邾師，不務睦鄰事霸，以僥一時之利，足以見僖公無修政刑，安中國之志矣。其所以免於齊人之討者，必以公親至檉而邾以人也。然齊桓新拊存魯國而不稟命，擅興師之辜不加之討，是爲侈罰，亦足以見霸政之不足以一人心。它日與曹同伐厲，遠役在外而宋人乘虛伐曹，書敗邾於會檉之後，非特著魯僖無保邦之道，亦見桓公霸威之不立也。

冬，十月壬午，公子友帥師敗莒師于酈，獲莒挐。

酈，公羊作「犂」，穀梁作「麗」。酈，魯地。莒人來求歸慶父之賂，而以兵至。公子友出其不意而敗諸酈，獲莒子之弟挐。公賜季友汶陽之田及費。胡氏曰：「不能諭以辭命，使自知其不直以抑止之，又用詐謀擒其主將，故以友爲主而書敗、獲，責之備也。」

十有二月丁巳，夫人氏之喪至自齊。

案，傳：「齊人殺哀姜以歸其國，僖公請而葬之。夫人與於亂，齊桓正其皋而討之。死不以其正，不可以入宗廟。齊以公義討之而魯以私意請之，君子以爲非義，是以貶乎其以喪至也。」謹案，古者，兵死尚不入于兆，況得皋於先君，見誅於方伯，而可以配祖廟秩烝嘗乎！故春秋於其喪至而貶之，以皋魯僖之不知義也。劉氏之說獨爲得之。

二年，春，王正月，城楚丘。

楚丘，衛地，今開德府衛南縣是也。

案，衛滅之後，齊桓公立戴公以廬于漕。漕，今在滑州之白馬。其年戴公卒，文公立，桓公城楚丘而封之。今此書城楚丘，蓋分板築之役于諸侯而魯往城之也。桓公拯救衛人之功，至使衛國忘亡，而春秋無一辭以美之

者，桓公雖有存亡繼絕之大德，而不免專天子之大權。衛雖當封而周室尤不可以不尊，故於此略齊桓之功而止書魯人之往城，所以抑霸權而尊王室，其義微矣。

夏，五月辛巳，葬我小君哀姜。

僖公請之，故純用小君禮，而書「葬」也。

虞師、晉師滅下陽。

公羊、穀梁作「夏」。案，下陽與上陽爲對。下陽，虢之塞邑，在今陝州平陸縣。上陽在陝縣，虢所都也。當從左氏作下陽。

虞，周太王子仲雍所封，其都亦在平陸之地。虢，文王弟虢叔之後；晉，成王弟唐叔之後，國都在今太原府。晉獻公詭諸，武公之子也。武以曲沃伯篡晉獻公嗣立，浸以兵吞噬近地之小國。晉與虞、虢爲鄰，自莊公末因虢人侵晉，而謀於士蔿以圖虢爲務。今始與虞伐之，蓋先以重賂璧馬，間虞、虢之交，使虞人不知其謀而忘輔車相依之勢，反道晉以滅下陽。下陽者，控制虞、虢之要地。晉取下陽而虞、虢舉矣。故春秋於此書滅而後皆不書，示有國者設險守國之法。書虞首兵，蓋以爵先晉，且如郳之道，鄭所以見虞之自取滅亡而深著晉人陰險，兼并之詐謀也。

秋，九月，齊侯、宋公、江人、黃人盟于貫。

貫，公羊作「貫澤」。

江，在汝南安陽縣，今蔡州新息縣之地。黃，嬴姓國，在汝南弋陽縣，今光州定城縣也。貫，今興仁府濟陰縣有貫城。

齊桓謀楚，先服此二國，皆迫近楚之境者，所以遠交而孤楚之勢，此桓公服楚之規模也。惟宋與盟，不煩諸侯也。

冬，十月，不雨。

穀梁傳：「不雨者，勤雨也。」

楚人侵鄭。

今案，書此以見魯國上下皆以無雨為憂也。止書首時，自西至亥三月皆不雨也。

楚自莊三十年，楚頵巳長殺子元，用子文為令尹。子文毀家以紓國難，兵勢浸強，故比年侵伐鄭。若非齊桓兩歲之間，專以圖楚為事，必未能制之於召陵，而執宋公、盟諸侯之事不在僖公十九年之後矣。

三年，春，王正月，不雨。

夏，四月，不雨。

穀梁傳：「不雨者，勤雨也。一時言不雨者，閔雨也。閔雨者，有志乎民者也。」

愚案，春秋傳心之要典，三時不雨，則饑饉荐臻，民命阽危，此雲漢所以編於詩。而去冬及今年春夏之不雨，雖記陽亢時災，然書法異於文公，亦因以著其君尚憂民之憂也。

徐人取舒。

舒，今廬州舒城縣。

趙氏[一]曰：「凡得國不書滅者，不絕其祀也。」

齊桓方霸而不能戢諸侯之吞并小國，蓋方謀楚未暇討之，亦降鄫、遷陽等事，有以教之，無以令之也。

六月，雨。

得雨而喜，見僖公樂民之樂，異於文公之不勤矣，所以此書雨而彼不書也。

秋，齊侯、宋公、江人、黃人會于陽穀。

陽穀，今東平府須城縣北，隋置陽穀縣。

胡氏[二]曰：「諸侯之師同次于陘者，桓公之正兵也。又令江人、黃人各守其境，案兵不動以爲八國之援，去年盟以定其交矣，今歲再會，申伐楚之約也。

[一] 趙氏，唐代經學家趙匡。
[二] 胡氏，北宋學者胡安國。

觀伐楚後，令江、黃伐陳則知之此桓公克敵制勝，兵分奇正之謀。」

冬，公子友如齊涖盟。

涖，公羊作「莅」。

傳：「齊侯爲陽穀之會來尋盟。公子友如齊涖盟，魯侯不至于陽穀，而致其上卿以盟之。魯、宋爲一而列國無不從役矣。」

楚人伐鄭。

傳：「楚人伐鄭，鄭伯欲成。孔叔不可，曰：『齊方勤我，棄德不祥。』」

四年，春，王正月，公會齊侯、宋公、陳侯、衛侯、鄭伯、許男、曹伯侵蔡。蔡潰。遂伐楚，次于陘。

傳：「楚人伐鄭，鄭伯欲成。孔叔不可，曰：『齊方勤我，棄德不祥。』」〔按原文〕潰者，民心離而逃散也。蔡自獻舞以來屈服于楚，桓公欲討楚而加兵于附楚之蔡，先責其以文王之冑，而甘心於僭竊之楚。蔡衆既潰，則威震而兵強，故可以遂伐楚也。

遂伐楚，次于陘。

胡氏曰：「遂者，繼事之詞而有專意。」

陘，楚地，杜氏注：「潁川召陵縣有陘亭。」今潁昌府郾城縣也。楚自魯桓二年，蔡、鄭會鄧，已懼其爲中國患。又積五十年富强吞并之力，今比年伐鄭，氣陵中國。所幸齊自桓公入國，舉管仲以治民訓兵，至此方能

率諸侯之師，正其罪而討之，使其君臣震恐，遣使如師，可謂有功於中國矣。然桓公本無湯、武之學，而管仲復未嘗有聞於君臣之大義，故揆之天吏討罪之法，則不奉天子之命，僅致屈完來師，請服受盟。然其與屈完觀師，恃力驕矜，形於辭色，遂來方城漢水之對，屈完之歸卒踐此言，不純屈服。時出干紀、滅弦、救鄭，故曾西得以鄙其功烈之卑。書遂伐楚，以譏其專；書次于陘，以著其師有節制用，能懾懼楚人，底定中國，免民左衽也。

夏，許男新臣卒。

傳言卒于師，陸淳以爲非。蓋召陵地屬潁川，潁川，今之潁昌府長社縣，去許密邇，故許男疾而歸也。臨江劉氏[二]曰：「古者君即位爲椑，歲一漆之，出疆必載椑。卒于師，曰師于會。曰會，正也。許男新臣卒，非正也，所以著許男新臣之爲人君不知命也。」

楚屈完來盟于師，盟于召陵。

召陵，在今郾城縣，漢之潁川郡召陵縣也。屈完，楚大夫之名氏也。書名氏，嘉其服義而進之也。來而不書使者，春秋待蠻荆謹嚴之法。雖錄屈完名氏以進之，若書楚子使屈完，則一同於中國君臣之辭矣，故書屈完來盟，不書楚子使，以嚴内外之分，而伸齊桓方伯之體。屈完既至而桓公退師，以禮楚與盟，

[二] 臨江劉氏，北宋經學家劉敞。

以堅其求服之志。於是見桓公之待楚進退有禮，雖不足以盡王者之義，而夫子所謂一匡天下，民到于今受賜，實二百四十年甚盛之舉，不得不序其績也。

齊人執陳袁濤塗。

袁，左氏作「轅」。案釋文[一]左氏亦作「袁」，云本亦作「轅」。

公羊傳：「濤塗之罪何？辟軍之道也。其辟軍之道奈何？濤塗謂桓公曰：『君既服南夷矣，何不還師濱海而東，服東夷且歸。』桓公曰：『諾。』於是還師濱海而東，大陷于沛澤之中。顧而執濤塗。執者曷爲？或稱侯，或稱人。稱侯而執者伯討也，稱人而執者非伯討也。此執有罪，何以不得爲伯討？古者周公東征則西國怨，西征則東國怨，桓公假塗于陳而伐楚，則陳人不欲其反由己者，師不正故也。不修其師而執濤塗，古人之討，則不然也。」

秋，及江人、黃人伐陳。

程子[二]曰：「齊命也。」

謹案，左氏與公羊所傳，袁濤塗之罪大同小異。如左氏說，則齊師終由陳反，但怒袁濤塗之言耳。今案，

[一]釋文，經典釋文，唐陸德明撰，是古人讀經書時用的字典。
[二]程子，北宋理學家程頤。

若果由陳、鄭而歸，則何必魯及江、黃伐陳，又再勤諸侯之師乎？以此考之，則知公羊大陷沛澤之說爲信，所以桓公怒陳之深至於興諸侯之師伐而又侵也。

八月，公至自伐楚。

師出三時，見久役之勞也。

葬許穆公。

冬，十有二月，公孫茲帥師會齊人、宋人、衛人、鄭人、許人、曹人侵陳。

再侵者，陳近於楚，伐而未得其成，則陳必不服，故侵以列國之師，待其服而後已。觀孟子謂成湯之征伐至於歸市者，不止耕者不變，若時雨降民大悅，則桓公於此慙德多矣。況大兵之後，復以師出重困諸侯乎！兵以憤興，則後有當討者，應之必怠，人亦侮之，故楚終不服，鄭伯逃盟，以至弦不能救，而坐視其滅，皆怒陳之過致之也。故春秋詳書伐侵以著其罪。凡孟子之書論湯、武之拯民切切於王霸之德力，與子路、管仲之人品，皆述聖人之志，明春秋之大旨也。

五年，春，晉侯殺其世子申生。

申生，獻公之世子。公既立爲冢嗣，後又嬖驪姬而欲立其子奚齊。因外嬖梁五、東關嬖五之譖，使申生居

曲沃。士蔿曰：「大子不得立矣，不如逃之，爲吳大伯不亦可乎？」申生不聽。閔之二年，公又使申生伐東山皋落氏。狐突勸大子行，又弗聽。及是大子歸胙，驪姬毒而獻之，公殺大子之傅杜原款。或謂大子：「子辭，君必辯焉。」大子曰：「君非姬氏，居不安，食不飽，我辭，姬必有罪。」曰：「子盍行乎？」曰：「被此名以出，人誰納我？」乃縊于新城。

陸淳[三]曰：「内生有愛父之心，而陷父於不義，使讒人得志，國以大亂，諺所謂小仁，大仁之賊也。」

今案，春秋於此斥晉侯而曰殺世子者，蓋獻公嬖寵庶孽，聽讒如流，輕世適之重，忽社稷之計。申生既死而公卒之後，奚齊亦被殺，徒設此心，兩俱棄之，致晉亂二十餘年，兵敗國破，此董仲舒所謂爲人父而蒙首惡之名者。即此書法，可以考筆削之權衡，而示有國之鑑戒矣！

杞伯姬來，朝其子。

伯姬來，杜氏以爲寧成風也。其子蓋年十餘歲，杞伯在而使其子隨母以來也。然朝者，宗廟朝廷之上，諸侯相見之禮，公在而使其子行之，又使婦人參之，著杞伯與僖公之失正也。

夏，公孫玆如牟。

牟，見桓公十五年。

[三] 陸淳，唐代經學家。

卷四

公及齊侯、宋公、陳侯、衛侯、鄭伯、許男、曹伯會王世子于首止。

公羊、穀梁作「首戴」。杜氏注：「陳留襄邑東南有首鄉襄邑，今屬拱州，然以爲衛地則非也。」

王世子，惠王之長子鄭也。初，惠王取陳嬀爲后，生子鄭及叔帶。愛叔帶欲立之，齊桓公以其廢長立幼將啓亂階，遂率諸侯會王世子于首止，以爲天王之貳，所以尊國本絕亂階也。

穀梁氏曰：「及以會，尊之也。何尊焉？世子云者，唯王之貳也。」桓，諸侯也，不能朝天子，何也？是則變之正也。

王世子，子也，塊然受諸侯之尊，已而立乎其位，是不子也。

程子曰：「世子，王之貳，不可與諸侯列。世子出，諸侯會之，故其辭異。」胡氏因此論世子之班位，以葵丘宰周公與王人同列於諸侯之上而不殊以尊之。知後世欲次皇太子于三公宰相之下者，自天子而言，欲屈遠其子，示謙德也。若夫定上下正分，義必用春秋之法，使群臣得伸其敬於王之貳，然後貴有常尊而上下辨矣。此春秋之書法所以別嫌明微而建諸天地，無毫釐之悖者也。

秋，八月，諸侯盟于首止。

無中事而舉諸侯者，舉諸侯以明世子不與盟也。再稱首止，美之大者也。此盟蓋會王世子之禮已畢，約諸侯以同戴世子，尊王室。殆亦束牲載書而不歃血與？世子，天下之本。本不可搖，苟適庶之位一亂，則善惡各

有所宗，故君心稍偏，欲廢適立庶，是爲小人，先立宗主而陰長陽消之形見矣。方伯者，察天下之勢而正救於未亂者，故桓公之謀寧周，春秋之義舉也。

穀梁曰：「盟者，不相信也，故謹信也。不敢以所不信而加之尊者。」桓公此舉其義既明，其禮復正，此所以爲一匡天下之功，而再書首止以美之也。

鄭伯逃歸不盟。

惠王徇后之意，欲易世子，故不悅桓公此舉。使周公謂鄭伯曰：「吾撫汝以從楚，輔之以晉，可以少安。」鄭伯喜於王命而懼不朝於齊，欲逃歸。孔叔止之曰：「國君不可以輕，輕則失親，失親患必至。」不聽，逃其師而歸。夫桓公之舉，天下之公義也；惠王之命，一人之私心也。逃者，匹夫之事也。鄭伯背公徇私，違棄眾善，行同匹夫，故書逃歸不盟以深罪之。

楚人滅弦，弦子奔黃。

杜氏注：「弦國在弋陽軑縣東南。」任公輔曰：「地譜：『光州光山縣，故弦國。』」黃地，已見二年。

傳：「楚鬬穀於菟滅弦，弦子奔黃。於是江、黃、道、柏方睦於齊，皆弦姻也。弦子恃之而不事楚，又不設備，故亡。」鬬穀於菟，楚之名大夫也，輔楚顏以當齊桓，雖外受盟于召陵而內懷負固之心，至此窺見王懷愛叔帶之意，而不悅桓公此舉，遂因王間鄭而親帥師滅弦。書人，罪之也。弦子書「奔」，不服於楚而逃去之。

不名，以爲尚可望以興復其國，故不絕也。至於忘宗社事仇讎，然後名之。名之，乃絕之也。黃、弦同壤而黃受弦子之奔，楚之滅黃，亦自此始矣。然桓公不能救弦，以啓救鄭圍許之紛紛，蓋楚之滅弦已出於迅雷不及掩耳之計矣。公於此時因弦子之奔而率諸侯以討楚復弦，豈不足以立中國之威，而制楚之橫與？故詳書，以罪桓公之失此幾會也。

九月戊申朔，日有食之。

冬，晉人執虞公。

虞稱「公」，嘗爲天子之三公也。唊氏曰：「晉侯復假道於虞，以伐虢。宮之奇諫曰：『虢，虞之表也。虢亡，虞必從之。晉不可啓，寇不可玩，一之謂甚，其可再乎？諺所謂輔車相依，脣亡齒寒者，虞、虢之謂也。』弗聽，許晉使。八月，晉侯圍上陽，問於卜偃曰：『吾其濟乎？』對曰：『克之。』公曰：『何時？』對曰：『童謠云：丙之晨，龍尾伏辰，均服振振，取虢之旂。鶉之賁賁，天策焞焞，火中成軍，虢公其奔。其九月、十月之交乎！丙子旦，日在尾，月在策，鶉火中，必是時也。』冬十二月丙子朔，晉滅虢。虢公醜奔京師。師還，館于虞，遂襲虞，滅之，執虞公。」

傳：「晉侯復假道於虞，以伐虢。」然則虞、虢皆稱人，亂辭也。

易[二]稱「王公設險以守其國」。蓋國者，先祖所傳而世守之。下陽，二國之門戶，虞、虢所恃，不可失也。一失其險，則自徹門戶，坐待束縛。今虞公貪璧馬之近貨，忘家國之將絕，而以國之所恃資敵，故書滅下陽於前，而書晉人執虞公於後，則晉獻無道，絕滅虢叔、虞仲之祀，與夫虞公之自取亡滅，片言具見，所以戒後

[二] 易，周易，此處出自周易坎卦。

世者，可謂深切著明矣。

六年，春，王正月。

夏，公會齊侯、宋公、陳侯、衛侯、曹伯伐鄭，圍新城。

新城，傳曰「新密」，杜氏以爲滎陽密縣，今屬鄭州。討去年逃首止之盟也。

胡氏曰：「以霸主諸侯之力圍新造之邑，圍而不舉，有遺力者矣。蓋桓公欲待其自服也。」

秋，楚人圍許。諸侯遂救許。

圍許之役，蓋攻其所必救，以解新城之圍也。釋鄭而救許，所以抑暴而救患，此見桓公之急於義也。故書遂以予之。

冬，公至自伐鄭。

師出三時。

七年，春，齊人伐鄭。

鄭未服，故復伐。齊力足以制之，不煩諸侯也。

夏，小邾子來朝。

公羊作「小邾婁子」，後同。

鄭殺其大夫申侯。

杜氏注：「邾犁來始得王命而來朝也，邾之別封，故曰小邾。」二邾皆曹姓。

傳載陳轅濤塗譖申侯之事，蓋未可信。而言申侯，申出。自楚奔鄭，理或有之。惟申侯不忘故國，所以道鄭伯背霸從楚，以啓霸主討鄭，而致殺身之禍與？

秋，七月，公會齊侯、宋公、陳世子款、鄭世子華，盟于寗母。

穀梁作「寧母」。寗母，魯地。杜氏注：「高平方與縣有泥母亭，音如寗。」

案，陸氏纂例：公、穀無「鄭世子華」，誤加之也。今公、穀皆有，姑存之。

傳言齊侯因管仲之言而修禮於諸侯，諸侯官受方物。又不受鄭世子爲內臣之請，以見管仲之於桓公正救多矣。

曹伯班卒。

班，公羊作「般」，古通用。

公子友如齊。

冬，葬曹昭公。

八年，春，王正月，公會王人、齊侯、宋公、衛侯、許男、曹伯、陳世子款，盟于洮。

洮，曹地。

公羊傳：「王人者何？微者也。曷爲序乎諸侯之上？先王命也。」

愚案，齊桓雖主會而先王人足以訓矣，而使之與諸侯之盟，非所以示尊也。

胡氏曰：「春秋之法，内臣以私事出朝者直書曰來，以私好出聘者不稱使，以私情出訃者止錄名，不以其貴故尊之也，以王命行者，雖下士之微，序乎方伯之上，不以其賤故輕之也。可以觀春秋尊君之義矣。」

鄭伯乞盟。

鄭伯欲與於盟而不可得。桓公以首止之逃，外之也。亦足以見霸權之重，而可以使鄭伯之自反矣。

夏，狄伐晉。

襄陵許氏[二]曰：「晉恃強且遠不與齊合，是以狄得侮之。」

秋，七月，禘于大廟，用致夫人。

禮：「不王，不禘。」禘者，祭其祖之所自出，以其祖配之，非魯之所得用于大廟。大廟，周公廟也。此當書有事于大廟，而曰禘于大廟者，以見禘之非禮。論語所謂「自灌而往者，吾不欲觀之」。而記禮者又以爲夫子嘗與子游言之，以魯之郊禘爲非禮。蓋異於杞、宋有天子之事守，此書禘而不書大事之意也。穀梁傳：「用

[二] 襄陵許氏，北宋學者許翰。

者，不宜用者也。致者，不宜致者也。言夫人必以其氏姓，非夫人也，立妾之辭也。」劉向以爲成風，而唐啖、趙，本朝劉氏、孫氏、胡氏皆從之。劉氏、胡氏之説詳矣。范甯所謂夫人者，正嫡之稱謂，非尊妾之嘉號。以妾體君則上下無別。欲尊其母，實卑其父，此言明白得春秋之旨者也。

冬，十有二月丁未，天王崩。

惠王也。不書葬，魯不會。

九年，春，王三月丁丑，宋公御説卒。

御，公、穀作「禦」。

夏，公會宰周公、齊侯、宋子、衛侯、鄭伯、許男、曹伯于葵丘。

宰家，宰周公，名孔，王之三公，食采於周。扶風雍縣東北周城是。葵丘，杜氏注：「宋地，陳留外黃縣東有葵丘，今開封雍丘縣也。」

宋桓公卒未葬而襄公會諸侯，故曰子。穀梁氏譏其背殯出會，以爲無哀。蓋非有金革至急之事，喪僅踰時，豈可出乎？然比之以嘉禮行而稱爵者，雖同非禮，亦孟子所謂百步五十步之間耳。宰周公，天子之爲政者，不殊會之。宰權雖重，非世子貴，有常尊之可比也。傳曰：「會于葵丘，尋盟且修好也。」王使宰孔賜齊侯胙，桓公之會盛於此矣。

秋，七月乙酉，伯姬卒。

内女也。

九月戊辰，諸侯盟于葵丘。

公羊氏曰：「婦人許嫁，字而笄之，死則以成人之喪治之。」言不以殤降也。

書諸侯，宰孔先歸，不與盟也。其義與首止同。盟之載書，詳載孟子。其一命之詞，蓋修身正家之要，自此以下尊賢、敬臣、子民、柔遠人、懷諸侯之意略備，故穀梁氏曰：「陳牲而不殺，讀書加于牲上，壹明天子之禁。」其提挈綱領以正率人，蓋春秋之所未有，故於此再書葵丘以美之。雖然大學之道，「有諸己而後求諸人，無諸己而後非諸人」，桓公於易樹子、以妾為妻之禁，終不免躬自犯之，則何以令諸侯，固無以正天下矣。況道不足以治心，諸侯方服而驕。公羊氏以為震而矜之，叛者九國。左氏亦記宰孔遇晉侯如會而謂之曰：「齊侯不務德而勤遠略。」遂止晉侯之行。蓋本源不正而驕吝形，其視夫諸侯大會而作誥謂：「茲朕未知獲戾于上下，慄慄危懼若將隕于深淵。」以謹造邦匪彝愍淫之戒者，何翅霄壤之殊哉！聖人道大德宏，以齊桓霸功積累至此而成，是以姑掩其不足而敘其美也。

甲戌，晉侯佹諸卒。

左氏作「甲子」。不應。甲子在戊辰後，合從公羊作「甲戌」。佹，公、穀作「詭」，晉獻公也。

冬，晉里克殺其君之子奚齊。

殺，公羊作「弒」。

傳：「晉獻公卒。里克、㔻鄭欲納文公，故以三公子之徒作亂。初，獻公使荀息傅奚齊之，曰：『以是藐諸孤，辱在大夫，其若之何？』對曰：『臣竭其股肱之力，加之以忠貞，其濟君之靈也。不濟則以死繼之。』冬，里克殺奚齊于次。荀息將死之。人曰：『不如立卓子，而輔之。』荀息立公子卓以葬。」

穀梁氏曰：「其君之子云者，國人不子也。不正其殺申生而立之也。」胡氏論不子之說詳明，可以為穀梁之義疏。

愚案，奚齊謂之其君之子，以晉獻公殺適立庶而奪之也。齊舍未踰年而謂之君，以舍之正而與之也。或抑或揚，得是非之公，可以觀矣。

十年，春，王正月，公如齊。

莊公十三年柯之盟，魯已服齊。雖莊公因婚姻一再如齊，自此魯不朝齊者幾二十年。蓋桓公霸業未成，不責諸侯以朝禮也。今僖公始朝齊，見於葵丘之後，霸體漸肆，諸侯不朝天子而朝霸主，自是始矣。

狄滅溫，溫子奔衛。

溫，今孟州溫縣，本周畿內國。成王時，司寇蘇忿生之邑。傳：「蘇子叛王即狄，又不能於狄，狄人伐之。

王不救，故滅。」此見王靈不振，畿內諸侯，狄得滅之，此天王出居鄭之權輿也。

晉里克弒其君卓及其大夫荀息。

卓，公羊作「卓子」。案，外傳，驪姬將殺申生而難太子之傅里克，謀於優施，飲里克酒，爲烏烏集枯之歌，以感動里克。里克欲中立以免難，稱疾不朝。驪姬遂得以成其殺申生之謀。及獻公卒，乃殺奚齊、卓子而欲納重耳。聖人以里克當申生未死之前不能以死正諫，而中立以求免，坐視太子之無罪而死，以成驪姬讒賊之謀。及其終也，逆獻公之遺命而弒二君。夫奚齊、卓子雖庶孽，而有先君之命以立乎其位，則固里克之君也。君臣之分已定，而犯上作亂如此，故正名其弒君。而荀息不失信於君，得以死節，書此其定罪，所以爲輕重之權衡，非聖人莫能修之也。荀息書「及」，著其節也。書大夫不失其官也。里克、荀息之得失予奪，胡氏論之詳矣。

夏，齊侯、許男伐北戎。

北戎，山戎也。薛氏曰：「當是時，患有大於戎者，狄及晉、楚是也。晉滅虢、滅虞，狄嘗入衛、逼邢。前年伐晉，近又滅溫。召陵之後，楚滅弦、圍許，豈可置而不圖？捨強圖弱，守衛果如是乎？所謂不務德而勤遠略，況許方患楚而毆以伐戎，非用人之道也。」

晉殺其大夫里克。

里克再弒其君，而其誅不以討賊之辭言之，蓋里克在獻公父子則爲賊，而惠公幸奚齊、卓子之死而得立。初未嘗有討里克之心，獨以其志在重耳而不在己，懼其又將以己爲奚齊、卓子，是以殺之。蓋其事與專殺大夫無以異，固不得以討賊之辭書之也。

穀梁傳：「里克所爲弒者，重耳也。夷吾曰：『是又將殺我乎？故殺之不以其罪也。』」

公羊作「卓」。

冬，大雨雪。

秋，七月。

十有一年，春，晉殺其大夫丕鄭父。

傳：「晉惠公使丕鄭聘于秦，且謝緩賂，鄭於秦伯曰：『呂甥、郤稱、冀芮實爲不從，若重問以召之，臣出晉君，君納重耳，蔑不濟矣。』秦伯使泠至報問，且召三子。郤芮曰：『幣重言甘，誘我也。』遂殺丕鄭及里丕之黨。」

案，惠公志於得國而無人君之度，外則失信於秦，内則忌克多殺，故丕鄭雖有私謀貳心，而春秋以累上之辭書之也。

夏，公及夫人姜氏會齊侯于陽穀。

陽穀，齊地。

男女無別，則瀆亂生。諸侯會霸主而婦人與焉，君臣之大義，朝廷之大計，凡所當講者，必有所不及，而般樂瀆亂，淫浸日長。宜桓公自是以往，黃亡不救，徐救不力，女寵盛行，霸業遂衰，而魯僖之怠，棄國政亦自此始矣，可不戒哉！

秋，八月，大雩。

旱也。穀梁傳：「雩，得雨曰雩，不得雨曰旱。」

冬，楚人伐黃。

內外盛衰之勢相爲消長而未有不原於心，故曰毋怠毋荒，四夷來王。桓公怠荒之心見於陽穀之會矣。楚人已占之於江漢之間，而遂興伐黃之師也。

十有二年，春，王三月庚午，日有食之。

不書朔，失之。

夏，楚人滅黃。

書「滅」，著朝廷之強，中國不救而黃君死於其位。公羊所謂亡國之善辭，上下之同力者也。

秋，七月。

冬，十有二月丁丑，陳侯杵臼卒。

公羊作「處臼」。

十有三年，春，狄侵衛。

楚既滅黃而莫之恤，狄侵衛之師所以肆行也。

夏，四月，葬陳宣公。

公會齊侯、宋公、陳侯、衛侯、鄭伯、許男、曹伯于鹹。

杜氏注：「東郡濮陽縣東南有鹹城，衛地。」淮夷病杞，故且謀王子帶之難也。

秋，九月，大雩。

冬，公子友如齊。

陽穀、甯母及鹹之會其後，公子友皆如齊。蓋伐楚服鄭，城緣陵之事，魯皆同之，足以見友專魯政也。

十有四年，春，諸侯城緣陵。

杜氏注：「杞邑。」漢書地理志：「北海營陵，臣瓚曰：『春秋謂之緣陵。』」今濰州昌樂縣。

傳：「諸侯城緣陵而遷杞焉。不書其人，有闕也。」此蓋避淮夷而遷之於緣陵，其事蓋與楚丘同。而當是時齊桓拯救諸夏之志怠矣，故經書詳不如城邢，略不如楚丘，亦輕重之權衡也。」

夏，六月，季姬及鄫子遇于防，使鄫子來朝。

鄫，穀梁作「繒」，後同。鄫國，禹後，姒姓。漢屬東海郡，晉屬琅邪，今在沂州承縣東北有鄫故城，又有鄫山。

季姬不繫國，是未適人也。而與鄫子遇於防，蓋僖公鍾愛其女，使自擇配，其失父道而不謹於男女之別，甚矣！鄫子與季姬遇，聽其使而朝魯，使來請己。夫婦之始而不正如此，書之所以記僖公之不父，鄫子之不夫，非所謂永終知敝者也。

秋，八月辛卯，沙鹿崩。

鹿，漢書元后傳作「麓」。

公羊曰：「河上之邑。」穀梁曰：「林屬於山爲麓；沙，山名也。」詩所謂「高岸爲谷」者，謂是類也。此晉邑也，不言晉，劉氏曰：「山不可以繫國。古者，名山大澤不以封，諸侯守之。」

狄侵鄭。

狄數犯畿內之諸侯，而齊桓不能治。自入衛、伐邢、滅溫而至此，霸圖弱而王室卑，諸國受禍，著齊桓之息也。

冬，蔡侯肸卒。

卷四

一六三

十有五年，春，王正月，公如齊。

至此始純用五年一朝之制，同於事天子之禮矣。

楚人伐徐。

傳曰：「徐即諸夏故也。」

三月，公會齊侯、宋公、陳侯、衛侯、鄭伯、許男、曹伯，盟于牡丘，遂次于匡。公孫敖帥師及諸侯之大夫救徐。

語曰：「築五鹿、中牟。」蓋與牡丘以衛諸夏之地，注云四塞諸夏之關也。地譜云與匡近。牡丘，齊地，齊既聽命矣。此爲楚人伐徐而合諸侯。即驅之，討楚救徐可也。又從而盟之，諸侯不一故也。葵丘之盟，諸侯貳，非伯主救災恤患之心急而人始懈乎。君子屢盟，亂是用長，此心之盛衰，霸業之所從而盛衰也。故特書盟于牡丘。而霸主諸侯之心皆疑不足以保徐，斷可知矣。

匡，衛地，今開封府長垣縣西南。

何氏[二]曰：「言次者，譏諸侯緩於仁恩。既約救徐而生事次止，不自往，遣大夫往，卒不能解也。」

[二] 何氏，東漢經學家何休。

胡氏曰：「徐在山東，與齊密邇；楚都于郢，距此遠矣。今楚肆其憑陵暴橫，而桓公之救特勉強不得已而應之耳。書此，所以著其德衰誠息而扶義安夏之志怠也。」

夏，五月，日有食之。

不書朔與日。

秋，七月，齊師、曹師伐厲。

謹案，兵法：「攻所必救，謂之奇兵。」然繼此楚敗徐于婁林，則厲在所不必救。明年而後不克，救而還，正所謂未聞攻之久者，況同盟不同心，而宋已伐同役之曹乎？厲，今隨州隨縣，在徐、楚之間。攻楚之必救，以解徐也。

八月，螽。

公羊作「蝝」。

九月，公至自會。

暴師三時不能救徐，大無功也。

季姬歸于鄫。

解見上。

己卯晦，震夷伯之廟。

震爲雷，凡霆擊之怒皆震之發也。夷伯，展氏之祖父，夷，謚；伯，字。大夫卒則書謚字。

正蒙[二]曰：「凡陰氣凝聚陽在內者，不得出則奮擊而爲雷霆，蓋亦如此。」不善之積，天之怒也。然天之怒者，每在於惡稔而人誅不加之後，故春秋書震者，惟此事耳。詩云：「敬天之怒，無敢戲豫；敬天之渝，無敢馳驅。昊天曰明，及爾出王，昊天曰旦，及爾游衍。」君子知天之日監而畏其威如此，所以事天也。

冬，宋人伐曹。

傳曰：「討舊怨也。」莊十四年，曹嘗從齊桓伐宋，宋至今憾之。今諸侯始貳，曹方有王事而襄公乘虛伐之，尚可繼桓而圖霸乎？故永嘉薛氏以爲厲而宋人內叛，此則桓德之衰，襄志之私皆可見矣。

楚人敗徐于婁林。

婁林，杜氏注：「下邳僮縣東南有婁亭。」今在泗州臨淮縣。書以見楚兵之獨勝而救徐之威不立。伐厲之謀，無補也。

[二] 正蒙，又名張子正蒙，北宋理學家張載所著。

十有一月壬戌，晉侯及秦伯戰于韓，獲晉侯。

韓，後爲韓國，今同州韓城縣。

秦、晉之曲直，左氏載之詳矣。秦三施而晉無報，所以秦伐晉而不書，又以晉主是戰也。韓簡亦言師少於我，鬪士倍我，蓋秦直故勇、晉曲故老。晉惠公背惠蔑施，以虛氣抗秦，所以師敗身執而大辱國也。不言晉師敗績，君重於師也。胡氏論之詳矣。秦舍晉君於外，已而歸諸晉，所以不言以歸也。

十有六年，春，王正月戊申朔，隕石于宋五。

隕，公羊作「霣」。

傳：「隕星也。」

程子曰：「自空凝結而墜也。不言石隕而言隕石，是天應之。」

是月，六鷁退飛，過宋都。

鷁，穀梁作「鶂」。

是月，言非戊申且失其日也。鷁，水鳥也。宋都，今應天府。宋來告故書。

程子曰：「退飛，倒逆飛也，必有氣驅之。」

此二事皆記異也。星隕爲石，不祥也；鷁退飛，不順也。宋襄欲圖霸而無其德，故天出怪異以警懼之。卒

之五年被執,六年兵敗,天之示人顯矣。

三月壬申,公子季友卒。

書季友,蓋公子友,以立僖公之功,生而賜之氏,俾世其卿也,故特書其氏以著待大臣不以禮法,爲陰始凝之戒。

夏,四月丙申,鄫季姬卒。

内女出嫁者,紀伯姬、叔姬、宋共姬皆書其葬,獨鄫季姬、杞伯姬以出不書。胡氏曰:「僖公鍾愛季姬,使自擇配。季姬不能自克以禮,恃愛而行。雖書其卒,因奪其葬,所以謹夫婦、正人倫、明王教也。」

秋,七月甲子,公孫茲卒。

冬,十有二月,公會齊侯、宋公、陳侯、衛侯、鄭伯、許男、邢侯、曹伯于淮。

杜氏曰:「臨淮郡左右。」案,臨淮郡,後漢下邳國,今泗州。傳:「會于淮,謀鄫,且東略也。城鄫,役人病。有夜登丘而呼曰:『齊有亂。』不果,城而還。」

十有七年,春,齊人、徐人伐英氏。

英氏,皋陶後之封,楚之與國也。

一六八

傳：「齊爲徐伐英氏，以報婁林之役也。」以此見桓公之興師末矣。

夏，滅項。

案，傳：「淮之會，公有諸侯之事未歸而取項。」

項國，子爵。漢屬汝南，今陳州項城縣。

程子曰：「滅人之國，罪惡大矣。在君則當諱，故魯滅國，書『取』。今項之滅，君在會，季孫所爲也，故不諱，於此見聖人文理密察，亦所以示人五刑五用，必審其人，然後當罪也。」

秋，夫人姜氏會齊侯于卞。

傳：「聲姜以公故，會齊侯于卞。」

下，魯地，今在襲慶府泗水縣。

今案，大臣滅項而止僖公，刑已偏頗，又遠會婦人于魯地，此管仲既亡，桓公志荒之政也。

九月，公至自會。

傳：「九月，公至。書曰『至自會』，猶有諸侯之事焉，且諱之也。」

今案，諱之者，以爲國惡也。公會諸侯而大臣滅人之國，得罪於伯主，其身見執，反國不討，無政刑矣，故謹致之。

冬，十有二月乙亥，齊侯小白卒。

東萊呂氏[一]曰：「桓公雖能用管仲攘夷狄、伯諸侯，有一匡天下之功，然仲本無正心、誠意、格君之學，徒急於一時之功利，卒致五子之亂，其所以有始無終者，家法不正也。管仲且有三歸之失，豈能正其君哉？」

十有八年，春，王正月，宋公、曹伯、衛人、邾人伐齊。

公羊「宋公」下有「會」字。

傳：「齊侯之夫人三：王姬、徐嬴、蔡姬皆無子。齊侯好內，多內寵，內嬖如夫人者六人：長衛姬，生武孟；少衛姬，生惠公元；鄭姬，生孝公昭；葛嬴，生昭公潘；密姬，生懿公商人；宋華子，生公子雍。公與管仲屬孝公於宋襄公，以為大子。易牙有寵於衛共姬，因寺人貂以薦羞於公，亦有寵，公許之立無虧。管仲卒，五公子皆求立。冬十月乙亥，齊桓公卒。易牙入，與寺人貂因內寵以殺群吏，而立公子無虧。孝公奔宋。襄公以諸侯伐齊。三月，齊人殺無虧。」

今[三]案，長幼有定分，桓公、管仲不能自制其尊卑正否之辨，而輕屬幼少以為亂階，公之君臣既失其制命之義矣。今桓公未葬，宋襄不能從宜，因勢順其少長以撫定之，使得以終桓公之喪，乃成桓之私意，

[一] 東萊呂氏，南宋著名理學家呂祖謙，世稱「東萊先生」，為與伯祖呂本中相區別，亦有「小東萊先生」之稱，著有春秋集解，已亡佚不傳。

[三] 今，原作「命」，今據宋寶祐三年臨江軍庠刻本改。

一七〇

帥四國之諸侯奉少奪長，大亂齊國。春秋書宋公以爲戎首，深罪之也。

臨江劉氏曰：「諸侯失國，諸侯納之，正也。何以不曰納公子昭于齊？不與納也。曷爲不與納？公子昭非正也。」

夏，師救齊。

穀梁傳：「善救齊也。」

五月戊寅，宋師及齊師戰于甗，齊師敗績。

傳：「齊人將立孝公，不勝，四公子之徒遂與宋人戰。夏，五月，宋敗齊師于甗，立孝公而還。」

泰山孫氏[二]曰：「春秋伐者爲客，受伐者爲主。今以宋主齊，不與宋襄伐齊也。宋襄伐人之喪，擅易人之主，其罪大矣。」

程氏傳[三]：「書敗績，責齊臣也。」

狄救齊。

[二] 泰山孫氏，北宋學者孫復。
[三] 程氏傳，北宋理學家程頤所著。

常山劉氏[一]:「齊新有喪而諸侯加兵不道如此,狄乃能行義以兵救之。聖人哀中國無王,諸侯怙亂滅義,故書以病之也。」

秋,八月丁亥,葬齊桓公。

杜氏注:「十一月而葬,亂故也。八月無丁亥日,誤。」

桓公自入國以來,急於功利,志於富強,其處己、待人皆不以正心、正家爲務。肉未及寒而庶孽爭國,宋伐其喪,冢子見殺,國幾於亡,足以見霸者功烈之卑,聖門不道之實矣。

冬,邢人、狄人伐衛。

邢黨狄以伐衛,然論其曲直則衛之忘恩背霸以伐喪奪長,宜得聲罪致討之師,故人狄以進之,見聖人罪衛之深也。

十有九年,春,王三月,宋人執滕子嬰齊。

高郵孫氏[二]曰:「齊桓之盛,江、黄之遠,猶斂袵聽命。而滕自幽盟之後,未嘗列於衣裳之會,今又不能尊事大國以取執辱,故書名罪之。宋公藉齊桓之後,非有德義以服諸侯,肆己之強,一會虐二君,非伯討也,

[一] 常山劉氏,北宋學者劉絢。
[二] 高郵孫氏,北宋學者孫覺。

故書人以貶之。春秋不以不正治人，所以人宋而名滕子也。」

夏，六月，宋公、曹人、邾人盟于曹南。

宋公，公羊作「宋人」。曹南者，曹之南也。二國稱人，蓋亦效桓公北杏之會，使大夫聽命也。一年之間使邾執鄫子，不以德令，以師圍之，圖霸之始無以服人心矣。

鄫子會盟于邾。己酉，邾人執鄫子，用之。

傳以為宋公使邾，文公用鄫子于次雎之社，劉氏以為不然，曰：「鄫子為季姬所使而朝魯，春秋尚書使鄫子來朝，豈宋公可使之用鄫子而不書乎？」

今案，蓋鄫子會曹南之盟，而後期宋公使邾執之。邾、鄫世仇，因附勢而肆虐，用之惡也。觀後日戎鄫子，亦出於邾，則邾之虐鄫，必自用鄫而天子方伯不誅，所以復出為惡與？何休以為魯本許嫁季姬於鄫，季姬淫泆，使鄫子請己，因此二國交忿。臨江劉氏亦信其說，未知然否。

秋，宋人圍曹。

討不服也。夫近者說遠者來，齊桓之霸，屈意去忿，盟魯平宋，以致諸侯先近故也。今襄公欲圖諸侯，近於宋者莫如曹、滕。滕既執矣，曹方與盟已而復叛，不從子魚內省德之言而亟事干戈，故胡氏以為欲速見小利之過，宜其不遂霸也。

衞人伐邢。

衞不自省其從宋伐喪之罪，而以報復爲事，罪之也。

冬，會陳人、蔡人、楚人、鄭人，盟于齊。

公羊「會」上有「公」字。以諸侯皆稱人考之，當從左氏、穀梁。

傳：「陳穆公請修好於諸侯，以無忘齊桓之德，故盟于齊。」

今案，地以齊，盟于齊之國都，齊亦與盟也。楚欲得志於中國久矣，齊桓討而攘之。其後桓志稍衰，滅黃敗徐，駸駸抗衡，然尚有所懼也。桓公既没，宋襄欲圖霸而諸侯不服，故楚假不忘桓德之説，求參與中國之盟會，而行其志。陳、蔡及鄭近楚而素降服者，故先受其謀。齊孝公親見其父極力攘楚，僖公又號爲「荆舒是懲」者，亦聽其甘言，忘桓公討之志，遂納之國都而與盟。不知非我族類，其心必異。楚遂因是以行其志於中國。明年爲鹿上之盟及盂之會，因執宋公，故春秋諱魯而人諸侯，以謹楚人與盟之始也。

梁亡。

梁，嬴姓國，伯爵，虞伯翳之後。梁地，今屬同州韓城縣。

梁伯内則沈湎酒色，心昏而出惡政；外則好土功而輕民力，亟城而不處，民罷而不堪，則曰：「某寇將至。」乃溝公宫，民懼而潰，秦遂取梁。蓋其國之亡，本自内作，如魚之爛外未見而内先潰矣。春秋變法以書諸

二十年，春，新作南門。

杜氏注：「魯城南門也。本名稷門，僖公更高大之。今猶不與諸門同，改名高門。」

穀梁氏曰：「作，爲也，有加其度也。言新，有故也，非作也。」

愚謂，凡春秋之書工役，皆所以重民力，謹興作也。南門如不可不作，則當與泮宮、閟宮同不書矣。今南門特書「新作」，正閔子所謂「仍舊貫如之何，何必改作」者，故特書以示譏也。

夏，郜子來朝。

郜，姬姓國，後漢志：「濟陰成武北有郜城。」

五月乙巳，西宮災。

薛氏曰：「西宮，魯之貳室也。」

鄭人入滑。

傳：「滑人叛鄭而服於衛，鄭公子士、洩堵寇帥師入滑。」

案，鄭人入滑何以書？記天王出居鄭之始釁也。

侯自取滅亡者有二：晉人執虞公，猶言兵已加於頸而不自知也；梁亡言國自亡而不之覺也。此胡氏所謂如化工之賦形而異於畫筆之肖像者也。

秋，齊人、狄人盟于邢。

傳：「為邢謀衛難也。於是衛方病邢。」

書狄例以國稱，而同之於齊稱人之列者，昔宋伐齊喪而狄能救之，今衛欲滅邢，而狄謀存之，從中國以救災恤患，其義有可嘉，故人以進之。人狄則罪衛之意明矣。是足以見聖人仁天下之公心也。若孟子師文王之論。

冬，楚人伐隨。

傳：「隨以漢東諸侯叛楚。冬，楚鬬穀於菟伐隨，取成而還。」

愚案，楚力方強，隨欲復漢東諸侯於中國而德不足以勝之，此其所以召兵而自屈也。左氏罪其不量力，未若孟子師文王之論。

二十有一年，春，狄侵衛。

因邢之盟也。孝公不能嗣父之業，楚、狄皆因之以為中國患，此齊、邢之盟所以兩書，而邢、衛並受其禍也。

宋人、齊人、楚人盟于鹿上。

杜氏注：「鹿上，宋地，汝陰有原鹿縣。宋主盟，故在齊、楚上。」

傳：「宋為鹿上之盟，以求諸侯於楚。公子目夷曰：『小國爭盟，禍也。宋其亡乎，幸而後敗。』初襄公

夏，大旱。

秋，宋公、楚子、陳侯、蔡侯、鄭伯、許男、曹伯會于盂。執宋公以伐宋。

傳：「諸侯會宋公于盂。」子魚曰：『禍其在此乎！君欲已甚，其何以堪之？』於是楚執宋公以伐宋。

公羊傳：「宋公與楚子期以乘車之會，公子目夷諫曰：『楚，夷國也，強而無義，請以兵車往會。』宋公曰：『不可。吾與之約以乘車之會，自我為之，自我墮之，不可。』楚人果伏兵車，執宋公以伐宋。」

愚案，孔子相定公會齊侯，此會中國也，猶以文事不可無武備，請司馬以行。以楚之悍而可信其詐偽之約乎？徒出會之，是輕以其身，溺於虎狼之群也，不免宜矣！陳、蔡、鄭、許、曹皆中國，蠻執會主，而無一人伸義，以正其曲直之分，豈非自同於蠻荊之類乎？故以諸侯同執為文，亦以罪襄公非但不能識楚人譎詐之心，且無以知五國之不同心，而輕為是會也。愎諫求欲以及於禍，所謂愚而好自用者，宋襄之謂與？

孟，公羊作「霍」，穀梁作「盂」。

公羊傳：「諸侯會宋公于盂。子魚曰：『禍其在此乎！君欲已甚，其何以堪之？』於是楚執宋公以伐宋。」

今案，霸中國者，宋之欲也；亂中國者，楚之欲也。欲霸中國而求之於猖狂亂常之楚，與之同盟，此春秋所以列序而人之，以著襄公之自取敗辱也。

欲合諸侯，臧文仲聞之，曰：『以欲從人，則可；以人從欲，鮮濟。』

冬，公伐邾。

楚人使宜申來獻捷。

來魯獻捷者，僖公雖不與於盂之會，而魯爲中國之大邦，楚方求駕中國，故假宋捷以威魯也。楚子稱人，貶其詐以執宋公也。上書諸侯執宋公而此書楚獻捷，足以明楚之執矣。逞其詐力而誇示於我，僖公不能拒絕而受其使命，待以賓禮，特書「來獻」而不言宋，爲內諱也。盂之會，諸侯以同執示貶，宜申之來魯以受捷，諱惡。或抑或揚婉而成章，此之謂也。

十有二月癸丑，公會諸侯，盟于薄，釋宋公。

薄，任氏[二]曰：「史記作『亳』。漢山陽薄縣，湯所都也。」案，地譜：拱州考城，漢薄縣即湯都。古字通用。

宋與楚本無怨隙，特以襄公不勝其求諸侯之欲而請於楚，楚反以詐執之。諸侯若能使宋人征繕而修文告之辭，明宋之直，正楚之罪，則楚人當義愧情屈而歸宋公之不暇矣。今僖公脅於獻捷之威，而不知明自反而縮之義伸中國之正理，反與五國爲會，以請宋公而後得釋，正中楚人之詭計。春秋不書會楚子而曰會諸侯，亦不書「宋公歸自楚」而曰「釋宋公」，蓋其執其釋皆制於夷，而聖人務全中國之體，故諱之，而書曰公

[二] 任氏，尚未考證。

二十有二年,春,公伐邾,取須句。

句,《公羊》作「朐」,後同。

須句,今東平府須城縣。

傳:「任、宿、須句、顓臾,風姓也。邾人滅須句,須句子來奔,因成風也。成風為之言於公。春,伐邾,取須句,反其君焉。」

今案,僖公非有崇明祀保小寡之公心,而徒徇母之私意,故此役之舉,無以服邾而致升陘之寇。《春秋》書之亦不異於他日之伐取也。

夏,宋公、衛侯、許男、滕子伐鄭。

傳:「鄭伯如楚。夏,宋公伐鄭。子魚曰:『所謂禍在此矣。』」

今案,襄公嘗困於楚矣,疾疢雖甚,而德慧術智未有以增益其所不能,《穀梁氏》所謂不能反其知以治人,過而不改,而又甚之者也。

秋,八月丁未,及邾人戰于升陘。

傳:「邾人以須句故出師。公卑邾不設備而禦之。臧文仲曰:『國無小,不可易也。無備,雖眾,不可恃

也。詩云：「敬之敬之，天維顯思，命不易哉。」先王之明德，猶無不難也，無不懼也，況我小國乎！」弗聽。戰于升陘，我師敗績，邾人獲公冑，縣諸魚門。」

今案，書「及」，公戰也，不言敗，諱恥也。存心苟公臨事必懼，觀此則知春取須句非有存亡繼絕之公心審矣。

冬，十有一月己巳朔，宋公及楚人戰于泓。宋師敗績。

傳：「楚人伐宋以救鄭。宋公將戰，大司馬固諫，弗聽。戰于泓。宋人既成列，楚人未既濟。司馬曰：『彼眾我寡，及其未既濟也，請擊之。』公曰：『不可。』既濟而未成列，又以告。公曰：『未可。』既陳而後擊之，宋師敗績。公傷股，門官殲焉。國人皆咎公。公曰：『君子不重傷，不禽二毛。寡人雖亡國之餘，不鼓不成列。』子魚曰：『君未知戰。勍敵之人，隘而不列，天贊我也。阻而鼓之，不亦可乎？猶有懼焉。雖及胡耇，獲則取之，何有於二毛？明恥教戰，求殺敵也。傷未及死，如何勿重？若愛重傷，則如勿傷，愛其二毛則如服焉。』」

愚謂，觀春秋以襄公主是戰，則知聖人罪其愎諫求欲，昧大義而徇小節，以取敗國殄民自及其身之禍。楚子救鄭而不言救，又貶稱人，惡夷狄也。

二十有三年，春，齊侯伐宋，圍緡。

繒,穀梁作「鄫」,後同。漢志:「山陽郡東緡縣。」春秋時作「緡」,今濟州金鄉縣是。

十八年,宋伐齊納孝公也。齊侯忘宋襄納己之德,而修伐宋之舊怨。因宋襄敗于泓而圍其邑,穀梁傳所謂不正其以惡報惡也。

夏,五月庚寅,宋公茲父卒。

茲,公羊作「慈」。

傳:「傷於泓故也。」

愚謂,僖公已有志於附楚,忘盟薄之信,故不會宋襄之葬。

秋,楚人伐陳。

傳:「楚成得臣帥師伐陳,以其貳於宋也。遂取焦、夷,城頓而還。子文以爲之功,使爲令尹。」成得臣,子玉也。成得臣敢於�篾夏而鬬穀於菟賞以貴仕,春秋稱人之意可見矣。

冬,十有一月,杞子卒。

杞,成公也。杞,夏之後,周之三恪。桓公之世稱侯,及朝莊公稱伯,微弱故也。今稱子者,傳以爲「杞夷也」,夷而稱子,所謂中國諸侯而有棄禮則外之者也。

二十有四年,春,王正月。

夏，狄伐鄭。

二十年，鄭人入滑，滑人聽命。後又即衛，鄭又伐之。王使爲之請，鄭怨王與衛、滑，不聽王命而執王使。王怒，將以狄伐鄭。富辰諫曰：「不可。臣聞之：『大上以德撫民，其次親親以相及也。』昔周公弔二叔之不咸，故封建親戚以蕃屏周。管、蔡、郕、霍、魯、衛、毛、聃、郜、雍、曹、滕、畢、原、酆、郇，文之昭也。邘、晉、應、韓，武之穆也。凡、蔣、邢、茅、胙、祭，周公之胤也。召穆公思周德之不類，故糾合宗族于成周而作詩，曰：『常棣之華，鄂不韡韡。凡今之人，莫如兄弟。』其四章曰：『兄弟鬩于牆，外禦其侮。』如是，則兄弟雖有小忿，不廢懿親。今天子不忍小忿，棄鄭親以從諸姦，無乃不可乎？」襄王弗聽。使頹叔、桃子出狄師。夏，狄伐鄭，取櫟。

王德狄人，將以其女爲后。富辰諫曰：「鄭執王使，是無王也。王啓狄師，是無中國也。天下何恃不亂。近世如唐、晉資棄禮之以定中國，蓋不講於春秋，戒襄王之所以出也。」

襄陵許氏曰：「鄭執王使，是無王也。王啓狄師，是無中國也。天下何恃不亂。近世如唐、晉資棄禮之力以定中國，蓋不講於春秋，戒襄王之所以出也。」

乃不可乎？」襄王弗聽。使頹叔、桃子出狄師。夏，狄伐鄭，取櫟。

王又弗聽。

秋，七月。

冬，天王出居于鄭。

傳：「王德狄人，將以其女爲后。富辰諫曰：『狄固貪惏，王又啓之。女德無極，婦怨無終，狄必爲患。』王又弗聽。」

初，王子帶有寵於惠后，惠后將立之，未及而卒。帶奔齊，王復之。又通於隗氏。王替隗氏。頹叔、桃子曰：「我實使狄，狄其怨我。」遂奉大叔以狄師攻王。王御士將禦之，王曰：「先后其謂我何？寧使諸侯圖之。」王遂出。及坎欿，國人納之。秋，頹叔、桃子復奉帶以狄師伐周，大敗周師，獲周公忌父、原伯、毛伯、富辰。王出適鄭，處于氾。帶以隗氏居溫。

今案,鄭非王居而言居于鄭者,普天之下莫非王土也。然王之失德,自我致寇,故自周無書出者,而特書出居于鄭,如王者無敵而書王師敗績于茅戎,以見天難忱斯不易,維王不可以不戒也。

晉侯夷吾卒。

案,傳:「晉惠公以二十三年九月卒,其子圉懷公嗣立。」今年正月,秦伯納文公重耳,二月入于曲沃,使殺懷公于高梁。不書,皆不告也。杜預以爲文公定位而後告惠公喪,春秋據諸侯策書赴告而作經,徐邈論之詳矣。

二十有五年,春,王正月丙午,衛侯燬滅邢。

初,衛文公將伐邢。禮至曰:「不得其守,國不可得也。我請昆弟仕焉。」乃往得仕。春,衛人伐邢,二禮從國子巡城,掖以赴外,殺之。正月丙午,滅邢。禮至爲銘曰:「余掖殺國子,莫余敢止。」邢,周公之胤也。聖人以興滅繼絕爲心,而甚惡不仁而滅絕宗祀者,至於同所自出不知相保,而肆強以絕滅之,又使其臣爲譎詐之事,行盜賊傾覆之計,天理所不容,故名之同於楚子虔之誘殺也。

夏,四月癸酉,衛侯燬卒。

宋蕩伯姬來逆婦。

伯姬,魯女而爲蕩氏之婦者也。逆婦不書蕩氏,使姑來魯逆婦,非禮也。諸侯嫁女於大夫,主大夫以與之,公之自主之亦非禮也。兩譏之。

臨江劉氏曰：「內女雖親，體不敵則不書於策，所以尊君也。今君失其禮，以愛易典，主大夫之昏，是卑朝廷而慢宗廟，非安上治民之節也。」

宋殺其大夫。

義見曹殺其大夫注。

秋，楚人圍陳，納頓子于頓。

頓，姬姓國。杜氏注：「汝陰南頓縣。」今屬陳州。頓子迫於陳而不能有其國，故楚圍陳然後能納之。聖人書此見中國諸侯不能恤小國而定其位，反使蠻荊行其義，閔中國之無霸也。

葬衛文公。

冬，十有二月癸亥，公會衛子、莒慶，盟于洮。

洮，魯地。衛成公稱子，喪未踰年也。莒慶不氏，未命也。傳：「衛人平莒于我，盟于洮，修文公之好且及莒平也。」

二十有六年，春，王正月己未，公會莒子、衛甯速，盟于向。

速，公羊作「遫」。

向,見莒人入向注。十二月己盟,今又屢盟,所以致齊之討也。

齊人侵我西鄙。

傳:「討是二盟也。」

公追齊師至酅,弗及。

杜氏注:「濟北穀城縣西有地名酅下。」後漢屬東郡,今屬東平府東阿縣。

穀梁傳:「弗及,內辭也。可以及而不敢。」

臨江劉氏曰:「所謂弗及者,非弗能及也,弗敢及也。寇至不能禦,追又不敢及,非為民父母之道,舉百姓而棄之也。」

夏,齊人伐我北鄙。

傳:「齊孝公伐我北鄙。公使展喜犒師,使受命于展禽。齊侯言:『室如懸磬,野無青草,魯人恐乎?』對以恃周公、大公之盟誓。齊侯乃還。春秋以其爭盟而侵伐亟舉故人之。」

衛人伐齊。

二盟,乃衛人平莒于我,故為魯伐之。

卷四

一八五

公子遂如楚乞師。

傳：「東門襄仲、臧文仲如楚乞師。」

愚嘗論之，僖公初年頗有意於治國，務農、閔雨，國以殷富，詩、春秋可見也。中年以來，漸肆荒怠。初附齊桓，浸失政於大臣，滅項、取邾。齊桓既沒，不及閒暇修明政刑，民事既荒，國備不立，齊人再伐已不能支，而遠乞師於夷狄，以刷其恥。孔子罪臧文仲竊位，蓋爲人臣謀國而從公子遂，遠借兵於彊夷，此春秋特書如楚乞師，深罪爲國之無謀也。使其立展禽以爲政，所以輔僖公者，必有道矣。何至乞楚師以伐齊哉！

秋，楚人滅夔，以夔子歸。

夔，今之歸州秭歸及興平縣皆有夔子城。公羊作「隗」，非是。

傳：「夔子不祀祝融與鬻熊，楚人讓之。對曰：『我先王熊摯有疾，鬼神弗赦，而自竄于夔。吾是以失楚，又何祀焉？』楚成得臣帥師滅夔，以夔子歸。」

臨江劉氏曰：「楚祖鬻熊，夔祖熊摯，諸侯之祀，不過其祖，是夔於祀典不得祀祝融與鬻熊也。而楚反以是責而滅之，貪而不義，楚罪大矣。故夔子不名，所以黜楚而伸夔也。」

冬，楚人伐宋，圍緡。

傳：「宋以其善於晉侯也，叛楚即晉。冬，楚令尹子玉、司馬子西帥師伐宋，圍緡。」

公以楚師伐齊，取穀。

書「以」義見桓十四年。楚師而魯君以之，楚以其衆付魯，使自用之，以伐齊也。伐霸主之後，用夷狄之兵，僖公之免，可謂幸矣。

公至自伐齊。

二十有七年，春，杞子來朝。

親蠻荊，伐鄰國，特書至危之也。

夏，六月庚寅，齊侯昭卒。

杞，書「子」，見二十三年注。

傳：「齊孝公卒。有齊怨，不廢喪紀，禮也。」

秋，八月乙未，葬齊孝公。

乙巳，公子遂帥師入杞。

傳：「入杞，責無禮也。」

愚謂，人方來朝，而帥師入之，以怨報德，此所謂「欲加之罪，何患無辭」者也。

冬，楚人、陳侯、蔡侯、鄭伯、許男圍宋。

傳：「楚子及諸侯圍宋。」

穀梁傳：「楚人者，楚子也。其曰人，何也？人楚子，所以人諸侯也，所以著陳、蔡、鄭、許之罪也。」

趙氏曰：「四國申蠻荊之威，屈中國之義，書曰楚人，則陳、蔡、鄭、許從之之罪昭然可見矣。」

十有二月甲戌，公會諸侯，盟于宋。

詩頌：僖公「戎狄是膺，荊舒是懲」，而春秋書公會諸侯，盟于薄、于宋，皆楚子為會主也。膺狄懲荊，從齊桓也。會楚虐齊、宋，僖公親之也。然猶曰會諸侯，不曰會楚，使公從蠻荊之罪，必待考而後見。聖人之忠厚，春秋之微婉，槩可見矣。

二十有八年，春，晉侯侵曹。晉侯伐衛。

傳：「宋公使公孫固如晉告急。先軫曰：『報施救患，取威定霸，於是乎在矣！』狐偃曰：『楚始得曹而新昏於衛，若伐曹、衛，楚必救之，則齊、宋免矣。』春，晉侯將伐曹，假道于衛。衛人弗許。還，自南河濟。侵曹、伐衛，取五鹿。晉侯、齊侯盟于斂盂。衛侯請盟，晉人弗許。」

今案，報施救患取威定霸者，文公君臣之規模也，故先侵曹、伐衛。若以大義興師，則當先乞師伐齊，從楚圍宋之罪，而魯與陳、蔡所宜首加討伐。曹、衛之新附，豈侵伐所當先哉！況暱齊與盟而不許衛請，足以見其志止在恩怨之分明，而諸侯之有罪無罪，初未嘗問也。此其志之私且狹，又在齊桓之下矣。

公子買戍衛，不卒戍，刺之。

傳：「公懼於晉，殺子叢以說焉。謂楚人曰：『不卒戍也。』」子叢，買字。今案，懼於晉而殺公子買者，其實也。謂楚人曰不卒戍而刺之者，以解於楚也。蓋戍衛者，楚命也。魯、衛本兄弟之國，若推至公之心，俾買往戍之，則買之不卒戍，可誅。然其名如此而其情則不然，書之之詳，所以見其辭之不直，而情之甚私。買之死，實非其罪，不止於專殺大夫而已也。

楚人救衛。

衛服罪請盟，文公不許。懷報怨之意，不聽衛侯之改過自新，失霸主寬洪之德，故春秋與楚人以恤患之名，罪晉文之忌克也。

三月丙午，晉侯入曹，執曹伯，畀宋人。

傳：「晉侯圍曹。聽輿人之謀：『稱舍於墓。』曹人兇懼，因其兇也而攻之，入曹。數之以其不用僖負羈，而乘軒者三百人也。令無入僖負羈之宮而免其族。宋人使門尹般如晉師告急。公曰：『宋人告急，舍之則絕，告楚不許。我欲戰矣，齊、秦未可，若之何？』先軫曰：『使宋舍我而賂齊、秦，藉之告楚。我執曹君，而分曹、衛之田以賜宋人。楚愛曹、衛，必不許也。喜賂、怒頑能無戰乎？』公說，執曹伯，分曹、衛之田以畀宋人。」

杜氏注：「執諸侯當以歸京師。晉欲怒楚使戰，故以與宋，所謂譎而不正。」

愚案，自晉侯侵曹至此，皆春秋著文公致楚與戰之由也。

夏，四月己巳，晉侯、齊師、宋師、秦師及楚人戰于城濮。楚師敗績。

齊桓之伐楚，致屈完于召陵，楚未大創也。故次年即滅弦、救鄭，終桓公之霸，楚爲患而不能制。文公欲霸天下，以爲楚不大創不足以定霸，故戰而勝楚以取威而後霸業定。當是時，楚爲齊、宋二國之患，救之宜也。然文公出亡之時，見禮於齊、宋二國，而過衛與曹皆不禮而見辱，故其救患之心止在於報施。曹、衛二國負不禮之罪而與楚，非如魯與陳、蔡有附楚圍，伐中國之罪也。文公欲虐曹、衛，以報怨且致楚與戰以取威，乃不許衛盟，使衛出其君，執曹伯以快宋人之心。因激楚人之怒，而使之不得不戰，以取一勝之功。其救患取威，皆譎而不正之事。雖楚自是大創，而行不義，殺不辜亦已多矣。故賤楚而稱人，以深惡之。書晉侯主是戰，誅文公之心也。

楚殺其大夫得臣。

楚子使得臣去宋，曰：「無從晉師。晉侯在外十九年矣，而果得晉國，險阻艱難備嘗之矣。民之情僞盡知之矣，天之所置不可廢也。」得臣請戰，曰：「非敢必有功也，願以間執讒慝之口。」既敗，王使謂之曰：「大夫若入，其若申、息之老何？」及連穀而死。

今稱國以殺者，楚子自得臣伐陳立爲令尹，授以兵柄，令其圍陳、圍宋，所以道之無非猾夏狃勝之事，故

雖知晉之不可敵而不能使之退師。況得臣之剛而無禮，方且恨其君不殺晉公子以致此，而輕視文公，志在狃勝，豈一日之言所能號令之哉？師敗而不能自反其平日求勝無厭之罪，方且責其無以見申、息之老，故春秋謂得臣乃楚子之大夫，平日縱使其猾夏求勝，及其一敗而輒殺之也。故稱國以殺，而不去其官。

衛侯出奔楚。

衛文公不禮晉文，敵怨不當在其後嗣。請盟弗許，致其國人出君，以説于晉，皆盟主徇私之所致也。故曰衛之禍，文公為之。而衛侯不名，責晉文也。

胡氏曰：「高帝封雍齒而功臣皆喜，光武燒棄文書而反側悉安，使文公釋怨，許、衛請盟，則諸侯歸心矣。忿不思難，惟怨是圖，必使衛侯竄身無所奔于荊蠻，兄弟相殘，君臣交訟。夫心不外者，乃能統大衆，智不鑿者，乃能處大事。文公欲主夏盟而舉動煩擾，若不勝任者，惟鑿智自私而心不廣也。」

五月癸丑，公會晉侯、齊侯、宋公、蔡侯、鄭伯、衛子、莒子，盟于踐土。陳侯如會。

王者之威不足以制諸侯，而諸侯之力乃足以攘却夷狄，懷服天下。聖人於易坤五爻繫之辭曰：「黃裳元吉」，謂必得中居下則大善之吉也。文公於勝楚之後，即帥諸侯朝天子，然後受侯伯錫命之策對，揚大輅、戎輅、彤弓、虎賁之賜乃合於在師，中吉。而當三錫之命以懷服萬邦，即所謂「黃裳元吉」，得坤德之正矣。文

公負震主之威，不帥諸侯朝王而致天子屈尊下勞，失正位居體之道，非所以正天下大分。諸侯之受盟，陳侯之新附，皆爲文公而來。若書天王下臨而列踐土之盟則尊卑倒植，綱常易矣。故即其可書者記之，而天王下勞沒而不書，以示天下之大訓。書公會晉侯某人盟于踐土，陳侯如會，公朝于王所，正胡氏所謂去其實以全名而天下之大倫尚存而不滅者也，故曰非聖人孰能修之。

公朝于王所。

言王所則非京師也。言所而不言京師，後人不知其諱而謂出居於鄭未復京師，皆不考本末而昧於春秋之大旨也。豈知婉而成章之法，固見於此與！

六月，衛侯鄭自楚復歸于衛。

衛成公之書復歸，蓋位本其位，而國本其國也。然而名之何也？聽讒慝之言，殺無罪之弟也。或曰殺之者，前驅也，則衛侯何罪？蓋殺元咺之子角，又自疑叔武先期而入，此叔武之所以死於前驅也。

衛元咺出奔晉。

易曰：「自下訟上，患至掇也。」成公殺叔武，雖可謂大弗友，元咺以臣而訟君可乎？然亦晉文惡衛侯之心有以召之也。雖赴愬于晉而得志，亦著其當誅之罪也。

陳侯款卒。

秋，杞伯姬來。公子遂如齊。

杞伯姬來而入杞之怨，釋公子遂如齊而取穀之憾，解中國貴於霸權之立如此，此可以觀邵子所謂功之首者矣。

冬，公會晉侯、齊侯、宋公、蔡侯、鄭伯、陳子、莒子、邾子、秦人于溫。

穀梁無「齊侯」。

傳：「討不服也。」

杜氏注：「陳共公稱子，先君未葬也。宋襄公稱子而從本班。今陳稱子降在鄭下，陳懷公稱子乃在鄭上，主會者次之也。」

天王狩于河陽。壬申，公朝于王所。

穀梁傳：「諱會天王也。」

傳：「是會也，晉侯召王以諸侯見，且請王狩。」仲尼曰：「以臣召君，不可以訓。」書曰：「天王狩于河陽。」語曰：「名不正則言不順。」以天子之尊而下從臣召，其名不正，故溫之會，諱之。古有巡狩之禮，帝王以來未之有改。王狩而諸侯朝，則名正而言順，故書之。如察其實，則踐土之盟，初無以異於河陽之狩，而晉

河陽，古孟津地，今懷州河陽縣。

文不能盡尊尊之義，猶前志也。後世如郭子儀、李晟立不世之勳而自處，未嘗敢有一日之過，君子與之，此邵子所以指文公為罪之魁者也。

公羊傳曰：「不與，再致天子也。」

晉人執衛侯，歸之于京師。

此元咺訟衛侯于晉，而文公右元咺，故衛侯之詞不見直而見執也。天子在，是故遂以歸于京師也。或者乃以襄王至是乃復于京師，果如其言，則非有所諱，何為而不書？況書執衛侯歸京師而天王之復乃不書，此必不然之理也。

程子曰：「歸于者，順易之辭。歸之于者，強歸之辭也。君臣無獄而文公惡衛侯，使與元咺辯曲直，衛侯不勝，遂刑其大夫，執其君，其聽頗矣。雖歸于王而實強致之，故曰歸之于京師也。」

衛元咺自晉復歸于衛。

叔武雖死而非成公實殺之，元咺豈得以此訟其君而致之縲絏？元咺歸衛，異於蔡季、華元之歸。特書

「復」者，著其假霸主之力，遂其無君之心也。

諸侯遂圍許。

許比再會不至，故共伐之。會溫之諸侯也。

襄陵許氏曰：「許能從齊而不能從晉，何邪？蓋齊桓自北杏後十七年乃因侵許而服之。伐楚之後許坐受圍，救而後定，蓋使失其所繫如此之難。自桓公之没，諸侯從楚衆矣。許在鄭之南，密邇於楚，至於此時，離中國久矣，許人一服楚之威令，是以難變也。」

今案，許固以其近楚而難從中國，然晉文一以威力控制諸侯，許亦知晉之威不足以芘己，而德不足以懷楚，是以果於不服。雖合中國之力，不能回之也。

曹伯襄復歸于曹，晉侯筮疾，曹伯之豎侯獳貨筮史以得免。其歸之道，不得其正矣。叔孫豹、叔孫婼見執於晉，或求貨而爲之言。豹與婼不與而拒之。大夫之知義者，猶恥以貨利苟免也，况諸侯乎？曹伯之名，以枉己者不足以正人，失君國之道也。遂會諸侯，圍許。

曹伯迫於晉之威令，一年拘執而得釋。巫會於圍許之役，晉之強役已甚，而曹之弱可閔也。雖然，此亦豈所以服許哉？

二十有九年，春，介葛盧來。

介，今密州膠西縣，地東夷國。葛盧，介國君之名。

傳：「介葛盧來朝，舍于昌衍之上，公在會，饋之芻米。」

公羊傳：「何以不言朝？不能乎朝也。」

公至自圍許。

其致以圍許，久役而不能服也。

夏，六月，會王人、晉人、宋人、齊人、陳人、蔡人、秦人，盟于翟泉。

公羊、穀梁作「公會」。翟，公羊作「狄」。杜氏注：「翟泉，洛陽城內大倉西南池水也。」

傳：「公會王子虎、晉狐偃、宋公孫固、齊國歸父、陳轅濤塗、秦小子慭盟于翟泉，尋踐土之盟，且謀伐鄭也。」

程子曰：「晉連年會盟皆在王畿之側，而此盟復迫王城，又與王人盟，強迫甚矣。故諱公，諸侯貶稱人，惡之大也。」

杜氏曰：「當是時，諸侯無事，王室無虞，而王子虎下盟列國以瀆大典，諸侯大夫上敵王人，公侯虧禮傷教，故於此諱公而人諸侯也。王子虎不名，同貶也。」

秋，大雨雹。

胡氏曰：「雹者，戾氣之所感也。陰脅陽臣，侵君之象。僖公在位日久，政在大夫之所招也。」

冬，介葛盧來。

傳：「以未見公，故復來朝也。」

三十年，春，王正月。

夏，狄侵齊。

狄間晉有鄭虞而侵齊，文公終始以徇私報怨累其政，致外患內侵而不能攘却也。

秋，衛殺其大夫元咺及公子瑕。

元咺有訟君之罪，其君執於京師而偃然歸國，假霸主之權以易置其君，罪固大矣。然書公子瑕不與衛剸同，蓋瑕不居其位也。成公既殺叔武矣，立瑕者，元咺之罪，誅之可也。不自反其殺叔武非罪之過，又遷怒於瑕，親親相讎，非君國子民之道，故同以累上之辭言之也。

衛侯鄭歸于衛。

衛侯得罪於霸主，納賂而歸。又殺公子瑕，長惡不悛，故書名而不曰復，以深罪之。

晉人、秦人圍鄭。

案，左氏：「晉侯、秦伯也。而俱稱人，晉侯修怨殘民，秦伯同惡相濟，交貶之也。」

介人侵蕭。

再來魯而次年遂侵蕭，求援而後舉兵也。與荊人秦術之聘同。

冬，天王使宰周公來聘。

天子三公兼冢宰而使來聘魯，用見周室陵夷，大臣失職也。

胡氏曰：「此遂以二事出也。周以上公來聘，魯侯不朝，又使公子遂以二事出，夷王室於列國，大不恭之罪，不待貶而惡見也。」

公子遂如京師，遂如晉。

三十有一年，春，取濟西田。

公羊傳：「取之曹也。其言取之何？晉侯執曹伯，班其所侵地于諸侯也。」

趙氏曰：「凡力得之曰取，不當取也。惡其專有，雖取本邑亦無異辭。」

愚案，復魯之舊地，亦與非其有而取之者同辭，蓋無王命以正疆理，皆取之不以其道也。況晉之奪諸曹以與魯，本以其私憾而非有至公之義乎！

公子遂如晉。

傅：「取濟西田，分曹地也。臧文仲往，宿于重館。重館人告曰：『晉新得諸侯，必親其共，不速行，將無及也。』從之。分曹地，自洮以南東，傳于濟，盡曹地也。襄仲如晉拜曹田也。」詳此，則晉、魯之私槩可見矣。

夏，四月，四卜郊，不從，乃免牲。

魯之得郊與其郊非禮，失文、武、周公之意，見於桓五年大雩之釋詳矣。非魯之得爲，故不曰大事于上帝，而曰郊也。公羊傳：「三卜，禮也。四卜，非禮也。卜郊，非禮也。卜郊何以非禮？天子祭天，諸侯祭土。天子有方望之事，無所不通。諸侯山川不在其封內者，則不祭也。」

愚案，公羊所傳，蓋先王祭禮之正法，周公豈自蹐其制禮之意，而容後世子孫輕辭大典乎？由是觀之，郊者乃魯歲舉之常祀，至此乃因四卜不從，與三望而書之也。卜郊之禮，當以十二月下辛卜正月上辛；不吉，則以正月下辛卜二月上辛；又不吉，則以二月下辛卜三月上辛；又不吉，則不郊。今復以三月下辛卜用四月，故曰「三卜，禮也」；四卜，非禮也」。

穀梁傳：「曰免牲者，爲之緇衣纁裳，有司玄端奉送，至于南郊。免牛亦然。」

胡氏曰：「中庸曰：『郊社之事，所以事上帝也；宗廟之禮，所以祀乎其先也。明乎郊社之禮，禘嘗之義，治國其如指諸掌乎！』庶人之不得祭五祀，大夫之不得祭社稷，諸侯之不得祭天地，非欲固爲等差，蓋不易之定理也。知其理之不可易，則安於分守，無欲僭之心矣。爲天下國家乎何有？」

猶三望。

望者，望祭也。公羊曰：「泰山河海。」鄭康成以河不在魯竟，故以海岱及淮爲徐州之竟。而魯之所祀，杜氏以爲分野之星，國中山川。孔氏疏：「魯於十二次降婁，魯之分野其祭奎婁之神也。」

臨江劉氏曰：「星辰，民所瞻仰也；山川，民所取財用也。」

愚謹案，公羊之說必有所傳，鄭氏恐臆說。蓋天子四望，故王雖令魯郊而止行祈穀之郊。今魯得望祭而特比天子，闕其一故三望。與郊書之無異，而書曰「猶」。書「猶」，亦言不當望而猶望祭也。如使魯望祭而不出竟，則何爲書「三望」而又加之曰「猶」？若壬午猶繹之書乎？故每於免牲不郊之下特書「猶」，以譏之也。

秋，七月。

冬，杞伯姬來求婦。

易曰：「歸妹，天地之大義也，天地不交而萬物不興。歸妹，人之終始也。」說以動所歸妹也。征凶位不當也。無攸利柔乘剛也。」杞伯姬以求婦而蹔竟，是杞伯之不能正家也。僖公容其來求，是使柔乘剛而國事制於婦人也。特書以爲婦人與政之戒。春秋閑有家之道，嚴矣。成公世，杞叔姬之不終其歸，杞不見經，或者權輿於此與？

狄圍衛。十有二月，衛遷于帝丘。

狄，閔二年入衛，齊桓公救而封之。自此，狄不敢加兵於衛，桓公之力也。齊桓即世，衛文忘齊之大德，從宋襄伐齊，殺家嗣而立不正，於是狄人始假義以伐衛。衛人忘恩而啓狄之寇，蓋始於此。自晉文興，不復侵伐相攻矣。今復圍衛而衛迫狄遷都，此胡氏所以罪晉文不能朔患，致爲中國之患。然非文公惡衛之深，屢行報怨之事，則狄亦不敢肆行如此也。帝丘，杜氏曰：「東都濮陽縣，帝顓頊之虛，故曰帝丘。」濮陽，今屬開德府。

三十有二年，春，王正月。

夏，四月己丑，鄭伯捷卒。

公羊傳「捷」作「接」，鄭文公也。

衛人侵狄。秋，衛人及狄盟。

傳：「狄有亂，衛人侵狄，狄請平焉。秋，衛人及狄盟。」杜氏曰：「不地，就廬帳盟也。」謹案，外盟而即其廬帳以與盟，於是始有如唐德宗召平涼之辱者矣，所以特書而示戒也。

冬，十有二月己卯，晉侯重耳卒。

齊侯使國歸父來聘。

三十有三年，春，王二月，秦人入滑。

秦穆公謀鄭，而使三大夫千里襲之，事不成而中道滅滑，公羊、左氏載其事詳矣。孟明視、西乞術、白乙丙不書，罪之也。滑國，見莊十六年幽之盟。

夏，四月辛巳，晉人及姜戎敗秦于殽。

左氏、穀梁作「秦師」。劉氏、胡氏從公羊。違老成之言，貪利越國以襲人而喪師，亂亡之道。公羊無「師」，蓋得聖人之意，必有所傳。穀梁傳以敗秦師爲狄之，蓋援中國與夷狄不言戰，皆曰敗之之例，恐非春秋意。其曰秦之爲狄，自殽始，意亦必有所傳而失之也。

劉氏傳[二]：「其謂之秦何？秦之所以爲秦者，與人之臣而謀其君，利人之喪而襲其國，弱人之孤而死其親，背大臣而與小臣，圖事貪得利而棄其師也。」

程子曰：「晉不稱君，居喪未葬不可從戎也。忘親背惠，其惡大矣，故稱晉人及姜戎以罪之。」

癸巳，葬晉文公。

傳：「晉發命，遽興姜戎。子墨衰絰，敗秦師于殽。」遂墨以葬文公，晉於是始墨，此穀梁氏所謂譏其釋殯而主乎戰也。

狄侵齊。

公伐邾，取訾婁。

公羊作「叢」，穀梁作「訾樓」。

秋，公子遂帥師伐邾。

僖公懷升陘之敗，以晉文方霸而未敢興報怨之師。今晉方有喪，秦、狄內訌，故君臣間有事而交伐邾以取利，據事直書，其罪見矣。

[二] 劉氏傳，北宋經學家劉敞所著的劉氏春秋傳。

晉人敗狄于箕。

傳：「晉侯敗狄于箕，郤缺獲白狄子。」杜氏注：「太原陽邑縣有箕城。」

任公輔曰：「白狄，狄別種也。西屬雍州，近於秦。」

冬，十月，公如齊。十有二月，公至自齊。

傳以爲國歸父來聘，臧文仲以其有禮而請公朝，以比事屬辭觀之，間晉而虐邾，所以因齊聘而朝之，以自託也。

乙巳，公薨于小寢。

不終於路寢，言即安之，非正也。

隕霜，不殺草，李、梅實。

襄陵許氏曰：「僖公寬仁過厚，其失也豫，而文公以暗弱，繼之三桓之盛，自僖公始，卒以專魯咎證著矣。」

晉人、陳人、鄭人伐許。

許自文公所不能致，襄公今年敗秦、敗狄，又伐先世所不致之許，孔子曰：「遠人不服則修文德以來之。」今襄公承業之志，自以爲勤，然不知忘喪毒民，失道之甚也。

卷五

文公名興，僖公之子，夫人聲姜所生。諡法：「慈惠愛民曰文。」

元年，春，王正月，公即位。

二月癸亥，日有食之。

公羊有「朔」字。

天王使叔服來會葬。

傳：「內史叔服。」公羊傳：「會，葬禮也。」

夏，四月丁巳，葬我君僖公。

五月而葬。

天王使毛伯來錫公命。

傳：「毛伯衛也。」

穀梁傳：「禮有受命，無來錫命。錫命，非正也。」

劉氏[一]曰：「錫命者何？命爲諸侯也。諸侯在喪稱子，踰年即位，喪畢以士服見於王，王乃於廟命之。喪未畢而命之，非禮也。既畢喪而不受命於天子，亦非禮也。」

晉侯伐衛。

不朝霸主而伐同盟，此其所以受兵也。

叔孫得臣如京師。

杜氏注：「得臣，叔牙之孫。」傳：「拜錫命也。」

高郵孫氏[二]曰：「文公即位未嘗如周，而天子使大夫來錫命，公受命矣。又不自朝，而使得臣往，其不臣可知矣。」

衛人伐晉。

霸主聲皋致討，不自反其不仁、無禮之皋，乃稱兵以伐之，故書「人」，皋孔達也。

秋，公孫敖會晉侯于戚。

[一] 劉氏，北宋著名經學家劉敞。
[二] 高郵孫氏，北宋學者孫覺。

晉侯伐衛，圍戚，取之。秋，晉侯疆戚田，故公孫敖會之。戚，衛地，在頓丘衛縣西。

冬，十月丁未，楚世子商臣弑其君頵。

公羊、穀梁作「髠」。不言其父而言其君者，稱世子以見有父之親，稱其君以見有君之尊，而商臣於二者之義絕也。推原其故，由楚子頵在位四十六年，更齊桓、晉文之時，僭王猾夏，力爭諸侯。齊桓既殁，益肆憑陵，詐行戰勝，執宋戍齊，毒被中國。及城濮之敗，聲勢消沮，欲易世子，謀及婦人，自取篡弑。蓋暴虐無道之極，感應之理故至於此。後世如匈奴頭曼、魏拓跋珪、唐安禄山、史思明、朱全忠，本朝西夏曩霄，皆以僭亂盗賊，毒被天下，中國不能制而受禍於其子，積不善之餘殃千載一律。故商臣之惡，特書之，使爲君父者知謹履霜之戒，以此坊人，猶有在位日久，驟欲廢立，議論不決，以啓庶人劼之禍，如宋元嘉之主者。

公孫敖如齊。

始聘，通嗣君也。

二年，春，王二月甲子，晉侯及秦師戰于彭衙，秦師敗績。

彭衙，秦地。杜氏注：「馮翊郃陽縣西北有彭衙城。」今屬同州白水縣。

傳：「秦孟明帥師伐晉，以報殽之役。晉侯禦之，及秦師戰，秦師敗績。晉人謂秦拜賜之師。」

程子曰：「越國襲人，秦辠也。忘親背惠，晉惡也。秦經人之國以襲人，雖憤，無可爲辭矣，故來不稱伐。

晉不諭秦而與戰，故書晉及。憤以取敗，故書敗績。」

丁丑，作僖公主。

公羊傳：「爲僖公作主也。主者，曷用？虞主用桑，練主用栗。用栗者，藏主也。作僖公主何以書？譏不時也。」

今案，事亡如事存，故作主以象神而祭之。禮，既葬作主於墓，不終日而虞祭不忍一日忘親也。僖公元年四月葬，今乃作主，慢而違禮甚矣。

三月乙巳，及晉處父盟。

傳：「晉人以公不朝來討。公如晉，晉人使陽處父盟。公以恥之。」書曰：「及晉處父盟，以厭之也。適晉不書，公諱之也。」胡氏曰：「不書公者，抑大夫之伉，正君臣之分也。適晉不書，反國不致，爲公諱恥，存晉不書，諱之也。」

愚案，盟于晉之都而君不出，恥甚矣，故諱之。

夏，六月，公孫敖會宋公、陳侯、鄭伯、晉士穀，盟于垂隴。

公羊、穀梁作「斂」。杜氏注：「滎陽縣東有隴城，鄭地。」

隴，公羊、穀梁作「斂」。

傳：「公未至，穆伯會諸侯及晉司空士穀盟于垂隴，晉討衛故也。陳侯爲衛請成於晉，執孔達以說。」

自十有二月不雨，至于秋七月。

穀梁傳：「歷時而言，不兩文，不憂雨也。」

胡氏曰：「書『不雨至於秋七月』，而不曰『至于秋七月不雨』者，蓋後言不雨則是冀望欲雨之詞，而非文公之意也。夫書『不雨至秋七月』，即八月嘗雨矣。而不書『八月雨』，見文公不以民事繫憂樂也，其怠於政可知。而魯衰自此始矣。」

八月丁卯，大事于大廟，躋僖公。

大事者，因嘗祭而祔僖公于廟，大合自周公、伯禽以來之主于大廟而祭之，故曰大事。躋，升也。僖公乃閔公之臣子，宜祔于閔公之下。今用宗人夏父弗忌非禮之言，升僖公於閔公之上，故三傳以爲逆祀，蓋昭穆祖禰至是逆亂，故特書以譏之。案，此乃吉祭而不言者，閔二年書已，明此主爲逆祀書也。

公羊所謂毀廟之主，陳于大廟。未毀廟之主，皆升合食于大祖也。穀梁所謂著祫嘗，公羊所謂毀廟之主，陳于大廟。未毀廟之主，皆升合食于大祖，五年而再殷祭也。躋，升也。僖公於閔公之上，故三傳以爲逆祀

冬，晉人、宋人、陳人、鄭人伐秦。

傳：「晉先且居、宋公子成、陳轅選、鄭公子歸生伐秦，取汪及彭衙而還，以報彭衙之役。」

程子曰：「秦以憤取敗，晉可以已矣，而役伐秦，報復無已，殘民結怨，故貶稱人。」

公子遂如齊納幣。

公羊傳:「納幣不書,此何以書?譏喪娶也。娶在三年之外則何譏乎?喪娶三年之恩疾矣。非虛加之,以人心爲皆有之。娶者,大吉也,非常吉也。其爲吉者,主乎已,以爲有人心者,則宜於此焉變矣。」

三年,春,王正月,叔孫得臣會晉人、宋人、陳人、衛人、鄭人伐沈,沈潰。

沈,姬姓國。杜氏注:「汝南平輿縣北有沈亭。」今案,漢志:「汝南治平輿,故沈子國。」今屬蔡州。

傳:「莊叔會諸侯之師伐沈,以其服於楚也。沈潰。凡民逃其上曰潰。」常山劉氏曰:「兵加而民潰,君之不能可知矣。」

夏,五月,王子虎卒。

傳:「翟泉之盟,王人王子虎也。」

胡氏曰:「王子虎不書爵,譏之也。王叔文公卒,來赴弔,如同盟。天子内臣無外交,以同盟而致恩禮,是以私情害公義也。」

秦人伐晉。

傳:「秦伯伐晉,濟河焚舟,取王官及郊。晉人不出,遂自茅津濟,封殽尸而還。」

今案,秦穆公既歸自殽而作秦誓矣。然彭衙及此役,猶以報復爲事,豈非悔過之心不能勝其恥敗之心,而至此乎!秦伯書人,皐之也。

秋，楚人圍江。

江，見僖公二年。

雨螽于宋。

記異。

冬，公如晉。

十有二月己巳，公及晉侯盟。

傳：「晉人懼其無禮於公也，請改盟。公如晉，及晉侯盟。」不書地，盟于晉都也。

晉陽處父帥師伐楚以救江。

公羊、穀梁並無「以」字。

公羊傳：「此伐楚也，其言救江何？為諼也。其為諼奈何？伐楚為救江也。」

胡氏曰：「以者不以者也。救江善矣。其書『以』何？當是時，楚有覆載不容之皋，晉宜大合諸侯聲皋致討，庶幾震恐而江圍可解矣。計不出此，乃獨遣一軍遠攻強國，豈能濟乎？然則救江雖善，而所以救之者，非其道矣。」

今案，楚商臣無父無君，乃欲致患於江，是禽獸逼人之甚。以中國諸侯為己任者，豈得安居而以伐楚之任

付之大夫而已乎？晉襄不能率諸侯乘此時誅之，此春秋特書，以正其不能奉天討之辜也。

四年，春，公至自晉。

自是而後，公至多書前乎此者，遠不能詳，故多略也。

夏，逆婦姜于齊。

程氏曰：「納幣在喪中，與喪昏同也。稱婦姜，已成婦。不稱夫人，不可爲小君奉宗廟也。不書逆者，雖卿亦失其職矣。」

愚謂聖人嚴吉凶之辨，蓋人之所以異於禽獸者，正以有父子之親。而三年之喪，哀戚之至也。國君爲風教之首，而納幣於喪中，此聖人所深痛，故變逆女爲逆婦姜，不復成其夫人之禮，以見人倫之本已大失矣，何以正是國人而爲後嗣之基乎？

狄侵齊。

秋，楚人滅江。

江之不祀，晉襄公之無遠謀也。

〔二〕程氏，尚未考證。

晉侯伐秦。

傳：「圍邧新城，以報王官之役。」

愚案，晉襄以王官之役不報爲恥，未若商臣之得志於江爲恥之大也。報秦而不誅商臣，使亂臣賊子得以夷滅小弱，逞其凶毒，晉襄之爲盟主未矣。比事書之，深皋晉侯不以江亡爲恥，而敵秦怨也。

衛侯使甯俞來聘。

甯武子也。

冬，十有一月壬寅，夫人風氏薨。

風氏之稱夫人，僖八年詳矣。

陸淳[一]曰：「自成風之後，妾母皆僭用夫人之禮。故亦書薨，著其非禮。」

程子[二]曰：「仲子始僭，尚未敢同嫡也。成風已後，嫡妾亂矣。」

胡氏[三]曰：「禮，庶子爲君，爲其母無服，不敢貳尊者也。春秋於成風記其卒葬各以其實，不爲異辭，所

───
[一] 陸淳，唐代經學家。
[二] 程子，北宋理學家程頤。
[三] 胡氏，北宋學者胡安國。

五年，春，王正月，王使榮叔歸含且賵。

珠玉曰含，含，口實也。車馬曰賵。胡氏曰：「不書來，請之也。」

劉氏曰：「王何以無天？言是非天之法也，始以妾爲嫡也。」

三月辛亥，葬我小君成風。

陸淳曰：「自葬成風之後，乃有二夫人祔廟，非禮也。」

王使召伯來會葬。

穀梁「召」作「毛」。

召伯，天子卿。召，采地；伯，爵。王不稱天，與桓元年歸仲子賵及今年含且賵同譏。會寵妾之葬，失禮之甚也。

胡氏曰：「舍賵而又會葬，其事益隆，亂人倫，廢王法益甚矣。再不稱天，聖人於此尤謹其戒，而不敢略也。」

夏，公孫敖如晉。

秦人入鄀。

今襄陽宜城縣，地有故城。

傳：「鄀叛楚即秦，又貳於楚。夏，秦人入鄀。」

秋，楚人滅六。

傳：「六人叛楚即東夷。楚成大心、仲歸帥師滅六，楚公子燮滅蓼。臧文仲聞六與蓼滅，曰：『皋陶、庭

六國，皋陶之後，杜氏注：「今廬江六縣。」

任公輔[二]曰：「地譜：『壽州安豐縣有六國故城。』今屬安豐軍。

堅不祀，忽諸德之不建，民之無援，哀哉！』」

冬，十月甲申，許男業卒。

六年，春，葬許僖公。

夏，季孫行父如陳。

行父，季友之子。

秋，季孫行父如晉。

[二] 任公輔，尚未考證。

八月乙亥,晉侯驩卒。

公羊傳「驩」作「讙」。

冬十月,公子遂如晉,葬晉襄公。

晉殺其大夫陽處父。晉狐射姑出奔狄。

傳:「晉初蒐于夷,命狐射姑將中軍,趙盾佐之。已而大傅陽處父聘于衛,而至遂改蒐于董,謂趙盾能,曰:『使能國之利也。』乃以盾將中軍而爲國政。及襄公卒,狐射姑怨陽處父,易其班,使續鞫居殺陽處父。」

案,左氏若晉國之事,一聽於陽處父者,及考穀梁氏所謂君漏言,則知易中軍之將乃陽處父密言於襄公,公不能謹而輕漏之,以致狐射姑之殺處父,此春秋所以分其殺於君與大夫也。狐射姑使續鞫居殺處父,事已顯,故春秋微之。襄公漏言而害成於處父,其事幽晦,故書晉殺其大夫,以明之。聖人於易節之初九,明不出戶庭之理,而於陽處父之事著其用,以示君臣所當謹密之法。

閏月,不告月,猶朝于廟。

趙氏[二]曰:「天子當以每歲冬,班明年正朔於諸侯。諸侯受之,每月奉月朔,甲子告廟,所謂禀正朔也。

───────
[二] 趙氏,唐代經學家趙匡。

卷五

二二五

文公以閏非正，不告月朔，但以其日至廟，拜謁而已，故曰猶朝于廟。」愚案，月者，取日月之會辰而定朔；閏者，所以定四時，成歲治曆，明時之政必先於此。天子以爲月而頒之，爲諸侯而不奉以告，是輕正朔而慢時令也。朝廟，爲告朔也，文公以爲附月之餘日而不以告，則亦何以朝爲哉？故曰猶朝于廟，以譏其捨大政而謹小禮也。

七年，春，公伐邾。

三月甲戌，取須句。遂城郚。

句，公羊作「朐」。須句，見僖公二十二年注。郚，魯邑，杜氏注：「卞縣有郚城。」今屬襲慶府泗水縣。僖公伐邾取須句，旋敗于升陘，邾復取之。是年伐邾，取之，因城郚邑，左氏謂間晉難也。

夏，四月，宋公王臣卒。宋人殺其大夫。

王，穀梁作「壬」。

父死未踰時，居不言之時而欲去群公子，以啓亂階，致大夫不得其死，故書宋人殺其大夫，以見國之所以亂者，由父始死而亟改其道也。昭公之見弑，兹可以占矣。

戊子，晉人及秦人戰于令狐。晉先蔑奔秦。

公羊傳，「先蔑」下有「以師」字。其說無據，今從二傳。「蔑」，公羊作「眜。」令狐，晉地，今河中府

二二六

猗氏縣有令狐城。

傳：「晉襄公之卒也，大子少，欲立長君。趙盾曰：『立公子雍，好善而長，且近於秦。』秦，舊好也。乃使先蔑如秦迎公子雍。」至是，秦康公送公子雍于晉。穆嬴日抱大子以啼于朝，趙盾與諸大夫患之，且畏逼乃背先蔑而立靈公，以禦秦師。訓卒利兵，秣馬蓐食，潛師夜起，戊子敗秦師于令狐。

今案，如左氏說，則書法當云晉人敗秦師于令狐。今書晉及秦戰，又不言敗者，秦之納不正，與晉逆公子雍，既而悔之，又不謝秦，皆辠也。然二國之兵，晉曲尤甚，故秦伯、趙盾皆稱人而特以晉及書，且不書秦之敗，深辠晉之置君而不定也。先蔑書奔，使秦而逆公子雍，辠之也。不書出，遂在外也。

狄侵我西鄙。

間秦、晉之爭。

秋，八月，公會諸侯、晉大夫，盟于扈。

扈，鄭地，杜氏以爲滎陽卷縣西北有扈亭。卷縣，今之鄭州原武縣也。

傳：「齊侯、宋公、衞侯、鄭伯、許男、曹伯會晉趙盾盟于扈，晉侯立故也。公後至，故不書所會。」

程子曰：「文公怠政，事多廢緩。既約晉盟而後至，故書往會而隱其不及，以不序諸侯與大夫之名者而見之也。趙盾會諸侯，靈公少故也。」

冬，徐伐莒。公孫敖如莒涖盟。

涖，公、穀作「蒞」。

傳：「莒人來請盟，而公孫敖往涖之。」

穀梁傳曰：「其日莒，前定也。」

八年，春，王正月。

夏，四月。

秋，八月戊申，天王崩。

冬，十月壬午，公子遂會晉趙盾，盟于衡雍。

衡雍，鄭地，後漢河南卷縣有垣雍城，古衡雍也，與扈相近。晉以扈之盟後至來討，公子遂會盟以報之。自晉文翟泉之盟付之諸大夫，文公復以國事付之公子遂，而不知一國之禮樂征伐皆自公子遂出，此敬嬴所以得窺伺間隙私事之，以胚胎殺適立庶之禍也。

乙酉，公子遂會雒戎，盟于暴。

公羊作「伊雒戎」。

傳：「遂會伊雒之戎。」案，僖十一年，揚、拒、泉、皋、伊、雒之戎同伐京師。

杜氏注：「雜戎居伊水、雒水間者。暴，鄭地。」

盟晉未幾，而遂會雒戎。不以遂事言之者，所以著內外之有別也。公子遂以見討而受盟于晉爲恥，遂會雒戎以示服狄。春秋以戎狄尤不當與爲盟誓，故兩之，以示辨內外之法。

公孫敖如京師，不至而復。丙戌，奔莒。

傳：「奔莒，從己氏也。」國君爲天子斬衰三年，公孫敖受命以赴天王之喪，而懷桑中之行，廢君命而徒返，已而淫奔。夫不至而復己，爲死誅不赦之辜，汎奔莒從己氏乎？文公不能正典刑，聖人詳書其慢王棄君，忘哀廢命，容其復而後奔，深以著魯之無政刑也。

螽。

宋人殺其大夫司馬。宋司城來奔。

司城，司空也。宋以武公名司空，諱之曰司城。

程子曰：「宋，王者後，得自命官，故獨宋卿書官。」

今案，昭公不禮襄夫人，故夫人因戴氏之族以殺大司馬公子卬，司城蕩意諸來奔。昭公初立，已欲去群公子而致殺大夫之變。今又因不禮於君祖母，致大臣或死或奔，春秋皆以官書，所以見六卿，君所與圖政者，皆因君而致死亡，故以國殺書之，以辜昭公也。

九年，春，毛伯來求金。

毛伯，天子大夫，不稱「使」，天王崩未踰年。百官總己以聽冢宰之時，所以謹君臣之分，而明其責之所歸也。王喪未葬，喪紀所當令於諸侯者，有常禮，非其道則爲政者，不當使。出使者，不當承喪事求金徵索，非禮禮特書以著其辜。

夫人姜氏如齊。

歸寧也。

二月，叔孫得臣如京師。辛丑，葬襄王。

晉人殺其大夫先都。

傳：「六年夷之蒐，晉侯將登，箕鄭父、先都而使士縠、梁益耳將中軍，先克曰：『狐趙之勳，不可廢也。』從之。先克奪蒯得田于堇陰，故箕鄭父、先都、士縠、梁益耳、蒯得使賊殺先克。晉人殺先都、梁益耳。」

愚案，稱國者，君與大夫以政殺之也。然專殺大夫已有辜矣，加之以人，豈非賤人得以與謀，而政不出於一乎？故稱晉人，則殺之者，不特君大夫而已，無政之甚也。

三月，夫人姜氏至自齊。

夫人出而書至,蓋夫人與君一體。寧父母而告于廟,禮也。前此不書者,出不以禮,故不書。胡氏所謂書之以見小君之重者也。

晉人殺其大夫士穀及箕鄭父。

書晉人已見上。凡殺二大夫或三人不書及者,其辠均也。書及者,因殺是人而并及之也。所謂著辠輕而不當殺也。

胡氏曰:「先都士穀、箕鄭父挾私怨以作亂,固有辠矣。然不以討賊之詞書之者,靈公初立,主幼不君,政在趙盾,而中軍佐者,盾之黨也。若獄有所歸,此三人者,獨無可議從末減乎?而皆殺之,是大夫專生殺也。書人而不去士穀、箕鄭父之官,以示司賞刑者,必本忠恕,無有偏黨之意。」

楚人伐鄭。公子遂會晉人、宋人、衛人、許人救鄭。

傳:「范山言於楚子曰:『晉君少,不在諸侯,北方可圖也』。」楚子師于狼淵,以伐鄭。因公子堅、公子尨及樂耳。鄭及楚平。公子遂會晉趙盾、宋華耦、衛孔達、許大夫救鄭,不及楚師。卿不書,緩也,以懲不恪。」

愚案,楚自城濮以來,不得志於中國。其君臣之心,實未嘗一日忘也。趙盾為政無志於庇諸侯則已,今欲攘楚而大庇中夏,正當力懲其始,以振中國之威,乃視爲常役而緩不及事。諸大夫之師及鄭,而楚已因鄭公子而去,豈奉天討拯焚溺之舉哉?楚子之聞宋殺申無畏也,投袂而起,履及於室,皇劍及於寢門之外,車及於蒲

胥之市。嗚呼！楚人之勇于復仇如此，而趙盾自失攘却之幾乃如彼，此春秋所以悉人之也。

夏，狄侵齊。

楚得氣去，而狄交侵矣，故書以病晉也。

秋，八月，曹伯襄卒。

九月癸酉，地震。

陰盛陽微之異也。

冬，楚子使椒來聘。

椒，穀梁作「萩」。椒，鬬椒，鬬穀於菟之從子。

伐鄭而聘魯，亦遠交近攻之意也。

秦人來歸僖公、成風之襚。

衣服曰襚，杜氏謂秦慕諸夏，欲通於魯。因有翟泉之盟，故追襚僖公并及成風。

愚謂，當是時，秦、楚交聘中國，秦欲伐晉而歸襚于魯，猶楚欲圖北方而使椒來聘也。豈古者明王謹德，

四夷咸賓之比哉。

葬曹共公。

十年,春,王三月辛卯,臧孫辰卒。

臧文仲自莊公末已與聞國政,蓋魯之名大夫也。而四十餘年間,國政多疵,文公尤甚,由其知柳下惠之賢而不與立,故夫子尤譏其竊位。蓋仁者己欲立而立人,故不仁之皋,蔽賢為首也。

夏,秦伐晉。

傳:「晉人伐秦,取少梁,秦伯伐晉,取北徵。秦以虢舉,狄之也。」春秋書兵皋其報復不已而狄之者三,秦、鄭、晉也。康公不紹其父,悔過之謀,報復無已,故狄之。」

楚殺其大夫宜申。

傳:「宜申為工尹,與子家謀弒穆王。五月,殺鬬宜申及仲歸。」

今案,春秋於穆王之殺宜申,不以討賊之法書之者,用賢治不肖而不以亂易亂之義也。

自正月不雨,至于秋七月。

著文公之志,不以雨為念,故并三時而言之也。

及蘇子盟于[二]女栗。

[二] 于,原作「子」,今據宋寶祐三年臨江軍庠刻本改。

不書「公」，以盟天子之大夫，諱之也。

冬，狄侵宋。

楚子、蔡侯次于厥貉。

胡氏曰：「伐而次者，其為善；次而伐者，其為貶。蓋伐而次則有抑鋒止銳以待其服之意，次而伐者，無故次止，久師藏禍，將以致毒於人也。下書伐麇，楚子復仇審矣。然案左氏，陳、鄭、蔡、宋皆與而止書蔡侯者，陳、鄭、宋出於畏而從楚，有不得已者，獨蔡侯從楚得已不已，故免三國而止書蔡也。」

十有一年，春，楚子伐麇。

傳：「厥貉之會，麇子逃歸。春，楚子伐麇。成大心敗麇師于防渚。潘崇復伐麇，至于錫穴。」

夏，叔彭生會晉郤缺于承匡。

左氏本或作「叔仲」。陸德明云：「仲，衍字。」承匡，宋地，在陳留襄邑縣西，今拱州襄陵縣。

傳：「會于承匡，謀諸侯之從於楚者。」

杜氏注：「九年，陳、鄭及楚平。十年，宋聽命于厥貉也。」

秋，曹伯來朝。

傳曰：「文公即位而來見。」

傳：「襄仲聘于宋，且言司城蕩意諸而復之。」

公子遂如宋。

狄侵齊。

冬，十月甲午，叔孫得臣敗狄于鹹。

傳：「鄋瞞侵齊，遂伐我。公卜使，叔孫得臣追之，吉。侯叔夏御莊叔，緜房甥為右，富父終甥駟乘敗狄于鹹，獲長狄僑如。富父終甥椿其喉，以戈殺之。」

杜氏注：「鄋瞞，狄國名，防風氏之後，漆姓。」鹹，魯地。

十有二年，春，王正月，郕伯來奔。

郕，公羊作「盛」。

傳：「郕太子朱儒自安於夫鍾，國人弗徇。郕伯卒，郕人立君，太子以夫鍾與郕邽來奔。」

常山劉氏曰：「大子當立，郕人豈得而絕之，故書曰郕伯來奔，春秋大居正之法也。」

杞伯來朝。

傳始朝公也。

杜氏注：「舍夷禮故稱伯。」

二月庚子，子叔姬卒。

文公女，故曰子，以別於先君之女也。

夏，楚人圍巢。

杜氏注：「巢，廬江六合東，有居巢城。」今無為軍巢縣。

秋，滕子來朝。

傳亦始朝公也。

秦伯使術來聘。

案，傳，秦伯使西乞術來聘，且言將伐晉，并備載公子遂辭玉及賓答之詞。公子遂言，不有君子，其能國乎？而厚賄之。此足以見秦人以賄結魯，而魯亦厚賄答之，賓主相與，以貨利而坐視霸主之受兵，此比事以書，不待貶絕而惡見者也。

冬，十有二月戊午，晉人、秦人戰于河曲。

河曲，杜氏注：「在河東蒲坂縣南。」今河中府河東縣南有河曲。不書「及」，蓋言二國曲直之無以相尚，

而黷兵殘民其皋均也。不書敗績,秦伯伐晉而趙盾帥師禦之,欲待秦敝而趙穿沮其謀,秦師遂遁無勝敗也。秦伯、趙盾皆以人書,貶也。

季孫行父帥師城諸及鄆。

鄆,公羊傳作「運」,後放此諸,見莊公二十九年注。鄆,魯之東鄆,今鄆州須城縣也。所謂莒、魯爭鄆,蓋始于此。前此莒未嘗與魯有爭,且未嘗有事于鄆。今行父首帥師城二邑,以啟爭端。魯自此與莒爲仇,而爭由鄆始。書帥師城,皋行父也。

邾子蘧蒢卒。

蘧蒢,穀梁作「籧篨」。

夏,五月壬午,陳侯朔卒。

十有三年,春,王正月。

自正月不雨,至于秋七月。

大室屋壞[一]。

[一]壞,原作「懷」,今據宋寶祐三年臨江軍庠刻本改。後「壞」字同。

大，公羊作「世」。

案，明堂位曰：「祀周公於太廟，此太廟之室也。」君子將營宮室宗廟爲先，致孝享之敬，莫先於此，故穀梁氏曰：「爲社稷之主而先君之廟壞，極稱之志不敬也。」

胡氏曰：「不雨凡七月而先君之廟壞，不恭甚矣。書壞而不書其脩，宗廟之事不可不嚴，且急也。」

冬，公如晉。衛侯會公于沓。

公羊「會」下無「公」字。

狄侵衛。

十有一月己丑，公及晉侯盟。公還自晉。鄭伯會公于棐。

公還，公、穀並無「公」字。棐，公羊作「斐」。

傳：「公如晉朝，且尋盟。衛侯會公于沓，請平于晉。公還，鄭伯會公于棐，亦請平于晉。公皆成之。」

杜氏注：「棐，鄭地。」

十有四年，春，王正月，公至自晉。

公羊傳曰：「往黨，衛侯會公于沓，至得與晉侯盟。反黨，鄭伯會公于斐，善之也。」

今案，公羊氏之言，有舍爵策勳之意，故錄之。

邾人伐我南鄙。叔彭生帥師伐邾。

傳：「邾文公之卒也，公使弔焉，不敬。邾人來討，伐我南鄙。故惠伯伐邾。」

夏，五月乙亥，齊侯潘卒。

余氏[二]曰：「居喪而伐人，與伐人之喪，其皋一也。」

傳：「子叔姬妃齊昭公，生舍，叔姬無寵，舍無威。公子商人驟施於國而多聚士，盡其家貸於公，有司繼之。昭公卒，舍即位。」

六月，公會宋公、陳侯、衛侯、鄭伯、許男、曹伯、晉趙盾。癸酉，同盟于新城。

新城，宋地。杜氏注：「在梁國穀熟縣西。」今南京應天府也。

傳：「同盟于新城，從于楚者服，且謀邾也。」

今案，從楚者，宋、陳、鄭、許，宋、陳、鄭見十一年承匡注，許則自文公圍之不服，襄公又嘗伐之，今始與盟會也。同盟見莊公十六年，晉自襄公之末，楚再憑陵，趙盾得政，稍加和集。去歲文公之朝，衛、鄭求附，盾因此并招致。久負固之許，諸侯偕至，然後講同盟之禮，修復齊桓之故事，春秋以其僅能和集，不足以方首止葵丘。況霸主不臨，政在大夫，故止書癸酉同盟于新城而已。雞澤之盟，亦此例也。

[二] 余氏，尚未考證。

胡氏曰：「考晉、楚行事，未有以大相遠也。而春秋與奪如此者，荊楚僭王，若與同好，是將代宗周爲共主，君臣之義滅矣，可不謹乎？」

愚謂，當是時，商臣有覆載不容之辠，不特僭王而已。春秋惡諸侯宗而事之，懼豺狼之逼人也。

秋，七月，有星孛入于北斗。

孛，彗也。天之有彗，乃除穢布新之祥。其言「入」者，斗有環域入其魁中也。

傳：「周内史叔服曰：『不出七年，宋、齊、晉之君皆將死亂。』」是後，齊弒君舍，十七年宋弒昭公，十八年齊又弒懿公，宣二年晉弒靈公。」劉歆云：「天之三辰綱紀之星，宋、齊、晉，天子方伯，中國綱紀。斗七星，故曰不出七年。」

公至自會。

晉人納捷菑于邾，弗克納。

捷，公羊作「接」。

傳：「邾文公元配齊姜生貜且，次妃晉姬生捷菑。文公卒，邾人立貜且。趙盾新城之盟，謀立捷菑也。盾遂以師八百乘納捷菑于邾。邾人辭曰：『齊出貜且長。』盾曰：『辭順而不從，不祥。』乃還。」

胡氏曰：「此三君皆違道失德而死于亂符，叔服之言，天之示人顯矣，史之有占明矣。」

穀梁氏曰：「其曰人，微之也。長轂五百乘，綿地千里，繇入人之國，欲變其主，至城下然後知何知之晚也。曰『弗克納』，弗克其義也。」

陸淳曰：「書捷菑，與小白、去疾同。廢置諸侯，王者之事，人臣專之，皋莫大焉。夫子善其聞義能徙，故爲之諱也。凡事不合理而心可嘉者，皆以諱爲善。」

胡氏傳：「同人之九四曰：『乘其墉，義弗克也。其吉，則困而反則也。』趙盾之謂矣。」

九月甲申，公孫敖卒于齊。

傳：「敖八年如京師而奔莒者。其奔莒而從己氏，魯立其子文伯穀。敖生二子於莒而求復，穀以爲請。公子遂使無朝聽命，復而不出。三年而盡室以復適莒。文伯疾，請曰：『穀之子弱，請立難也。』文伯卒，立惠叔敖，請重賂以求復。難以爲請許之，將來，九月卒于齊。告喪，請葬，弗許。」

愚案，人之所當謹者，始終之際也。夫子之論士曰：「行已有恥，使於四方，不辱君命，可謂士矣。」況大夫乎？公孫敖爲魯大夫，竄身於莒，而無所容歸，從其子爲大夫而不敢出。出入無詔於國，身死於旅，而不獲歸，俛仰愧怍，無以立於天地之間，故特書卒于齊，以著其死而無所寧其身也。

齊公子商人弑其君舍。

穀梁傳：「舍未踰年，其日君何也？成舍之爲君，所以重商人之弒君也。」陸淳曰：「聞之師，曰聖人作春秋以懲姦惡。若未踰年君被弒而不曰君，則逆亂之臣皆以未踰年而肆其凶惡，故原情立義而以弒君書。」

愚謹案，魯慶父之弒子般，公子遂之弒子惡，皆當從商人弒舍之例，惟奚齊以不正而特變書法，必如是而後君臣適庶之分定矣。

宋子哀來奔。

傳：「高哀爲蕭封人以爲卿，不義宋公而出，遂來奔。書曰宋子哀來奔，貴之也。」

今案，自宋昭公在位，始終無一善可稱。大臣死禍出奔者比比皆是，獨子哀潔身而去，不蹈隕身濡尾之悔。再歸而卒不免，則子哀之見幾而作，豈非既明且哲仲山甫之流哉？故書字以與之。

觀盪意諸[一]

冬，單伯如齊。

齊人執單伯。齊人執子叔姬。

胡氏曰：「齊君舍，魯之甥也。商人弒舍，固忌魯矣。魯使單伯如齊，齊人意欲辱魯，故執單伯，并執子叔姬而誣之以辜。不稱行人，公羊所謂以己執之者也。」

單伯，魯大夫之命於天子者，自莊公元年至今已七十餘年，未必一人，或其子若孫與？

[一]諸，原作「謂」，今據宋寶祐三年臨江軍庠刻本改。

常山劉氏[一]曰：「商人弒君之惡已顯，而執叔姬之事，聖人不獨辠商人也。齊人不討賊，俱北而事之，又執其君母，齊之人均有辠焉。故曰齊人執子叔姬。」

愚謹案，執無辠而書人者，固春秋之例也。然其君無辠，則其臣當爲之用，而辠在上；其君當討而臣爲之用，則辠在下而不在上。夫篡弒之賊，人人得討之。商人既弒君矣，齊人不以爲不共戴天之讎，而相帥以爲之用，以至執鄰國之命卿與其君之母，則商人無責焉。所以致弒逆之人能執魯卿與君母者，不討之故也。胡氏論之已詳。其說出於劉質夫。質夫春秋之學皆受於程子也。此義之精，非程子孰能發之。

十有五年，春，季孫行父如晉。

爲單伯與子叔姬故也。魯不能閒暇明政刑以義討齊，而反因晉以求於齊。行父爲大夫不能請討弒君之賊，晉爲盟主不能奉天討於商人，皆辠也。

三月，宋司馬華孫來盟。

高郵孫氏曰：「昭公闇亂，國事廢弛，大臣外奔，耦懼鄰國因閒以謀其國，於是請來盟，以結好而紓難。華耦之來，出於自請，故不稱『使』。結好合於事宜，能其官也。」

宋大夫書於經多矣，惟三人以官舉，又皆在昭公之世，豈非節義之士，因世亂而後顯與？」

[一] 常山劉氏，北宋學者劉絢。

夏，曹伯來朝。

曹伯，十一年來朝，今復至。

齊人歸公孫敖之喪。

敖以皋出奔死于外，魯不許其歸葬。齊人使之飾棺寘堂阜，其子難猶毀以爲請，立於朝以俟命。然後許其取殯葬。視公子慶父許其取葬者，以難爲大夫且貴戚之卿也。趙軼之誓師曰：「桐棺三寸，不設屬辟，素車撲馬，無入于兆。」此公孫敖之葬禮，孝子慈孫所不能改者與？

六月辛丑朔，日有食之。鼓，用牲于社。

注見莊二十五年。

單伯至自齊。

胡氏曰：「單伯，天子之命大夫，故逆王姬、會伐宋、使于齊皆書其字。致而不名，與意如、婼異者，無所書而不尊王命也。」

愚謂，若如左氏之説，以單伯爲周大夫，則是齊人執王使。春秋既不書其自周來魯，又止書其至魯而不復言其歸京師，是同之於魯之臣子，無復周、魯大夫之別，且無以明齊人之執王使，豈春秋辨上下尊王室之義哉！

晉郤缺帥師伐蔡。戊申，入蔡。

傳：「新城之盟，蔡人不與。晉郤缺以上軍下軍伐蔡，曰：『君弱，不可以怠。』戊申，入蔡，以城下之盟而還。」

愚謂，君弱不可以怠，修德以來蔡，上也。缺乃以兵伐而入其國，徒示威武，暴及其都民，而蔡終不心服，謂之能輔霸主服諸侯可乎？言伐、言入，甚之也。

秋，齊人侵我西鄙。季孫行父如晉。

傳：「齊人侵我西鄙，故季文子告於晉。」

冬，十有一月，諸侯盟于扈。

傳：「晉侯、宋公、衛侯、蔡侯、陳侯、鄭伯、許男、曹伯盟于扈，尋新城之盟，且謀伐齊也。齊人賂晉侯，故不克而還。於是有齊難，是以公不會。書曰諸侯盟于扈，無能爲故也。」

胡氏曰：「八國之君不序，略之也。夫外裔，然後略之。君臣同詞而不分爵號，曷爲略八國？爲不詳序。齊人略晉弒君之賊，夫人之所得討也。故陳恆弒君，孔子沐浴而朝，告於哀公而請討。今商人弒君，晉與諸侯不奉天討，受賂而退，何忍復詳序之哉！書諸侯盟於扈，皆當伏不能討賊之辜也。」

十有二月，齊人來歸子叔姬。

此齊商人既弒舍而絕其母於齊，故不以出夫人之例書之。而書齊人者，亦若執單伯、執子叔姬之法，深罪其國人之私惠，反戴不共天之仇，以爲君而強出其君之母，莫之或正也。

齊侯侵我西鄙，遂伐曹，入其郛。

郛，曹國之郭中也。

傳：「齊侯侵我西鄙，不能也。遂伐曹，入其郛，討其來朝也。」

襄陵許氏曰：「魯盡禮於晉而見侵莫恤，曹修禮於魯而被伐莫救，亂臣賊子肆行不忌，皆晉靈、趙盾失主盟之職也。」

十有六年，春，季孫行父會齊侯于陽穀，齊侯弗及盟。

公有疾，使季文子會齊侯于陽穀。請盟，齊侯不肯，曰：「請俟君間。」商人無道，有弒君當討之辜，文公不能明政刑舉大義，以致命卿執辱，邊鄙被兵，與國蒙伐，又使大夫自屈以請盟，而不見答，可謂困心衡慮而無憤悱改圖之心。書此以見魯之衰，責文公之無志也。

夏，五月，公四不視朔。

視朔，即朝廟而告朔也。今以疾不行二月至五月之禮也。

公羊氏曰：「曷爲四不視朔？公有疾也。何言乎？公有疾不視朔，自是公無疾不視朔也。然則曷爲不言

公無疾不視朔？有疾猶可言也，無疾不可言也。」

今案，春秋微顯志晦之法，無往不寓，以見諱國惡而不沒實之意。文公以疾不視朔，春秋書之，不用昭公有疾乃復之例書「公有疾四不視朔」而特書「公四不視朔」，蓋文公自是因循不講告朔之禮，以致餘公不復舉行，所以定、哀之時聖人有「我愛其禮」之言。羊存而禮廢，其必始於此與！

六月戊辰，公子遂及齊侯盟于郪丘。

郪丘，公羊作「犀丘」，穀梁作「師丘」。公羊疏正本作「蔇丘」。故賈氏云：「公羊曰『蔇丘』，齊地。」

傳：「公使遂納賂于齊侯，故盟于郪丘。」

秋，八月辛未，夫人姜氏薨。

僖公夫人，文公之母。

毀泉臺。

傳：「公使遂納賂于齊侯，故盟于郪丘。」

臨江劉氏[一]曰：「魯人以爲祥而毀之，非明民之道。」

傳：「有蛇自泉宮出入于國，如先君之數。秋，聲姜薨，毀泉臺。」

[一] 臨江劉氏，北宋經學家劉敞。

卷　五

二三七

公羊傳：「先祖爲之已，毀之不若勿居而已矣。」

楚人、秦人、巴人滅庸。

傳：「楚大饑，戎[二]伐其西南，至于阜山，師于大林。又伐其東南，至於陽丘，以侵害枝。庸人帥群蠻以叛楚，麇人率百濮聚於選，將伐楚，於是申、息之北門不啟。楚人謀徙於阪高。蒍賈曰：『不可。我能往，寇亦能往。不如伐庸。夫麇與百濮謂我饑，不能師，故伐我也。我若出師，必懼而歸。百濮離居，將各走其邑，誰暇謀人？』乃出師。旬有五日，百濮乃罷，自廬以往，振廩同食。次于句澨。使廬戢黎侵庸。及庸方城，庸人逐之，囚子揚窗。三宿而逸，曰：『庸師眾，群蠻聚焉，不如復大師，且起王卒，合而後進。』師叔曰：『不可。姑又與之遇以驕之，彼驕我怒而後可克，先君蚡冒所以服陘隰也。』又與之遇，七遇皆北，唯裨、鯈、魚人實逐之。庸人曰：『楚不足與戰矣。』遂不設備。楚子乘馹會師于臨品，分爲二隊。子越自石溪，子貝自仞以伐庸。秦人、巴人從楚師，群蠻從楚子盟，遂滅庸。」

今案，庸乘饑饉，率蠻危楚。楚一畏徙國，誠無以保其國矣。然禦變待敵亦制服之而已。夷人宗社，豈王法之所容乎？楚子克庸而遂滅之，其皋大矣，是以人楚子而皋其滅也。

冬，十有一月，宋人弒其君杵臼。

杵，公羊作「處」。

傳：「宋公子鮑禮於國人，宋饑，竭其粟而貸之，無日不數於六卿之門。國之材人無不事也，親自桓以下無不恤也。宋襄夫人助之施。昭公無道，國人奉公子鮑以因夫人。冬十一月甲寅，宋昭公將田孟諸，未至，夫人

[二] 戎，原作「戌」，今據宋寶祐三年臨江軍庠刻本改。

王姬使帥甸攻而殺之，司城蕩意諸死之。」

謹案，宋昭公爲無道而書宋人弒其君者，見杵臼未至如獨夫之可誅。而凡與於弒逆者，皆當以輕重斷獄，所以辨上下，定民志也。

胡氏曰：「君親無將，將而必誅。諸侯無道，天子方伯在焉，臣子國人死於其職，斯可矣。蕩意諸亦死之，而不得與孔父、仇牧並書者，春秋無取焉爾。」

今案，蕩意諸，君昏不能正，危不能救，坐待其死而與之同死，真所謂「匹夫匹婦之自經於溝瀆，而莫之知者也」。

傳：「晉荀林父、衛孔達、陳公孫寧、鄭石楚伐宋，討曰：『何故弒君？』猶立文公而還。卿不書，失其所也。」

程子曰：「行天討而成其亂，故貶之。」

十有七年，春，晉人、衛人、陳人、鄭人伐宋。

夏，四月癸亥，葬我小君聲姜。

聲，公羊作「聖」，諡也。九月乃葬。

齊侯伐我西鄙。

西,傳作「北」。

六月癸未,公及齊侯盟于穀。

傳:「齊侯伐我,襄仲請盟。六月盟于穀。」

諸侯會于扈。

傳:「晉侯蒐于黃父,遂復合諸侯于扈,平宋也。公不與會,齊難故也。書曰諸侯,無功也。」

愚案,書諸侯略之,與十五年盟于扈同。

秋,公至自穀。

齊商人不足與會,書「至」,危之。

冬,公子遂如齊。

拜穀之盟。

十有八年,春,王二月丁丑,公薨于臺下。

高郵孫氏曰:「薨非路寢,皆不正也。其曰臺下,蓋又甚焉。」

秦伯罃卒。

康公也。

夏，五月戊戌，齊人弒其君商人。

傳：「齊懿公之爲公子也，與邴歜之父爭田，弗勝。及即位，乃掘而刖之，而使歜僕。納閻職之妻，而使職驂乘。夏五月，公遊于申池。二人弒懿公，納諸竹中。歸，舍爵而行。」

謹案，既書齊公子商人弒其君舍矣，則商人固當討之賊也。然齊人不以爲賊而討之，反北面稱臣而戴之，以爲君者三年。以爲賊則不當事，以爲君則不可弒。今三年事之，一旦弒之，亂作於大分已定之後，其辠有不容貸者，故曰弒其君也。況商人驟施聚士以成弒舍之謀。有王者作，則凡前日受施推戴之人，乃同惡之黨，所以邴歜、閻職同謀殺商人，而特以齊人弒其君書之也。

六月癸酉，葬我君文公。

秋，公子遂、叔孫得臣如齊。

傳：「六月，葬文公。秋，襄仲、莊叔如齊。惠公立故，且拜葬也。文公二妃，敬嬴生宣公，敬嬴嬖而私事襄仲。宣公長而屬諸襄仲，襄仲欲立之，叔仲不可，仲見於齊侯而請之。齊侯新立而欲親魯，許之。」

胡氏曰：「使舉上客，此春秋立文之常體。其變文書介副者，欲以起問者見事理也。子赤，夫人之子，今卒于弒，不著其實，是爲國諱惡，無以傳信於將來，而春秋之大義隱矣。故上書大夫並使，下書夫人歸于齊，中曰子卒，則見禍亂邪謀發於奉使之日，而公子遂弒立其君之辠著矣。」

冬，十月，子卒。

子之名，左氏曰「惡」，公羊曰「赤」，未知孰是。若如左氏，則亦晉師服所謂異哉？君之名子者，

般書名而此不書，文公已葬，故不名也。

傳：「公子遂殺太子惡及其弟視，而立宣公。書曰『子卒』，諱之也。遂矯太子惡之命召叔仲。惠伯其宰

公冉務人止之曰：『入必死。』惠伯曰：『死君命，可也。』公冉務人曰：『若君命可死，非君命何聽？』弗

聽。乃入，殺而埋之馬矢之中。」

愚謂，私事公子遂，敬嬴奪嫡之心也。然其敢啟是心，嬖故也。有夫人太子而嬖寵妾，則文公所以急於事

霸，急於盟齊，簡於視朔者，有自來矣。人君昏於嬖寵，棄忘國政，故妾媵大臣相與謀賊君嗣，而不能察身死

之後，冢嗣二人遂見戕弒，所謂前有讒而不見，後有賊而不知者，文公之謂矣。叔彭生身爲大臣，既無以拯救

文公，又不能知公子遂之邪謀。有公冉務人之忠言不能用，甘心就死，無一毫扶持之實，沒而不書，有以也哉。

夫人姜氏歸于齊。

傳：「夫人姜氏歸于齊，大歸也。將行，哭而過市曰：『天乎！仲爲不道，殺嫡立庶。』市人皆哭。魯人

謂之哀姜。」

胡氏曰：「書『夫人』，則知其正；書『姜氏』，則知非見絕於先君，書『歸于齊』，則知其無辜，異于

『孫于邾』者。而魯臣子不能事主君、存適母之皋並見矣。」

愚案，胡氏於「九年，夫人姜氏至自齊」傳曰：「出姜至是始不安於魯。」於傳未有見之也，必要終原始而言之：「與適庶之亂，未有不始於妾上僭，夫人失位而致之者，是以始知文公之首惡也。」

季孫行父如齊。

告宣公之立也。

沙隨程氏曰：「遂、得臣、行父三人皆與謀，以其前後如齊而知之也。」

莒弒其君庶其。

凡稱國以弒者，蓋其君以無道爲國人所弒。而大臣坐視不能討賊，皆當誅不赦之皋也。

卷六

宣公名倭，一名接，文公妾敬嬴之子。公子遂弑大子惡而立之。諡法：「善問周達曰宣。」

元年，春，王正月，宣公受弑賊之立而居其位，其皋同於桓公。而十八年之間皆書王，與桓公不同者，法已舉於前矣。天理不可以常亡，王法不可以久廢，故存王以舉大法，亦所以正宣公之皋也。公即位。

胡氏曰：「宣爲弑君者所立，受之而不討，故如其意而書即位，其與僖、文之立一美一惡，不嫌於同也。」

公子遂如齊逆女。

不貶喪中逆女者，與即位同。不待貶而皋惡見也。

胡氏曰：「宣公懼於見討，故結昏于齊，爲自安計。越典禮以逆女，如此其亟而不顧者，必敬嬴、公子遂請齊立接之始謀也。」

三月，遂以夫人婦姜至自齊。

公子遂、宣公之爲亂臣賊子明矣，不待貶絕也。書「婦」著敬嬴之皋也，書「姜」不氏，責夫人不能以禮

自防,行吉禮於斬焉衰絰之中也。

劉氏曰:「婦人不專行,在家制於父母。夫人有貶,則父母與有辠矣。」

胡氏曰:「敬嬴私事襄仲,以子屬之,殺世嫡兄弟,出主君夫人,援成風故事,即以子貴爲君母。衰絰中請昏、納幣,其辠隱而未見也。故因夫人至,特書「夫人婦姜至自齊」,而不書氏,所以深著宣公與敬嬴不可勝誅之辠也。」

夏,季孫行父如齊。

納賂,以請會也。

晉放其大夫胥甲父于衛。

傳:「十二年河曲之戰,秦行人夜戒晉師曰:『兩軍之士,皆未憖也。明日請相見也。』臾駢曰:『使者目動而言肆,懼我也,將遁矣。薄諸河必敗之。』胥甲、趙穿當軍門呼曰:『死傷未收而棄之,不惠也。不待期而薄人於險,無勇也。』乃止。自戰及今七年矣。討不用命者,放胥甲父于衛,辠久不治。而二人有辠,趙穿以盾之側室而獨免,刑之偏頗如此,非所以治有辠,主諸侯也。」

公會齊侯于平州。

平州,齊地,杜氏曰:「在泰山牟縣西。」後漢志:「琅邪國陽都故地有牟臺。」注:「平州在縣西,今屬

沂州沂水縣。

傳：「會于平州以定公位。」

愚謂，凡亂臣賊子之所以不敢縱其欲者，以有伯主、大國能討之也。不明於義利邪正之辨，始許仲遂以亂魯之適庶，終會平州以定賊子之位，則亂賊復何畏而不逞哉！會者，外爲魯宣欲求寵以定位而書以齊惠之志，蓋誅亂賊而先治其黨之法，與桓公、鄭莊垂之會一也。晉爲盟主，諸侯所取正而商人、宋人弒君威弗能加，致魯亂不治亦以見晉之無能爲也。

公子遂如齊。

公子遂自去年三見於經，所以著其爲惡之首也。

胡氏曰：「遂一再見於經矣，如齊拜成，雖削之可也。又再書于策者，於以著其始終成就弒立之謀，以戒後世人臣。或内交宮禁以固其寵，或外結藩鎮以爲之援，至於殺生廢置皆出于其手，而人主不悟者，其慮深矣。凡此皆直書于策而義自見也。」

六月，齊人取濟西田。

爲立公故，以賂齊也。濟西田，魯之故也，僖三十一年取之於曹者。

程子[二]曰：「宣公不義得國，賂齊以求助，齊受之以助不義，故書取。不義不能保其土，故不云『我』。非爲彼強故不諱。不能有而失者，皆諱。」

愚謂桓公篡立求援於鄭，而誘以許田，主齊以自立，而賂以濟西，以利自固，前後一轍，使鄭莊、齊惠不貪其利，則桓、宣必不能以自立矣。宣公奪嫡，齊深以誅其貪利而成亂也。大學論治國平天下之道而深戒以利爲利，孟子論先利後義者，必後其君，遺其親而不奪不饜，皆拔本塞源，知春秋之微意也與。

秋，邾子來朝。

諸侯朝當討之人，不貶者，桓公已舉王法，從同同也。

楚子、鄭人侵陳，遂侵宋。

傳：「宋人之弑昭公也，晉荀林父以諸侯之師伐宋。宋及晉平，宋文公受盟於晉，又會諸侯于扈，將爲魯討齊，皆取賂而還。鄭穆公曰：『晉不足與也。』遂受盟於楚。陳共公之卒，楚人不禮焉，陳靈公受盟于晉，故楚子侵陳、宋。」

今案，不討有皋，固晉之無義，而亦未至如儋王猾夏之皋大也。鄭舍晉而從楚，附無王之夷狄以爲中國患，

[二] 程子，北宋理學家程頤。

故「人」之。

晉趙盾帥師救陳。

左傳：「晉趙盾帥師救陳、宋。」

今案，陳無辜而蒙伐，當救也。宋有弒君之辠不當救之，故略之也。

胡氏曰：「鄭在王畿之內而附蠻夷，陳先代之後而見侵逼，此門庭之寇，利用禦之者，故書『救』以與之。」

愚謂，與之則見諸侯之來會者，固義舉矣。然不曰「會趙」而曰「會晉師」，蓋鄭之從楚，亦盾不能治齊、宋有以致之。若再書其名，則書重復而子之大過矣，故止曰「會晉師」而不再書盾。詳味書法，然後見聖人抑揚之當也。

宋公、陳侯、衛侯、曹伯會晉師于棐林，伐鄭。

冬，晉趙穿帥師侵崇。

崇，公羊作「柳」。杜氏曰：「崇，秦之與國。」任公輔曰：「案，地譜：『商有崇國。』在京兆鄠縣甘亭。」

傳：「晉欲求成於秦，趙穿曰：『我侵崇，秦急崇，必救之，吾以求成焉。』冬，穿侵崇，秦[一]弗與成。」

[一] 秦，原作「泰」，今據宋寶祐三年臨江軍庠刻本改。

胡氏曰：「求成大國，不以大義動之，而伐其與國，以用其眾乎？不然何謀之迂？而當國者不能裁正也，弒君于[一]桃園，而上卿以志同受惡名，欲得兵權，託於伐國，意者趙穿已有邪謀，其端見於此矣。」

晉人、宋人伐鄭。

傳：「晉人伐鄭以報北林之役，於是晉侯侈趙盾爲政，驟諫而不入，故不競於楚。」

晉受宋賂，不行天討，鄭以是叛中國，而晉人復與宋伐之，不能服鄭，又致明年之師，故稱人皋之。

二年，春，王二月壬子，宋華元帥師及鄭公子歸生帥師戰于大棘。宋師敗績，獲宋華元。

大棘，杜氏注：「在陳留襄邑縣南。」今襄邑屬拱州。

傳：「鄭公子歸生受命於楚，伐宋。宋華元、樂呂禦之，戰于大棘。宋師敗績，囚華元，宋人以兵車百乘、文馬百駟贖華元于鄭，半入，華元逃歸。」

宋以弒君致寇而不服皋，故書「宋及」，猶曰華元為志乎此戰也。書「師敗」，又書「獲華元」，師與將之輕重適等也。

[一] 于，原作「子」，今據宋寶祐三年臨江軍序刻本改。

秦師伐晉。

傳：「以報崇也，遂圍焦，晉趙盾救焦。」

胡氏曰：「晉用大師於崇，乃趙穿私意而無名，故書『侵』。秦人為是興師報怨，則問其無名之師，故書『伐』。」

愚謂，欲求成而反召兵，所以深著趙穿之妄動干戈，而欲竊兵權，誅其意也。

夏，晉人、宋人、衛人、陳人侵鄭。

傳：「趙盾救焦，遂自陰地及諸侯之師侵鄭，以報大棘之役。楚鬬椒救鄭曰：『能欲諸侯，而惡其難乎？』遂次于鄭以待晉師。趙盾曰：『彼宗競於楚，殆將斃矣，姑益其疾。』乃去之。」

胡氏曰：「歸生受命于楚以伐宋，楚有辭矣。趙盾去之以理曲故也，故去其名氏，而稱『人』，書『侵』而不言『伐』也。」

秋，九月乙丑，晉趙盾弒其君夷皋。

皋，《公羊》作「獳」。

趙盾為大臣，任一國之重，無能改君之德，而君將殺之，惟去以全身，然後其義明，此盾接淅而行之時也。

況鉏麑、提彌明皆爲靈公之欲殺盾而死矣，盾之去寧可後哉？趙穿平日好勇犯上，數千軍之役，不待元帥之命而以其屬出；晉軍欲薄秦師而穿當軍門呼以沮成算，使之在位。及至靈公欲殺盾而盾僞出奔，穿弑公于桃園，則未出山而歸復其位。盾保庇之，不黜不放，平日曲意容養，使之乃使穿逆公子黑臀而爲君，前日庇之，今日不討而用之。董狐非子而誰之言，若取穿，尸諸市朝，猶可以自明也。至公之筆也，聖人豈得而易之哉？

冬，十月乙亥，天王崩。

匡王也，文十五年即位，在位凡六年。

三年，春，王正月，郊牛之口傷，改卜牛。牛死，乃不郊。猶三望。

公羊氏曰：「養牲養二。」一郊一稷牛也。然必卜而用之，復有忘哀從吉之辠。郊牛者，本養以祀天之牛也。

此又因事之變，以明魯郊之非禮也。而僭禮之中，復有忘哀從吉之辠。郊牛者，本養以祀天之牛也。

三月，稷牛惟具郊之必祭稷者。王者祀，天必以其祖配之故也。

愚案，周公郊祀后稷以配天，爲成王制禮耳，非魯之所得用也。況有三年之喪，乃臣子斬衰奔赴之時，豈可僭天子越紼行事之禮，此春秋所以特書之，并書「猶三望」以譏其可已而不已也。

[一] 秦，原作「泰」，今據宋寶祐三年臨江軍庠刻本改。

葬匡王。

胡氏曰：「四月而葬，王室不君，其禮略也。微者往會，魯侯不臣，其情慢也。」

楚子伐陸渾之戎。

陸，公羊作「賁」，公、穀無「之」字。陸渾子本允姓，居瓜州。僖公二十二年，晉惠公與秦遷之于伊川，在唐爲河南陸渾縣，地今河南府伊陽縣北二十里，有陸渾縣故城。

傳曰：「楚子伐陸渾之戎，遂至于雒，觀兵于周疆。定王使王孫滿勞楚子，楚子問鼎之大小輕重焉。對曰：『在德不在鼎。』」

胡氏曰：「其類相攻而特書于策者，陸渾在王都之側，楚子伐之，又觀兵周疆而問鼎，嚴內外之分也。」

夏，楚人侵鄭。

傳曰：「春，晉侯伐鄭，及郔，鄭及晉平，士會入盟。夏，楚人侵鄭，鄭即晉故也。」

胡氏曰：「不書晉之伐鄭及平者，仲尼削之也。鄭自宣元年以晉之受賂縱皋，爲不足與似矣，而楚豈所當從乎？今晉成新立，背僭歸霸，則反之正也。春秋大改過遷善，故獨著楚人侵掠之皋。書『侵鄭』，則及晉平可知矣。」

秋，赤狄侵齊。

赤狄，狄之別種。孔氏疏云：「謂之赤狄、白狄者，俗尚赤衣、白衣也。」地譜：「洺州，春秋赤狄之地。」

襄陵許氏[二]曰：「楚狄迭擾南北，此中國大過棟橈之時也。」

宋師圍曹。

傳：「宋以母弟須及昭公子之亂，逐武穆之族，二族以曹師伐宋，宋師間曹報之也。」

冬，十月丙戌，鄭伯蘭卒。葬鄭穆公。

四年，春，王正月，公及齊侯平莒及郯。莒人不肯，公伐莒，取向。

向，見隱二年注。

易曰：「貞吉悔亡，憧憧往來，朋從爾思。」聖人所以感人心而天下和平者，此心之公正自足以感之也。今以宣公而平二小國，若出於公不必假齊，一言而彼已服。今挾齊爲重，而莒尚不肯，伐莒而齊不復與，復取向以自益。春秋深以著宣公此心之不公，而終之以爲利也。

秦伯稻卒。

[二] 襄陵許氏，北宋學者許翰。

秦共公也，魯不會。

夏，六月乙酉，鄭公子歸生弑其君夷。

傳：「楚人獻黿於鄭靈公，公子宋與子家將見。子公之食指動，以示子家曰：『他日我如此，必嘗異味。』及入，宰夫將解黿，相視而笑。公問之，子家以告。及食大夫黿，召子公而弗與也。子公怒，染指於鼎，嘗之而出。公怒，欲殺子公，子公與子家謀先。子家曰：『畜老猶憚殺之，而況[二]君乎？』反譖子家，子家懼而從之。夏，弑靈公。」

胡氏曰：「歸生與宋並為大夫，以貴戚之卿，同執國政，嘗統大衆，久得兵權。聞宋逆謀，先事誅之，猶及掌耳。夫據生殺之柄，使人聽己，猶犬羊之伏於虎也。何畏於人，懼而從之乎？計不出此，顧以畜老憚殺比方君父，何其悖也！春秋以為逆之皐，歸之歸生。若司馬亮、沈慶之等苟知此義，則能討賊，不至失身而為人制矣。」

謹案，公子歸生位為上卿，久執重權，國事由己，乃不能鎮服姦邪，遏絕萌蘖，又脅於邪謀，撓而從之。位尊責重，故春秋定為戎首，以戒大臣不能持正而阿附惡人者，所以示國討之法，而明事君之義也。

赤狄侵齊。

[二] 況，原作「沈」，今據宋寶祐三年臨江軍庠刻本改。

秋，公如齊。公至自齊。

胡氏曰：「君行告至，常事不書。宣公比年如齊而皆至者，危之也。」

今案，此所謂「危」，與桓二年書「至自唐」同意。

冬，楚子伐鄭。

傳：「鄭未服也。」

今案，楚自去年至十年侵伐鄭者，凡五。至十一年盟鄭于辰陵，而鄭又徼事晉，於是十二年圍鄭入之遂，敗晉于邲而後鄭服楚。晉人之不振有自來矣。

五年，春，公如齊。

傳：「公如齊，高固使齊侯止公，請叔姬焉。」

夏，公至自齊。

傳：「書過也。」

杜氏注：「往朝見止，厭尊毀列，辱其先君，而於廟行飲至之禮，故書以示過。」

秋，九月，齊高固來逆子叔姬。

左氏作「叔姬」，無「子」字。據「高固及子叔姬來」，有「子」字，當從公、穀二傳。

謹案，此著高固非君命而越境，特書以著其辜也。

胡氏曰：「稱『子』者，別於先公之女。其曰『來』者，以公自爲之主也。嫁女於大夫而不使大夫主之，則厭尊毀列，卑朝廷，慢宗廟矣。鄭國褊小，楚公子圍貴驕強大，來娶于鄭，子產辭而舍之，使館于外。宣公以國君而逼於高固，強委禽而請昏其女，不知以禮爲幹以守身而取辱。春秋詳書，辜宣公也。」

叔孫得臣卒。

不書日，闕文也。

冬，齊高固及子叔姬來。

傳：「來反馬也。」

胡氏曰：「禮，嫁女留其送馬，不敢自安，及廟見成婦，遣使反馬。高固親來，非禮也。況見逆未易歲，遽歸寧乎？故書『及』、書『來』以著齊辜也。禮法之所禁，不可犯也。惠公許其臣越禮恣行而莫遏，高固委其君踰境自如而不忌，人欲肆矣。故以爲非常特書，爲後世戒。」

楚人伐鄭。

傳：「楚子伐鄭，陳及楚平。晉荀林父救鄭伐陳。」

六年，春，晉趙盾、衛孫免侵陳。

傳:「晉、衛侵陳,陳即楚故也。」

胡氏曰:「案,傳稱『陳及楚平』『林父伐陳』而經不書者,以侵陳則平楚可知故也。已之有闕,不内省德而以兵加之,故林父不書『伐』而盾免書『侵』,以正晉之所主盟者,非其道也。」

愚案,屢失幾會,大義不立,營營救鄭,以致楚人益陵,諸侯攜貳,茲晉之所以失道歟?

夏,四月。

秋,八月,螽。

胡氏曰:「傳謂螽為穀災,虐取於民之效也。先是伐莒取向,一再如齊,軍旅數起,賦斂既繁,戾氣應之矣。宣公遇災不知遷善以補前愆,而用兵不息,國用空乏,卒改助法而稅民,蓋自此始。經於螽、蝝一物之變,必書于策,以示天人感應之理不可誣,當謹其所感也。」

冬,十月。

七年,春,衛侯使孫良夫來盟。

傳:「孫桓子來盟,始通且謀會晉也。」

穀梁曰:「來盟者,前定也。」

胡氏曰:「來盟所以為前定者,嘗有約言矣。未足效信,又歃血以固結之也。衛欲為晉致魯,而魯宣專於

事齊，初未與晉通，必有疑焉，而衛侯任其無咎，故遣良夫來爲此盟，及公會晉，卒以見辱。盟非春秋所貴，義自見矣。」

夏，公會齊侯伐萊。

秋，公至自伐萊。

萊，杜氏注：「東萊黃縣。」地今登州黃縣有萊山。

胡氏曰：「平莒及郯，魯欲也，故書『及』；伐萊，齊志也，故書『會』。繼以伐萊致，則師行之危可知見。齊侯不務德，合黨連兵強陵弱，而宣公惟命之從也。」

大旱。

比年螽、旱，觀其所感可見矣。

冬，公會晉侯、宋公、衛侯、鄭伯、曹伯于黑壤。

黑壤，晉地，一名黃父。

傳：「鄭及晉平，公子宋之謀也，故相鄭伯以會。冬，盟于黑壤。王叔桓公臨之，以謀不睦。晉侯之立也，公不朝焉，又不使大夫聘，晉人止公于會。公不與盟，以賂免。盟不書，諱之也。」

凡盟會而不得見，不與盟。直書之者，曲不在公也。若夫見執且不與盟而悉諱之，則其曲在公矣。宣公私

昵於齊而不事盟主,故盟見執而不得與,幸以賂而苟免,於是諱之,則宣公之皋可見矣。

八年,春,公至自會。

見執於晉,踰年乃至。

夏,六月,公子遂如齊,至黃乃復。

黃,齊竟上地。

大夫奉君命出境,死生以之,未致使而死,以尸將事,禮也。書「至黃乃復」,與公孫敖不至而復同皋,其違君命也。

辛巳,有事于大廟。仲遂卒于垂。

事,謂時祭也。垂,齊地,非魯竟,故書地。仲遂得皋於文公,以公子翬不書卒之例,不當書卒。今特書其卒,以事之變卒之也。書「仲遂」,其字也。蓋宣公德之,與公子友之於僖公同,有輔立之恩,故亦用公子友例。生而賜氏,俾世其卿也。觀無駭之不氏,則知季友、仲遂以私恩而變前世命氏族之法,春秋特書以示戒,故臨江劉氏云:「譏自是世仲氏也。」

壬午,猶繹。萬入,去籥。

繹者,明日之祭,所以賓尸也。

呂氏[二]曰：「萬舞，文武二舞之總名也。籥舞，文舞之別名也。文舞又謂之羽舞，蓋文舞吹籥秉翟羽也。萬入去籥者，文武二舞俱入於二舞中，去羽舞吹籥，以其有聲也。去其有聲而用其舞者，知其不可而爲之也。此蓋正祭之日，仲遂卒于垂，則次日已聞之，股肱之痛，寶尸之祭爲可已也。行吉禮於方聞喪之時，雖用舞而僅去其有聲者，是知其不可而猶爲之也。」

喜怒哀樂發而中節謂之和。仲遂有殺嫡之辠，宣公以其私於己而愛之。生賜之氏，今出使未畢，中道擅返，不正其辠。其喜樂既不以正，聞喪當哀，又復心知其不可，而故行吉禮。春秋謹書始末，以見其心不正，而施之宗廟朝廷者，謬戾如此。詳觀書法，可以見聖人格心之道矣。

戊子，夫人嬴氏薨。

嬴，穀、公作「熊」。宣公母，敬嬴也。

胡氏曰：「成風屬僖公於季友，及僖公立，正夫人之位，嫡妾始亂。春秋於風氏始卒四貶之，禘致夫人，去其姓氏，秦檜不稱夫人，榮叔召伯含賵會葬，王不書天。敬嬴視效，援例自立，而無貶，從同同也。」

[二] 呂氏，南宋學者呂本中。

晉師、白狄[一]伐秦。

白狄，今丹州廷州銀夏之地。

傳：「白狄及晉平，會晉伐秦。」

愚案，白狄，秦同壤之國也。晉與秦自侵崇啟讐，七年而未已。晉與爲婚而結以伐秦，援外兵以攻與國也。

自此至成公十三年，呂相絶秦之詞，皆連兵之事。

楚人滅舒、蓼。

蓼，穀梁作「鄝」。杜氏注：「舒、蓼，二國名。」或曰地譜上義陽之蓼，不與羣舒近。蓼已滅於楚，見文五年，此即如舒鳩、舒庸一國也。

傳：「楚伐舒、蓼，滅之。楚子疆之，及滑汭，盟吴、越而還。」

胡氏曰：「楚、夷自相攻滅書而不削者，楚盟吴、越，勢益強大，經斯世者，當以爲懼，有攘却之謀，而不可忽也。」

──────────

[一] 白狄，原作「白及狄」，今據宋寶祐三年臨江軍庠刻本改。

秋，七月甲子，日有食之，既。

杜氏注：「月三十日食。」

此自文公以來二十年餘中，凡列國弑父與君幾遍之咎，晉敗于邲，宋圍折骸之徵也。

冬，十月己丑，葬我小君敬嬴。雨，不克葬。庚寅，日中而克葬。

敬嬴，公、穀作「頃熊」。趙子曰：「頃，惡諡也。宣公必不以加於其母，誤也。」

穀梁傳：「葬既有日，不為雨止，禮也。雨[二]不克葬，喪不以制也。」胡氏以為敬嬴事襄仲而殺嫡立庶，逐去哀姜之咎徵而不克葬，天理之不可誣也。又曰僖公享國八年，然後成風致于廟，敬嬴於宣公元年，穆姜即稱婦。婦有姑之詞，見敬嬴以子貴援例而亟立為夫人也。貶於成風之賵，葬而此不復貶，謹其始也。

楚師伐陳。

杜氏注：「泰山平陽縣。」今襲慶府鄒縣有南平陽城。

城平陽。

[二] 雨，原作「兩」，今據宋寶祐三年臨江軍庠刻本改。

傳:「陳及晉平,楚師伐陳,取成而還。」

九年,春,王正月,公如齊。

泰山孫氏[一]曰:「公有母喪,而遠朝齊,無哀甚矣。」

公至自齊。

夏,仲孫蔑如京師。

胡氏曰:「當歲首月朝齊,而夏使大夫聘京師,公享國九年,於是纔一聘,其於齊則又再朝矣。經於如齊每行必至,不待貶絕而惡自見者也。」

齊侯伐萊。

襄陵許氏曰:「狄比侵而不報,萊不敢犯,亟伐之,畏強陵弱可以觀惠公矣。」

秋,取根牟。

杜氏注:「根牟,東夷國,琅邪陽都縣東有牟鄉。」今屬密州安丘縣。

[一] 泰山孫氏,北宋學者孫復。

八月，滕子卒。

傳：「滕昭公卒。」

九月，晉侯、宋公、衛侯、鄭伯、曹伯會于扈。晉荀林父帥師伐陳。

傳：「會于扈，討不睦也。陳侯不會，晉荀林父以諸侯之師伐陳。」

辛酉，晉侯黑臀卒于扈。

卒于境外，故書地。

冬，十月癸酉，衛侯鄭卒。

胡氏曰：「晉成公、衛成公皆不書葬，魯不會也。衛成事晉甚謹，而宣公獨深向齊。衛欲爲晉致魯，使孫良夫來盟，以定之。及宣會黑壤，而晉止公，是以扈之會魯獨不往。二國赴喪皆不往命，以私怨廢禮忘親，其辜著矣。」

宋人圍滕。

傳：「因其喪也。」今案，不哀有喪，用兵圍之，此事以著其不仁也。

楚子伐鄭。晉郤缺帥師救鄭。

傳：「六年厲之役，鄭伯逃歸，故楚子伐鄭，晉郤缺救鄭。鄭伯敗楚師于柳棼，鄭人喜，惟子良憂曰：『是國之災也，吾死無日矣。』」

胡氏曰：「宣三年，晉成初立，鄭舍楚從中國，楚興師伐之，皋也，故稱『人』。次年，歸生弒君，楚師致討稱『爵』，與之也。然賊則不討，惟服鄭之為事，故楚子伐鄭，傳稱『楚子伐鄭』而經書『人』，亦貶之也。今此書『爵』，豈與之乎？下書郤缺之救，則知皋其親以重兵，侵暴中華矣，故一字之褒貶，所以為著明也。」

陳殺其大夫泄冶。

泄，左氏本作「洩」。今左傳本多因唐人諱「世」字，雖偏傍亦然，故改「泄」為「洩」也。

傳：「陳靈公與孔寧、儀行父通於夏姬，皆衷其祖服以戲于朝。泄冶諫曰：『公卿宣淫，民無效焉，且聞不令，君其納之。』公曰：『吾能改矣。』以告二子，二子殺泄冶。」

胡氏曰：「稱國以殺者，君與用事大臣同殺之也。稱大夫則不失其官，守而殺之者，有專殺之皋矣。冶無皋而書名者，治以諫殺身者也。殺諫臣者，必有亡國喪身之禍，從之故書名，以為徵舒弒君、滅陳之端，以垂後戒，此義繫於名而書名者也。」

或曰，泄冶以諫死而無褒詞，何也？愚謂，易曰：「君子見幾而作，不俟終日。」方靈公君臣驅馳於株林之時，泄冶知其不可諫，潔身而去之可矣。至於褻慢朝廷衷服而戲，則立於其朝者，雖欲默然，不可得矣。泄冶失於不能知幾而早辨，是以不可與宋子哀同日而語也。

十年，春，公如齊。公至自齊。

齊人歸我濟西田。

傳：「齊人以我服，故歸濟西之田。」

今案，書歸田而言「我」者，言此田魯之舊封，非齊之所得專也。不言「來歸」者，請而得之也。謹及闈歸於取之年，故不言「我」。今歸於十年之後，故書「我」也。特書曰「我」，則取之不以其道，而歸之不以其正，一出於相與之私為可見矣。

夏，四月丙辰，日有食之。

己巳，齊侯元卒。

齊崔氏出奔衛。

傳：「齊惠公卒。崔杼有寵於惠公，高、國惡其偪也。公卒而逐之，奔衛。」

穀梁傳：「氏者，舉族而出之之辭也。」

今案，特書其氏，見崔杼之宗強於齊，故勢足以偪高、國，雖今日逐之，而尚能復歸於齊也。如崔成之徒復曰卒自遺滅宗之禍，豈非族大勢張，而不知制節謹度，卒至凶于家，禍于國也與？

公如齊。五月，公至自齊。

傳：「公如齊奔喪。」

胡氏曰：「天王之喪不奔而奔齊喪，天王之葬使微者會，而使公孫歸父會齊侯之葬，其不顧君臣上下尊卑之等，所謂肆人欲滅天理而無忌憚者也。」

癸巳，陳夏徵舒弒其君平國。

傳：「陳靈公與孔寧、儀行父飲酒于夏氏。公謂行父曰：『徵舒似女。』對曰：『亦似君。』徵舒病之。公出，自其廄射而殺之。二子奔楚。」

胡氏曰：「禍莫大於拒諫而殺直臣。泄冶不憚，盡言正以靈公君臣淫縱，恐其及禍，不忍坐視，而言之。公不能納，又從而殺之，卒以見弒而亡其國，此萬世之大戒也。」

愚謂，古人以禮爲防閑，而人君之尊，有妃偶嬪御之，侍有居處，出入之奉有廉恥羞惡之限，所以養其尊貴者至矣。何至驅馳於株林以爲樂哉？以其捨人道而躬爲禽獸之行也。考之國語，前年單子如楚過陳時，泄冶未死也。單子歸而告王，以陳侯帥其卿佐南冠以淫於夏氏，陳侯不有大咎，國必亡，已見之於三年之前矣，能無及乎？觀春秋之所書弒君如陳平國、齊光、蔡固以千乘之主而自儕於閭巷小人所不爲者，心術之惑可不戒哉！泄冶之諫，夏南之詩，皆以其捨人道而躬爲禽獸之行也。

六月，宋師伐滕。

傳：「滕人恃晉而不事宋，宋師伐滕。」

胡氏曰：「稱『師』，用衆也。鄭有弒逆不能聲罪致討，乃旧大師以伐當恤之小邦，故特稱『師』以著其皋。」

公孫歸父如齊，葬齊惠公。

齊葬齊惠公。胡氏曰：「歸父，仲遂之子也。宣公深德齊侯之能定其位，又以濟西歸之，故生則事之，不辭屈辱，歿則親往奔喪，使貴卿會葬。」

愚案，春秋書此，深著亂臣賊子不復明送終之正禮，故缺於天子而厚於强國，豈非九伐之威不行，而專征

晉人、宋人、衛人、曹人伐鄭。

傳：「鄭及楚平，諸侯之師伐鄭取成而還。」

愚案，稱「人」者，貶其捨亂臣賊子之大惡而輕動干戈，以討迫於強令無所通從之小國。桓五年諸侯從王伐鄭之經詳言之矣。

秋，天王使王季子來聘。

傳：「劉康公來報聘。」杜注：「康公即王季子，其後食采於劉。」

謹案，宣公事周簡慢極矣，僅遣一介，而重臣繼來，書以見王室之無政如此，故許翰曰：「自是王靈益亡，王聘益輕。春秋王聘不復錄矣。」

公孫歸父帥師伐邾，取繹。

傳：「公孫歸父會齊人伐萊。」杜氏注：「魯國鄒縣有繹山。」

繹，公羊作「蘱」。詩：「保有鳬繹。」邾文公卜遷于繹，皆此也。今在襲慶府鄒縣，爲邾、魯二國之境。

大水。

陰長陽消，荊楚乘釁之徵。

季孫行父如齊。

冬，公孫歸父如齊。

傳：「季文子初聘于齊。冬，子家如齊，伐邾故也。」

胡氏曰：「齊侯嗣立，公往奔喪，卿共葬事矣，修聘宜可緩也，而季孫亟行，歸父繼往，宣公不知以禮爲國，而謂妄說可以免討也。歸父貪於取繹，畏齊而往，蓋理曲氣餒，能無畏乎？故備書不削以著其辜。」

齊侯使國佐來聘。

傳：「國武子來報聘。」

饑。

王政以民食爲重，故積貯天下之大命也。前此百有餘年，水旱螟螽之災多矣，不以「饑」書，今大水之後特書「饑」者，著宣公煩於事外，國用無節，上下困竭，故一遇水旱遂致乏食耳。荀卿論本末源流、賈誼論蓄

楚子伐鄭。

傳：「楚子伐鄭，晉士會救鄭，逐楚師于潁北。諸侯之師戍鄭。」

胡氏曰：「九年，楚子伐鄭稱『爵』者，貶辭也。蓋下書晉郤缺救鄭，則皋楚可知矣。此年楚子伐鄭稱『爵』者，直詞也。以傳書士會救鄭逐楚師而經削之，則責晉可知矣。」

十有一年，春，王正月。

夏，楚子、陳侯、鄭伯盟于辰陵。

傳：「楚子伐鄭，及櫟。子良曰：『晉楚不務德而兵爭，與其來者可也。』乃從楚盟于辰陵，陳、鄭服也。」

辰陵，穀梁作「夷陵」。杜氏注：「陳地，潁川長平縣東南有辰亭。」今淮寧府西華縣。

楚莊於是合二國為盟，欲討陳夏徵舒也。春秋以晉、齊二大國方且用兵于莒、狄而不能討，獨楚莊合諸侯以討之，所以楚子書爵於陳侯、鄭伯之上，與之也。」

公孫歸父會齊人伐莒。

莒恃晉而不事齊，魯從齊而伐之。事齊，故聽命也。兵不討亂而附強陵弱，深著齊、魯之辜也。

秋，晉侯會狄于欑函。

欑函，狄地。

傳：「晉郤克求成于衆狄，衆狄疾赤狄之役，遂服于晉。晉侯為盟主而往與狄會，捨夏徵舒之辜，以遺楚討，使楚舉大義以加於中國，又欲與楚爭鄭，楚直晉老，所以敗於邲也。

今案，書會狄者，內中國而外狄也。

冬，十月，楚人殺陳夏徵舒。

傳：「楚子為陳亂，故伐陳。謂陳人無動，將討於少西氏。遂入陳，執夏徵舒，轘諸栗門。」

今案，楚子，蠻荆也，能殺夏徵舒，而其書之也，與衛殺州吁、蔡殺陳佗一例書之者，所以明亂臣賊子，人人共惡，人人得討，不閒于內外，乃所以廣忠孝之路而拯救三綱於大亂之日也。

孫氏曰：「與楚者，傷中國無人，喪亂陵夷之極也。」

丁亥，楚子入陳。納公孫寧、儀行父于陳。

傳：「楚子入陳，殺夏徵舒，遂縣陳。申叔時使於齊，反，復命而退。王使讓之曰：『夏徵舒爲不道，弒其君，寡人以諸侯討而戮之，諸侯、縣公皆慶寡人，汝獨不慶，何故？』對曰：『徵舒弒君，其辠大矣。戮之，義也。諸侯之從也，曰討有辠也。今縣陳，貪其富也。以討召諸侯而以貪歸之，無乃不可乎？』王曰：『善哉！』乃復封陳，鄉取一人焉以歸，謂之夏州。」

陸氏微旨〔二〕曰：「入人之國，義納淫亂之臣，邪也，故明書其爵，以示不正。春秋之義，彰善癉惡，纖芥無遺，稱事原情，瑕瑜不掩，斯之謂也。」

胡氏曰：「公孫寧、儀行父此二臣者，從君於昏，宣淫於朝，誅殺諫臣，致君見弒，蓋致亂之臣。肆諸市朝，與衆同棄，然後足以終討亂之義，而快於人心。今乃詭詞奔楚，託於討賊復讎求脫其辠，楚莊不能察其反覆，又使陳人用之，猶人有飲酖而死者，幸而復生，人強以毒飲之也。聖人外此二人於陳，而特書曰『納』。納者，不受而強納之也。爲楚莊者，若能潴夏氏之宮，封泄冶之墓，尸孔寧、儀行父于朝，謀於陳衆，置其君而去，其庶幾乎！」

〔二〕陸氏微旨，唐代經學家陸淳所著春秋微旨，共二卷。

愚案，孔寧、儀行父必因奔楚，誘楚子以利，故楚子殺徵舒而縣陳。微申叔時之言，則陳遂亡矣。楚莊懷夷狄貪婪之心，而尚能以義自克，故封陳而不取。然見善不明，而非有改過不吝之公心，所以雖封陳而終宥陳之亂臣，復納諸國。聖人予善之弘待人之公，先旌其討賊之義，然後著其入陳且納亂臣之皋，使楚莊之善惡功皋顯然明白，詳味此編，則知非聖人莫能修，而游夏不能與者矣。

十有二年，春，葬陳靈公。

公羊傳：「討此賊者，非臣子也，何以書葬？君子[二]詞也。」

胡氏曰：「天下之惡一也，臣子不能討，而有天子、方伯、四鄰、同盟、方域諸侯、四夷君長與凡民皆得討之，所以明大倫、存天理也。徵舒，雖楚討之，陳之臣子亦可以釋怨矣，故得書葬，君子詞也。」

楚子圍鄭。

傳：「楚子圍鄭三月，克之。入自皇門，至于逵路。鄭伯肉袒牽羊以逆，王曰：『其君能下人，必能信用其民矣。』退三十里而許之平。潘尪入盟，子良出質。」

[二] 子，原作「予」，今據宋寶祐三年臨江軍庠刻本改。

胡氏曰：「入皇門至逵路，即其國都矣。不書『入』而止書『圍』，蓋陳之亂，天子、方伯不能討而楚能討之，故從末減，以見誅亂臣賊子之爲重也。」

夏，六月乙卯，晉荀林父帥師及楚子戰于邲，晉師敗績。

邲，鄭地，地譜：「鄭州城下管城縣有邲城，在縣南。」

公羊傳：「楚莊王圍鄭三月克之。鄭伯肉袒，左執茅旌，右執鸞刀，以逆曰：『寡人無良邊垂之臣，以干天禍，是以使君王沛焉，辱到敝邑。君如矜此喪人，錫之不毛之地，使帥一二耋老而綏焉，請惟君王之命。』莊王曰：『君之不令臣交易爲言，是以使寡人得見君，而微至乎此！』親自手旌，左右撝軍，退舍七里。將軍子重諫曰：『南郢之與鄭相去數千里，諸大夫死者數人，廝役扈養死者數百人，今君勝鄭而不有，無乃失臣民之力乎？』莊王曰：『古者杆不穿、皮不蠹，則不出於四方。是以君子篤於禮而薄於利，要其人不要其土。告從，不赦，不詳。吾以不詳道，民災及吾身，何日之有？』既則晉師之救鄭者至，曰：『請戰。』莊王許諾。將軍子重諫曰：『晉，大國也。王師淹病矣，君請勿許。』莊王曰：『弱者吾威之，強者吾避之，是以使寡人無以立乎天下！』令之還師，逆晉人。莊王鼓之，晉師大敗。晉眾之走者，舟中之指可掬矣。莊王曰：『嘻！吾兩君不相好，百姓何罪？』令之還師，而佚晉人。

傳：「夏六月，晉師救鄭。荀林父將中軍，先縠佐之。士會將上軍，郤克佐之。趙朔將下軍，欒書佐之。趙括、趙嬰齊爲中軍大夫，鞏朔、韓穿爲上軍大夫，荀首、趙同爲下軍大夫，韓厥爲司馬。及河，聞鄭既及楚平，桓子欲還，曰：『無及於鄭而勦民。焉用之？楚歸而動，不後。』隨武子曰：『善。會聞用師，觀釁而動。楚討鄭，怒其貳而哀其卑，叛而伐之，服而舍之，德刑成矣。伐叛，刑也；柔服，德也。二者立矣，若之何敵之？見可而進，知難而退，軍之善政也。』先縠曰：『不可。晉所以霸，師武臣力也。今失諸侯，不可謂力。有敵而不從，不可謂武。由我失霸，不如死。且成師以出，聞敵強而退，非夫也。命爲軍帥，而卒以非夫，唯群子能，我弗爲也。』以中軍佐濟。

知莊子曰：『此師殆哉。周易有之，在師☷☶之臨☱☶，曰：「師出以律，否臧凶。」執事順成爲臧，逆爲否。衆散爲弱，川壅爲澤。有律以如己也，故曰律。否臧，且律竭也。盈而以竭，夭且不整，所以凶也。不行之謂臨，有帥而不從，臨孰甚焉！此之謂矣。果遇，必敗，彘子尸之。雖免而歸，必有大咎。』韓獻子謂桓子曰：『彘子以偏師陷，子罪大矣。子爲元帥，師不用命，誰之罪也？失屬亡師，爲罪已重，不如進也。事之不捷，惡有所分。與其專罪，六人同之，不猶愈乎？』師遂濟。

楚子北，師次于郔。沈尹將中軍，子重將左，子反將右，將飲馬於河而歸。聞晉師既濟，王欲還，嬖人伍參欲戰，令尹孫叔敖弗欲，曰：『昔歲入陳，今茲入鄭，不無事矣。戰而不捷，參之肉其足食乎？』參曰：『若事之捷，孫叔爲無謀矣。不捷，參之肉將在晉軍，可得食乎？』令尹南轅反旆，伍參言於王曰：『晉之從政者新，未能行令。其佐先縠剛愎不仁，未肯用命。其三帥者，專行不獲，聽而無上，衆誰適從？此行也，晉師必敗。且君而逃臣，若社稷何？』王病之，告令尹，改乘轅而北之，次于管以待之。楚少宰如晉師，曰：『寡君少遭閔凶，不能文。聞二先君之出入此行也，將鄭是訓定，豈敢求罪于晉？二三子無淹久。』隨季對曰：『昔平王命我先君文侯曰：「與鄭夾輔周室，毋廢王命。」今鄭不率，寡君使群臣問諸鄭，豈敢辱候人？敢拜君命之辱。』彘子以爲諂，使趙括從而更之，曰：『行人失詞，寡君使群臣遷大國之迹於鄭，曰：「無辟敵。」群臣無所逃命。』楚子又使求成於晉，晉人許之，盟有日矣。楚許伯御樂伯，攝叔爲右，以致晉師。

晉魏錡求公族未得而怒，欲敗晉師。請致師，弗許。請使，許之。遂往，請戰而還。趙旃求卿未得，且怒夫楚之致師者，請挑戰，弗許。請召盟，許之，與魏錡皆

命而往。晉人懼二子之怒楚師也，使以輟車逆之。潘黨望其塵，使騁而告曰：『晉師至矣。』楚人亦懼王之入晉軍也，遂出陳。孫叔曰：『進之，寧我薄人，無人薄我。』遂疾進師，車馳卒奔。桓子不知所爲，鼓於軍中，曰：『先濟者有賞。』中軍、下軍爭舟，舟中之指，可掬也。及昏，楚師軍于邲，晉之餘師不能軍，宵濟，亦終夜有聲。丙辰，楚重至于邲，遂次于衡雍。祀于河，作先君宮，告成事而還。」

今案，經書荀林父及之者，言林父之爲志乎此戰也。蓋晉不能討陳亂，已失三綱軍政之本，乃欲恃力以爭鄭，不知楚莊既討陳亂，則師出有名，而所以施於鄭者，又進退得宜，勇怯中節。林父上不能輔君討亂以行主盟之大義，而此行本爲救鄭，而鄭已服楚。軍政失於輿尸，士縠之徒恃強專制，故林父雖知楚之不可敵，而不能止諸帥之從楚師。觀公羊之言，則知楚子之所以勝；觀左氏之言，則知晉之所以敗，此春秋所以不書晉之救鄭而特以林父主此戰，著其敗師之辠也。

秋，七月。

冬，十有二月戊寅，楚子滅蕭。

傳：「楚子伐蕭，宋華椒以蔡人救蕭。蕭人囚熊相宜僚及公子丙。王曰：『勿殺，吾退。』蕭人殺之，王怒，遂圍蕭。明日，蕭潰。籫，宋附庸國也。」

胡氏曰：「假討賊而滅陳，春秋以討夏氏之義重也，未滅而書『人』，惡貳已而入鄭，春秋以退師之情恕也，未滅而書『圍』，與人爲善之德宏矣。至是肆其強暴，滅人之國，不可赦也。故傳稱『蕭潰』，經以『滅』書，斷其皋也。其日謹之也。」

晉人、宋人、衛人、曹人同盟于清丘。

清丘，衛地，地譜：「今濮州臨濮縣東南有清丘。」

傳：「晉原縠、宋華椒、衛孔達、曹人同盟于清丘，曰：『恤病討貳。』」

胡氏曰：「楚既入陳、圍鄭、敗晉、滅蕭，憑陵中國甚矣。爲諸侯計者，宜信任仁賢修明政事，自強於爲善，則可以保其國耳。曾不是圖，而刑牲歃血，要質鬼神，求以禦楚，謀之不臧，孰大於是？故國卿貶而書『人』，譏失職也。原縠違命喪師，乃晉國皋人，而主茲盟約，所信任者可知也。」

宋師伐陳，衛人救陳。

傳：「宋爲盟，故伐陳。衛人救之。孔達曰：『先君有約言焉，若大國討我，則死之。』」

胡氏曰：「陳有弒君之亂，宋不能討，而楚能討之，雖曰縣陳，尋復封之，其德於楚而不貳，未足責也。宋不能内自省德，遽以大衆伐之，非義舉矣。衛人救陳，背盟失信，而以『救』書者，見陳未有皋而受宋師，

為可恤也。且謀國失圖，妄興師以怒強楚，亂自此始矣。其以『救』書，意在責宋也。若衞叛盟，則不待貶絕而惡自見。」

十有三年，春，齊師伐莒。

傳：「齊師伐莒，莒恃晉而不事齊故也。」

夏，楚子伐宋。

傳：「以其救蕭也。」

今案，孟子曰：「天下無道，小役大，弱役強。天也，順天者存，逆天者亡。」宋不知屈伸消長之道，而欲以區區之力強中國，由此致伐。

胡氏曰：「楚滅蕭，將以脅宋，諸侯懼而同盟。爲宋人計者，恤民固本，輕徭薄賦，使民效死親其上，則可以待敵矣。計不出此，而急於伐陳、攻楚，與國非策也。故楚有詞于伐，而得書爵。」

秋，螽。

冬，晉殺其大夫先縠。

傳：「赤狄伐晉及清，先穀召之也。冬，晉人討邲之敗與清之師，歸罪於先穀而殺之，盡滅其族。」

胡氏曰：「先穀違命，大敗晉師，已失刑矣。今又重有罪焉，晉人治其罪而戮之，義也。曷爲稱國以殺而不去其官？夫兵者，安危所係，有國之大事也。將非其人則敗，使親信間之則敗，雖得其人，惏不仁者參焉，而莫肯用命者則敗。凡此三敗，君之過也。河曲之戰，趙穿獨出而史騈之謀不用，濟涇而次，樂壓欲東，而荀偃之令不行。今荀林父將中軍，乃以先穀佐之，使敵國謀臣知其從政者新，未能行令，誰之過與？稱國以殺，不去其官，罪累上也。」

愚謂，盡滅其族，必怒其召狄也。然越椒將攻王，而楚莊尚思子文治楚，而復克黃之所。先穀，先軫之孫，而滅其族，蓋晉之德刑皆不足以敵楚矣。

十有四年，春，衛殺其大夫孔達。

傳：「清丘之盟，晉以衛之救陳也討焉。使人弗去，曰：『罪無所歸，將加而師。』孔達曰：『苟利社稷，請以我說。我則爲政而亡大國之討，將以誰任？我則死之。』春，孔達縊而死。衛人以說于晉而免。」

蘇氏[一]曰：「孔達則有皋矣，而衛人用其言以干盟主，故稱國以殺，皋累上也。」

夏，五月壬申，曹伯壽卒。

晉侯伐鄭。

傳：「晉侯伐鄭，爲邲故也。告於諸侯，蒐焉而還。中行桓子之謀也，曰：『示之以整，使謀而來。』鄭人懼，使子張代子良于楚。」

愚謂，屈而知伸，敗而能改，可以興矣。晉所以敗，由大義不明而爭與國也。今敗未兩歲，而復興爭鄭之師，故書晉侯以著其師之爲報怨也。

秋，九月，楚子圍宋。

傳：「楚子使申舟聘于齊，曰：『無假道於宋。』亦使公子馮聘于晉，曰：『無假道於鄭。』申舟以孟諸之役惡宋，曰：『鄭昭宋聾，晉使不害，我則必死。』王曰：『殺汝，我伐之。』見犀而行。及宋華元曰：『過我而不假道，鄙我也。鄙我，亡也。殺其使者，必伐我，伐我，亦亡也。亡一也。』乃殺之。楚子聞之投袂而起履，及於窒皇，劍及於寢門之外，車及於蒲胥之市。九月，楚子圍宋。」

胡氏曰：「經於宋伐陳，特書『救陳』，以著宋皋，明見伐之由也。國必自伐，然後人伐之。凡事其作始

[一] 蘇氏，北宋文學家蘇轍，蘇轍與父親蘇洵、兄長蘇軾齊名，合稱「三蘇」。

也簡，其將畢也必巨。易於訟曰：『君子以作事謀始。』始而不謀，必至於訟，訟而不竟，必至於師，若宋是矣。」

葬曹文公。

冬，公孫歸父會齊侯于穀。

胡氏曰：「夫禮，別嫌明微，制治于未亂，自天子出者也。列國之君自相會聚，是禮自諸侯出矣。以國君而降班以會外臣，以外臣而出位以抗諸侯，是禮自大夫出矣。君若贅旒，陪臣執命，豈一朝一夕之故哉！故易於坤之初六曰：『馴致其道，至堅冰也。』易言其理，春秋見諸行事，若合符節，可謂深切著明矣。」

愚謂，以歸父會齊侯，蓋魯素事齊，而宣公之立，公子遂主之，故其父子嘗親于齊，而齊亦不復計等列之不班，從而與之會也，非禮甚矣。

十有五年，春，公孫歸父會楚子于宋。

傳：「孟獻子言於公曰：『臣聞小國之免於大國也，聘而獻物，於是乎有庭實旅百，朝而獻功，於是乎有容貌采章，嘉淑而有加貨，謀其不免也。誅而薦賄，則無及也。今楚在宋，君其圖之。』公說。春，歸父會楚子于宋。」

胡氏曰：「楚不假道，以啟釁端而圍之，陵蔑中華甚矣。諸侯縱不能畏簡書、邱同惡，存先代之後，嚴兵

固圍以爲聲援，猶之可也。乃以周公之裔，千乘之國，謀其不免，至於薦賄，不亦鄙乎！比事以觀，則知當時列國盛衰之由，春秋經世之略矣。」

夏，五月，宋人及楚人平。

傳：「宋人使樂嬰齊告急于晉。晉侯欲救之。伯宗曰：『不可。古人有言曰：「雖鞭之長，不及馬腹。」天方授楚，未可與爭。雖晉之強，能違天乎？諺曰：「高下在心。」川澤納汙，山藪藏疾，瑾瑜匿瑕，國君含垢，天之道也。君其待之。』乃止。夏五月，楚師將去宋。申犀稽首于王之馬前，曰：『毋畏知死而不敢廢王命，王棄言焉。』王不能答。申叔時僕曰：『築室反耕者，宋必聽命從之。』」

公羊傳曰：「外平不書，此何以書？大其平乎己也。何大乎其平乎己？莊王圍宋，軍有七日之糧爾，盡此不勝，將去而歸爾。於是使司馬子反乘堙而闚宋城，宋華元亦乘堙而出見之。子反曰：『子之國何如？』華元曰：『憊矣！』曰：『何如？』曰：『易子而食之，析骸而炊之。』子反曰：『嘻！甚矣憊！吾聞之也，圍者柑馬而秣之，使肥者應客。是何子之情也？』華元曰：『吾聞之，君子見人之厄則矜之，小人見人之厄則幸之。吾見子之君子也，是以告情于子也。』子反曰：『諾。勉矣子！吾軍亦有七日之糧爾，盡此不勝，將去而歸爾。』揖而去之，反于莊王。莊王曰：『何如？』曰：『憊矣！』曰：『何如？』曰：『易子而食之，析骸而炊之。』莊王曰：『嘻！甚矣憊！雖然，吾今取此，然後而歸爾。』子反曰：『不可。臣已告之矣，軍有七日之糧爾。』莊王怒曰：『吾使子往視之，子曷爲告之？』子反曰：『以區區之宋，猶有不欺人之臣，可以楚而無乎？是以告之也。』莊王曰：『諾。舍而止。雖然，吾猶取此而後歸爾。』子反曰：『然則君請處于此，臣請歸爾。』莊王曰：『子去我而歸，吾孰與處于此？吾亦從子而歸爾。』引師而去之。故君子大其平乎己也。此皆大夫也，其稱人何？貶。曷爲貶？平者在下也。」

六月癸卯，晉師滅赤狄潞氏，以潞子嬰兒歸。

潞氏，今潞州潞城縣。杜氏注：「潞，赤狄之別種。潞氏，國，故稱氏；子，爵也。」

傳：「潞子嬰兒之夫人，晉景公之姊也。酆舒爲政而殺之，又傷潞子之目。六月癸卯，晉荀林父敗狄于曲梁。辛亥，滅潞。」

胡氏曰：「上卿爲主將而稱師者，著其暴也。潞嬰兒不死社稷，比於中國而書爵者，免嬰兒之責詞也。酆舒爲政而殺其君之夫人，又傷其君之目，則酆舒者，辜之在也。爲晉計者，執酆舒輾諸市，立黎侯，定潞子，改紀其政，則諸狄服，疆域安矣。今乃以其君歸，何不仁之甚哉！春秋所以責晉而略狄也。」

秦人伐晉。

王札子殺召伯、毛伯。

傳：「王孫蘇與召氏、毛氏爭政，使王子捷殺召戴公及毛伯衛。卒立召襄。」

杜氏注：「王子捷即王札子。」穀梁曰：「矯王命以殺之，非忿怒相殺也，故曰以王命殺也。爲天下主者，天也；繼天者，君也。君之所存者，命也。爲人臣而侵君之命而用之，是不臣也；爲人君而失其命，是不君也。君不君，臣不臣，此天下所以傾也。」

襄陵許氏曰：「拓跋魏世高歡覷張彝之變而生亂心，梁世武帝在位，王侯專殺，政法不施，遂以亂亡。無

惑乎周之無以令天下也。」

秋，螽。

螽，公羊作「蠡」。

案，自六年至今，三遇蟲災而水旱未與焉，此宣公不修德節用愛人之所感也。

仲孫蔑會齊高固于無婁。

無婁，公羊作「牟婁」。恐當從之，聲之訛也。祀邑。

大夫相會，蓋始於此。

初稅畝。

公羊傳：「初稅畝，非禮也。穀出不過藉，以豐財也。」

傳：「『初』者何？始也。『稅畝』者何？履畝而稅也。何以書？譏始履畝而稅也。古者什一而藉。古者什一，天下之中正也。多乎什一，大桀小桀；寡乎什一，大貊小貊。什一者，天下之中正也。什一行而頌聲作矣。」

穀梁傳：「古者什一，藉而不稅。初稅畝非正也。古者三百步為里，名曰井田。井田者，九百畝，公田居一。私田稼不善則非吏，公田稼不善則非民。初稅畝，以公之與民為已悉矣。古者公田為居，井竈葱韭盡

取焉。」

胡氏曰:「孟子曰:『耕者藉而不税,則天下之農皆悦而願耕于其野矣。』初税畝者,譏宣公廢助法而用税也。『初』者,志變法之始也。其後作丘甲,用田賦,二猶不足,皆宣公啟之也。」

冬,蝝生。

蝝,螽子也,滋生而將爲害,是以記之也。

饑。

宣兩書饑,一在大水之後,一在螽蝝之後,甚言國無蓄積而民無以生也。

十有六年,春,王正月,晉人滅赤狄甲氏及留吁。

傳:「晉士會帥師滅赤狄甲氏及留吁、鐸辰。」案,晉自不得志於楚,而一意用武於狄,兼并其地。士會書「人」,深貶之也。

夏,成周宣榭火。

榭,公羊作「謝」。火,公、穀並作「災」。宣榭者,廟無室曰榭,杜氏以爲講武屋。宣王南征北伐講武於此,詩所謂「復會諸侯于東都」,因存其廟。蓋古者祖有功,故百世不毁也。成周者,周之東都,今之洛陽。

胡氏曰:「呂大臨考古[一]圖有郤敦,稱王格于宣榭,是知宣王之廟也。周衰,貴戚擅殺大臣,而天子不討,王室不復中興矣。人火之,天所以見戒乎!」

秋,郯伯姬來歸。

傳:「出也。」

胡氏曰:「詩記男女之際,易敘咸、恒為下經首,春秋內女出、夫人歸詳書于策,所以使有國者,謹於家之道,正人倫之本也。」

冬,大有年。

宣公奪嫡而立,王誅不加,而天災饑饉之禍屢降。今年大有年,亦所以記咎徵常多,故曰記異也。

十有七年,春,王正月庚子,許男錫我卒。

丁未,蔡侯申卒。

夏,葬許昭公。葬蔡文公。

胡氏曰:「日卒書名,赴得禮也。葬不月,其略在內。宣公不知禮義邦交之實,送終獨厚於齊,而利害不

[一] 古,原作「舌」,今據宋寶祐三年臨江軍序刻本改。

切於身者，皆薄其禮。大則君親，次則盟主，又其次秦、衛，若滕雖赴告而不會葬。考春秋之備書，而宣公不謹於事上交鄰之皋見矣。」

六月癸卯，日有食之。

己未，公會晉侯、衛侯、曹伯、邾子，同盟于斷道。

傳：「晉侯使郤克徵會于齊。齊頃公帷婦人使觀之。郤子登，婦人笑於房。獻子怒，出而誓曰：『所不此報，無能涉河。』齊侯使高固、晏弱、蔡朝、南郭偃會。及斂盂，高固逃歸。夏，會于斷道，討貳也。盟于卷楚，辭齊人。晉人執晏弱于野王，執蔡朝于原，執南郭偃于溫。晉師還此，蓋郤克怒齊之甚，假同盟之禮，約束諸侯，共伐齊也。」

秋，公至自會。

冬，十有一月壬午，公弟叔肸卒。

穀梁傳：「其曰公弟叔肸，賢之也。其賢之何也？宣弒而非之也。非之則胡為不去也？曰：『兄弟也，何去而之？』與之財，則曰：『我足矣。』織履而食，終身不食宣公之食，君子以是為通恩也，以取貴乎春秋。」

泰山孫氏曰：「不日公子、公孫，以見胖無禄而卒也。」

胡氏曰：「公子爲正大夫而書卒，貴也；不爲大夫而特書卒，賢也。」

十有八年，春，晉侯、衛世子臧伐齊。

傳：「晉侯、衛世子臧伐齊，至于陽穀。齊侯會晉侯，盟于繒，以公子彊爲質于晉。晉師還。蔡朝、南郭偃逃歸。」

公伐杞。

夏，四月。

秋，七月，邾人戕鄫子于鄫。

公羊傳：「戕鄫子于[二]鄫者何？殘賊而殺之也。」

范氏[三]曰：「于鄫，惡臣子不能距難。」

胡氏曰：「邾人蓋嘗執鄫子用之，則不共戴天之世讎也，既不能復，又使邾人得造其國都，而戕殺其君。

[二] 于，原作「子」，今據宋寶祐三年臨江軍庠刻本改。
[三] 范氏，東晉經學家范寧，所撰春秋穀梁傳集解，是今存最早的穀梁傳注解，被阮元收入十三經注疏。

曰『于鄫』者，所以深責鄫之臣子至此極也。」

甲戌，楚子旅卒。

胡氏曰：「不書葬者，恐民之惑而辟其號也。」公羊傳：「何以不書葬？吳、楚之君不書葬，辟其號也。」旅，穀梁作「呂」。

公孫歸父如晉。

胡氏曰：「宣公刻意事齊，易世猶未息也。及頃公不能謹禮，怒晉、魯上卿，而郤克當國，決策討之。晉方強盛，齊少懦矣，於是背齊而事晉，其於邦交，以利爲向背者也。況欲以晉人去三桓。夫輕於背大國，易於謀大家，而不知其本末，未有能成而無悔者也。」

傳：「公孫歸父以襄仲之立公也，有寵，欲去三桓以張公室。與公謀而聘於晉，欲以晉人去之。」

冬，十月壬戌，公薨于路寢。

歸父還自晉，至笙，遂奔齊。

傳：「公薨。季文子言於朝曰：『使我殺嫡立庶以失大援者，仲也夫！』臧宣叔怒曰：『當其時不能治，後之人何辜？子欲去之，許請去之。』遂逐東門氏。子家還，及笙，壇帷復命於介。既復命，袒，括髮，即位

笙，公、穀並作「檉」。

哭,三踊而出。遂奔齊。」

胡氏曰:「三年無改於父之道可謂孝矣。孟莊子之孝,以其不改父之臣與父之政也。夫仁人孝子,於其父之臣,非有大不可赦,如晉悼公於夷羊五之屬,必存始終進退之禮,而不遽也。歸父以君命出使,未返而君薨,在禮有『執圭復命于殯』之文,『升自西階,子臣皆哭』,情亦戚矣。宣公猶未殯,而東門氏逐,忍乎哉!書曰『歸父還自晉』者,已畢事之詞也。『至笙,遂奔齊』者,皐成公君臣死君而忘父,亟逐之也。比事以觀,則見當國者有無君之心,此春秋所以作,不可不察也。」

卷七

成公名[一]黑肱，宣公之子，母穆姜。謚法：「安民立政曰成。」

元年，春，王正月，公即位。

雖無王命而有父命，故書。

二月辛酉，葬我君宣公。

無冰。

建丑之月，夏之季冬無冰，常燠也。

洪範[二]曰：「豫恒燠若。」

[一] 名，原作「召」，今據宋寶祐三年臨江軍庠刻本改。
[二] 洪範為尚書中的一篇。

胡氏傳：「政事舒緩，紀綱廢弛之象，成公幼弱，政在三家，公室不張，其兆見矣。」

三月，作丘甲。

傳：「為齊難，故作丘甲。」

杜氏注：「周禮：九夫為井，四井為邑，四邑為丘，丘十六井，出戎馬一匹、牛三頭。四丘為甸，甸六十四井，出長轂一乘、甲士三人、步卒七十二人。此甸所賦，今魯使丘出之。」

胡氏傳：「唐太宗問李靖：『楚廣與周兵制。』靖曰：『周制一乘，步卒七十二人，甲士三人，以二十五人為一甲，凡三甲，共出七十五人。』然則一丘所出十有八人，積四丘而具一乘耳。今作丘甲者，即丘出一，是一甸之中，共百人為兵矣。則未知其所作者，三甸增一乘乎？每乘增一甲乎？二者蓋未可知。賦雖不同，皆為益兵，皆增三之一耳。」

益兵禦敵，重困農民，非為國之道也。今案，甲士三人者，步卒七十二人之帥也。二十五人為甲，故每甲士統二十四人，必無增甲士而不增步卒之理，故知李靖所謂二十五人為一甲者，其考周制詳矣。胡氏以為每甸增二十五人而甸出四甲，實一丘出一甲，故曰作丘甲。其說信而有證，可以證古今之議，而知魯變法增賦之實矣。

夏，臧孫許及晉侯盟于赤棘。

赤棘，晉地。

傳：「聞齊將出楚師，夏，盟于赤棘。」

胡氏傳：「行父以歸父之奔而齊人納之，又懼晉人之討，故往結此盟。成公初立，未有施舍、己責、逮鰥、救乏之事，既作丘甲又遠與晉尋盟，豈固本保邦之道乎？書『及』，魯所欲也。慍懟君父、結盟主以挑鄰怨，皋可見矣。」

秋，王師敗績于茅戎。

茅，公、穀並作「貿」。

傳：「晉侯平戎于王，單襄公如晉拜成。劉康公徼戎，將遂伐之。叔服曰：『背盟而欺大國，此必敗。背盟不祥，欺大國不義，神人弗助，將何以勝？』弗聽。遂伐茅戎。三月癸未，敗績于徐吾氏。王人來告敗。」

程氏傳[二]見桓五年。

劉氏傳[三]：「茅戎者何？戎之別也。此敗績也，何以不言戰？王者無敵，天下莫當也。莫敢當則其言敗績何？天下之勢大矣，非有能敗王之師者也，王自敗也。」

[二] 程氏傳，北宋理學家程頤所著。

[三] 劉氏傳，北宋經學家劉敞所著的劉氏春秋傳。

常山劉氏[二]曰：「王者不能以義征四夷，乃徹戎以致敗，豈不曰自取之乎？聖人立法以垂後世，示之以意而已，一書『王師敗績于茅戎』，而尊王之義與王自取敗之道，咸得而見矣。」

冬，十月。

二年，春，齊侯伐我北鄙。

傳：「元年冬，臧宣叔令脩賦、繕完、具守備，曰：『齊、楚結好，我新與晉盟，晉、楚爭盟，齊師必至。雖晉人伐齊，楚必救之，是齊、楚同我也。知難而有備，乃可以逞。』二年，齊侯伐我北鄙，圍龍。頃公之嬖人盧蒲就魁門焉，龍人囚之。齊侯曰：『勿殺！吾與而盟，無入而封。』弗聽，殺而膊諸城上。齊侯親鼓士陵，城三日取龍，遂南侵及巢丘。」

夏，四月丙戌，衛孫良夫帥師及齊師戰于新築，衛師敗績。

新築，衛地。

傳：「衛侯使孫良夫、石稷、甯相、向禽將侵齊師，遇石子欲還，孫子曰：『不可。以師伐人，遇其師而還，將謂君何？若知不能，則如無出。今既遇矣，不如戰也。』戰于新築，衛師敗績。新築人仲叔于奚救桓子，桓子是以免。」

[二] 常山劉氏，北宋學者劉絢。

謹案，易曰：「師左次，无咎。」凡戰而不能勝者，聖人立全師愛民之法，所以重民命而存國體也。良夫不從石稷之言，必進而戰，致敗，君衆幾於喪身辱國，此春秋所以辠良夫而以爲新築之戰主也。

六月癸酉，季孫行父、臧孫許、叔孫僑如、公孫嬰齊帥師會晉郤克、衛孫良夫、曹公子首，首，公、穀作「手」。傳：「孫桓子還於新築，不入，遂如晉乞師。」臧宣叔亦如晉乞師。皆主郤獻子。晉侯許之七百乘。郤獻子請八百乘，許之。郤克將中軍，以救魯、衛。臧宣叔逆晉師且道之，季文子帥師會之。」胡氏傳：「大國三軍，次國二軍。此時魯之舊制猶存，尺土、一民皆屬公室。成公初立，主幼國危，季孫、僑如、嬰齊各將一軍會戰，臧孫許爲晉師之道，本不將兵，特牲來謀議爾。四卿皆書非特詳內，乃所以謹履霜之戒也。」及齊侯戰于鞌，雖無人乎成公之側，而不恤，然後政自季氏出矣。四卿皆書非特詳內，乃所以謹履霜之戒也。」及齊侯戰于鞌，齊師敗績。

鞌，齊地。

傳：「師從齊師于莘。齊侯使請戰。對曰：『晉與魯、衛兄弟也，來告曰：「大國朝夕釋憾於敝邑之地。」寡君不忍，使群臣請於大國，無令輿師淹於君地。能進不能退，君無所辱命。』癸酉，師陳于鞌。齊侯曰：『余姑翦滅此而後朝食。』不介馬而馳之。郤克傷於矢，流血及屨，未絕鼓音，曰：『余病矣！』張侯曰：『師之耳目，在吾旗鼓，若之何其以病敗君之大事也？』左并轡，右援枹而鼓，馬逸不能止，師從之。齊師敗績，

韓厥從齊侯，逢丑父與公易位。韓厥執縶馬前，丑父使公下，如華泉取飲。齊侯免，韓厥獻丑父。

謹案，兵法：「爭恨小故不忍忿怒者，謂之忿兵。」今晉爲盟主，興師討齊，故春秋不以齊主是戰而以晉、魯、衛、曹之大夫爲志乎。此戰雖得一朝之勝，不足道也。

克使齊一怒之憤，非有救亂誅暴之名，而起於郤

秋，七月，齊侯使國佐如師。己酉，及國佐盟于袁婁。

袁婁，穀梁作「爰婁」。齊國治臨淄去雒陽東千八百里縣西有袁婁。

晉師從齊師，入自丘輿，擊馬陘。齊侯使賓媚人賂以紀甗、玉磬與地。不可，則聽客之所爲。國佐致賂，晉人不可，曰：「必以蕭同叔子爲質，而使齊之封内盡東其畝。」對曰：「蕭同叔子非他，寡君之母也。若以匹敵，則亦晉君之母也。吾子布大命於諸侯，而曰必質其母以爲信，其若王命何？且是以不孝令也。詩曰：『孝子不匱，永錫爾類。』若以不孝令諸侯，其無乃非德類乎？先王疆理天下物土之宜，而布其利，故詩曰：『我疆我理，南東其畝。』今吾子疆理諸侯，而曰『盡東其畝』而已，惟吾子戎車是利，無顧土宜，其無乃非先王之命乎？反先王則不義，何以爲盟主？其齊國盡子之有也。何必以蕭同叔子爲質？」揖而去之。邲克眎魯、衛之使，以其辭爲之請，然後許之，逮乎袁婁而與之盟。

今案，晉所以令齊者，恃其戰勝強力以非義令之，故國佐得以正義直辭責之，而晉人至是義不勝而辭屈，故國佐之至與屈完之來，初若不異，然齊桓伸中國之大義，而屈完情屈而不敢校，故曰「來盟于師，盟於召

陵」，見義在中國，而彼自服以求盟也。郤克挾主盟之勢，以行其私憤，一旦戰勝而以不義求多於齊，反爲國佐以理折之，而其氣遂餒。書曰「齊侯使國佐如師」，言齊非有誠服之心也；曰「及國佐盟于袁婁」，言汲汲在晉，齊不得已而盟也。王道曲直之繩墨，觀於召陵、袁婁之書，曉然見矣。

八月壬午，宋公鮑卒。

傳：「宋文公卒。」

庚寅，衛侯速卒。

取汶陽田。

汶陽，案，漢志：「魯國汶鄉縣。」顏師古曰：「即汶陽田。」今兖州泗水縣東南有汶陽故城。

公羊傳：「汶陽田者何？鞌之賂也。」

胡氏傳：「取者，非其有之稱。」不曰「復」而曰「取」何也？若在封域之中，則先王所錫，先祖所受，經界世守不可亂也。不然，則侵小得之，固有興滅繼絕之義矣。魯在戰國時，地方五百里，孟子語慎子曰：「有王者作，則魯在所損乎？在所益乎？」經於汶陽書「取」，所損益可知矣。

冬，楚師、鄭師侵衛。

十有一月，公會楚公子嬰齊于蜀。

蜀，杜氏注：「泰山博縣西北有蜀亭，魯地。」

傳：「宣公使求好於楚。莊王卒，宣公薨，不克作好。公即位，受盟于晉，會晉伐齊。衛人不行使於楚而亦受盟于晉，從於伐齊。故令尹子重爲陽橋之役以救齊。將起師，子重曰：『君弱，群臣不如先大夫，師衆而後可。詩曰：「濟濟多士，文王以寧。」夫文王猶用衆，況吾儕乎？且先君莊王屬之曰：「無德以及遠方，莫如惠恤其民而善用之。」』乃大户，已責，逮鰥，救乏，赦罪，悉師，王卒盡行。彭名御戎，蔡景公爲左，許靈公爲右。二君弱，皆強冠之。楚侵及陽橋，孟孫請往賂之。以執斲、執鍼、織紝，皆百人，公衡爲質，以請盟。楚人許平。」

胡氏傳：「魯以中國降班失列，與蠻荆之大夫會，恥也。此由季孫行父爲上卿，不能使其君安富尊榮，其民免於侵陵，特起於忿忮，肆其褊心而不能忍也。辱逮君父，不亦憯乎！」

丙申，公及楚人、秦人、宋人、陳人、衛人、鄭人、齊人、曹人、邾人、薛人、鄫人盟於蜀。

傳：「公及楚公子嬰齊、蔡侯、許男、秦右大夫説、宋華元、陳公孫寧、衛孫良夫、鄭公子去疾及齊國之

大夫盟於蜀。卿不書，匱盟也。於是畏晉而竊與楚盟，故曰匱盟。蔡侯、許男不書，乘楚車也。」

程氏傳：「楚爲强盛，陵轢中國，諸侯苟能保固疆圉，要結鄰好，豈有不能自存之理？乃懼而服從，與之盟約，故皆稱人以見其衰弱。責諸侯，則魯可知也。」

蘇氏曰：「楚自城濮之敗，不競於晉。莊王雖入陳、圍鄭及宋而未嘗合諸侯。及蜀之盟，諸侯從之者十一國，晉不敢争。然其盟十一國也，諸侯實畏晉而竊與之盟。其後四十三年，晉趙武、楚屈建合諸侯於宋，然後晉、楚之從得交相見。又八年，楚靈王求諸侯於晉，晉人許之，然後諸侯始得從楚，皆蜀之盟啟之也。」

三年，春，王正月，公會晉侯、宋公、衛侯、曹伯伐鄭。

傳：「諸侯伐鄭，次於伯牛，討邲之役也。遂東侵鄭。鄭公子偃帥師禦之，使東鄙覆諸鄤，敗諸丘輿。鄭皇戌如楚獻捷。」

胡氏傳：「夫討邲之役，則復怨剿民，非觀釁也；遂東侵，則潛師掠境，非以律也；覆而敗諸，則專用詐謀，非正勝也。度彼參此，皆無善也，略而不紀，勝負微也。晉侯稱爵，而以『伐』書，何也？初爲是役也，必以鄭之從楚也。附蠻夷擾中國，則盟主[一]有辭於伐耳。宋、衛未葬，曷爲稱爵？背殯越境，以吉禮從金革之事也。」

辛亥，葬衛穆公。

[一] 主，原作「圭」，今據宋寶祐三年臨江軍庠刻本改。

呂氏㈠曰：「先晉後衛，視強弱云爾，非以其至有先後也。當是時，諸侯之班序先後例如是。」

孫氏㈡曰：「此公及荀庚、孫良夫盟也。不言公者，二子伉也。二子來聘，不能以信相親，反要公以盟。非伉而何？故言『聘』言『盟』以惡之。」

鄭伐許。

程氏傳：「鄭附於楚，一年而再伐許，故夷之。」

四年，春，宋公使華元來聘。

傳：「通嗣君也。」杜氏注：「蓋宋共公初即位故。」

三月壬申，鄭伯堅卒。

杞伯來朝。

傳：「歸叔姬故也。」杜氏注：「將出叔姬，先修朝禮言其故。」

夏，四月甲寅，臧孫許卒。

公如晉。

㈠ 呂氏，南宋學者呂本中，著有春秋集解、紫微詩話和東萊先生詩集。

㈡ 孫氏，北宋理學家孫復。

胡氏曰：「復故地而民不聽命，至命上將，用大師，蓋魯於是時，初稅畝，作丘甲，稅役日重，棘所以雖歸故國，而不願爲之民也與。成公不知薄歛修德以來之，而肆其兵力，雖得之必失之矣。」

大雩。

晉郤克、衛孫良夫伐廧咎如。

廧，公羊作「將」，穀梁作「牆」。

傳：「晉滅赤狄，衛孫良夫伐廧咎如，討赤狄之餘。廧咎如潰。」

杜氏注：「晉郤克、衛孫良夫伐廧咎如，其餘民散入廧咎如，故討之。」

冬，十有一月，晉侯使荀庚來聘。衛侯使孫良夫來聘。丙午，及荀庚盟。丁未，及孫良夫盟。

傳：「晉侯使荀庚來聘，且尋盟。衛侯使孫良夫來聘，且尋盟。公問諸臧宣叔曰：『中行伯之於晉也，其位在三。孫子之於衛也，位爲上卿，將誰先？』對曰：『次國之上卿當大國之中，中當其下，下當其上大夫。小國之上卿當大國之下卿，中當其上大夫，下當其下大夫。上下如是，古之制也。衛在晉，不得爲次國。晉爲盟主，其將先之。』丙午，盟晉。丁未，盟衛。」

傳：「許恃楚而不事鄭，鄭子良伐許。」

愚謂，晉方怒鄭之不服，其爲國憂未有底止也。乃怒許之不事己，而使大夫動大衆以伐之，特書大夫專伐之皋，所以見其興兵之不度德量力也。

公至自晉。

胡氏傳：「宣公薨，至是三年之喪畢矣，宜入朝京師，見天子受王命，然後歸而即政可也。嗣守社稷而不朝於周，以拜汶陽田之故而往朝於晉，其行事亦悖矣，所以詳書告至以著其皋。」

秋，叔孫僑如帥師圍棘。

棘，杜氏注：「汶陽之邑在濟北蛇丘縣。」今兗州龔丘縣也。

傳：「取汶陽之田，棘不服，故圍之。」

臨江劉氏[2]曰：「曷爲圍之？叛也。叛則何以不言叛？內不言叛，以爲凡在己耳。季氏患盜，孔子曰：『苟子之不欲，雖賞之不竊。』曰：『如殺無道以就有道，何如？』曰：『子爲政焉用殺！子欲善而民善矣。』夫子以盜爲不足患，則叛未可誅，無道不可殺，則叛未可討也。」

〔二〕 臨江劉氏，北宋經學家劉敞。

二月，公至自伐鄭。

甲子，新宮災。三日哭。

新宮者，禰宮也。迫近不敢稱謚，不忍言也。三日哭，禮也。何以書？記災也。

乙亥，葬宋文公。

傳：「始厚葬，用蜃炭，槨有四，阿棺有翰檜。君子謂華元、樂舉於是乎不臣。臣，治煩去惑者也，是以伏死而爭。今二子者，君生則縱其惑，死又益其侈，是棄君於惡也，何臣之為？」

胡氏傳：「天子七月而葬，為禮之節，不可亂也。文公卒，七月而後葬，故知華元之益其侈為無疑矣。文公在殯，而離次出境，從金革之事，哀戚之情亡矣。顧乃厚其葬送，此非有所不忍於死者，特欲誇耀淫侈無知之人耳。衰世浸侈，秦、漢之間，窮民力以事丘壟，其禍有不可勝言者。豈不為永戒哉？」

夏，公如晉。

傳：「拜汶陽之田。」

謹案，汶陽之田特書曰「取」，足以見疆場之令不出於王矣。今為取田，而往拜賜於霸國，晉偃然受之。而後年復使韓穿來言汶陽之田，歸之於齊，足以見私情之納侮於晉也。

鄭公子去疾帥師伐許。

傳：「晉侯見公，不敬。季文子曰：『晉侯必不免。詩曰：「敬之敬之，天維顯思，命不易哉！」夫晉侯之命在諸侯矣，可不敬乎？』」

愚案，晉景公勝齊而驕，魯欲叛之也。

葬鄭襄公。

秋，公至自晉。

傳：「公至自晉，欲求成於楚而叛晉。季文子曰：『不可。』乃止。」

冬，城鄆。

杜氏注：「公欲叛晉，故城而爲備。」

任公輔曰：「魯西邑東郡廩丘東，有鄆城即西鄆。」後漢志：「屬廩丘。」今濟南府鄆城縣。

鄆，公羊作「運」，後同。

鄭伯伐許。

傳：「冬十一月，鄭公孫申帥師疆許田，許人敗諸展陂。鄭伯伐許，取鉏任、冷敦之田。」

程氏傳：「稱鄭伯，見其不復爲喪，以吉禮從戎。」

何氏[一]注：「喪未踰年稱伯者，時樂成君位，親自伐許，故如其意以著其惡。」

五年，春，王正月，杞叔姬來歸。

出曰來歸。杞叔姬嫁不書，蓋嫁時，杞伯未爲君也，嫁而得罪於夫家，則有七出之義。書曰「來歸」，雖諸侯之尊，當謝不教而受之也。

仲孫蔑如宋。

報華元也。

夏，叔孫僑如會晉荀首於穀。

首，公羊作「秀」。穀，齊地。

傳：「晉荀首如齊逆女，故宣伯餫諸穀。」

梁山崩。

梁山，見詩韓奕篇，今同州韓城縣有禹貢梁山。

傳：「梁山崩，晉侯召伯宗。伯宗問絳人曰：『將若之何？』對曰：『山有朽壤而崩，可若何？國主山川，

───────

[一] 何氏，東漢經學家何休。

故山崩川竭,君爲之不舉,降服,乘縵,徹樂,出次,祝幣,史辭,以禮焉。其如此而已。』伯宗以告而行之。」

公羊傳:「梁山者何?河上之山也。梁山崩何以書?記異也。何異爾?大也。何大爾?梁山崩,壅河三日不流。外異不書,此何以書?爲天下記異也。」

胡氏曰:「絳人之言,於禮文備矣。古人遭變異而外爲此文者,必有恐懼修省之心主於内,若成湯以六事檢身,高宗克正厥事,宣王側身修行欲銷去之是也。徒舉其文而無實以先之,何足以弭災變乎?夫國主山川,至於崩竭,當時諸侯未聞有戒心而修德也,故自是而後,六十年間弑君十有四,亡國三十二,其應亦憯矣。春秋不明著其事應,而事應具存,其可忽諸?」

秋,大水。

山崩、大水,陰盛之徵。

冬,十有一月己酉,天王崩。

定王也,魯不會,不書「葬」。

十有二月己丑,公會晉侯、齊侯、宋公、衛侯、鄭伯、曹伯、邾子、杞伯,同盟於蟲牢。

蟲牢,鄭地。杜氏注:「陳留封丘縣北有桐牢。」

傳：「同盟於蟲牢，鄭服也。諸侯謀復會，宋公使向爲人辭以子靈之難。」

孫氏[二]曰：「天王崩，晉合諸侯同蟲牢之盟，不顧甚矣。」

胡氏傳：「聞天王之訃，不以所聞先後而奔喪，而九國諸侯會盟不廢，見其皆不臣。春秋惡盟誓，於惡之中又有惡焉者，此類是也。」

六年，春，王正月，公至自會。

二月辛巳，立武宮。

公羊傳：「武宮者何？武公之宮也。立者何？立者，不宜立也。立武宮，非禮也。」

武公名敖，周公九世孫，成公之十一世祖也。

常山劉氏曰：「王制曰：『諸侯五廟，二昭二穆，與太祖之廟而五。』祭法曰：『諸侯立五廟，一壇一墠曰考廟、曰王考廟、曰皇考廟、曰顯考廟、曰祖考廟，皆月祭之乃止。去祖爲壇，去壇爲墠，有禱焉。祭之無禱，乃止。去墠爲鬼。』然則諸侯宗廟，古有彝制，過則毀之，不可復立也。武宮之毀已久而輒立之，非禮明矣。」

劉氏[三]曰：「魯，諸侯也，僭天子之禮，雖欲尊其祖，鬼神不享也。而學者習於魯之故，更大而稱之曰：

[二] 孫氏，北宋理學家孫複。
[三] 劉氏，北宋著名經學家劉敞。

『魯公之廟，文世室也；武公之廟，武世室也。』人之迷固久矣，夫其以僭爲典也，此乃春秋所由作也。」

愚謂，觀春秋之書法與祭法之論廟制，則武宮之立與煬宮同於失禮違制，斷爲可知。明堂位之言，其爲俗儒之論明矣，甚矣，其亂聖制而誤後學也。

取鄟。

穀梁傳：「鄟，國也。」

胡氏傳：「鄟，微國也。書『取』者，滅之也。滅而書『取』，爲君隱也。」

衛孫良夫帥師伐宋。

傳：「晉伯宗、夏陽説、衛孫良夫、甯相、鄭人、伊雒之戎、陸渾、蠻氏侵宋，以其辭會也。」

蘇氏[一]曰：「晉將復會諸侯，宋人辭以難，故使衛與魯更侵之。」

夏，六月，邾子來朝。

公孫嬰齊如晉。

傳：「子叔聲伯如晉，命伐宋。」

[一] 蘇氏，北宋文學家蘇轍。

壬申，鄭伯費卒。

鄭悼公也。

秋，仲孫蔑、叔孫僑如帥師侵宋。

傳：「晉命也。」

胡氏傳：「魯遣二卿爲主將，動大衆焉。有事於宋而以『侵』書者，潛師侵掠，無名之意，蓋陋之也。上三年嘗同伐鄭，次年華元來聘，又次年仲孫蔑報華元矣。今而有事於宋，上卿受鉞，大衆就行，而師出無名，可乎？故特書『侵』，以辠之也。」

左氏載此師晉命也。後二年，宋來納幣請伯姬焉，則此師爲晉而舉非魯志明矣。兵戎，有國之重事；邦交，人道之大倫。聽命於人，不得已焉，將能立乎？春秋所以辠之也。

楚公子嬰齊帥師伐鄭。

傳：「楚子重伐鄭，鄭從晉故也。」

胡氏傳：「楚僭王號，聖人深惡痛絕而不赦者，大一統以存周，使民著於君臣之義也。鄭能去逆效順，是改過遷善，出幽谷而遷喬木也。嬰齊爲是帥師，又因其喪而伐之，不義甚矣，經所以深惡之也。書卿『帥師伐鄭』無貶詞，何以知其深惡楚也？下書『欒武子帥師救鄭』，則知之矣。凡書『救』者，未有不善之也，而伐者之辠著矣。」

冬，季孫行父如晉。

傳：「晉遷於新田，季文[一]子如晉賀遷也。」

晉欒書帥師救鄭。

救，公羊作「侵」。

傳：「晉欒書救鄭，與楚師遇於繞角，楚師還，晉師遂侵蔡。楚公子申、公子成以申息之師救蔡，禦諸桑隧。趙同、趙括欲戰，請於武子，武子將許之。知莊子、范文子、韓獻子諫，乃遂還。於是，軍帥之欲戰者衆，或謂武子：『子之佐十一人，其不欲戰者三人而已，欲戰者可謂衆矣。書曰：「三人占，從二人。」衆故也。』武子曰：『善鈞，從衆。夫善，衆之主也。三卿爲主，可謂衆矣。從之，不亦可乎？』」

胡氏傳：「此春秋所以善欒書也。兩軍相加，兵刃既接，折馘執俘，計功受賞，此非仁人之心，王者之事。故次陘而屈完服者，齊桓也；會蕭魚而鄭不叛者，晉悼也。武子之能不遷戮而知還也，亦庶幾哉！」

七年，春，王正月，鼷鼠食郊牛角；改卜牛，鼷鼠又食其角，乃免牛。

[一] 文，原作「丈」，今據宋寶祐三年臨江軍庠刻本改。

孔氏[一]曰：「季巡云：『鼩鼱一名鼷鼠。』」孫炎[二]曰：「有螫毒，如鼠狼。」免，放牛也。

穀梁傳：「過有司也。郊牛，日展斛角而知傷，展道盡矣，其所以備災之道不盡也。改卜牛，鼷鼠又食其角。又，有繼之辭也。其，緩辭也。曰亡乎人矣，非人之所能也，所以免，有司之過也。」

許氏[三]曰：「小害大，下賊上，食而又食，三桓子孫相繼之象也。宣公有虞三桓之志，至成始，弗戒矣。亂象已著，國將無以事天也。」

吳伐郯。

吳國，杜氏注：「吳郡也。」今案，吳郡是爲平江府。郯，已姓國，秦有郯郡，漢屬東海郡，故城今在淮陽軍下邳縣北。

傳：「吳伐郯，郯成。季文子曰：『中國不振旅，蠻夷入伐，而莫之或恤，無弔者也夫！』

胡氏傳：「稱國以伐，外之也。吳本太伯之後，以族屬言，則周之伯父也。何以外之？爲其僭天子之大號也。」

[一] 孔氏，唐代經學家孔穎達，編訂五經正義。
[二] 孫炎，三國時期經學家，字叔然，受業於鄭玄，時人稱爲「東州大儒」，曾著周易春秋例，爲毛詩、禮記、春秋三傳、國語、爾雅和尚書作過注，所著爾雅音義影響較大。
[三] 許氏，北宋學者許翰。

案，國語云：「命圭有命，固曰吳伯，不曰吳王。」然則吳本伯爵也。後雖益熾，寢與中國會盟，而書爵不過曰「子」，亦不以本爵與之，故紀於禮書曰：「四裔雖大，皆曰子」，皆春秋之制，仲尼之法也。

許氏曰：「吳自壽夢得申公巫臣而爲楚患，同惡相攻。不志伐郯之役，兵連上國，於是始見於春秋。志『入州來』，著十五年之所以會鍾離也。」

夏，五月，曹伯來朝。

曹宣公也。

不郊，猶三望。

見僖三十一年，宣三年注。

秋，楚公子嬰齊帥師伐鄭。

傳：「楚子重伐鄭，師於汜。」

公會晉侯、齊侯、宋公、衛侯、曹伯、莒子、邾子、杞伯救鄭。

傳：「諸侯救鄭，鄭共仲、侯羽軍楚師，囚鄖公鍾儀，獻諸晉。」

胡氏傳：「楚人軍旅數起，頻年伐鄭，所謂不待貶絕而辠自見也。晉合八國之軍，親往救鄭，則郱周監安中國之師也。欲著其善，故特書『救』以美之。」

八月戊辰，同盟於馬陵。

同盟，義見莊十六年。晉以齊、鄭之服，故舉同盟之禮也。

公至自會。

吳入州來。

杜氏注：「州來，淮南下蔡縣是。」今屬壽州。

傳：「楚圍宋之役，師還，子重請取於申、呂以爲賞田，王許之。申公巫臣曰：『不可。』子重是以怨巫臣。子反欲取夏姬，巫臣止之，遂取以行，子反亦怨之。及共王即位，子重、子反殺巫臣之族。巫臣自晉遺二子書，曰：『爾以讒慝貪惏事君，而多殺不辜，余必使爾罷於奔命以死。』巫臣請使於吳，晉侯許之。吳子壽夢說之。乃通吳於晉，以兩之一卒適吳，舍偏兩之一焉。與其射御，教吳乘車，教之戰陳，教之叛楚。寘其子狐庸焉，使爲行人於吳。吳始伐楚、伐巢、伐徐。子重奔命。馬陵之會，吳入州來，子重自鄭奔命。子反於是乎一歲七奔命。蠻夷屬於楚者，吳盡取之，於是始大，通吳於上國。」

愚案，吳之始大，豈特楚之患哉！僭王而病中國，亦晉有以啟之也。

冬，大雩。

衛孫林父出奔晉。

傳:「衛定公惡孫林父。冬,孫林父出奔晉,衛侯如晉,晉反戚焉。」

八年,春,晉侯使韓穿來言汶陽之田,歸之于齊。

傳:「季文子餞之,私焉,曰:『大國制義以爲盟主,是以諸侯懷德畏討,無有貳心。謂汶陽之田,敝邑之舊也,而用師於齊,使歸諸敝邑。今有二命曰:「歸諸齊。」信以行義,義以成命,小國所望而懷也。信不可知,而用師於齊,義無所立,四方諸侯其誰不解體?詩曰:「女也不爽,士貳其行。士也罔極,二三其德。」七年之中,一與一奪,二三孰甚焉!士之二三,猶喪妃耦,而況霸主?霸主將德是以,而二三之其何以長有諸侯乎?詩曰:「猶之未遠,是用大簡。」行父懼晉之不遠猶而失諸侯也,是以敢私言之。』」

泰山孫氏[二]曰:「汶陽之田,齊所侵魯地也,故二年用師于齊而歸之。今又使穿言歸于齊,非正也。魯之土地,天子所封,非晉侯所可得而制也。晉侯使歸之於齊,是魯國之命制在晉也。故曰『晉侯使韓穿來言汶陽之田歸之于齊』以惡之。」

常山劉氏曰:「歸之于者,歸不以道,與執衛侯歸之于京師同義。」

愚案,前此取汶陽田出於晉命矣。不曰「使來言」,又嘗爲杞取成矣。不曰「使來言」,蓋歸所當得,取所

[二] 泰山孫氏,北宋學者孫復。

當有,皆義也。制命以義,霸主之常事也。諸侯之所以宗晉以爲盟主,亦曰以義制其予奪而已。今汶陽之歸,徇私而不公,比強而陵弱,反已成之制命而自亂之,故書「來言」以著其不得爲制命,書「歸之于」以著其不當予,而晉與魯之辜咸見矣。

晉欒書帥師侵蔡。

傳:「晉欒書侵蔡,遂侵楚,獲申驪。」

許氏曰:「侵蔡,報伐鄭也。大國爭衡,而小國受敗,春秋之所矜也。」

宋公使華元來聘。

公孫嬰齊如莒。

聘共姬也。

夏,宋公使公孫壽來納幣。

杜氏注:「無主昏者,自命之,故稱使也。」

胡氏傳:「禮不可略,亦不可過,略則輕大倫,過則溺私愛。公孫壽,卿也,使來納幣,過於厚矣。魯侯致厚其女而不知越禮踰制,非所以重大昏也,故經悉書之,以爲後戒。」

晉殺其大夫趙[二]同、趙括。

傳:「晉趙嬰通于趙莊姬,五年原、屏放諸齊。今年莊姬爲趙嬰之亡,譖于晉侯,曰:『同、括將爲亂。』欒、郤爲徵。六月,晉討趙同、趙括。」

謹案,晉侯聽讒,二大夫故稱國以殺,而不去其官。同、括爲大夫,不能閑有家,以致生亂,又不能防閑莊姬,使其譖得行,以殺身喪家,失以知御人之道,故書名。

秋,七月,天子使召伯來賜公命。

臨江劉氏曰:「或言錫命,或言賜命。錫命者,爵也,有加而賜,所謂賜命者也。以義觀之,錫命者,其世世相襲,有加則賜也,不過九命,次國之君不過七命,小國五命,故賜者謂有加也。古者制三公一命卷,若衮不廢矣。賜命者,服過其爵所以章有德也。成公未有大功明德,而服過其爵,譏僭賞也。」

賜,公、穀並作「錫」。書「天子」則以加賜,當從左氏。

冬,十月癸卯,杞叔姬卒。

陸氏[三]曰:「外諸侯夫人書卒者,適諸侯則尊同,以吾爲之變卒之也。內女之不書卒者,時魯君非其兄弟

[二] 趙,原作「越」,今據宋寶祐三年臨江軍庠刻本改。
[三] 陸氏,唐代經學家陸淳。

及兄弟之子，諸侯無大功以下之服故也。杞叔姬雖出，猶書爲喪，歸杞故也。

晉侯使士燮來聘。叔孫僑如會晉士燮、齊人、邾人伐郯。

傳：「晉士燮來聘，言伐郯也，以其事吳故。公賂之，請緩師。燮不可，曰：『君命無貳，失信不立。禮無加貨，事無二成。』季孫使宣伯會伐郯。」

河東薛氏[二]曰：「吳伐郯而不能救，服吳則伐之，諸侯無所措手足矣。」

胡氏曰：「晉不足以主諸侯矣，魯知其不可而從伐，亦見其不能自立也。」

衛人來媵。

杜氏注：「古者諸侯取適夫人及左右媵，各有姪娣，皆同姓之國，國三人，凡九女，所以廣繼嗣也。」魯將嫁伯姬於宋，故衛來媵之。

程氏傳：「媵，小事，不書。伯姬之嫁，諸侯皆來媵之，故書，以見其賢。女子之賢尚聞於諸侯，況君子乎？或曰：『魯女之賢，安能聞於遠乎？』曰：『古者庶女與非敵者，則求爲媵，固爲之擇賢小君，則諸侯賢女當自聞也。』」

公羊莊十九年傳曰：「諸侯娶一國則二國往媵之，以姪、娣從。」夫諸侯一娶九女，今衛、晉、齊三國來

[二] 河東薛氏，尚未考證。

三一八

媵，則是娶十二女，故備書之以見媵制。

胡氏曰：「經有因貶以見褒者，來媵是也。諸國爭媵，豈非伯姬不妒忌之行，已信於人哉？故此書譏三國之踰制，而因以著伯姬之賢聞也。」

九年，春，王正月，杞伯來逆叔姬之喪以歸。

公羊傳：「杞伯曷爲來逆叔姬之喪以歸？內辭也。」

啖氏[一]曰：「出婦未反而逆其喪，非禮也。」

陸淳[二]曰：「禮有婦既練而反，未練而出。然則出婦有反歸之禮，但女嫁未三月而死，猶歸葬於女氏之黨。今叔姬生未反於杞，而死反葬，故曰非禮也。」

公會晉侯、齊侯、宋公、衛侯、鄭伯、曹伯、莒子、杞伯，同盟於蒲。

傳：「爲汶陽之田，故諸侯貳於晉。晉人懼，會於蒲，以尋馬陵之盟。季文子謂范文子曰：『德則不競，尋盟何爲？』范文子曰：『勤以撫之，寬以待之，堅強以御之，明神以要之，柔服而伐貳，德之次也。』是行

[一] 啖氏，唐代經學家啖助。
[二] 陸淳，唐代經學家。

也，將始會吳，吳人不至。」

今案，此晉因諸侯之貳，不自反其失信，反汶陽之非，而復假同盟之禮，以威制而約束之。然自此，鄭、魯俱有叛晉之心。執鄭盟魯，紛紛甚矣。治人不治反其智同盟，豈所以一諸侯哉！

公至自會。

二月，伯姬歸於宋。

夏，季孫行父如宋致女。

何氏曰：「婦人三月而廟見稱婦，擇日而祭於禰，成婦之義也。父母使人操禮致之。」

傳：「季文子如宋致女，復命，公享之。賦韓奕之五章，穆姜出於房，再拜，曰：『大夫勤辱，不忘先君以及嗣君，敢拜大夫之勤。』」

孫氏[二]曰：「致女使卿，非禮也。」

今案，納幣致女，皆過乎厚。伯姬雖賢，而禮有常法不可過也。觀左氏載穆姜之辭，則前後越禮皆穆姜之意與？

晉人來媵。

注見衛人來媵。

[二] 孫氏，北宋理學家孫復。

秋，七月丙子，齊侯無野卒。

晉人執鄭伯。晉欒書帥師伐鄭。

傳：「楚人以重賂求鄭，鄭伯會楚公子成于鄧。秋，鄭伯如晉。晉人討其貳於楚也，執諸銅鞮。欒書伐鄭，鄭人使伯蠲行成，晉人殺之，非禮也。兵交，使在其間可也。楚子重侵陳以救鄭。」

胡氏曰：「稱人以執者，既不以王命，又不歸諸京師，則非伯討也。殺伯蠲不書者，鄭既背夷即華，今以重賂故，又與楚會，是利之從也，故鄭為輕，亦不足紀也。楚子重侵陳以救鄭而不書者，楚子重之名。無可救之善，楚不得有能救之名。」

冬，十有一月，葬齊頃公。

楚公子嬰齊帥師伐莒。庚申，莒潰。楚人入鄆。

杜氏注：「鄆，莒別邑。」任公輔曰：「東鄆也。」

傳：「晉侯使申公巫臣如吳假道于莒，與渠丘公立于池上，曰：『城已惡。』莒子曰：『辟陋在夷，其孰以我為虞？』對曰：『夫狄焉啟封疆以利社稷者，何國蔑有？唯然，故多大國矣，唯或思或縱也。勇夫重閉，況國乎？』十一月，楚子重自陳伐莒，圍渠丘。渠丘城惡，衆潰，奔莒。戊申，楚入渠丘。莒人囚楚公子平，楚人曰：『勿殺！吾歸而俘。』莒人殺之。楚師圍莒。莒城亦惡，庚申，莒潰。楚遂入鄆，莒無備故也。」

胡氏曰：「孟子曰：『鑿斯池也，築斯城也，與民守之，效死而民弗去，則是可為也。』夫鑿池築城者，為國之備，所謂事也。效死而民不去者，為國之本，所謂政也。莒恃其陋，不修城郭，信無備矣。然兵加而民逃其上，不能使民效死而不去，則昧於為國之本也。雖隆莒之城，何益乎？故經於莒潰，特書曰以謹之者，以明固本安民為政之急也。」

秦人、白狄伐晉。

傳：「諸侯貳故也。」

胡氏曰：「經所謹者，內外之辨也。晉嘗與白狄伐秦，秦亦與白狄伐晉，族類不復分矣。其稱『人』，貶辭也。晉既失信，復聽婦人讒說，殺其世臣，而諸侯皆貳。秦、狄交伐，比事以觀，可謂深切著明矣。」

鄭人圍許。

傳：「示晉不急君也，是則公孫申謀之曰：『我出師以圍許，為將改立君者，而紓晉使，晉必歸君。』」

愚案，君在外而興師以復怨，大臣之辜也。

城中城。

中城，在東海稟丘縣西南。

胡氏曰：「經世安民，視道之得失，不倚城郭溝池以為固也。穀梁子謂『凡城之誌，皆譏』，其說是矣。

莒雖恃陋不設備，至使楚人入鄆，苟有令政，使民救死而不潰，寇亦豈能入也？城非春秋所貴，而書城中城，其爲備守益微矣。」

十年，春，衛侯之弟黑背帥師侵鄭。

傳：「衛子叔黑背侵鄭，晉命也。」

胡氏曰：「其曰『弟』者，子叔黑背生公孫剽，孫林父、甯殖出衛侯衎而立剽，亦以其弟有寵愛之私，故得立耳，此與齊之夷仲年無異。其特書『弟』，以爲後戒，可謂深切著明矣。」

夏，四月，五卜郊，不從，乃不郊。

穀梁傳：「夏四月，不時也，五卜，強也。」

公羊傳：「其言乃不郊何？不免牲，故言乃不郊也。」

師氏[二]曰：「卜至於五，其瀆甚矣。皇天饗道，果可以僭而徼其吉邪？」

五月，公會晉侯、齊侯、宋公、衛侯、曹伯伐鄭。

傳：「鄭公子班聞叔申之謀。三月，立公子繻。夏四月，鄭人殺繻，立髡頑。公子班奔許。欒武子曰：『鄭人立君，我執一人焉，何益？不如伐鄭而歸其君，以求成焉。』諸侯伐鄭，鄭子罕賂以襄鐘，子然盟于脩

[二]師氏，尚未考證。

卷七

三二三

澤，子駟爲質。辛巳，鄭伯歸。」

齊人來媵。

公羊傳：「三國來媵，非禮也。」

丙午，晉侯獳卒。

秋，七月，公如晉。

傳：「公如晉，晉人止公，使送葬。於是羅茷未反。冬，葬晉景公。公送葬，諸侯莫在，魯人辱之，故不書，諱之也。」

胡氏曰：「如傳之說，假令諸侯皆在，魯人不以爲辱而可書乎？」

臨江劉氏曰：「曷爲不言葬晉侯？不與葬晉侯也。曷爲不與？天子之喪，動天下，屬諸侯。公之葬晉侯，非禮也。以謂唯天子之事焉，可也。」

冬，十月。

公羊無此三字。

十有一年，春，王三月，公至自晉。

晉侯使郤犫來聘。己丑，及郤犫盟。

泰山孫氏[二]曰：「公留晉，凡九月。」

犫，公羊作「州」，後同。

傳：「公至自晉，晉人以公爲貳於楚，故止公。公請受盟，而後使歸。郤犫來聘，且涖盟。」

夏，季孫行父如晉。

傳：「季文子如晉且涖盟也。」

謹案，公之至自晉也，既受盟矣。及季文子之聘也，亦且涖盟焉。春秋皆不書，而獨書郤犫之涖盟，何也？蓋成公自汶陽之歸齊，欲貳晉而不果，然嫌隙竟章，無以自明。晉因公之朝而止之，數月公請受盟而後使歸，又使郤犫來聘，既聘而涖盟。魯使行父往則，又從而盟之，據強大之勢，要君臣之盟，皆魯之恥也。惟犫聘而盟，春秋以荀庚、孫良夫之例而書之。若成公之受盟，與行父之涖，豈能得晉君而盟之乎？亦大夫盟之耳。不書而諱，皆之恥故也。

秋，叔孫僑如如齊。

〔二〕泰山孫氏，北宋學者孫復。

傳：「宣伯聘于齊，以脩前好。」

襄陵許氏[一]曰：「魯蓋激於晉之德禮不施，將貳于齊，而未能者與？」

愚案，僑如之聘，蓋謝戰窐之師，捐歸汶陽之憤，而行之迫於晉之辱，而不能已者也。

冬，十月。

十有二年，春，周公出奔晉。

傳：「周公楚惡惠、襄之逼也，且與伯輿爭政，不勝，怒而出。及陽樊，王使劉子復之，盟于鄆而入。三日，復出奔晉。」

穀梁子曰：「周無出，其曰『出』，上下一見之也。言其上下之道無以存也。上雖失之，下孰敢有之。今上下皆失之矣。」

范氏[二]曰：「上謂襄王出居於鄭，下謂今周公出奔也。」

許氏[三]曰：「平桓之詩夷于國風，是以春秋王公書出也。雖然各一見而已，後不復書，以存周也。」

愚案，盟誓，衰世之事。劉子奉王命以復周公而盟之，於君臣之道兩失之矣。周公復背盟而出奔，故書

[一] 襄陵許氏，北宋學者許翰。
[二] 范氏，東晉經學家范寧。
[三] 許氏，北宋學者許翰。

「出」以絕之。

夏，公會晉侯、衛侯于瑣澤。

瑣澤，公羊作「沙澤」。地闕。

傳：「七年鄭軍楚師，囚鄖公鍾儀，獻諸晉。晉使歸求成于楚，華元因是合晉、楚之成。晉士燮、楚公子罷盟于宋西門之外，曰：『晉、楚無相加戎。』鄭伯如晉聽成。會于瑣澤，成故也。」

秋，晉人敗狄于交剛。

交剛，地闕。

傳：「狄人間宋之盟，侵晉而不設備。秋，晉人敗狄于交剛。」

穀梁傳：「中國與夷狄不言戰皆曰敗。」

臨江劉氏曰：「四裔者，春秋之所外也。所外者，將以力治之，其在禮義之邦，苟不結日不偏陳，雖有道，猶惡之。若夫不可教以禮義，其來為寇能勝之而已矣，雖不結日不偏陳，無議也。」

冬，十月。

十有三年，春，晉侯使郤錡來乞師。

自齊桓以來，召兵侵伐雖不出於王命，然攘夷討皋為中國舉，猶足以令諸侯也。今晉以私怨報秦，則其義

不足以令諸侯矣。故懼其不從而卑詞以乞之，聖人直書以見其舉事不公，自貶霸體也。

三月，公如京師。

夏，五月，公自京師，遂會晉侯、齊侯、宋公、衛侯、鄭伯、曹伯、邾人、滕人伐秦。

傳：「公如京師，及諸侯朝王，遂從劉康公、成肅公伐秦。晉侯使呂相絕秦。秦桓公與晉厲公爲令狐之盟，既而又召狄與楚，欲道以伐晉，諸侯是以睦於晉。五月丁亥，晉師以諸侯之師及秦師戰于麻隧，秦師敗績。」

杜氏注：「伐秦，道過京師，因朝王也。」

程氏傳：「不書朝王，因會伐而行也，故不成其朝。」

愚案，諸侯朝王之禮載於儀禮之覲禮詳矣，自隱以來未始行也。諸侯已絕迹於京師者，一百餘年。今魯從諸侯伐秦未有不由周者，秦之伐鄭過周北門，則晉、鄭與魯可知也。故魯與諸侯因講朝禮於京師，而後同劉子、成子爲伐秦之行。春秋以諸侯事周之禮久闕，而因行於伐秦之役，若沒而不書，是盡廢其僅存之禮也。若書以爲朝于京師，則是舉百年之墜典，亦非其實也。故書「如京師」而不言朝，以見其行禮之不專，書「自京師」「會諸侯」「伐秦」，以見諸侯之行止爲伐秦，而不爲京師也。而劉子、成子之在會亦削而不書，則晉無請命之實意，朝王之專禮，而霸主違典禮以遂私意，摟諸侯以輕王室之

皋具見矣。

泰山孫氏曰:「周官:『六年五服一朝。』王時巡諸侯于方岳,未有因諸侯伐國過京師朝王之事,故書晉使來乞師,公如[一]京師,自京師遂伐秦,以惡之也。」

曹伯廬卒于師。

廬,陸德明云:「左氏本亦作『盧』。」

傳:「曹宣公卒于師。曹人使公子負芻守,使公子欣時逆曹伯之喪。秋,負芻殺其太子而自立也。諸侯乃請討之,晉人以其役之勞,請侯他年。」

劉氏曰:「諸侯卒于師,曰師;卒于會,曰會,正也。」

秋,七月,公至自伐秦。

上書「如京師」而以伐秦爲遂事,春秋所以明朝王之當重也。今書以「伐秦」致,明諸侯以伐秦爲重也。

冬,葬曹宣公。

傳:「宣公既葬,子臧將亡,國人皆將從之。成公乃懼,告皋,且請焉。乃反,而致其邑。」

[一] 如,原作「知」,今據宋寶祐三年臨江軍序刻本改。

十有四年，春，王正月，莒子朱卒。

莒季佗也。

徐邈曰：「葬稱謚而莒行夷禮，君終無謚，故例之於楚。不書葬終春秋也。」

夏，衛孫林父自晉歸于衛。

傳：「衛侯如晉，晉侯強見孫林父焉，不可。衛侯歸，晉侯使郤犨送孫林父而見之。衛侯欲辭，定姜曰：『不可。是先君宗卿之嗣也，大國又以為請，不許，將亡。雖惡之，不猶愈於亡乎？』衛侯見而復之。」

襄陵許氏曰：「人臣不惟義之為安，而介恃大國使之反己，此能為逐君之惡者也。惟辨之不早，是以衛獻至於出奔，禍兆此矣。歸，易辭也，自晉奉之故也。」

愚謂，此非特皋衛之不早辨，晉之政在大夫亦自此矣。

秋，叔孫僑如如齊逆女。

逆公夫人也。

鄭公子喜帥師伐許。

傳：「鄭子罕伐許。戊戌，鄭伯復伐許。許人平以叔申之封。」

襄陵許氏曰：「鄭逼許，楚困鄭，以國大小、力強弱更相吞噬，夷夏一道而人理盡矣。」

九月，僑如以夫人婦姜氏至自齊。

僑如不氏，一事再見者，卒名也。稱婦，宣公夫人穆姜尚存故也。

冬，十月庚寅，衛侯臧卒。

傳：「衛侯有疾，立敬姒之子衎爲太子。定公卒，夫人姜氏既哭而息，見太子之不哀也，不納勺飲，歎曰：『是夫也，將不惟衛國之敗，其必始未亡人！嗚呼！吾不獲鱄也使主社稷。』大夫聞之，無不聳懼。孫文子自是不敢舍其重器於衛，盡置諸戚而甚善晉大夫。」

秦伯卒。

十有五年，春，王二月，葬衛定公。

三月乙巳，仲嬰齊卒。

公羊傳：「公孫嬰齊也。曷爲謂之仲嬰齊？爲兄後也。爲兄後，則曷爲謂之仲嬰齊？爲人後者，爲之子也。然則嬰齊執後，歸父走之齊，魯人徐傷其無後也，於是使嬰齊後之也。」

胡氏傳：「此可謂亂昭穆之序，失父子之親。以後歸父則弟不可以爲兄後；以後襄仲，則以父字爲氏，亦非禮也。故書「仲嬰齊」以辠之。」

癸丑，公會晉侯、衛侯、鄭伯、曹伯、宋世子成、齊國佐、邾人，同盟于戚。晉侯執

曹伯歸于京師。

傳：「會于戚，討曹伯負芻也，執而歸諸京師。」

程氏傳：「負芻弒世子自立，既三年，諸侯與之盟矣，方執之，稽天討也。」

蘇氏[二]曰：「稱侯以執，執有皋也。歸于京師，禮也。春秋執諸侯多矣，惟是爲得禮。」

愚案，春秋書「執曹伯」而爵，厲公又書「歸于」，以見其事之順，然猶不擇。曹伯之與盟者，以爲先執曹伯，以令諸侯，然後盟之，乃盡善也。觀曹人請君于晉，曰：「若有皋則君列諸會矣。」由一舉措之不當，遂開釋姦之門，此豈小失哉！

公至自會。

夏，六月，宋公固卒。

共公。

楚子伐鄭。

傳：「楚將北師。」子囊曰：『新與晉盟而背之，不可。』子反曰：『敵利則進，何盟之有？』申叔時聞之，

[二] 蘇氏，北宋文學家蘇轍，著有春秋集解。

曰：『子反必不免。信以守禮，禮以庇身，信禮之亡，欲免得乎？』」楚子侵鄭，及暴隧，遂侵衞，及首止。樂書欲報楚，韓厥曰：『無庸。使重其皋，民將叛之。無民，孰戰？』」

秋，八月庚辰，葬宋共公。

三月而葬。

宋華元出奔晉。宋華元自晉歸于宋。宋殺其大夫山。

傳：「葬宋共公。於是華元爲右師，魚石爲左師，蕩澤爲司馬，華喜爲司徒，公孫師爲司城，向爲人爲大司寇，鱗朱爲少司寇，向帶爲大宰，魚府爲少宰。蕩澤弱公室，殺公子肥。華元曰：『我爲右師，君臣之訓，師所司也。今公室卑而不能正，吾皋大矣。不能治官，敢賴寵乎？』乃出奔晉。二華，戴族也。司城，莊族也。六官，皆桓族也。魚石將止華元，魚府曰：『右師反，必討，懼桓氏之無祀於宋也。』魚石自止華元于河上。請討之，許之，乃反。使華喜、公孫師帥國人以攻蕩氏，殺子山。書曰『宋殺其大夫山』，言背其族也。魚石、向爲人、鱗朱、向帶、魚府出奔楚。」

蘇氏曰：「元將討山，而力不能討，故出奔。奔而國人許之討，然後歸，故其討之也族人莫救，書法如此，言其出入之正，是以能討山也。使元懷祿顧寵重於出奔，必不能討矣。山實有皋，而稱國以殺，何也？殺一大

夫而國幾於亂，非政也。」

愚案，春秋襄三十年鄭良霄之奔，其奔而歸也，逆順與華元不同，而書法亦異。良霄之入不再序而曰入，逆也。華元再序以與之，又書曰歸，則其或出或處之正，從可知矣。故例外通類，而後例中之法可見也。

宋魚石出奔楚。

傳：「魚石、向為人、鱗朱、向帶、魚府出舍睢上。華元止之，不可，乃反。而決睢澨，閉門登陴。左師、二司寇、二宰遂出奔。」

劉氏曰：「魚石、向、鱗氏皆桓族也。蕩氏汏而驕，共公已葬，欲逐華元，元自晉歸，使國人攻桓氏，殺蕩山，黜魚石，國然後定。」

冬，十有一月，叔孫僑如會晉士燮、齊高無咎、宋華元、衛孫林父、鄭公子鰌、邾人會吳于鍾離。

傳：「始通吳也。」

杜氏注：「吳未嘗通中國，今始來通，晉帥諸侯之大夫會之，故殊會。」

鍾離，楚邑，淮南縣，今濠州城下縣。故鍾離國，嬴姓，後為楚邊邑

程氏傳：「吳益強大，求會于諸侯，諸大夫往而從之，故書諸國往與之會，以見夷狄盛而中國衰也。時中

國病楚，故與吳親。

穀梁傳：「會又會，外之也。」

胡氏曰：「殊會有二義，會王世子，意在尊王室，不敢與世子同也；會吳，意在賤吳子，而舉諸侯與之會也。以太伯至德，實始有吳，以族言之則周室之伯父也。至後世遂以號舉者，以其竊僭王號，不能居中國之爵耳。成、襄之間，中國無霸，齊、晉亦俯首南向親吳，聖人傷之，故特殊會，可謂深切著明矣。」

許遷于葉。

葉，今汝州葉縣。

傳：「許靈公畏逼于鄭，請遷於楚，楚公子申遷許于葉。」今案，葉近楚，而楚遷之以自近。中國之盟主不能安小國，而使之昵夷蠻以求安，春秋深以著小國之失所也。」

十有六年，春，王正月，雨，木[二]冰。

公羊傳：「雨而木冰也。」

何休注：「木者，少陽，幼君大臣之象。冰者，凝陰，冰脅木者，君臣將困於兵之徵。」

夏，四月卒未，滕子卒。

[二] 木，原作「水」，今據宋寶祐三年臨江軍庠刻本改。

卷七

三三五

傳：「滕文公卒。」

鄭公子喜帥師侵宋。

傳：「楚子自武城使公子成，以汝陰之田求成于鄭。鄭叛晉，子駟從楚子盟于武城。夏，鄭子罕伐宋，宋將鉏、樂懼敗諸汋陂。退，舍於夫渠，不儆，鄭人覆之，敗諸汋陵，獲將鉏、樂懼。」

六月丙寅朔，日有食之。

晉侯使欒黶來乞師。

傳：「晉侯將伐鄭，使郤犨如衛，遂如齊，皆乞師焉。欒黶來乞師。」

程子曰：「時以穆姜、叔孫僑如將作難，故師出後期。」

甲午晦，晉侯及楚子、鄭伯戰于鄢陵。楚子、鄭師敗績。

鄢陵，鄭地，後漢郡國志：「潁川，鄢陵，晉敗楚之地。」今東京開封府鄢陵縣。

傳：「晉侯將伐鄭，乃興師。楚子救鄭，司馬子反將中軍，過申，入見申叔時，曰：『師其何如？』對曰：『德、刑、詳、義、禮、信，戰之器也。民生厚而德正，用利而事節，時順而物成。上下和睦，周旋不逆，民生敦厖，和同以聽，此戰之所由克也。今楚內棄其民，而外絕其好，瀆齊盟而食話言，奸時以動而疲民以逞。民不知信，進退罪也。人恤所底，其誰致死？子其勉之！吾不復見子矣！』」晉師濟河，聞楚師將至，范文子

楚殺其大夫公子側。

胡氏傳：「當是時，兩君相抗，勝負未決。晉之捷也，亦幸焉爾。幸非持勝之道，范文子所以有立軍門之戒也。」楚雖敗，而勢益張，晉遂怠而君驕國亂，此見諸行事之深切著明者也。」

劉氏傳：「戰而言及者，主是戰者也。猶曰晉侯爲志乎此戰也云爾。」

公羊傳：「楚何以不言師？王痍也。王痍者何？傷乎矢也。」

穀梁傳：「日事遇晦曰晦。楚不言師，君重於師也。」

欲反，郤至曰：「韓之戰，惠公不振旅；箕之役，先軫不反命；邲之師，荀伯不復從，皆晉恥也。又益恥也。」文子曰：「吾先君之亟戰也，有故。秦、狄、齊、楚皆彊，不盡力，子孫將弱。今三強服矣，敵楚而已。惟聖人能內外無患，自非聖人，外寧必有內憂，盍釋楚以爲外懼乎？」甲午晦，楚晨壓晉軍而陳。苗賁皇言於晉侯曰：「楚之良，在其中軍王族而已。請分良以擊其左右，而三軍萃於王卒，必大敗之。」及戰，呂錡射共王，中項，伏弢。以一矢復命。韓厥、郤至從鄭伯，石首御曰：「衛懿公惟不去其旗，是以敗於熒。」乃內旌於弢中。石首以鄭伯免，唐苟死之。子反命軍吏察夷傷，補卒乘，雞鳴而食。晉人患之。苗賁皇徇曰：「蒐乘補卒，秣馬利兵，明日復戰。」王聞之，召子反，醉而不能見。王曰：『天敗楚也夫！予不可以待。』乃宵遁。晉入楚軍，三日穀。范文子立於戎馬之前，曰：『君幼，諸臣不佞，何以及此？君其戒之！周書曰：「惟命不于常，有德之謂。」』」

傳：「楚師還，王使謂子反曰：『先大夫之覆師徒者，君不在。子無以爲過，不穀之皋也。』子重使謂子反曰：『初隕師徒者，而亦聞之矣。盍圖之？』對曰：『側亡君師，敢忘其死？』王使止之，弗及而卒。」

蘇氏曰：「公子側，鄢陵之敗師也，楚以一敗殺之，故稱國以殺。」

秋，公會晉侯、齊侯、衛侯、宋華元、邾人于沙隨，不見公。

沙隨，宋地。

杜氏注：「梁國寧陵縣北有沙隨亭。」今案，寧陵，本朝熙寧間撥屬拱州。

傳：「戰之日，齊國佐至于師。衛侯出于衛，公出于壞隤。宣伯通於穆姜，欲去季、孟，而取其室。將行，穆姜送公，使逐二子。公以晉難告，曰：『請反而聽命。』姜怒，公子偃、公子鉏趨過，曰：『女不可，是皆君也。』公待於壞隤，申宮、儆備、設守，而後行，是以後。使孟獻子守公宮。會于沙隨，謀伐鄭也。宣伯使告郤犫曰：『魯侯待于壞隤以待勝者。』郤犫主東諸侯，取貨於宣伯，而訴公於晉侯，晉侯不見公。」

穀梁傳：「不見公者，可以見也。可以見而不見，譏在諸侯也。」

程氏傳：「晉侯聽譖，怒公後期，故不見公。君子正己而無恤乎人？魯之後期，國難故也。晉不見爲非矣，彼曲我直，不足爲恥也。」

常山劉氏曰：「夫子於魯事有可恥者，必爲之諱，君臣之禮也。若我無失道，而橫逆所加，則不諱。今晉怙強而不見公，我何皋？故直書以皋諸侯也。」

公至自會。

內有穆姜之難，外不見於霸主，故危之。

公會尹子、晉侯、齊國佐、邾人伐鄭。

傳：「公會尹武公及諸侯伐鄭。將行，姜又命公如初，公又申守而行，諸侯之師次于鄭西，我師次于督揚，不敢過鄭。子叔聲伯使叔孫豹請逆于晉師，為食於鄭郊。師逆以至，聲伯四日不食以待之，食使者而後食。諸侯遷于制田，知武子以諸侯之師侵陳，遂侵蔡。諸侯遷于潁上。鄭子罕宵軍之，宋、齊、衛皆失軍。」

曹伯歸自京師。

傳：「曹人請于晉，曰：『自我宣公即世，國人曰：「若之何憂猶未弭？」而又討我寡君，以亡曹國社稷之鎮公子。先君無乃有辠乎？若有辠，則君列諸會矣。君惟不遺德刑，以伯諸侯，豈獨遺諸敝邑？』晉侯謂子臧：『反，吾歸而君。』子臧反，曹伯歸。子臧盡致其邑與卿而不出。」

陸淳曰：「曹之皋大矣，晉侯討而執之以歸京師，王不能定其皋，失政刑也。」

程氏曰：「王未嘗絕其位，故書『歸自京師』，王命也。」

九月，晉人執季孫行父，舍之于苕丘。

苕，公羊作「招」。苕丘，晉地。

傳：「宣伯使告郤犫曰：『魯之有季、孟，猶晉之有欒、范也，政令於是乎成。今其謀曰：「晉政多門，不可從也。」若欲得志於魯，請止行父而殺之，我斃蔑也而事晉，蔑有貳矣。』九月，晉人執季文子于苕丘。公還，待于鄆，使子叔聲伯請于晉。

程氏傳：「寘之于苕丘。」

杜氏注：「舍之于苕丘，明不以歸。」

臨江劉氏曰：「稱人以執者，非伯討也。此其為非伯討也，奈何晉侯用叔孫僑如之譖，不見公、執季孫行父？執之者以歸也。歸而未至，故不可言以歸，而著舍之于苕丘焉，此春秋別嫌明微，慎用獄之意也。」

謹案，舍，去聲，或作「捨」，非也。下書行父盟郤犫，則著其釋行父矣。

冬，十月乙亥，叔孫僑如出奔齊。

十有二月乙丑，季孫行父及晉郤犫盟于扈。

傳：「范文子謂欒武子曰：『季孫於魯，相二君矣。妾不衣帛，馬不食粟，可不謂忠乎？信讒慝而棄忠良，若諸侯何？』乃許魯平，赦季孫。出叔孫僑如而盟之，僑如奔齊。」

公至自會。

君臣同出，以君致也。伐鄭不致而致以會，著公之危不在於伐，而在於會也。

乙酉，刺公子偃。

杜氏注：「偃與鉏俱為姜所指，而獨殺偃，偃與謀。」

謹案，同刺大夫也，公子買言不卒戍，言非其皋而加之也。偃止言刺，言當其皋也。此內殺大夫，有皋無皋之別也。

十有七年，春，衛北宮括帥師侵鄭。

括，公羊作「結」誤。

傳：「鄭子駟侵晉虛、滑，衛北宮括救晉侵鄭，至于高氏。」

夏，公會尹子、單子、晉侯、齊侯、宋公、衛侯、曹伯、邾人伐鄭。

傳：「五月，鄭大子髡頑、侯獳為質於楚，楚公子成、公子寅戍鄭。公會尹武公、單襄公及諸侯伐鄭，自戲童至于曲洧。」

六月乙酉，同盟于柯陵。

杜氏注：「晉未能服鄭，故假天子威，周使二卿會之。」

傳：「同盟于柯陵，尋戚之盟也。楚子重救鄭，師于首止，諸侯還。」

陸淳曰：「不重言諸侯，譏尹子、單子與盟。」

蘇氏曰：「齊、晉之盛，天子之大夫會而不盟，尊周也。柯陵之會，尹子、單子始與諸侯之盟，自是習以爲常，非禮也。」

謹案，晉厲公憤鄭之不服，而假同盟之禮以約束諸侯，然不知無益於鄭之叛，而自取盟王官之辜，此同盟之所以書也。

秋，公至自會。

不以伐致而以會致，蓋公之得免於晉未久，而晉侯自是益驕，則公之危不在于伐，而在于會。會以得免於霸主爲幸，則致必以會録也。

齊高無咎出奔莒。

傳：「齊慶克通于靈公母聲孟子，與婦人蒙衣乘輦而入于閎。鮑牽見之，以告國武子，武子召慶克而謂之。慶克久不出，而告夫人曰：『國子謫我。』夫人怒。國子相靈公以會，高、鮑處守。及還，將至，閉門而索客。孟子訴之曰：『高、鮑將不納君，而立公子角。國子知之。』秋七月壬寅，刖鮑牽而逐高無咎。無咎[一]奔莒，高弱以盧叛。」

襄陵許氏曰：「靈公不公其聽，自潢帷牆，奔其世臣，以長禍亂。詩曰：『萋兮斐兮，成是貝錦。哆兮侈

[一] 原無「咎」字，據宋寶祐三年臨江軍庠刻本改。

兮,成是南箕。』悲夫!唯巧言能使閉門索客者,爲將不納君也。」

九月辛丑,用郊。

公羊傳:「用者何?用者不宜用也,九月非所用郊也。」

高郵孫氏[二]曰:「王者,春郊,正月以祈穀;秋郊,九月以報功。春曰圜丘,秋曰明堂。后稷,圜丘之配;文王,明堂之配。魯之郊配后稷而不曰文王焉,蓋其郊止於祈穀,而報功之郊不行也。春秋之正月,夏時之十一月也。十一月而養牛,則二月可以郊矣,然則魯之郊用夏時之二月,不敢並天子之時,又殺之也。春秋之九月,夏時之七月,以爲祈穀則太早。又魯之不當行者,故特書用以譏之。」

晉侯使荀罃來乞師。

師氏曰:「請王命以討有皐,宜糾合諸侯以尊王命,奉辭以往,無敢或後也。乃使大夫乞師於魯邪,以盟主而乞師,已爲卑辱,況以王之卿士主兵。乃言乞師,其卑王室以誤寵諸侯也甚矣!夫欲仗天子之威以討叛伐貳,而乃先爲此卑辱,欲望鄭畏威,得乎哉?」

冬,公會單子、晉侯、宋公、衛侯、曹伯、齊人、邾人伐鄭。

[二] 高郵孫氏,北宋經學家孫覺。

傳：「諸侯伐鄭。十月庚午，圍鄭。楚公子申救鄭，師于汝上。十一月諸侯還。」

泰山孫氏曰：「鄭與楚比周，晉侯再假王命，三合諸侯伐之，不能服中國，不振可知也。」

十有一月，公至自伐鄭。

壬申，公孫嬰齊卒于貍脤。

脤，公羊作「軫」，穀梁作「蜃」。貍脤，地闕。

蘇氏[一]曰：「嬰齊從於伐鄭，還而道卒。大夫卒不地，其地在外也。」

案，下十有二月丁巳朔，則壬申非十一月，失之矣。

劉氏[二]曰：「春秋故史也，有所不革。孟子曰：『其事則齊桓、晉文，其文則史，其義則丘竊取之矣。』」

十有二月丁巳朔，日有食之。

邾子貜且卒。

傳：「晉厲公侈，多外嬖。反自鄢陵，欲盡去群大夫而立其左右。胥童以胥克之廢也，怨郤氏，

晉殺其大夫郤錡、郤犨、郤至。

[一] 蘇氏，北宋文學家蘇轍。
[二] 劉氏，北宋著名經學家劉敞。

而嬖於厲公。郤錡奪夷陽五田，郤犫與長魚矯爭田，執而梏之，與矯亦嬖於厲公。欒書怨郤至以其不從己而敗楚師也，欲廢之。使楚公子茷譖諸公，公怨郤至。厲公將作難，胥童曰：『必先三郤，族大，多怨。去大族，不偪；敵多怨，有庸。』公曰：『然。』壬午，胥童、夷羊五帥甲八百將攻郤氏。長魚矯請無用衆，公使清沸魋助之，殺駒伯、苦成叔。溫季逃，矯又殺之，皆尸諸朝。矯曰：『不殺二子，憂必及君。』公曰：『一朝而尸三卿，余不忍益也。』對曰：『人將忍君。臣聞亂，在外爲姦，在內爲軌。御姦以德，御軌以刑。不施而殺，不可謂德。臣偪而不討，不可謂刑。德刑不立，姦軌並至。臣請行。』遂出奔狄。公使辭於二子，乃皆歸。公使胥童爲卿。公遊于匠麗氏，欒書、中行偃遂執公焉。」

謹案，郤氏雖多怨，而既爲大夫，則君之股肱也。厲公不正名其有辜無辜，而用嬖幸胥童、長魚矯之計，一朝殺三卿，又劫欒書、中行偃，能無及乎？此春秋所以列書而深辠之也。或曰：「晉至此時，六卿之勢已成矣，厲公之討，將以強公室也。縱而不治，則臣強君弱，將若之何？」不知事有機括，政有要領，正君道以御其臣，初不在於多殺也。我太祖皇帝舉五代總兵專國之強臣，使之辭兵柄解重權於一夕指麾之間，蓋得其機，據其要，而彼之心說誠服，自不容已也。何乃以多殺立威而求安乎？春秋辠厲公之殺三卿而卒以自及，其示後世御臣之法至矣。

楚人滅舒庸。

傳：「舒庸人以楚師之敗也，道吳人圍巢，伐駕，圍釐、虺，恃吳而不設備。楚公子櫜師襲舒庸，滅之。」

舒庸，任公輔[一]曰：「東夷偃姓之國。」地譜：「廬州城下舒城。」

十有八年，春，王正月，晉殺其大夫胥童。

傳：「欒書、中行偃殺胥童。」

愚謂，三郤之死，皆胥童道厲公為之，故以累上之辭書也。

庚申，晉弒其君州蒲。

愚聞之師曰：「稱國以弒者，衆弒其君之辭也。」孰弒之？晉之大臣欒書、中行偃也。曷為不言二臣弒之？孟子論貴戚之卿曰：「君有大過則諫，反覆之而不聽則易位。」厲公之過大矣，昵用小人，殺戮無辜，舉朝諸卿，不保首領。書、偃，晉之世臣，以社稷為心，尚可以行易位之權，而遽弒之。夫二人嘗以君事之矣，故稱國以弒，分其惡於衆也。悼公逐不臣者七人，而不誅書、偃，非里克、窞喜之比故也。

齊殺其大夫國佐。

傳：「十七年，齊侯使崔杼為大夫，慶克佐之，帥師圍盧。國佐從諸侯圍鄭，以難請而歸。遂如盧師，殺

[一] 任公輔尚未考證。

三四六

慶克，以縠叛。齊侯與之盟于徐關而復之。十二月，盧降，使國勝告難于晉，待命于清。今年正月甲申晦，齊侯使士華免以戈殺國佐于内宫之朝。書曰「齊殺其大夫國佐」，棄命、專殺，以縠叛故也。」

愚謂，無咎奔於去年之秋，而鮑牽刖，齊靈公可以省母言之是非矣。師逃于夫人之宫之朝，而慶克等之内亂宫闈也，卒殺國佐，則靈公之知又下魯成公數等矣。保姦如此，因慶克以成慶封黨賊之禍，慶封逐而政卒歸於陳氏。靈公蔽塞聰明，惟婦言是用所致也。國佐不能見幾而去，以邑叛君，又仕危亂之朝，身死宫闈，非不幸矣。

公如晉。

夏，楚子、鄭伯伐宋。宋魚石復入于彭城。

彭城，宋邑，今徐州彭城縣。

傳：「鄭伯侵宋及曹門外。遂會楚子伐宋，取朝郟。楚子辛、鄭皇辰侵城郜，取幽丘，同伐彭城，納魚石、向為人、鱗朱、向帶、魚府焉。宋人患之。西鉏吾曰：『楚今將崇諸侯之姦，而披其地，以塞夷庚。逞姦而攜服，毒諸侯而懼吳、晉，非吾憂也，晉必恤之。』」

胡氏傳：「言復入者，已絕而復入。惡之甚者，欒盈、魚石是也。」

蘇氏曰：「公孫寧、儀行父言『納』，而魚石不言納，蓋楚莊誅陳之辠人，疑若無辠，故書納以正其辠。

魚石之書『復入』，而先言楚、鄭之伐，已著其納亂臣也，故不言自楚而特書『復入』。然不言叛者，復入而將以亂國，非直叛君而已，故魚石、欒盈之舉重於趙鞅、宋辰也。」

公至自晉。晉侯使士匄來聘。

傳：「公至自晉，晉范宣子來聘且拜朝也。君子謂：『晉於是乎有禮。』」

秋，杞伯來朝。

傳：「杞桓公來朝，且問晉故。公以晉君語之。杞伯於是乎驟朝于晉，而請為昏。」

八月，邾子來朝。

傳：「邾宣公即位，而來見也。」

築鹿囿。

杜氏注：「築牆為鹿苑。」

穀梁傳：「山林藪澤之利，所以與民共也，虞之非正也。」

許氏曰：「大夫擅國，威權日去，而公務自娛於鳥獸草木，是謂『冥豫在上，何可長也』！」

謹案，孟子謂齊宣王曰：「臣聞郊關之內有囿方四十里，殺其麋鹿者，如殺人之罪，則是方四十里為穽於國中。」成公之鹿囿，雖未至此，然後日之築郎囿、蛇淵囿，亦師師非度，至戰國而極耳。勞民以獨樂，此春秋

之所謹也。

己丑，公薨于路寢。

正也。

冬，楚人、鄭人侵宋。

傳：「宋老佐、華喜圍彭城，老佐卒焉。楚子重救彭城，伐宋。宋華元如晉告急，韓厥爲政，曰：『欲求得人，必先勤之，成霸安疆，自宋始矣。』晉師于台谷以救宋，遇楚師于靡角之谷，楚師還。」

晉侯使士魴來乞師。

魴，公羊作「彭」。

傳：「晉士魴來乞師。季文子問師數於臧武仲，對曰：『伐鄭之役，知伯實來，下軍之佐也。今彘季亦佐下軍，如伐鄭可也。』從之。」

襄陵許氏曰：「悼公復興霸業而乞師，猶循厲之故事。元年而後，遂無乞師，則召兵而已矣。」

十有二月，仲孫蔑會晉侯、宋公、衛侯、邾子、齊崔杼，同盟于虛朾。

虛朾，地闕。

傳：「謀救宋也。宋人辭諸侯，而請師以圍彭城。」

襄陵許氏曰:「襄公不會,在喪故也。悼之所以仁諸侯也。」

丁未,葬我君成公。

傳:「書順也。」

杜氏注:「薨于路寢,五月而葬,國家安靜,世適承嗣,故曰書順也。」

卷 八

襄公名午，成公之子，定姒所生。謚法：「因事有功曰襄。」

元年，春，王正月，公即位。

於是襄公始生，四歲即位。

仲孫蔑會晉欒黶、宋華元、衛甯殖、曹人、莒人、邾人、滕人、薛人圍宋彭城。

案，楚已取彭城，封魚石。今彭城非復宋地，尚繫之宋。傳曰：「諸侯為宋討魚石，故稱宋且不登叛人也。」

臨江劉氏〔一〕曰：「齊國夏、衛石曼姑圍戚于戚，雖得其地，春秋不與也。」

石氏〔二〕曰：「楚為不道，獎亂助惡，雖得其地，不曰衛戚，不與齊、衛大夫助子圍父也。此仲孫蔑會晉、宋

〔一〕 臨江劉氏，北宋經學家劉敞。
〔二〕 石氏，北宋初學者石介，世稱「徂徠先生」，「泰山學派」創始人，著有徂徠集二十卷。

諸國大夫圍彭城則繫之宋，不與蠻荆取中國之地，以與叛臣也。此春秋微意之見於筆削者也。

傳：「彭城降晉，晉人以宋五大夫在彭城者歸，置諸瓠丘。齊人不會彭城，晉人以爲討。二月，齊太子光爲質於晉。」

夏，晉韓厥帥師伐鄭。

韓厥，公羊作「韓屈」，下同。鄭，鄭地，杜氏注：「在陳留襄邑縣東南。」

秋，楚公子壬夫帥師侵宋。

傳：「晉韓厥、荀偃帥諸侯之師伐鄭，入其郛，敗其徒兵於洧上。於是東諸侯之師次於鄀，以待晉師。晉師自鄭以鄀之師侵楚焦、夷及陳，晉侯、衛侯次于戚，以爲之援。楚子辛救鄭，侵宋，取犬丘。」

胡氏曰：「楚人釋君助臣，事已悖矣，晉於是降彭城以魚石等歸，遂伐鄭而諸侯次鄀援之，放義而行者也。楚子辛救鄭而經不書，鄭本爲楚以其君故，集矢於目，是以不貳于楚，棄華從夷，不能裁之以義，惟私欲之從，則鄭無可救之善，楚不得有能救之名，故削而不書。」

九月辛酉，天王崩。

邾子來朝。

冬，衛侯使公孫剽來聘。晉侯使荀罃來聘。

泰山孫氏[二]曰：「天王崩，邾子、晉、衛之來朝聘，皆不臣也。」

二年，春，王正月，葬簡王。

五月葬，速也。

鄭師伐宋。

楚令也。杜氏注：「以彭城故。」

夏，五月庚寅，夫人姜氏薨。

成公夫人齊姜也。

傳：「齊姜薨。初，穆姜擇美檟，以自爲櫬與頌琴，季文子取以葬。非禮也。婦，養姑者也，虧姑以成婦，逆莫大焉。」

六月庚辰，鄭伯睔卒。

傳：「鄭成公疾，子駟請息肩于晉。公曰：『楚君以鄭故，親集矢于其目，非異人任，寡人也。若背之，

[二] 泰山孫氏，北宋學者孫復。

是棄力與言，其誰暱我？免寡人，惟二三子！」

胡氏論鄭從楚，見上公子壬夫侵宋注。

晉師、宋師、衛甯殖侵鄭。

傳：「晉師侵鄭，於是子罕當國，子駟為政，子國為司馬，諸大夫欲從晉，子駟曰：『官命未改。』」

杜氏注：「宋雖非卿，於是子罕當國，師重故，序衛上。晉伐喪，非禮也。」

愚謹案，士匄侵齊，聞喪而還，春秋與之，則茲伐喪之罪不待貶而見矣。

秋，七月，仲孫蔑會晉荀罃、宋華元、衛孫林父、曹人、邾人于戚。

傳：「會于戚謀鄭故。孟獻子曰：『請城虎牢，以偪鄭。』知武子曰：『善。鄫之會，吾子聞崔子之言，今不來矣。滕、薛、小邾之不至皆齊故也。寡君之憂不惟鄭。罃將復於寡君，而請於齊。得請而告，吾子之功也。若不得請，事將在齊。吾子之請，諸侯之福也。豈惟寡君賴之？』」

己丑，葬我小君齊姜。

杜氏注：「齊，謚也。三月而葬，速。」

叔孫豹如宋。

叔孫豹，僑如之弟。傳：「通嗣君也。」

冬，仲孫蔑會晉荀罃、齊崔杼、宋華元、衛孫林父、曹人、邾人、滕人、薛人、小邾人于戚，遂城虎牢。

虎牢，故東虢之邑，鄭滅虢爲制邑，秦、漢爲成皋東有汜水，今孟州汜水縣有故虎牢城。

傳：「復會于戚，齊崔武子及滕、薛、小邾之大夫皆會，知武子之言故也。」

陸淳曰：「諸侯之大夫，取他國之邑，相與城之，非正也。城虎牢可以安中國，息征伐，故鄭人乃成于鄭也。」

愚謹案，虎牢所以不繫鄭者，鄭人背盟，棄信黨楚以爲中國患。悼公動天下之諸侯以討之，而負固自若，故從孟獻子之謀，城其巖邑以制之。以伯主而討不服從之國，地非鄭之所可私有，故彭城非宋有也。伯主爲宋討，則繫之宋。虎牢，鄭地也，以中國當討鄭而不繫之鄭，皆春秋明王制以示予奪之正也。

楚殺其大夫公子申。

傳：「公子申爲右司馬，多受小國之賂，以逼子重、子辛。楚人殺之。」

劉氏傳[一]：「嬰齊、壬夫畏其偪而殺之也。」

[一] 劉氏傳，北宋經學家劉敞所著劉氏春秋傳。

三年，春，楚公子嬰齊帥師伐吳。

傳：「楚子重伐吳，爲簡之師，使鄧廖帥組甲三百、被練三千以侵吳。吳人要而擊之，獲鄧廖。其能免者，組甲八十、被練三百而已。子重歸，吳人伐楚，取駕。子重病之，遇心疾而卒。」

許氏曰：「大臣相殘，又外結吳怨，共王之所以不振也。」

公如晉。

傳：「始朝也。」

蘇氏曰：「晉侯修禮於諸侯，故去其國都，與公盟于長樗，近晉之地。」

夏，四月壬戌，公及晉侯盟于長樗。公至自晉。

傳：「孟獻子相，公稽首。知武子曰：『天子在，而君辱稽首，寡君懼矣。』孟獻子曰：『以敝邑介在東表，密邇仇讎，寡君將君是望，敢不稽首？』」

愚謂，孟獻子，魯之賢大夫，尚不知君臣之義，以相其君，所謂不知先立乎其大者，春秋諸賢之同病也。

六月，公會單子、晉侯、宋公、衛侯、鄭伯、莒子、邾子、齊世子光。己未，同盟于雞澤。

雞澤，杜氏注：「在廣平曲梁縣西南。」任公輔曰：「案地譜，一名雞丘，今洛州永平縣。」

傳：「晉爲鄭服故，且欲修吳好，將合諸侯。使士匄告齊曰：『寡君以歲之不易，願與一二兄弟相見，以謀不協，請君臨之。』齊侯欲勿許，而難爲不協，乃盟于耏外。六月己未，同盟于雞澤。晉侯使荀會逆吳子于淮上，吳子不至。」

今案，晉悼公始合諸侯，尊王室而盟單子，與桓公首止、葵丘異矣，故書諸侯會。而「己未，同盟于雞澤」，所以譏其儕王官於諸侯，俾下同於歃血，其事不足乎揚，故不再言雞澤而例之於新城同盟之書也。

陳侯使袁僑如會。戊寅，叔孫豹及諸侯之大夫及陳袁僑盟。

傳：「楚子辛爲令尹，侵欲於小國。陳成公使袁僑如會求成，晉侯使和組父告于諸侯。秋，叔孫豹及諸侯之大夫及陳袁僑盟，陳請服也。」

穀梁傳：「諸侯盟，又大夫相與私盟，是大夫張也。故雞澤之會，諸侯始失正矣。」

泰山孫氏曰：「諸侯既盟，而袁僑至，無盟可也。己未，諸侯盟，戊寅，大夫又盟，是大夫強，諸侯始失政也。至溴梁之盟大夫盟而不復言諸侯之大夫，則政在大夫矣。」

胡氏曰：「陳久叛中國而從楚，不堪其侵欲，然後求盟于晉。悼公立已四年，復修霸業，其從之也不已晚乎？悼公盍亦增修德政而謂袁僑曰：『諸侯之盟，事畢矣。而吾子始來，若再刑牲歃血，要質鬼神，是瀆之也。且吾子以帝王之胄，習于禮義，害楚之政，去逆效順，此諸侯之願寡君之欲也』。雖微盟誓天地鬼神，實照

臨之，其惟同心，糾逖王慝厚禮遺之，使往報焉，足矣。奚必汲汲使大夫盟之哉！書『大夫及袁僑盟』，罪晉也。」

秋，公至自會。

冬，晉荀罃帥師伐許。

傳：「許靈公事楚，不會于雞澤。冬，晉知武子帥師伐許。」

四年，春，王三月己酉，陳侯午卒。

傳：「春，楚師爲陳叛故，猶在繁陽。韓獻子患之，言于朝曰：『文王帥殷之叛國以事紂，唯知時也。今我易之，難哉！』三月，陳成公卒。楚人將伐陳，聞喪乃止。陳人不聽命。夏，楚彭名侵陳。」

夏，叔孫豹如晉。

傳：「如晉，報知武子之聘也。」

秋，七月戊子，夫人姒氏薨。

姒，公羊作「弋」，下同。杜氏注：「成公妾，襄公母。姒，杞姓。」

傳：「定姒薨，不殯于廟，不虞，不卒哭？」初，季孫為己樹六檟於蒲圃東門之外。匠慶謂季文子曰：『子為正卿，而小君之喪不成。君長，誰受其咎？』匠慶請木，季孫曰：『略。』匠慶用蒲圃之檟，季孫不御。」

葬陳成公。

八月辛亥，葬我小君定姒。

襄陵許氏[二]曰：「傳載季文子欲不以夫人禮葬。定姒志復古也，而不得已於人，言卒夫人之觀，此踰月而葬，蓋禮略也。」

冬，公如晉。

傳：「公如晉聽政，晉侯享公。公請屬鄫，晉侯不許。孟獻子曰：『以寡君之密邇於仇讎，而願固事君，無失官命。鄫無賦於司馬，為執事朝夕之命敝邑，敝邑褊小，闕而為罪，寡君是以願借助焉。』晉侯許之。」

五年，春，公至自晉。

傳：「楚人使頓間陳而侵伐之，故陳人圍頓。」

[二] 襄陵許氏，北宋學者許翰。

卷八

三五九

夏，鄭伯使公子發來聘。

傳：「鄭子國來聘，通嗣君也。」

案，子國即子產之父，鄭僖公初即位。

叔孫豹、鄫世子巫如晉。

傳：「穆叔覿鄫太子於晉，以成屬鄫。書曰『叔孫豹、鄫世子巫如晉』，言比諸魯大夫也。」

劉氏傳：「此鄫世子巫也。曷爲與叔孫豹如晉？鄫屬於魯，爲之附庸，故相與往見于晉也。鄫曷爲爲附庸于魯？鄭不勝莒，魯之患，求爲附庸以自定。諸侯死社稷，正也。不能守其國，以卑其宗廟，鄫失正矣。天子建附庸，非天子命而私有之，魯失正矣。臣不能以矯其君，子不能以正其父，故曰『叔孫豹、鄫世子巫如晉』，猶吾大夫焉，交譏之。」

襄陵許氏曰：「天下無道，小役大、弱役強如此，春秋蓋傷之也。」

仲孫蔑、衛孫林父會吳于善道。

杜氏注：「魯、衛俱受命於晉，故不言及。二大夫往會之，故曰會吳。」

道，公、穀作「稻」。善道，吳地。穀梁曰：「吳謂善伊，謂稻緩。」

傳：「吳子使壽越如晉，辭不會于雞澤之故，且請聽諸侯之好。晉人將爲之合諸侯，使魯、衛先會吳且告

會期，故孟獻子、孫文子會吳於善道。」

襄陵許氏曰：「晉、楚爭衡，權之在吳，故晉急吳如此。」

案，成九年爲蒲之會，將以會吳而吳不至，故十五年諸侯之大夫會之于鍾離。前三年，悼公盟雞澤，使荀會逆吳子，而又不至，故此年使魯、衛先會之于善道。至秋戚之會，序吳于列而不復殊者，因其來會也。由此觀之，則凡序吳者，來會我也；殊吳者，往會之也。凡此，皆往會之也。悼公初立，其風聲所及，遠人慕之，故吳有志於親中國，辭謝雞澤之不會，而請聽後會之期。悼公告以會戚之期，而聽其自來足矣。至使魯、衛特往會之，則是以中國大邦而爲蠻夷屈，此二大夫會吳之所以特書也。

秋，大雩。

傳：「旱也。」

楚殺其大夫公子壬夫。

傳：「楚子討陳叛故，曰：『由令尹子辛實侵欲焉。』乃殺之。書曰『楚殺其大夫公子壬夫』，貪也。君子謂『楚共王於是乎不刑』。己則無信，而殺人以逞，不亦難乎？」

杜氏注：「共王伐宋，封魚石。背盟，敗于鄢陵。殺子反及公子甲、壬夫。八年之中殺三卿，故君子以爲不可。」

公會晉侯、宋公、陳侯、衛侯、鄭伯、曹伯、莒子、邾子、滕子、薛伯、齊世子光、吳人、鄫人于戚。

傳：「九月丙午，盟于戚，會吳且命戍陳也。穆叔以屬鄫爲不利，使鄫大夫聽命于會。楚子囊爲令尹。范宣子曰：『我喪陳矣！楚人討貳而立子囊，必改行而疾討陳。陳近于楚，民朝夕急，能無往乎？有陳，非吾事也，無之而後可。』」

愚謂，戚之會，因吳之來而命戍陳。自桓文以來所以服陳者，未聞以兵守之也。士匄知戍陳之非長策，是以有喪陳之歎。孔子曰：「遠人不服，則修文德以來之。既來之，則安之。」晉爲安陳之計如此，何以能保陳乎？

公至自會。

冬，戍陳。

傳：「諸侯戍陳。」

公會晉侯、宋公、衛侯、鄭伯、曹伯、齊世子光、楚公子貞帥師伐陳。公會晉侯、宋公、衛侯、鄭伯、曹伯、齊世子光救陳。

公羊曰：「曷爲不言諸侯戍之？離至不可得而序，故言我也。」

穀梁「曹伯」下有「莒子、邾子、滕子、薛伯」八字。

傳：「子囊伐陳。十一月甲午，會于城棣以救之。」

十有二月，公至自救陳。

書勞也。

辛未，季孫行父卒。

傳：「季文子卒。大夫入斂，公在位。宰庀家器為葬備。無衣帛之妾，無食粟之馬。」

六年，春，王三月壬午，杞伯姑容卒。

傳：「杞桓公卒。」

夏，宋華弱來奔。

傳：「宋華弱與樂轡少相狎，長相優，又相謗也。子蕩怒，以弓梏華弱于朝。平公見之，曰：『司武而梏于朝，難以勝矣！』遂逐之。司城子罕曰：『同罪異罰，非刑也。專戮于朝，罪孰大焉！』亦逐子蕩。

秋，葬杞桓公。

滕子來朝。

莒人滅鄫。

傳：「鄫恃賂也。」杜氏注：「鄫有貢賦之賂在魯，恃之而慢莒，故滅之。」

案，呂氏以爲鄫、莒小國而自相滅亡，蓋是時禮義衰絕，滅國之大惡以爲常事，皆目見之熟而莫之顧也。愚謂，晉女叔齊對平公治杞田之問，以爲武、獻以下兼國多矣，誰得治之。然則晉蓋吞滅之首也，固無以正諸侯之相滅。豈特目見之常事哉？宜晉悼雖賢，終無以戢諸侯之相滅也。

冬，叔孫豹如邾。

傳：「穆叔如邾，聘且修平。」

季孫宿如晉。

宿，行父之子。

傳：「晉人以鄫故，來討曰：『何故亡鄫？』季武子如晉見，且聽命。」

愚案，晉人不討莒而討魯，可謂偏矣。宜其無以正小國之罪也。

襄陵許氏曰：「魯既世卿而大夫無復三年之喪，哀典廢於下矣。」

十有二月，齊侯滅萊。

傳：「萊恃謀也。初，二年齊侯伐萊，萊人使正輿子賂夙沙衛以索馬牛，皆百匹，齊師乃還。五年四月，晏弱城東陽，而遂圍萊。甲寅，堙之環城，傳于堞。今年三月，王湫帥師及正輿子、棠人軍齊師，齊師大敗之。萊共公奔棠。晏弱圍棠。十一月丙辰而滅之。」

公羊傳:「國滅,君死之正也。」

七年,春,郯子來朝。

傳:「始朝公也。」

夏,四月,三卜郊,不從,乃免牲。

傳:「孟獻子曰:『吾乃今而後知有卜筮。夫郊祀后稷以祈農事也。是故啓蟄而郊,郊而後耕。今既耕而卜郊,宜其不從也。』」

小邾子來朝。

傳:「小邾穆公亦始朝公也。」

城費。

傳:「南遺爲費宰。叔仲昭伯爲隧正,欲善季氏而求媚於南遺,謂遺:『請城費,吾多與而役。』故季氏城費。」

費,今沂州費縣,季氏之邑。

胡氏傳:「行父相三君而無私積,固忠於公室,而不顧所食之邑也。行父卒,宿之不忠,遂專魯國之政,群小媚之,無故勞民,妄興是役,季氏益張,其後孔子行乎季孫,三月不違,至于帥師墮費,其越禮不度可知矣。然則

書『城費』乃履霜之戒,強私家弱公室之萌,據事直書而義自見矣。用人不惟其賢惟其世,豈不殆哉?」

秋,季孫宿如衛。

傳:「季武子如衛報子叔之聘,且辭緩報,非貳也。」

八月,螽。

冬,十月,衛侯使孫林父來聘。壬戌,及孫林父盟。

傳:「衛孫文子來聘,且拜武子之言,而尋孫桓子之盟。」

楚公子貞帥師圍陳。

十有二月,公會晉侯、宋公、陳侯、衛侯、曹伯、莒子、邾子于鄬。

傳:「楚子囊圍陳,會于鄬以救之。」杜氏注:「謀救陳。陳侯逃歸,故不書救。」

鄭伯髡頑如會,未見諸侯。丙戌,卒于〔二〕鄵。

公羊、穀梁「頑」作「原」,「鄵」作「操」。

〔二〕于,原作「子」,今據宋寶祐三年臨江軍庠刻本改。

公羊傳：「操者何？鄭之邑也。鄭伯將會諸侯于鄟，其大夫欲與楚。鄭伯曰：『不可。』於是弒之。曷爲不言大夫弒之？爲中國諱也。」

穀梁傳：「諸侯不生名，此其生名何？卒之名也。卒之名則曷爲加之如會之上？見以如會卒也。」鄭伯將會中國，其臣欲從楚，不勝其臣，弒而死。」

謹案，左氏傳：「子駟使賊夜弒僖公，而以瘧疾赴於諸侯。」考三傳之説，則鄭僖公之爲弒也，明矣。弒而書「卒」，若如左氏所言，而從其僞赴以隱之，是春秋之作乃爲亂臣賊子之地，而非彰善癉惡之書也。獨公羊、穀梁則主不使得加之説，然則春秋書「卒」而不書「弒」，其諸聖人之意，蓋出於此乎？夫中外逆順，天下之大分也。鄭僖欲去楚而返見弒，春秋爲賢者諱，蓋因其志于中國之善類，不幸而無臣以輔佐之，至于不得其死，聖人爲之隱其不幸，而成其考終命，所以垂世立教，廣爲善之門也。

陳侯逃歸。

傳：「陳人患楚。慶虎、慶寅謂楚人曰：『吾使公子黄往而執之。』楚人從之。二慶使告陳侯于會曰：『楚人執公子黄矣。君若不來，群臣不忍社稷宗廟，懼有二圖。』陳侯逃歸。」

胡氏傳：「諸侯戍陳，今楚令尹來伐，諸侯又救之，亦既勤矣。爲陳侯計者，下令國中，大中徹俗，立太子以固守，親聽命於諸侯，謀禦敵之策。當是時，晉君方明，八卿和睦，諸侯聽命，必能致力於陳矣。不此之顧，棄儀衛而逃歸，此匹夫之事耳。夫義，路也；禮，門也。輕棄中國，惟蠻夷之懼，是不能由是路出入是

門，故書『逃歸』以罪之。」

八年，春，王正月，公如晉。

傳：「公如晉，朝且聽朝聘之數。」

夏，葬鄭僖公。

鄭人侵蔡，獲蔡公子燮。

燮，穀梁作「濕」。

傳：「鄭子國、子耳侵蔡，獲蔡司馬公子燮。鄭人皆喜，惟子產不順，曰：『小國無文德而有武功，禍莫大焉。楚人來討，能勿從乎？從之，晉師必至。晉、楚伐鄭，自今鄭國不四五年弗得寧矣！』」

季孫宿會晉侯、鄭伯、齊人、宋人、衛人、邾人于邢丘。

邢丘，任公輔曰：「故邢國，河內平皋縣也。」邢自邢丘遷襄國，又遷夷儀。

傳：「會于邢丘以命朝聘之數，使諸侯之大夫聽命。季孫宿、齊高厚、宋向戌、衛甯殖、邾大夫會之。鄭

〔二〕挑，原作「桃」，今據宋寶祐三年臨江軍庠刻本改。

伯獻捷于會,故親聽命。」

穀梁傳:「見魯之失正也。公在而大夫會也。」

泰山孫氏曰:「邢丘之會,公在晉也。晉侯不與公會而與季孫宿會者,襄公微弱,政在季氏故也。晉爲盟主,棄其君而與臣,何以宗諸侯!此晉侯之惡亦可見矣。」

胡氏傳:「大夫稱『人』,貶也。昔周公戒成王以『繼自今我其立政立事』,夫不自爲政而委於臣下,是以國之利器示人,而不知寶也。朝聘,事之大者,重煩諸侯而使大夫聽命,無乃以姑息愛人而不由德乎?使政在大夫,而諸侯失國,又豈所以愛之也?夫豈一朝一夕之故哉?故貶諸大夫以謹之也。」

謹案,會而使大夫聽命,自齊桓北杏始。春秋之法,必辨等列,以大夫而會諸侯,未有不人之者,所以嚴君臣之分,謹上下之交,而革霸者苟且之政也。

公至自晉。

莒人伐我東鄙。

傳:「莒人伐我東鄙,以疆鄆田。」

謹案,莒人滅鄆而魯不敢爭,霸主不討,所以興伐魯,疆鄆田之師也。

秋，九月，大雩。

傳：「旱也。」

冬，楚公子貞帥師伐鄭。

傳：「楚子囊伐鄭，討其侵蔡也。子駟、子國、子耳欲從楚，子孔、子蟜、子展欲待晉。子駟曰：『民急矣，姑從楚以紓吾民。晉師至，吾又從之。犧牲玉帛，待於二竟，以待疆者而庇民焉。敵我無成，鄙我是欲，不可從也。』子展曰：『小所以事大，信也。五會之信，今將背之，雖楚救我，將安用之？親我無成，鄙我是欲，不可從也。』子駟曰：『詩云「謀夫孔多，是用不集。」請從楚，騑也受其咎。』乃及楚平。」

胡氏傳：「鄭介大國之間，若能任仁賢，明政刑，以禮法自守，而親比四鄰，必能保國。楚雖大，何畏焉？乃加兵于蔡，以怒楚，所謂不修德而有武功也。故國人皆喜，而子產獨不順，是以獲公子燮特書侵蔡以罪之。而公子貞來伐，鄭及楚平，不復書矣。平而不書，見鄭之屈服於楚而不信也。」

晉侯使士匄來聘。

傳：「晉范宣子來聘，且拜公之辱，告將用師于鄭。」

九年，春，宋災。

傳：「火」。天火曰災。來告故書。

夏,季孫宿如晉。

傳:「報宣子之聘。」

五月辛酉,夫人姜氏薨。

宣公夫人,成公母穆姜。

秋,八月癸未,葬我小君穆姜。

冬,公會晉侯、宋公、衛侯、曹伯、莒子、邾子、滕子、薛伯、杞伯、小邾子、齊世子光伐鄭。十有一月己亥,同盟于戲。

戲,鄭地。

傳:「諸侯伐鄭。甲戌,師于汜,令曰:『修器備,盛餱糧,歸老幼,居疾于虎牢,肆眚,圍鄭。』鄭人恐,乃行成。中行獻子曰:『遂圍之,以待楚人之救也,而與之戰。不然,無成。』知武子曰:『許之盟而還師,以敝楚人。吾三分四軍,與諸侯之銳以逆來者,於我未病,楚不能矣,猶愈于戰。暴骨以逞,不可以爭。大勞未艾,君子勞心,小人勞力,先王之制也。』乃許鄭成,同盟于戲。晉為載書曰:『自今日既盟之後,鄭國而不唯晉命是聽,而或有異志者,有如此盟。』公子騑趨進曰:『天禍鄭國,使介居二大國之間。大國不加德音,而亂以要之,無所底告。自今日既盟之後,鄭國不唯有禮與彊可以庇民者是從,而敢有異志者,亦如之。』

晉人不得志於鄭，以諸侯復伐之。門其三門，次于陰口而還。

胡氏傳：「善爲國者不師，善師者不陳，善陳者不戰。知武子明于善陳之法，以佐晉悼公，屢與諸侯伐鄭，

楚輒救之，而不與之戰，得善勝之之道矣。」

楚子伐鄭。

傳：「楚子伐鄭。子駟、子展曰：『吾盟固云：「惟強是從」』乃及楚平。」

十年，春，公會晉侯、宋公、衛侯、曹伯、莒子、邾子、滕子、薛伯、杞伯、小邾子、

齊世子光會吳于柤。

杜氏注：「吳子在柤，晉以諸侯往會之，故曰會吳。」

夏，五月甲午，遂滅偪陽。

偪，穀梁作「傳」。偪陽，杜氏注：「彭城傳陽縣。」今徐州沛縣。

傳：「晉荀偃、士匄請伐偪陽，而封宋向戌焉。荀罃曰：『城小而固，勝之不武，弗勝爲笑。』固請。丙

寅，圍之，弗克。諸侯之師久於偪陽，荀偃、士匄請於荀罃曰：『水潦將降，懼不能歸，請班師。』知伯怒，

投之以机，出于其間，曰：『女成二事而後告余。余恐亂命，以不女違。七日不克，必爾乎取之！』五月庚

寅,荀罃、士匄帥卒攻偪陽,親受矢石。甲午,滅之。以與向戌,向戌辭,乃予宋公。以偪陽子歸,獻于武宮,謂之夷俘。偪陽,妘姓也。使周内史選其族嗣,納諸霍人。

襄陵許氏曰:「晉之威德未能服遠,躬率諸侯涉楚會吳,而因道用師滅人之國,恃衆剽利,無復伯討,則中國之禮義盡矣。夫何以昭格荒服? 甚之,故日而志之也。」

公至自會。

穀梁傳:「會夷狄不致,惡事不致,此其致,何也? 存中國也。中國有善事,則并焉。無善事,則異之存之也。汲鄭伯,逃歸陳侯,致柤之會,存中國也。」范氏說有善事則并焉,猶侵蔡,蔡潰,遂伐楚是并也。無善事則異之,謂如今年會吳。甲午遂滅偪陽,若會與遂異也。

楚公子貞、鄭公孫輒帥師伐宋。

傳:「楚子囊、鄭子耳伐宋,師于訾母,圍宋門于桐門。」

晉師伐秦。

傳:「九年,秦景公使士雃乞師于楚,將以伐晉,楚子許之。秋,楚子師於武城,以爲秦援。秦人侵晉,晉饑,弗能報也。今年,晉荀罃伐秦,報其侵也。」

秋,莒人伐我東鄙。

傳：「莒人間諸侯之有事也，故伐我東鄙。」

公會晉侯、宋公、衛侯、曹伯、莒子、邾子、齊世子光、滕子、薛伯、杞伯、小邾子伐鄭。

傳：「諸侯伐鄭，齊崔杼使太子光先至于師，故長于滕。」

呂氏[一]曰：「齊世子光序諸侯上，主會者爲之也。春秋不改，所以示譏，言上下之無禮文，專以強弱事勢，爲先後也。」

冬，盜殺鄭公子騑、公子發、公孫輒。

騑，公羊、穀梁作「斐」。

傳：「初，子駟與尉止有争，子駟當國，子國爲司馬，子耳爲司空，子孔爲司徒。子師氏皆喪田焉，故五族聚群不逞之人，因公子之徒以作亂。於是子駟當國，尉止、司臣、侯晉、堵女父、子師僕帥賊以入，晨攻執政於西官之朝，殺子駟、子國、子耳。子孔知之，故不死。」

程氏傳[二]：「不稱大夫，失卿職也。」愚謂，鄭之從楚以勞中國，皆公子騑之罪也。鄭成公卒之初，諸大夫

[一] 呂氏，南宋學者呂本中。
[二] 程氏傳，北宋理學家程頤所著。

欲從晉矣，公子騑以官命未改止之。及鄭之役，僖公如會，以從中國而騑弒之。及楚子囊伐鄭，子展欲堅守以待晉，而騑請從楚以任其咎，故公子騑者，從逆之人，弒君之賊也。而公子發、公孫輒惟騑是從，惡積欲不可掩，鄭不能討而盜得殺之，所謂上慢下暴而致寇至，孔子以爲盜之招也。此所以不稱「殺其大夫」也與？

戍鄭虎牢。

傳：「諸侯之師城虎牢而戍之。晉師城梧及制，士魴、魏絳戍之。鄭及晉平。」

胡氏傳：「虎牢之城不繫鄭者，責在鄭也。戍而繫鄭者，罪諸侯也。」

愚謂，罪諸侯者，責霸主之寡謀。前年戍陳不能制楚以保陳矣，又蹈前轍而勞諸侯以戍守，罷敝中國，恃力逼小，豈霸主服人之道乎？故反繫之鄭以罪之。

楚公子貞帥師救鄭。

傳：「楚子囊救鄭。十一月，諸侯之師還鄭而南，至于陽陵，楚師不退。知武子欲退，曰：『今我逃楚，楚必驕，驕則可與戰矣。』欒黶曰：『逃楚，晉之恥也。合諸侯以益恥，不如死！我將獨進。』師遂進。與楚師夾潁而軍。子蟜曰：『諸侯既有成行，必不戰矣。從之將退，不從亦退。退，楚必圍我。猶將退也，不如從楚，亦以退之。』宵涉潁，與楚人盟。欒黶欲伐鄭師，荀罃不可，曰：『我實不能禦楚，又不能庇鄭，鄭何罪？不如致怨焉而還。今伐其師，楚必救之，戰而不克，爲諸侯笑。克不可命，不如還也。』丁未，諸侯之師

還，侵鄭北鄙而歸。楚人亦還。」

胡氏曰：「以『救』許楚，所以深罪諸侯不能保鄭，肆其陵逼，曾荊楚之不若也。」

公至自伐鄭。

襄陵許氏曰：「書楚救鄭而致公，知諸侯之避楚也。」

十有一年，春，王正月，作三軍。

杜氏注：「增立中軍。萬二千五百人爲軍。」

傳：「季武子將作三軍，告叔孫穆子曰：『請爲三軍，各征其軍。』穆子曰：『政將及子，子必不能。』武子固請之。穆子曰：『然則盟諸？』乃盟諸僖閎，詛諸五父之衢。正月，作三軍，三分公室而各有其一。三子各毀其乘。季氏使其乘之人，以其役邑入者，無征；不入者，倍征。孟氏使半爲臣，若子若弟。叔孫氏使盡爲臣，不然，不舍。」

正義曰：「往前，民皆屬公家，若非征伐，不屬三子，故三子自以其邑之民爲己之車乘。今既三分公室，所分得者，即是己有，故三家各自壞舊時車乘部伍，以足成三軍也。季氏使所分得國內三分有一之人，以其役與邑皆來入季氏者，則無公征。若不以役邑入季氏，則使公家倍征之役。今之丁也，邑賦稅也。設利害以驅民使人己耳，民畏倍征則盡歸季氏，所分得者無一人入公也。孟氏於子弟之中課取其一，又分半以歸公也。叔孫氏

使子弟盡爲己臣，唯以父兄歸公耳。故昭五年傳云：「季氏盡征之，叔孫氏臣其子弟。」言不臣父兄，取二分而二分歸公也。孟氏取其半，又如叔孫所取其中止取其半，以半歸公，取一分而歸公也。

呂氏曰：「孟氏稍弱，所以只使半爲臣；季氏強直，欲盡無公也。」

胡氏傳：「詩頌復古言『公車千乘』，又曰『公徒三萬』，則臣下無私民。若有侵伐，諸卿更帥以出，事畢則將歸于朝，車復于甸，甲散于丘，卒還于邑，將皆公家之臣，兵皆公家之衆，不相繫也。」文、宣以來，政在私門，襄公幼弱，季氏益張，廢公室之三軍，而三家各有其一，季氏盡征焉，而舊法亡矣，是以謂之『作』。明年，季孫宿救台遂入鄆，又其後享范獻子，而公臣不能具三耦，民不屬公可知矣。春秋書其『作』『舍』以見昭公失國，定公無正，以示兵權不司。去公室，有天下國家者之所宜鑒也。」

穀梁傳：「夏四月，不時也。四卜，非禮也。」

鄭公孫舍之帥師侵宋。

夏，四月，四卜郊，不從，乃不郊。

傳：「鄭人患晉、楚之故，諸大夫曰：『不從晉，國幾亡。楚弱於晉，晉不吾疾也。晉疾，楚將避之。何爲而使晉師致死于我，楚弗敢敵，而後可固與也。』子展曰：『與宋爲惡，諸侯必至，吾從之盟。楚師至，我又從之，則晉怒甚矣。晉能驟來，楚將不能，吾乃固與晉。』大夫說之，使疆場之司惡於宋。宋向戌侵鄭，大

獲。子展曰：『師而伐宋可矣。若我伐宋，諸侯之伐我必疾，吾乃聽命焉，且告于楚。楚師至，我又與之盟，而重賂晉師，乃免矣。』夏，鄭子展侵宋。

公會晉侯、宋公、衛侯、曹伯、齊世子光、莒子、邾子、滕子、薛伯、杞伯、小邾子伐鄭。

秋，七月己未，同盟于亳城北。

亳，公羊、穀梁作「京」。亳，任氏云：「即鄭地偪師也，故湯都。」

傳：「諸侯會于北林，師于向，觀兵于南門，西濟于濟隧。鄭人懼，乃行成。同盟于亳城北。范宣子曰：『不慎，必失諸侯。諸侯道敝而無成，能無貳乎？』乃盟，載書曰：『凡我同盟，毋薀年，毋壅利，毋保姦，毋留慝，救災患，恤禍亂，同好惡，獎王室。或間茲命，司慎司盟，名山名川，群神群祀，先王先公，七姓十二國之祖，明神殛之，俾失其民，隊命亡氏，蹐其國家。』」

胡氏曰：「既同而又叛從，子展之謀，欲致晉師而後與之也。故其載書雖有『隊命亡氏，蹐其國家』之言，渝之而不顧，噫！慢鬼神至此，而盟猶足恃乎？」

公至自伐鄭。

穀梁傳：「不以後致，盟後復伐鄭也。」

楚子、鄭伯伐宋。

傳：「楚子囊乞旅于秦，秦右大夫詹帥師從楚子，將以伐鄭，鄭伯逆之。丙子，伐宋。」

公會晉侯、宋公、衛侯、曹伯、齊世子光、莒子、邾子、滕子、薛伯、杞伯、小邾子伐鄭。會于蕭魚。

傳：「九月，諸侯悉師以復伐鄭。鄭人使良霄、大宰石㚟如楚，告將服于晉，曰：『孤以社稷之故，不能懷君。君若能以玉帛綏晉，不然則武震以攝威之，孤之願也。』楚人執之。諸侯之師觀兵于鄭東門，鄭人使王子伯駢行成。甲戌，晉趙武入盟鄭伯。冬十月丁亥，鄭子展出盟晉侯。十二月戊寅，會于蕭魚。庚辰，赦鄭囚，皆禮而歸之。納斥侯，禁侵掠。晉侯使叔肸告于諸侯。」

蘇氏[一]曰：「鄭與會也，自八年後晉、楚爭鄭，三年之間，晉人四以諸侯伐鄭，楚輒救之。晉用知罃之謀，未嘗與楚人戰，至是楚不能應，遂全師以服鄭，於是鄭固與晉二十餘年，楚不能爭，雖城濮之克，不能過也。」

程子傳[二]：「鄭不可信，而悼公推誠以待之不疑，至哉！誠之能感人也。自此鄭不背晉者，二十四年。」

臨江劉氏曰：「悼公之服鄭也有道，其信義著于諸侯，非一日之積，此善之可嘉者也。鄭伯之欲從中國也，

[一] 蘇氏，北宋文學家蘇轍。
[二] 程子傳，北宋理學家程頤所著。

亦非一日之積，逼于楚之強而未果，此不能之可矜者也。然則晉之取鄭，不始于會蕭魚之日，其信已在前矣。至其會也，諸侯以小安，中國以小安，是乃有貴乎！約信者也，其義不言而諭，不盟而一，故略其文以見其實，蓋春秋成人之美之意也。不以戰伐爲善，不以盟誓爲信，示以救災患，恤禍亂，同好惡，獎王室而遠人服矣。爲天下豈可以詐力哉！」

公至自會。

穀梁傳：「伐而後會，不以伐鄭致，得鄭伯之辭也。」

程子曰：「兵不加鄭，故書『至自會』。」

陸淳曰：「稱行人而執，以其事執也；不稱行人而執，以己執〔二〕也。」

許氏曰：「書楚執良霄，見楚之力盡於是矣。」

楚人執鄭行人良霄。

霄，穀梁作「宵」。

冬，秦人伐晉。

傳：「秦庶長鮑、庶長武帥師伐晉，以救鄭。鮑先入晉地，士魴禦之，少秦師而弗設備。秦、晉戰于櫟，

〔二〕執，原作「執」，今據宋寶祐三年臨江軍庠刻本改。

十有二年，春，王三月，莒人伐我東鄙，圍台。季孫宿帥師救台，遂入鄆。

台，穀梁作「邰」。杜氏注：「琅邪費縣有台亭。」

公羊傳：「大夫無遂事，此其言遂何？公不得爲政爾。」

穀梁傳：「受命而救邰，不受命而入鄆，惡季孫也。」

胡氏傳：「台在邦域之中，而專行之非有無君之心者，不敢爲也。」

夏，晉侯使士魴來聘。

傳：「晉士魴來聘，拜師也。」

秋，九月，吳子乘卒。

傳：「吳子壽夢卒，臨于周廟。」

泰山孫氏曰：「不書葬，以其稱王，罪大惡重，貶之也。」

冬，楚公子貞帥師侵宋。

傳：「楚子囊、秦庶長無地伐宋，師于揚梁，以報晉之取鄭也。」

公如晉。

傳：「晉師敗績，易秦故也。」

傳：「公如晉朝，且拜士魴之辱。」

夏，取邿。

傳：「邿，公羊作『詩』。」杜氏注：「邿，小國也，任城亢父縣有邿亭。」

邿，公羊作「詩」。師救邿，遂取之。」

秋，九月庚辰，楚子審卒。

冬，城防。

傳：「於是將早城，臧武仲請俟畢農事。」

許氏曰：「鄭役既息，魯政有裕，則知取邿以爲利，城防以爲安而已矣。」

十有四年，春，王正月，季孫宿、叔老會晉士匄、齊人、宋人、衛人、鄭公孫蠆、曹人、莒人、邾人、滕人、薛人、杞人、小邾人會吳于向。

傳：「吳侵楚，養由基奔命，子庚以師繼之。養叔曰：『吳乘我喪，謂我不能師也，必易我而不戒。子爲三覆以待我，我請誘之。』子庚從之。戰于庸浦，大敗吳師。吳告敗于晉，會于向，爲吳謀楚故也。」范宣子數吳

襄陵許氏曰：「四卿帥師，自成公始，二卿列會，自襄公始，大夫張也。」

二月乙未朔，日有食之。

夏，四月，叔孫豹會晉荀偃、齊人、宋人、衛北宮括、鄭公孫蠆、曹人、莒人、邾人、滕人、薛人、杞人、小邾人伐秦。

傳：「諸侯之大夫從晉侯伐秦，以報櫟之役也。晉侯待于竟，使六卿帥諸侯之師以進。及涇，不濟。衛北宮懿子見諸侯之師而勸之濟，濟涇而次。秦人毒涇上流，師人多死。至于棫林，不獲成焉。荀偃令曰：『雞鳴而駕，塞井夷竈，唯余馬首是瞻！』欒黶曰：『晉國之命，未是有也。余馬首欲東。』乃歸。伯游曰：『吾令實過，悔之何及？多遺秦禽。』乃命大還。晉人謂之遷延之役。」

己未，衛侯出奔齊。

「衛侯」下公羊有「衎」字。

傳：「衛獻公戒孫文子、甯惠子食，皆服而朝。日旰不召，而射鴻于囿。二子從之，不釋皮冠而與之言。二子怒。孫文子如戚，孫蒯入使。公飲之酒，使太師歌巧言之卒章。太師辭，師曹請為之。初，公有嬖妾，使師曹誨之琴，師曹鞭之。公怒，鞭師曹三百。故師曹欲怒孫子以報公。公使歌之，遂誦之。蒯懼，告文子。文

子曰：「君忌我矣，弗先，必死。」并帑于戚而入，見遽伯玉曰：「君之暴虐，子所知也。大懼社稷之隕，將若之何？」對曰：「君制其國，臣敢奸之？」遂行，從近關出。公使子蟜、子伯、子皮與孫子盟于丘宮，孫子皆殺之。公出奔齊，孫氏追之，敗公徒于阿澤。鄄人執之。及竟，公使祝宗告亡，且告無罪。定姜曰：「無神何告？若有，不可誣也。有罪，若何告無？舍大臣而與小臣謀，一罪也；先君有冢卿以爲師保，而蔑之，二罪也；余以巾櫛事先君，而暴妾使余，三罪也。告亡而已，無告無罪。」衛人立公孫剽，孫林父、甯殖相之，以聽命於諸侯。師曠侍于晉侯。晉侯曰：『衛人出其君，不亦甚乎？』對曰：『或者其君實甚。夫君，神之主而民之望也。若困民之主，匱神乏祀，百姓絕望，社稷無主，將安用之？天生民而立之君，使司牧之，勿使失性。有君而爲之貳，使師保之，勿使過度。自王以下，各有父兄子弟以補察其政。天之愛民甚矣。豈其使一人肆于民上，以縱其淫，而棄天地之性？必不然矣。』

杜氏注：「諸侯之策書孫、甯逐君，春秋以衛侯自取奔亡之禍，故諸失國者，皆不書逐之賊也。」

襄陵許氏曰：「逐之之惡，未有若林父者矣。鄭厲、衛惠猶以禮去者也。春秋之季，君弱臣強，衛獻出奔不名，所以抑強臣，定常君而存大義也。」

莒人侵我東鄙。

秋，楚公子貞帥師伐吳。

傳：「楚子爲庸浦之役，故子囊師于棠，以伐吳。吳不出而還。」

冬，季孫宿會晉士匄、宋華閱、衛孫林父、鄭公孫蠆、莒人、邾人于戚。

傳：「晉侯問衛故於中行獻子。對曰：『不如因而定之。衛有君矣，伐之，未可以得志而勤諸侯。史佚有言曰：因重而撫之。』君其定衛以待時乎！」對曰：「衛人立剽非正也，而謀定之則正，弗勝矣，謀定衛也。」

襄陵許氏曰：「衛人立剽非正也，而謀定之則正，弗勝矣，謀定衛也。愚，案前書衛侯之奔，此列孫林父於會，足見晉爲霸主，抑君而臣是助，其書于策則晉大失之，黨孫林父，罪惡具見。左氏所載師曠、中行偃之言，專罪其君，情可見矣。范宣子假羽毛于齊而弗歸，齊人始貳。」

十有五年，春，宋公使向戌來聘。二月己亥，及向戌盟于劉。

劉，魯地。

傳：「宋向戌來聘，且尋盟。」

襄陵許氏曰：「不盟于國而盟于劉，崇向戌，故公弱甚矣。」

劉夏逆王后于齊。

杜氏注：「劉，采邑。夏，名。」劉夏，天子之士也。

傳：「官師從單靖公逆王后于齊。卿不行，非禮也。」

常山劉氏〔二〕曰：「昏姻者，人倫之本；王后者，天下之母。劉夏非三公而逆后，是不重人倫之本，不尊天下之母，禮何以興而風化何以成乎？」

胡氏曰：「或曰天子必親迎。信乎？太上無敵于天下，雖諸父昆弟莫不臣，適四方，諸侯莫敢有其室。若屈萬乘之尊，遠行親迎之禮，則何無敵于天下之有？或曰王后所與共事天地、宗廟，繼萬世之重者，其禮當如何？使同姓諸侯主其詞，命卿往逆，公監之父母之國，諸卿皆送至于京師，舍而止，然後天子親迎以入，其納王后之禮乎？」

夏，齊侯伐我北鄙，圍成。公救成，至遇。

傳：「齊侯圍成，貳于晉故也，於是乎城成郛。」

公羊傳：「其言『至』何？不敢進也。」

常山劉氏曰：「武備不謹，成郛見圍，救患當速，乃復畏避，公之所爲可知矣。」

季孫宿、叔孫豹帥師城成郛。

常山劉氏曰：「由不能救成，故成郛見壞而城也。」詩曰：「迨天之未陰雨，徹彼桑土，綢繆牖戶。」孔子曰：

愚謂，待事之無及，敵去而後城，亦已晚矣。

〔二〕 常山劉氏，北宋學者劉絢。

「爲此詩者，其知道乎？」能治其國家，誰敢侮之。

秋，八月丁巳，日有食之。

悼公卒，政逮大夫之徵也。

邾人伐我南鄙。

傳：「邾人伐我南鄙，使告于晉。晉將爲會，以討邾、莒。晉侯有疾，乃止。」

襄陵許氏曰：「政在君則民一，民一則國強；政在臣則民二，民二則國弱。魯自文、襄失政，大夫益竊國柄，齊與邾、莒交伐，其國不競甚矣！則是無他故，民分於三桓故也。」

冬，十有一月癸亥，晉侯周卒。

傳：「冬晉悼公卒，遂不克會。」

十有六年，春，王正月，葬晉悼公。

踰月而葬，速也。

三月，公會晉侯、宋公、衛侯、鄭伯、曹伯、莒子、邾子、薛伯、杞伯、小邾子于溴梁。戊寅，大夫盟。

溴，水名。杜氏注：「出河內軹縣東南，至溫入河。」

蘇氏曰：「衛侯，剽也。二十五年，衛侯入于夷儀，衎也。二君皆稱衛侯，猶鄭突及忽皆稱鄭伯也。」

「葬晉悼公。平公即位，羊舌肸為傳，張君臣為中軍司馬，祁奚、韓襄、欒盈、士鞅為公族大夫。虞丘書為乘馬御。改服修官，烝于曲沃。警守而下，會于溴梁。晉侯與諸侯宴于溫，使諸大夫舞，曰：『歌詩必類！』齊高厚之詩不類。荀偃怒，且曰：『諸侯有異志矣！』使諸大夫盟高厚，高厚逃歸。于是叔孫豹、晉荀偃、宋向戍、衛甯殖、鄭公孫蠆、小邾之大夫盟曰：『同討不庭。』」

公羊傳：「諸侯在是，其言大夫盟何？信在大夫也。何言乎信在大夫？徧刺天下之大夫也。曷為徧刺天下之大夫？君若贅旒然。」

穀梁傳：「溴梁之會，諸侯失正矣。諸侯會，而曰大夫盟，正在大夫也。諸侯在，而不曰諸侯之大夫，大夫不臣也。」

胡氏傳：「上二年春會于向，十有三國之大夫也；夏，會伐秦，亦十有三國之大夫也；冬，會于戚，七國之大夫也。此三會皆國之大事也，而使大夫皆專之，而諸侯不與焉，是列國之君不自為政，弗躬弗親，禮樂征伐已自大夫出矣。況悼公既沒，晉平初立，無先公之明也。君若贅旒，而大夫張亦宜矣，夫豈一朝一夕之故哉？善惡積于至微而不可揜，常情忽于禾兆而弗預謀，荀偃怒大夫盟，而晉靖公廢，趙籍、韓虔、魏斯為諸侯之勢見矣。有國者謹于禮而不敢忽，此春秋以待後世之意也。」

晉人執莒子、邾子以歸。

傳:「命歸侵田。以我故,執邾宣公、莒犁比公,且曰:『通齊、楚之使。』」

臨江劉氏曰:「前此者,邾、莒交伐魯,晉將討焉未及而悼公卒。平公即位,會于溴梁,於是執邾、莒之君。此執有罪,何以不得為伯討?古之君子,正己而物正,先自治而後治人。晉侯之正未能以行其國而執人,固所以非伯討也。」

何氏注:「諸侯有罪,當歸京師,不得自治之,錄以『歸』,惡其專也。」

愚案,孔子曰:「天下有道,則禮樂征伐自天子出;無道,則禮樂征伐自諸侯出。」春秋之初,已自諸侯出矣。然莊十三年之前,皆諸侯出而權未一也。自齊桓既立,晉文繼霸,中國之政齊、晉專之,然猶在諸侯也。至今年以後,則皆自大夫出矣。故於此書「大夫盟」,著世變之益降也。

齊侯伐我北鄙。

夏,公至自會。

五月甲子,地震。

叔老會鄭伯、晉荀偃、衛甯殖、宋人伐許。

傳:「許男請遷于晉,諸侯遂遷許。許大夫不可,晉人歸諸侯。鄭子蟜聞將伐許,遂相鄭伯以從諸侯之師。穆叔從公,齊子帥師會晉荀偃。六月,次于棫林。伐許,次于函氏。」

襄陵許氏曰：「晉卿主兵，而先鄭伯，臣不可過君也。」

愚謂，許男有從中國之志，而大夫沮之，足以見一時之俗矣。

秋，齊侯伐我北鄙，圍成。

傳：「齊侯圍成，孟孺子速徼之。齊侯曰：『是好勇，去之以爲之名。』速遂塞海陘而還。」

大雩。

冬，叔孫豹如晉。

傳：「穆叔如晉，聘且言齊故。晉人曰：『以寡君之未禘祀，與民之未息。不然，不敢忘。』穆叔曰：『以齊人之朝夕釋憾於敝邑之地，是以大請！敝邑之急，朝不及夕，引領西望曰：「庶幾乎！」比執事之間，恐無及也！』見中行獻子，賦圻父。獻子曰：『偃知罪矣！敢不從執事以同恤社稷，而使魯及此？』見范[二]宣子，賦鴻鴈之卒章。宣子曰：『匄在此，敢使魯無鳩乎？』」

十有七年，春，王二月庚午，邾子牼卒。

牼，公羊、穀梁並作「瞷」。宣公也。

[二] 范，原作「楚」，今據宋寶祐三年臨江軍庠刻本改。

泰山孫氏曰:「前年魯人執邾子以歸,此書邾子牼卒者,晉人尋赦之也。」

宋人伐陳。

傳:「宋莊朝伐陳,獲司徒卬。」

夏,衛石買帥師伐曹。

傳:「衛孫蒯田于曹隧,飲馬于重丘,毀其瓶。重丘人閉門而詢之,曰:『親逐而君,爾父為厲。是之不憂,而何以田為?』夏,衛石買、孫蒯伐曹。曹人愬于晉。」

秋,齊侯伐我北鄙,圍桃。高厚帥師伐我北鄙,圍防。

傳:「齊人以其未得志于我故,秋,齊侯伐我北鄙,圍桃。高厚圍臧紇于防。師自陽關逆臧孫,至于旅松。鄫叔紇、臧疇、臧賈帥甲三百,宵犯齊師,送之而復。齊師去之。」

桃,公羊作「洮」。公、穀「高厚」上並有「齊」字。桃,杜氏注:「弁縣東南有桃虛。」

泰山孫氏曰:「三年之中君臣加兵于魯者四,齊之不道可知也。」

九月,大雩。

宋華臣出奔陳。

傳:「宋華閱卒。華臣弱皋比之室,使賊殺其宰華吳。賊六人以鈹殺諸盧門合左師之後。左師懼曰:『老

夫無罪。』賊曰：『皋比私有討于吳。』遂幽其妻，曰：『畀余而大璧。』宋公聞之曰：『臣也不唯其宗室是暴，大亂宋國之政，必逐之！』華臣出奔陳。」

冬，邾人伐我南鄙。

傳：「爲齊故也。」

十有八年，春，白狄來。

公羊傳：「曰狄者何？夷狄之君也。何以不言朝？不能朝也。」

劉氏傳：「蕃服于中國無事焉，其於天子世一見，則諸侯雖善其交際，不得而通也，是以春秋亦不與其朝。不與其朝者，所以懲淫慝，一內外也。周公致太平，越裳氏九譯而獻白雉。公曰：『君子德不及焉，不享其贄。』此乃天子而讓也。況列國之君守藩之臣乎？」

夏，晉人執衛行人石買。

傳：「晉人執衛行人石買于長子，執孫蒯于純留，爲曹故也。」

劉氏傳：「石買以君命聘于晉，晉人執之。晉能知石買之伐曹爲惡矣，而未能知孫氏逐君之爲惡也。蒯者，孫林父之子也。」

愚謹案，石買之執有三失焉：舍大而治小一也，行人非所執二也，不歸于京師三也。三者有一，不得爲伯

討，而況於兼而有之乎！

秋，齊師伐我北鄙。

穀梁作「齊侯」。

襄陵許氏曰：「四年之中，六伐鄙而四圍邑，又從邾、莒以助其虐，諸侯之陵暴未有若是者也。是以動天下之兵，幾亡其國。」

冬，十月，公會晉侯、宋公、衛侯、鄭伯、曹伯、莒子、邾子、滕子、薛伯、杞伯、小邾子同圍齊。

傳：「齊侯伐我北鄙，晉侯伐齊。冬十月，會于魯濟，尋溴梁之言，同伐齊。齊侯禦諸平陰，塹防門而守之，廣里。夙沙衛曰：『不能戰，莫如守險。』弗聽。諸侯之士門焉，齊人多死。范宣子告析文子曰：『吾知子，敢匿情乎？魯人、莒人皆請以車千乘自其鄉人，既許之矣。若入，君必失國。』子家以告公，公恐。齊侯登巫山以望晉師。晉人使司馬斥山澤之險，雖所不至，必旆而疏陳之。使乘車者左實右偽，以旆先，輿曳柴而從之。齊侯見之，畏其衆也，乃脫歸。丙寅晦，齊師夜遁。十一月丁卯朔，入平陰，遂從齊師。晉人欲逐歸者，魯、衛請攻險。己卯，荀偃、士匄以中軍克京茲。乙酉，魏絳、欒盈以下軍克邿。趙武、韓起以上軍圍盧，弗克。十二月戊戌，及秦周。伐雍門之萩。己亥，焚雍門及西郭、南郭。劉難、士弱率諸侯之師焚申池之竹木。

壬寅，焚東郭、北郭。齊侯駕，將走郵棠。太子與郭榮諫，太子抽劍斷鞅，乃止。甲辰，東侵濰南及沂。

孫氏曰〔一〕：「齊爲不道，數侵諸侯。言『同』者，諸侯同心疾齊也。」

程氏傳：「書『同圍』，見諸侯之惡齊。」

襄陵許氏曰：「環而攻之，焚其四郭，故謂之『圍』。曰『同圍齊』，言得罪于天下也。」

曹伯負芻卒于師。

襄陵許氏曰：「負芻之惡不容于堯舜之世，春秋書『卒』與『葬』，以刺王政之不行，著世之亂也。」

楚公子午帥師伐鄭。

傳：「鄭子孔欲去諸大夫，將叛晉而起楚師以去之。使告子庚，子庚弗許。楚子聞之，使揚豚尹宜告子庚曰：『國人謂不穀主社稷，而不出師，死不從禮。不穀即位，于今五年，師徒不出，人其以不穀爲自逸而忘先君之業矣。大夫圖之！其若之何？』子庚歎曰：『君王其謂午懷安乎？吾以利社稷也！』見使者，稽首而對曰：『諸侯方睦于晉，臣請嘗之。若可，君而繼之。不可，收師而退，可以無害，君亦無辱。』子庚師師治兵于汾。於是子蟜、伯有、子張從鄭伯伐齊，子孔、子展、子西守。二子知子孔之謀，完守入保。子孔不敢會楚師。楚師伐鄭，次于魚陵。右師城上棘，遂涉潁，次于旃然。蒍子馮、公子格率鋭師侵費滑、胥靡、獻于、雍

〔一〕 孫氏，北宋理學家孫複。

梁，右回梅山，侵鄭東北，至于蟲牢而反。子庚門于純門，信于城下而還，涉于魚齒之下，甚雨及之，楚師多凍，役徒幾盡。」

十有九年，春，王正月，諸侯盟于祝柯。

柯，公羊作「阿」。杜氏注：「祝柯縣。」今屬濟南郡。後漢志：「平原郡，祝柯。」地譜：「齊州禹城縣，齊邑。」

傳：「諸侯還自沂上，盟于督揚，曰：『大毋侵小。』」案，諸侯不序同圍之諸侯也。

晉人執邾子。

傳：「執邾悼公，以其伐我故。遂次于泗上，疆我田。取邾田，自漷水歸之于我。」

愚謂，政自大夫出，故前年執邾子以歸，以伐魯故也。邾人宜有所懲戒，而伐魯無忌如此，霸威之不足以令諸侯，可以自反矣。

臨江劉氏曰：「此其爲非伯討，奈何邾人伐魯，晉人疾之？執其君以劫其地。然則曷爲不言以歸？釋之也。曷爲釋之？未得其地，故劫之已得其地，故釋之。執君取地，不以王命，而皆出于大夫，何以服人心而正其罪乎？」

公至自伐齊。

胡氏傳：「同圍齊，以伐致何也？見齊靈無道，宜得諸侯之伐，而免其圍齊之罪辭也。春秋于此，有沮橫逆、抑強暴之意。孟子曰：『國必自伐，然後人伐之。自作孽，不可逭。』齊侯環之謂矣！」

取邿田，自漷水。

傳見上文注。

杜氏注：「取邿田，以漷水為界也。漷水出東海合鄉縣，西南經魯國至高平湖陸縣入泗。」

案，言取邿田則非魯之舊可知，異于濟西汶陽之取，而恃霸威以強取明矣。魯肆強奪，邿失漷水田而庶其界我相繼來奔，邿自是始衰亂矣。

季孫宿如晉。

傳：「如晉拜師。」

葬曹成公。

夏，衛孫林父帥師伐齊。

傳：「晉欒魴帥師從衛孫文子伐齊。」

謹案，欒魴不書，孫林父并將也。夫討強暴之罪，而使逐君之大夫尸其事，則晉何以服齊？故特書林父主

兵以罪之。

秋，七月辛卯，齊侯環卒。

環，公羊作「瑗」。

晉士匄帥師侵齊，至穀，聞齊侯卒，乃還。

傳：「士匄侵齊，及穀，聞喪而還，禮也。」

公羊傳：「還者何？善辭也。何善爾？大其不伐喪也。」

杜氏注：「詳録所至及還者，明其得禮。」

愚謂，將在軍，君命有所不受。三軍之進退，將實司之，總殺伐之柄，以臨有喪，君子所不忍，尚何煩請命以自累其作止乎？

八月丙辰，仲孫蔑卒。

曾子言孟莊子不改父之臣與政。臣者，使半爲臣之類，故傳記多稱獻子之賢，有足法也。

齊殺其大夫高厚。

傳：「齊侯娶于魯，曰顔懿姬，無子。其姪鬷聲姬，生光，以爲太子。諸子仲子、戎子。戎子嬖。仲子生牙，屬諸戎子。戎子請以爲太子。仲子曰：『不可。廢常，不祥，間諸侯，難。光之立也，列于諸侯矣。今無

故而廢之，是專黜諸侯，而以難犯，不祥也。君必悔之。」公曰：「在我而已。」遂東太子光。使高厚傅牙，以爲太子，夙沙衛爲少傅。齊侯疾，崔杼微逆光。疾病而立之。光殺戎子，尸諸朝。靈公卒[一]，莊公即位，執公子牙於句瀆之丘。以夙沙衛易己。衛奔高唐以叛。八月，崔杼殺高厚於灑藍而兼其室。」

謹案，殺高厚者，崔杼也。杼雖擅生殺之柄，亦莊公之所欲也。以累上之詞言之，可謂著明矣。

鄭殺其大夫公子嘉。

嘉，公羊作「喜」。

傳：「鄭子孔之爲政也專，國人患之，乃討西宮之難與純門之師。子孔當罪。甲辰，子展、子西帥國人伐之，殺子孔而分其室。」

胡氏傳：「嘉則有罪矣，子展、子西不能正以王法，肆諸市朝，與衆同棄，乃利其室而分之，有私意焉，故稱國以殺而不去其官，此春秋原情定罪之意。」

冬，葬齊靈公。

城西郛。

傳：「懼齊也。」

[一] 卒，原作「辛」，今據宋寶祐三年臨江軍庠刻本改。

叔孫豹會晉士匄于柯。

杜氏注：「魏郡內黃縣東北有柯城。」

傳：「齊及晉平，盟于大隧，故穆叔會范宣子于柯。穆叔見叔向，賦載馳之四章。叔向曰：『肹敢不承命？』」

城武城。

杜氏注：「泰山南武城縣。」

傳：「穆叔歸曰：『齊猶未也，不可以不懼。』乃城武城。」

二十年，春，王正月辛亥，仲孫速會莒人，盟于向。

傳：「春及莒平。孟莊子會莒人盟于向，督揚之盟故也。」杜氏注：「莒數伐魯，前年盟督揚，故二國自復盟結好。」

夏，六月庚申，公會晉侯、齊侯、宋公、衛侯、鄭伯、曹伯、莒子、邾子、滕子、薛伯、杞伯、小邾子，盟于澶淵。

杜氏注：「澶淵在頓丘縣南，一名繁汙，衛地。」案，唐置澶州，今屬開德府臨河縣。

傳：「盟于澶淵，齊成故也。」

襄陵許氏曰：「自文十四年新城之役，諸侯參盟則書『同』。同盟云者，名生于不足也。平公，祝柯、澶淵之盟不書『同』，此悼公之遺烈也與？」

秋，公至自會。

仲孫速帥師伐邾。

傳：「邾人驟至，以諸侯之事弗能報也。秋，孟莊子伐邾以報之。」

襄陵許氏曰：「祝柯之會既執邾子，又取其田，報亦足矣，而復伐之，譏已甚也。且澶淵在，彼何以盟為？」

蔡殺其大夫公子燮。

燮，穀梁作「溼」。

傳：「初，蔡文侯欲事晉曰：『先君與於踐土之盟，晉不可棄，且足弟也。』畏楚，不能行而卒。楚人使蔡無常，公子燮求從先君以利蔡。蔡人殺之。公子履，其母弟也，故出奔楚。」

胡氏傳：「公子燮謀國之合於義者也，國人乃不順焉而殺燮，此何罪矣？故稱國以殺而不去其官。履，其母弟，進不能正國，退不能遠害，懼禍而奔，從于蠻荊。書者，罪之也。」

陳侯之弟黃出奔楚。

黃，公羊、穀梁作「光」。

傳：「陳慶虎、慶寅畏公子黃之偪，愬諸楚曰：『與蔡司馬同謀。』楚人以爲討，公子黃出奔楚。書曰『陳侯之弟黃出奔楚』，言非其罪也。公子黃將奔，呼于國曰：『慶氏無道，求專陳國，暴蔑其君而去其親，五年不滅，是無天也。』」

襄陵許氏曰：「二慶執陳之權，外介大國以奔其君之弟，而哀公力不能正，則國何恃而不亡？」

叔老如齊。

傳：「齊子初聘于齊。」

冬，十月丙辰朔，日有食之。

季孫宿如宋。

傳：「季武子如宋，報向戌之聘也。」

二十有一年，春，王正月，公如晉。

傳：「公如晉拜師，及取邾田也。」

邾庶其以漆、閭丘來奔。

杜氏注：「二邑在高平南平陽縣東北有漆鄉，西北有顯閭亭。」任公輔曰：「兗州鄒縣即南平陽也。後漢山陽南平陽有漆亭，山陽南平陽有閭丘亭。」

傳：「邾庶其以漆、閭丘來奔。季武子以公姑姊妻之，皆有賜於其從者。於是魯多盜。季孫謂臧武仲曰：『子盍詰盜？』武仲曰：『不可詰也，紇又不能。』季孫曰：『我有四封，而詰其盜，何故不可？子為司寇，將盜是務去，若之何不能？』武仲曰：『子召外盜而大禮焉，何以止吾盜？庶其竊邑于邾以來，子以姬氏妻之，而與之邑，是賞盜也。賞而去之，其或難焉。紇也聞之，在上位者，洒濯其心，壹以待人，軌度其信，可明徵也，而後可以治人。夫上之所為，民之歸也。上所不為而民或為之，是以加刑罰焉，而莫敢不懲。若上之所為而民亦為之，乃其所也，又可禁乎？』庶其非卿也，以地來，雖賤必書，重地也。」

陸淳曰：「以地來，即叛也。不言叛，為內諱也，諱受叛臣也。」

劉氏傳：「漆一邑也，閭丘一邑也，曷為不言及？公邑言及，私邑不言及。私邑者，所受於君，食之者也。公邑者，非食之者也。」

胡氏傳：「小國之大夫不書其姓氏，微也。其以事接我則書，謹之也。莒慶以大夫即魯而圖昏，接我不以禮者也。邾庶其以地叛其君而來奔，接我不以義者也。書『來奔』而魯受叛臣、納其地之罪亦見矣。」

夏，公至自晉。

秋，晉欒盈出奔楚。

傳：「欒黶娶于范宣子，生盈。欒黶死也，怨欒氏，故與欒盈爲公族大夫而不相能。桓子卒，欒祁與其老州賓通，幾亡室矣。懷子患之。祁懼其討也，愬諸宣子曰：『盈將爲亂，以范氏爲死桓主而專政矣，曰：「吾父逐鞅也，不怒而以寵報之，又與吾同官而專之，吾父死而益富。死吾父而專于國，有死而已，吾蔑從之矣。」』其謀如是，懼害於主，吾不敢不言。」范鞅爲之徵。懷子好施，士多歸之。宣子畏其多士也，信之。懷子爲下卿，宣子使城著而遂逐之。秋，欒盈出奔楚。」

劉氏意林[二]不以范匄逐之爲文，而以盈之自出爲說，使盈無可逐之釁，則匄不得逐矣。盈之失難知，此春秋所以深探其情而大正其本也。道莫難于治天下，而天下之治在國，國之治在家，家之治在身，身不治，國家不可得而治也。詩之首二南，書之首堯舜皆原于此矣。春秋述堯、舜者也，是以謹于人道之始，閨門之内。易曰：「閑有家，悔亡。」家之不閑，悔不亦宜乎？

九月庚戌朔，日有食之。

冬，十月庚辰朔，日有食之。

襄陵許氏曰：「比年食，今又比月食，蓋此八年之間而日七食，禍變重矣。」

[二] 劉氏意林，宋劉敞撰劉氏春秋意林。

曹伯來朝。

曹武公來朝，即位而來見也。

公會晉侯、齊侯、宋公、衛侯、鄭伯、曹伯、莒子、邾子于商任。

傳：「會于商任，錮欒氏也。」

襄陵許氏曰：「欒氏之出，非其罪也。徒以權臣私相忌惡，何有于國！平公受其激怒，勤動諸侯，以逞范鞅之積憾，必欲使盈無所容於世，故盈發憤卒興禍亂，此皆以私敗公，足以為古今之至戒也！」

夏，四月。

二十有二年，春，王正月，公至自會。

秋，七月辛酉，叔老卒。

冬，公會晉侯、齊侯、宋公、衛侯、鄭伯、曹伯、莒子、邾子、薛伯、杞伯、小邾子于沙隨。

公羊、穀梁「邾子」下有「滕子」。

傳：「秋，欒盈自楚適齊。晏平仲言于齊侯曰：『商任之會，受命于晉。今納欒氏，將安用之？小所以事大，信也。失信不立，君其圖之。』弗聽。退而告人曰：『君人執信，臣人執共，忠信篤敬，上下同之，天之

道也。君自棄也，弗能久矣！」冬，會于沙隨，復錮欒氏也。欒盈猶在齊，晏子曰：「禍將作矣！齊將伐晉，不可以不懼！」

胡氏傳：「古者大夫去國，君不掃其社稷，不係纍其子弟，不收其田邑，使人導之出疆，又先於其所往勑五典，厚人倫也。今晉不念欒氏世勳而逐盈，又將搏執之，而命諸侯無得納焉，何其已甚！楚逐申公巫臣，子反請以重幣錮之，楚子曰：『止。彼若能利國家，雖重幣，晉將可乎？若無益于晉，晉將棄之，何勞錮焉？』其賢於商任、沙隨之謀遠矣。」

公至自會。

楚殺其大夫公子追舒。

傳：「楚觀起有寵於令尹子南，禾益祿而有馬數十乘。楚人患之，王將討焉。子南之子弃疾為王御士，王每見之，必泣。王曰：『令尹之不能，爾所知也。國將討焉，爾其居乎？』對曰：『父戮子居，君焉用之？泄命重刑，臣亦不為。』王遂殺子南于朝，轘觀起于四竟。子南之臣謂弃疾：『請徙子尸於朝。』曰：『君臣有禮，唯二三子。』三日，弃疾請尸，王許之。既葬，其徒曰：『行乎？』曰：『吾與殺吾父，行將焉入？』曰：『然則臣王乎？』曰：『棄父事讎，吾不忍也。』遂縊而死。」

劉氏傳：「追舒之為人臣也足以殺其身矣。然而楚子與人之子謀其父，其刑已甚，不可以行乎天下，故稱

二十有三年，春，王二月癸酉朔，日有食之。

三月己巳，杞伯匄卒。

傳：「杞孝公卒。」

夏，邾畀我來奔。

畀，公羊作「鼻」。杜氏注：「畀我，庶其之黨。」

泰山孫氏曰：「書『畀我來奔』，惡內也。惡鄉受邾叛人邑，今又納邾叛人也。」

葬杞孝公。

陳殺其大夫慶虎及慶寅。陳侯之弟黃自楚歸于陳。

傳：「陳侯如楚。公子黃愬二慶于楚，楚人召之。使慶樂往，殺之。慶氏以陳叛。夏，屈建從陳侯圍陳。陳人城，板隊而殺人。役人相命，各殺其長，遂殺慶虎、慶寅。楚人納公子黃。」

穀梁傳：「稱國以殺，罪累上也。『及慶寅』，慶寅累也。」

呂氏曰：「慶虎、慶寅之罪不等，故言『及』也。」

胡氏：「人君擅一國之利勢，使權臣暴蔑其身而不能保，欲去其親而不能遠，譖愬之於大國而不能辨，至

晉欒盈復入于晉，入于曲沃。

曲沃在河東聞喜縣。

劉氏傳：「曲沃，欒氏之邑也。然則曷爲不言叛？非叛者也，劫衆以敵君，直亂而已矣。」

傳：「晉將嫁女于吳，齊侯使析歸父媵之，以藩載欒盈及其士，納諸曲沃。欒盈帥曲沃之甲，因魏獻子，以晝入絳。初，欒盈佐魏莊子於下軍，獻子私焉，故因之。樂王鮒侍坐于范宣子，或告曰：『欒氏至矣。』宣子懼。樂王鮒曰：『奉君以走固宮，必無害也。且欒氏多怨，子爲政，欒氏自外，子在位，其利多矣。既有利權，又執民柄，將何懼焉？欒氏所得，其唯魏氏乎，而可強取也。夫克亂在權，子無懈矣。』公有姻喪，王鮒使宣子墨縗冒絰，二婦人輦以如公，奉公以如固宮。范鞅逆魏舒，則成列既乘，將逆欒氏矣。趨進，曰：『欒氏帥賊以入，鞅之父與二三子在君所矣，使鞅逆吾子。鞅請驂乘持帶。』遂超乘，右撫劍，左援帶，命驅之出。僕請，鞅曰：『之公。』宣子逆諸階，執其手，賂之以曲沃。初，欒盈佐魏莊子於下軍，獻子私焉，故因之。樂王鮒侍坐于范宣子氏乘公門。宣子謂鞅曰：『矢及君屋，死之！』鞅用劍以帥卒，欒氏退。欒盈奔曲沃，晉人圍之。」

蘇氏曰：「欒盈自齊入于曲沃，不言自齊，何也？齊之納欒盈，非以兵納之也，譬如盜賊私納之耳。」

胡氏傳：「『復入』者，甚逆之詞，爲其既絕而復入也。曲沃者，所食之地。當是時，權寵之臣各以利誘

因夷狄之力然後能克，則非君人之道也。故二慶之死，稱國以殺，公子黃之出特以『弟』書者，譏歸陳侯也。」

其下，使爲之用，至于殺身而不避，莫知有君臣之分者也。故聞語欒孺子者，則或歎或泣，而樂爲之死。盈從之，遂入絳，乘公門。若非天棄欒氏，又有范鞅之謀，晉亦殆矣。原其失在于錮之甚急，使無所容，是以至此極，春秋備書以見人而不仁，疾之已甚，亂也。其爲後世鑒，豈不深切著明也哉！」

秋，齊侯伐衛，遂伐晉。

傳：「齊侯伐衛。自衛將遂伐晉。晏平仲曰：『君恃勇力以伐盟主，若不濟，國之福也。不德而有功，憂必及君。』崔杼諫曰：『不可。臣聞之，小國間大國之敗而毀焉，必受其咎。君其圖之！』弗聽。陳文子見崔武子曰：『將如君何？』武子曰：『吾言于君，君弗聽也。以爲盟主，而利其難。羣臣若急，君於何有？于姑止之。』文子退。告其人曰：『崔子將死乎！謂君甚，而又過之，不得其死。過君以義，猶自抑也，況以惡乎？』齊侯遂伐晉，取朝歌，爲二隊，入孟門，登太行，張武軍于熒庭，成郫邵，封少水，以報平陰之役乃還。」

八月，叔孫豹帥師救晉，次于雍榆。

襄陵許氏曰：「齊間欒氏之難，故能得志於晉。而莊公禍亂之成，著于此矣。書齊侯，本其惡也。」

榆，公羊、穀梁作「渝」。杜氏曰：「汲郡朝歌縣東有雍城。」

常山劉氏曰：「晉有欒盈之難，重以齊侯之伐，魯命豹帥師救之，斯義事也。豹反怠棄君命，不恤同姓之

憂，次于雍榆，卒不克救，豹罪明矣。」

蘇氏曰：「聶北之役，先言次而後言救，接兵待時，卒能救邢，故以救終之也。雍榆之役，先言救而後言次，以救晉出兵，而盤桓于雍榆，不及于事，故以次終之也。」

己卯，仲孫速卒。

杜氏注：「孟莊子也。」

冬，十月乙亥，臧孫紇出奔邾。

傳：「季武子無適子，公彌長而愛悼子，欲立之。訪于申豐，申豐趨退。訪于臧紇，紇曰：『飲我酒，吾為子立之。』季氏飲大夫酒，臧紇為客。既獻，臧孫命北面重席，新樽絜之。召悼子，降，逆之。及旅，而召公鉏，使與之齒，季孫失色。季氏以公鉏為馬正，慍而不出。閔子馬見之，曰：『子無然。禍福無門，唯人所召。為人子者，患不孝，不患無所。敬共父命，何常之有？若能孝敬，富倍季氏可也。姦回不軌，禍倍下民可也。』公鉏然之，敬共朝夕，恪居官次。季孫喜，使飲己酒，而以具往，盡舍旃。故公鉏氏富，又出為公左宰。孟孫惡臧孫，季孫愛之。孟氏之御騶豐點好羯也，曰：『從吾言，必為孟孫。』再三云，羯從之。孟莊子疾，豐點謂公鉏：『苟立羯，請讎臧氏。』公鉏謂季孫曰：『孺子秩，固其所也。若羯立，則季氏信有力於臧氏矣。』弗應。已卯，孟孫卒。公鉏奉羯立于戶側。季孫至，曰：『秩焉在？』公鉏曰：『羯在此矣。』季孫曰：『孺子長。』公鉏曰：『何長之有？惟其才也。且夫子之命也。』遂立羯。秩奔邾。臧孫入，哭甚哀，多涕。出，其御曰：『孟孫之惡子也，而哀如是。季孫若死，其若之何？』臧孫曰：『季孫之愛我，疾疢也。孟孫之惡我，藥石也。美疢不如惡石。夫石猶生我，疢之美，其毒滋多。孟孫死，吾亡無日矣。』孟氏閉

門，告于季孫曰：『臧氏將爲亂，不使我葬。』季孫聞之，戒。冬十月，孟氏將辟，藉除於臧氏。臧孫使正夫助之，除於東門，甲從己而視之。孟孫又告季孫。季孫怒，命攻臧氏。己亥，臧紇斬鹿門之關，以出奔邾。」

杜氏注：「阿順季氏爲之廢長立少，以取奔亡，書『奔』，罪之。」

晉人殺欒盈。

傳：「晉人克欒盈于曲沃，盡殺欒氏之族黨。」

公羊傳：「曷爲不言殺其大夫？非其大夫也。」

泰山孫氏曰：「不言其大夫者，欒盈出奔楚，當絕也。稱人以殺，從討賊詞。」

齊侯襲莒。

杜氏注：「輕行掩其不備曰襲。」

傳：「齊侯還自晉，不入。遂襲莒，門于且于，傷股而退。明日將復戰，期于壽舒。杞殖、華還載甲，夜入且于之隧，宿于莒郊。明日，先遇莒子于蒲侯氏。莒子親鼓之，從而伐之，獲杞梁。莒人行成。」

高郵孫氏[二]曰：「以強攻弱，又掩其不備焉。書曰『齊侯襲莒』，蓋侵伐之中而罪之尤者也。」

[二] 高郵孫氏，北宋學者孫覺。

二十有四年,春,叔孫豹如晉。

仲孫羯帥師侵齊。

傳:「孟孝伯侵齊,晉故也。」

夏,楚子伐吳。

傳:「楚子為舟師以伐吳,不為軍政,無功而還。」

秋,七月甲子朔,日有食之,既。

傳:「春秋三書日食既,桓三年以周桓興,宣八年以楚莊興,至是而中國諸侯皆受盟于楚矣。」

齊崔杼帥師伐莒。

襄陵許氏曰:「齊侯既伐晉而懼,將欲見楚子。楚子使遠啓強如齊聘且請期。秋,齊侯聞將有晉師,使陳無宇從遠啓強如楚,辭,且乞師。崔杼帥師送之,遂伐莒侵介根。」

大水。

襄陵許氏曰:「夷儀之會以水不克,伐齊則知水之所被廣矣,非特魯之災也。」

八月癸巳朔,日有食之。

漢五行志曰:「董仲舒以為比食又既,象陽將絕,蠻荊主上國之象也。後六君弒,楚子伐鄭,滅舒鳩,魯

公會晉侯、宋公、衛侯、鄭伯、曹伯、莒子、邾子、滕子、薛伯、杞伯、小邾子于夷儀。

夷儀，見僖元年注。

傳：「會于夷儀，將以伐齊，水，不克。」

冬，楚子、蔡侯、陳侯、許男伐鄭。

傳：「楚子伐鄭以救齊，門于東門，次于棘澤。諸侯還，救鄭。楚子自棘澤還，使薳啓彊帥師送陳無宇。」

襄陵許氏曰：「夷儀之師，不能正齊之亂，而徒致棘澤之役，以爲鄭難，則其救不足錄矣。」

公至自會。

陳鍼宜咎出奔楚。

傳：「陳人復討慶氏之黨，鍼宜咎出奔楚。」

襄陵許氏曰：「鍼宜咎之事無聞焉爾，而以慶氏黨逐，則其人亦可知矣。易曰：『比之匪人，不亦傷乎？』」

叔孫豹如京師。

侯朝之，卒主中國。」

傳:「齊人城郟,穆叔如周,聘且賀城。王嘉其有禮也,賜之大路。」

襄陵許氏曰:「自宣九年,仲孫蔑如京師,其後五十餘年,乃始有叔孫豹以穽書也。蓋自是不書聘王矣。」

大饑。

穀梁傳:「五穀不升為大饑。一穀不升謂之嗛,二穀不升謂之饑,三穀不升謂之饉,四穀不升謂之康,五穀不升謂之大侵。大侵之禮,君食不兼味,臺榭不塗,弛侯,廷道不除,百官布而不制,鬼神禱而不祀,此大侵之禮也。」

胡氏傳:「古者救荒之政,若國凶荒,或發廩以賑之,或移粟以通用,或徙民以就食,或為粥餳以救餓莩,緩刑舍禁,弛力薄征,索鬼神,除盜賊,殺禮物而不備,雖有旱乾水溢,民無菜色,所以備之者如此其至。是年秋有陰沴之災,而冬大饑,蓋所以賑業之者,有不備矣,故書之以為戒。」

二十有五年,春,齊崔杼帥師伐我北鄙。

傳:「崔杼伐我北鄙,報孝伯之師也。公患之,使告于晉。孟公綽曰:『崔子將有大志,不在病我,必速歸,何患焉!其來也不寇,使民不嚴,異于他日。』齊師徒歸。」

夏,五月乙亥,齊崔杼弒其君光。

傳:「齊棠公之妻,東郭偃之姊也。棠公死,偃御武子以弔焉。見棠妻而美之,使偃取之。莊公通焉,驟

如崔氏。崔子因是，又以其間伐晉也，曰：『晉必將報。』欲弒公以說于晉，而不獲間。公鞭侍人賈舉而又近之，乃爲崔子間公。夏五月，莒爲且于之役故，莒子朝于齊。甲戌，饗諸北郭。崔子稱疾不視事。乙亥，公問崔子，遂從姜氏。姜入于室，與崔子自側戶出。侍人賈舉止眾從者，而入閉門。甲興，公登臺而請，弗許。請自刃于廟，弗許。皆曰：『君之臣杼疾病，不能聽命。陪臣干撟有淫者，不知二命。』公踰牆，又射之，中股，反隊，遂弒之。賈舉、州綽、邴師、公孫敖、封具、鐸父、襄伊、僂堙皆死。晏子立于崔氏之門外，其人曰：『死乎？』曰：『獨吾君也乎哉，吾死也？』曰：『行乎？』曰：『吾罪也乎哉，吾亡也？』曰：『君死，安歸？君民者，豈以陵民？社稷是主。臣君者，豈爲其口實？社稷是養。故君爲社稷死，則死之；爲社稷亡，則亡之。若爲己死而爲己亡，非其私暱，誰敢任之？且人有君而弒之，吾焉得死之，而焉得亡之？將庸何歸？』門啟而入，枕尸股而哭之，興，三踊而出。慶封爲左相，盟國人于大宮，曰：『所不與崔、慶者。』晏子仰天歎曰：『嬰所不唯忠于君利社稷者是與，有如上帝！』乃歃。太史書曰：『崔杼弒其君。』崔子殺之。其弟嗣書而死者二人。其弟又書，乃舍之。南史氏聞大史盡死，執簡以往，聞既書矣，乃還。

胡氏傳：「莊公見弒，賈舉、州綽十人皆死之而不得以死節稱，何也？所謂死節者，以義事君，責難陳善，有所從違而不苟者也。若此十人者，獨以勇力聞，皆逢君之惡，從于昏亂，而莊公嬖之者，死非其所，比諸匹夫匹婦自經於溝瀆而莫之知者，猶不逮也。雖殺身不償責，安得

以死節許之哉？」

襄陵許氏曰：「齊莊勢陵大邦，衆暴小國而又躬亂巨室，淫肆不君，故使崔杼因民不忍以與敵市，此足以爲世鑒矣。」

公會晉侯、宋公、衛侯、鄭伯、曹伯、莒子、邾子、滕子、薛伯、杞伯、小邾子于夷儀。

傳：「晉侯濟自泮，會于夷儀，伐齊，以報朝歌之役。齊人以莊公說，使隰鉏請成。慶封如師，男女以班。賂晉侯以宗器、樂器；自六正、五吏、三十帥、三軍之大夫、百官之正長、師旅及處守者，皆有賂。晉侯許之。使叔向告于諸侯。」

泰山孫氏曰：「晉再合諸侯將伐齊，齊人懼，弒莊公以求成，晉侯許之。八月己巳，諸侯同盟于重丘是也，莊公復背澶淵之盟，加兵晉、衛，信不道矣。然齊人弒莊公以求成，逆之大者，晉侯不能即而討之，以正齊國之亂，曷以宗諸侯哉？宜乎！大夫日熾，自是卒不可制也。」

胡氏傳：「夫晉本爲報朝歌之役來討，及會夷儀，既聞崔杼之弒，則宜下令三軍建而復旆，問齊人以莊公之故，執崔杼而戮之，謀于齊衆，置君以定其國，示天討之義，則方伯連帥之職修矣。今乃知罪不討，而受其賂，則是與之同情也，故春秋治之，如下文所貶云。」

六月壬子，鄭公孫舍之帥師入陳。

傳：「初，陳侯會楚子伐鄭，當陳隧者，井[二]堙、木刊。鄭人怨之。六月，鄭子展、子產帥車七百乘伐陳，宵突陳城，遂入之。陳侯扶其太子偃師奔墓。子展命師無入公宮，與子產親御諸門。陳侯使司馬桓子賂以宗器，陳侯免，擁社。使其眾，男女別而纍，以待於朝。子展執縶而見，再拜稽首，承飲而進獻。子美入，數俘而出。祝祓社，司徒致民，司馬致節，司空致地，乃還。」

秋，八月己巳，諸侯同盟于重丘。

重丘，在曹州，乘氏縣有故城。

傳：「同盟于重丘，齊成故也。」

胡氏傳：「崔杼既弒其君，晉侯受其賂，而許之成，故盟于重丘，特書曰同。」

或曰：「同盟之書，自幽以來皆假王制以約束諸侯，何獨此盟罪之之深，如胡氏之言乎？」愚案，二幽之盟，合諸侯以共尊周，而諸侯聽命也。重丘之盟合諸侯將以討齊，乃受賂而釋之，且列弒君之齊于盟也。天下之惡孰大於是？即其所同之實而觀之，晉侯之罪亦一齊也，故曰一美一惡無嫌于同。

公至自會。

[二] 井，原作「并」，今據宋寶祐三年臨江軍庠刻本改。

衛侯入于夷儀。

杜氏注：「夷儀本邢地，衛滅邢而爲衛邑，晉愍衛衍失國，使衛分之一邑。」

傳：「晉侯使魏舒宛沒逆衛侯，將使衛與之夷儀。崔杼止其帑，以求五鹿。八月，衛侯獻公入于夷儀。」

胡氏傳：「鄭伯突入于櫟，衛侯入于夷儀，其入則一。或名或不名者，何也？鄭伯奪正以立，而國人之，諸侯助之，不知其義不可以有國也，故特書其名，著王法以絕之。衛侯蔑其冢卿，失國出奔，固不爲無罪矣。然有世叔儀以守，有母弟鱄以出，或撫其內，或營其外，有歸道焉，其義猶未絕也，故止書其爵而不名。及甯喜弒剽，復歸于衛，然後書名，此聖人侯其改過遷善，不輕絕人之意。」

楚屈建帥師滅舒鳩。

傳：「二十四年，吳人爲舟師之役，故召舒鳩人，舒鳩人叛楚。楚子師于荒浦，使沈尹壽與師祁黎讓之。舒鳩子敬逆二子，而告無之，且請受盟。二子復命，王欲伐之。蒍子曰：『不可。彼告不叛，且請受盟，而又伐之，伐無罪也。姑歸息民，以待其卒。卒而不貳，吾又何求？若猶叛我，無辭有庸。』乃還。二十五年，楚蒍子馮卒，屈建爲令尹。舒鳩人卒叛，令尹子木伐之，及離城。吳人救之，大敗，遂圍舒鳩。八月，楚滅舒鳩。」

冬，鄭公孫夏帥師伐陳。

夏，公羊作「曩」。

傳：「鄭子產獻捷于晉，晉人受之。十月，鄭伯如晉，拜陳之功。子西復伐陳，陳及鄭平。」

十有二月，吳子遏伐楚，門于巢，卒。

過，公羊、穀梁並作「謁」。

傳：「吳子諸樊伐楚，以報舟師之役，門于巢。巢牛臣曰：『吳王勇而輕，若啟之，將親門。我獲射之，必殪。』從之。吳子門焉，牛臣隱于短牆以射之，卒。」

穀梁傳：「諸侯不生名，取卒之名加之伐楚之上者，見以伐楚卒也。其見以伐楚卒何也？古者雖有文事，必有武備。非巢之不飾城而請罪，非吳子之自輕也。」

邑，小邑必飾城而請罪，禮也。吳子謁伐楚至巢，入其門，門人射吳子而卒。古者大國過小

二十有六年，春，王二月辛卯，衛甯喜弒其君剽。

傳：「二十年衛甯殖疾，召其子喜曰：『吾得罪于君，悔而無及也。名藏在諸侯之策曰「孫林父、甯殖出其君」，君入則掩之，若能掩之，則吾子也。不然，吾有餒而已，不來食矣。』喜許諾，甯卒。三十五年冬，衛獻公自夷儀使與甯喜言，甯喜許之。太叔文子聞之，曰：『詩曰：「夙夜匪懈，以事一人。」今甯子視君不如弈棋，其何以免乎？弈者舉棋不定，不勝其耦，而況置君而弗定乎？九世之卿族，一舉而滅之，可哀也哉！』

二十六年，衛獻公使子鮮爲復，辭。敬姒強命之。對曰：「君無信，臣懼不免。」敬姒曰：「雖然，以吾故也。」許諾。初，獻公使與甯喜言，甯喜曰：「必子鮮在，不然必敗。」故公使子鮮。子鮮不獲命于敬姒，以公命與甯喜言曰：「苟反，政由甯氏，祭則寡人。」甯喜告蘧伯玉，伯玉曰：「瑗不得聞君之出，敢聞其入？」遂行，從近關出。告右宰穀，右宰穀曰：「不可。獲罪于兩君，天下誰畜之？」悼子曰：「吾受命于先人。不可以貳。」穀曰：「我請使焉而觀之。」遂見公于夷儀。反曰：「君淹恤在外十二年矣，而無憂色，亦無寬言，猶夫人也。若不已，死無日矣。」悼子曰：「子鮮在。」右宰穀曰：「子鮮在，何益？多而能亡，於我何爲？」悼子曰：「雖然，弗可以已。」孫文子在戚，孫嘉聘于齊，孫襄居守。二月庚寅，甯喜，右宰穀伐孫氏，不克。伯國傷，甯喜出舍于郊。孫氏夜哭。國人召甯子，甯子復攻孫氏，克之。辛卯殺子叔及大子角。

或問：「甯喜弒衛侯剽，既有其父之命矣，經于衍之出，不以名書，是其位未嘗絶也。曷爲書喜之罪，不從未減乎？」愚以爲，人臣夙夜匪懈，以事一人，不可以二者也。殖既從林父之逐衎共立剽，而臣事之十餘年矣，其可以反易天常而命其子乎？君臣之分，如天冠地履，不可一日易者也。喜也輕徇父命而不知諫，躬犯大惡，書以弒君辭而不可得矣。故春秋者，聖人所以定天下之大分而示萬世臣子之法，喜也視置君不如弈棋，而知其身之不死以及其宗也。故太叔儀責其視置君不如弈棋，而知其身之不死以及其宗也。故太叔

襄陵許氏曰：「君臣之分，一正而不可復易，此聖人所以定天下之經也。」

劉氏曰：「季子然問：『仲由、冉求可謂大臣與？』孔子曰：『所謂大臣者，以道事君，不可則止。今由

與求也,可謂具臣矣!」季子然曰:「然則從之者與?」曰:「弒父與君,亦不從也。」自此論之,其任重,其責厚,小從罪也,大從惡也。夫據國之位而享其祿,臨禍不死,聞難不圖,偷得自存之計,使篡弒因己而立,後雖悔之,不可及已。里克、趙盾、甯殖之貶,不亦宜乎!夫三子之罪,方諸商人、陳乞則輕重有間矣。然而春秋不別也,以謂君臣之間,義不容失,故其文一施之,所以教天下之為人臣者也。」

衛孫林父入于戚以叛。

傳:「孫林父以戚如晉,林父專邑背國,猶為叛也。」

杜氏注:「衍雖未居位,林父專邑背國,猶為叛也。」

專祿以周旋,戮也!」

甲午,衛侯衎復歸于衛。

傳:「衛侯入,大夫逆于竟者,執其手而與之言。道逆者,自車揖之。逆于門者,領之而已。」

胡氏傳:「衛侯出奔,入于夷儀,皆以爵稱。今既復歸而得國矣,乃書其名,何也?人之有德慧術知者,恒存乎疢疾,衛侯淹恤在外十有二年,困于心、衡于慮久矣。此生於憂患之時,而一旦得國,失信無刑,猶夫人也,則是困而弗革,雖復得國,猶非其國也。」

愚案,春秋名「衎」,與衛侯鄭殺叔武、公子瑕名之同意。然甯喜以納君而見殺,則方之成公,衎為甚矣!

夏，晉侯使荀吳來聘。

公會晉人、鄭良霄、宋人、曹人于澶淵。

杜氏注：「澶淵，衛地，又近戚田。」

傳：「衛人侵戚東鄙，孫氏愬于晉，晉戍茅氏。殖綽伐茅氏，殺晉戍三百人。復愬于晉，諸侯將以討衛也。中行穆子來聘，召公也。六月，公會晉趙武、宋向戌、鄭良霄、曹人于澶淵，取衛懿氏六十，以與孫氏。」

胡氏曰：「趙武貶稱人，助孫氏也。鄭良霄獨不貶者，案左氏，鄭伯為衛侯故如晉，則知其不助孫氏矣。」

秋，宋公殺其世子痤。

傳：「初，宋芮司徒生女子，赤而毛，棄諸堤下。共姬之妾取以入，名之曰棄。長而美。平公入夕，共姬與之食。公見棄也，而視之尤。姬納諸御，嬖，生佐，惡而婉。太子痤美而狠。合左師畏而惡之。寺人惠牆伊戾為太子內師，而無寵。秋，楚客聘于晉，過宋。太子知之，請野享之。公使往，伊戾請從之。至，則欲，用牲，加書，徵之，而騁告公曰：『太子將為亂，既與楚客盟矣。』公使視之則信有焉，問諸夫人與左師則皆曰：『固聞之。』公囚太子，太子曰：『唯佐也能免我。』召而使請，曰：『日中不來，吾知死矣。』左師聞之，聒而與之語。過期，乃縊而死。佐為太子。公徐聞其無罪也，乃亨伊戾。」

泰山孫氏曰：「稱君以殺世子，甚之也。」

胡氏傳：「賊世子痤者，寺人之譖也。而獨罪宋公，何哉？譖言之得行也，必有嬖妾配嫡以惑其心，又有小人欲結內援者以為之助，然後愛惡一移，父子、夫婦之間不能相保者衆矣。尸此者其誰乎？直稱君者，春秋正其本之意。」

晉人執甯喜。

傳：「晉人執甯喜、北宮遺，使女齊以先歸。」

公羊傳：「此執有罪，何以不得為伯討？不以其罪執之也。」

劉氏傳：「曷為不以討賊之辭言之？甯喜如晉，晉人執之，曰：『爾曷為納君而伐孫氏也？』云爾非伯討也。」

八月壬午，許男甯卒于楚。

冬，楚子、蔡侯、陳侯伐鄭。葬許靈公。

傳：「許靈公如楚，請伐鄭，曰：『師不興，孤不歸矣！』八月卒于楚，楚子曰：『不伐鄭，何以求諸侯？』冬十月，楚子伐鄭。鄭人將禦之。子產曰：『晉、楚將平，諸侯將和，楚王是故昧于一來。不伐鄭，不能使逞而歸，乃易成也。』子展說，不禦寇。十二月乙酉，入南里，墮其城。涉于樂氏，門于師之梁。縣門發，獲九人焉。涉于氾而歸，而後葬許靈公。」

二十有七年，春，齊侯使慶封來聘。

傳：「齊慶封來聘，其車美，孟孫謂叔孫：『慶季之車不亦美乎？』叔孫曰：『豹聞之：「服美不稱，必以惡終。」美車何為？』叔孫與慶封食，不敬。為賦相鼠亦不知也。」

夏，叔孫豹會晉趙武、楚屈建、蔡公孫歸生、衛石惡、陳孔奐、鄭良霄、許人、曹人于宋。

奐，公羊作「瑗」。

傳：「宋向戌善於趙文子，又善於令尹子木，欲弭諸侯之兵，以為名。如晉，告趙孟。趙孟謀于諸大夫，韓宣子曰：『兵，民之殘也，財用之蠹，小國之大菑也。將或弭之，雖曰不可，必將許之。弗許，楚將許之，以召諸侯，則我失為盟主矣。』晉人許之。如楚，楚亦許之。如齊，齊人難之。陳文子曰：『晉、楚、齊、秦匹也。晉之不能於齊，猶楚之不能於秦也。楚君若能使秦君辱于敝邑，寡君敢不固請于齊？』齊人許之。如秦，秦亦許之。皆告于小國，為會于宋。五月甲辰，晉趙武至于宋。丙午，鄭良霄至。六月丁未朔，宋人享趙文子，叔向為介。司馬置折俎，禮也。仲尼使舉是禮也，以為多文辭。戊申，叔孫豹、齊慶封、陳須無、衛石惡至。甲寅，晉荀盈從趙武至。丙辰，邾悼公至。壬戌，楚公子黑肱先至，成言于晉。丁卯，宋向戌如陳，從子木成言于楚。戊辰，滕成公至。子木謂向戌：『請晉、楚之從交相見也。』庚午，向戌復于趙孟。趙孟曰：『晉、楚、齊、秦，匹也。晉之不能於齊，猶楚之不能於秦也。楚君若能使秦君辱於敝邑，寡君敢不固請于齊？』壬申，左師復言于子木。子木使馹謁諸王。王曰：『釋齊、秦，他國請相見也。』秋七月戊寅，左師至。庚辰子，木至自陳。陳孔奐、蔡公孫歸生、曹、許之大夫皆至。以藩為軍，晉、楚各處

其偏。」

泰山孫氏曰:「隱、桓之際,天子失道,諸侯擅權。宣、成之間,諸侯僭命,大夫專國。至宋之會,則又甚矣,何哉?宋之會,諸侯日微,天下之政、中國之事皆大夫專持之也。故二十九年城杞,三十年會澶淵,昭元年會號,諸侯莫有見者,此天下之政、中國之事皆大夫專持之可知也。」

衛殺其大夫甯喜。衛侯之弟鱄出奔晉。

鱄,穀梁作「專」。

傳:「衛甯喜專,公患之。公孫免餘請殺之。公曰:『微甯子不及此,吾與之言矣。事未可知,祗成惡名,止也。』對曰:『臣殺之,君勿與知。』乃與公孫無地、公孫臣謀,使攻甯氏。弗克,皆死。公曰:『臣無罪,父子死余矣。』夏,免餘復攻甯氏,殺甯喜及右宰穀,尸諸朝。石惡將會宋之盟,受命而出,欲殺以亡無罪,止也。』對曰:『臣懼不免,且曰:『受命矣。』乃行。子鮮曰:『逐我者出,納我者死,賞罰無章,何以沮勸?君失其信,而國無刑,不亦難乎!且鱄實使之。』遂出奔晉。公使止之。及河,又使止之。止使者而盟于河,託于木門,不鄉衛國而坐。終身不仕。」

高郵孫氏曰:「喜弒剽而立衎,衎反國而復用之,既而以其私殺之。喜雖有罪,而衛侯殺之不以其罪矣。昔里克弒奚齊而立夷吾,夷吾殺之。二君之殺其大夫,皆以其私。里克、甯喜之見殺,皆不以其罪,故春秋皆曰殺其大夫也。」

穀梁傳：「專其曰弟何也？專有是信者，故出奔晉，織絢邯鄲，終身不言衛。專之去，合乎春秋。」

劉氏意林：「衛侯忌小忿，以誅有功，捐大信以疑至親，使鱄至于去國逃死者，無人君之道故也。當此之時，鱄以全身不離于惡名爲智，以毋使其兄有誅弟之惡爲義，以不翹世以自絜爲忠，以不仕而能矯國之失爲廉，可謂重己乎！是乃君子之所貴也。」

秋，七月辛巳，豹及諸侯之大夫盟于宋。

傳：「辛巳，將盟于宋西門之外，楚人衷甲。伯州犂曰：『合諸侯之師，以爲不信，無乃不可乎？』固請釋甲。子木曰：『晉、楚無信久矣，事利而已。苟得志焉，焉用有信？』趙孟患之，以告叔向，叔向曰：『匹夫一爲不信猶不可，若合諸侯之卿，以爲不信，必不捷矣。夫以信召人，而以僭濟之，必莫之與也，安能害我？又不及是，曰「弭兵」以召諸侯，而稱兵以害我，吾庸多矣，非所患也。』乃盟。晉、楚争先，晉人曰：『晉固爲諸侯盟主，未有先晉者也。』楚人曰：『子言晉、楚匹也，若晉常先是，楚弱也。且晉、楚狎主諸侯之盟也久矣，豈專在晉？』叔向謂趙孟曰：『諸侯歸晉之德只，非歸其尸盟也。子務德，毋争先！』乃先楚人。

書先晉，晉有信也。」

劉氏傳：「豹何以名？一事而再見者，卒名也。地于〔二〕宋，以宋爲主也。」

〔二〕于，原作「子」，今據宋寶祐三年臨江軍庠刻本改。

胡氏曰：「此一地也，曷爲再言『宋』？書之重，詞之復，其中必有大美惡焉。宋之盟，向戌欲弭諸侯之兵以爲名，而楚屈建請晉，楚之從交相見，自是中國諸侯南向而朝楚。及申之會，蠻荒之君，篡弑之賊，大合十有一國之衆而用齊桓召陵之禮。聖人至此哀人倫之滅，傷中國之衰，而其事自宋之盟始也。故會盟同地而再言宋者，貶之也。」

呂氏曰：「晉、楚之從交相見，內外之分自此不復辨矣。」

冬，十有二月乙亥朔，日有食之。

二十有八年，春，無冰。

夏，衛石惡出奔晉。

傳：「衛人討甯氏之黨，故石惡出奔晉。衛人立其從子圃，以守石氏之祀。」

邾子來朝。

傳：「邾悼公來朝，時事也。」

秋，八月，大雩。

傳：「旱也。」

仲孫羯如晉。

傳：「告將爲宋之盟，故如楚也。」

冬，齊慶封來奔。

傳：「二十七年，齊崔杼生成及彊而寡。娶東郭姜，生明。東郭姜以孤入，曰棠无咎，與東郭偃相崔氏。崔成有疾而廢之，而立明。成請老于崔，崔子許之。偃與无咎弗予，曰：『崔，宗邑也，必在宗主。』成與彊怒，將殺之。告慶封。慶封告盧蒲嫳。盧蒲嫳曰：『彼君之讎也。天或者將棄彼矣。崔之薄，慶之厚也。』他日又告。慶封曰：『苟利夫子，必去之！難，吾助女。』九月庚辰，崔成、崔彊殺東郭偃、棠无咎于崔氏之朝，崔子怒而出，遂見慶封。慶封曰：『崔、慶一也。是何敢然？請爲子討之。』使盧蒲嫳帥甲以攻崔氏，殺成與彊而盡俘其家。其妻縊。嫳復命於崔子且御而歸之。至，則無歸矣，乃縊。慶封當國。二十八年，慶封好田而嗜酒，與慶舍政，則以其內實遷于盧蒲嫳氏，易內而飲酒。數日，國遷朝焉。使諸亡人得賊者，以告而反之，故反盧蒲癸。癸臣子之，有寵，言王何而反之，二人皆嬖。冬十月，慶封田于萊。陳無宇從。丙辰，文子使召之。請曰：『無宇之母疾病，請歸。』慶季卜之，示之兆，曰：『死。』奉龜而泣，乃使歸。慶嗣聞之，曰：『禍將作矣。』謂子家：『速歸！禍作必於嘗，歸猶可及也。』子家弗聽，亦無悛志。子息曰：『亡矣！幸而獲在吳、越。』陳無宇濟水，而戕舟發梁。盧蒲姜謂癸曰：『有事而不告我，必不捷矣。』癸告之。姜曰：『夫子愎，莫之止，將不出，我請止之。』癸曰：『諾。』十一月乙亥，嘗于太公之廟，慶舍涖事，盧蒲癸、王何以戈擊之，慶舍泣事，盧蒲癸自後刺子之，王何以戈擊之，慶封歸，遇告亂者。丁亥，伐西門，弗克。還，伐北門，克之。入，伐內宮，弗克。反，陳于嶽，請戰，弗許，遂來奔。既而齊人來讓，奔吳。吳句餘與之朱方，富於其舊。」

十有一月，公如楚。

傳：「爲宋之盟故，公及宋公、陳侯、鄭伯、許男如楚。」

泰山孫氏曰：「公朝楚者，桓、文既死，夷狄日熾，中國日微，故公遠朝強夷也。」

十有二月甲寅，天王崩。

靈王也。

乙未，楚子昭卒。

康王也。

胡氏曰：「甲寅，天王崩，乙未楚子昭卒，相距四十二日，則閏月之驗也。然不以閏書，見喪服之不數閏也。」

呂氏曰：「此明閏月之驗。然不書閏者，閏承前月而受其餘日，故書閏月之日繫前月之下，史策常體之法也。然杜預以『十二月無乙未，日誤』，蓋預專據左氏說經，以二十七年十二月辰在申司曆，再失閏，二十八年春頓置兩閏，故此年正月得以無冰爲災而書。孔穎達又以爲甲寅乙未不得同月，是皆不知閏月之日，繫前月之下，史策常體之法也。」

二十有九年，春，王正月，公在楚。

傳：「公在楚，楚人使公親襚。夏四月，葬楚康王。公及陳侯、鄭伯、許男送葬，至于西門之外。諸侯之大夫皆至于墓。公還，及方城。季武子取卞，使公冶問璽書，追而與之，曰：『聞守卞者將叛，臣帥徒以討之，

既得之矣,敢告!」公曰:「欲之而言叛,祇見疏也。」公問公冶曰:「吾可以入乎?」對曰:「君實有國,誰敢違君?」公欲無入,榮成伯賦式微,乃歸。

公羊傳:「何言乎公在楚?正月以存君也。」

胡氏傳:「歲之首月,公如他國者有矣。此獨書『公在楚者』,外爲蠻荊所制以俟其葬而不得歸,內爲強臣所逼,欲擅其國而不敢入,故特書所在,以存君也。使後世臣子戴天履地,視君父之危且困,必有天威不違顏咫尺,食坐見于羹牆之意,而不以頃刻忘也。此義一豈行,敢有顧其家與身而不恤國,附權臣以圖富貴而其背君者乎!」

劉氏意林曰:「有公則無所復存,存公則疑于失國。在易坤之剝曰:『龍戰于野,其血玄黃。』夫嫌于無陽而後稱陽,猶嫌于無君而後稱公,安可弗察邪!」

穀梁傳:「公在楚,閔公也;公至自楚,喜之也。致君者,殆其往而喜其反,此致君之義也。」

夏,五月,公至自楚。

庚午,衛侯衎卒。

闇弒吳子餘祭。

傳:「吳人伐越,獲俘焉,以爲闇,使守舟。吳子餘祭觀舟,闇以刀弒之」。

公羊傳：「閽者何？門人也，刑人也。刑人則曷爲謂之閽？刑人非其人也。君子不近刑人，近刑人則輕死之道也。」

穀梁傳：「閽，門者也。不稱名姓，閽不得齊于人；不稱其君，閽不得君其君也。禮，君不使無恥，不近刑人，不狎敵，不邇怨。賤人非所貴也。貴人非所刑也。刑人非所近也。舉至賤而加之吳子，吳子近刑人也。閽弑吳子餘祭，仇之也。」

仲孫貜會晉荀盈、齊高止、宋華定、衛世叔儀、鄭公孫段、曹人、莒人、邾人、滕人、薛人、小邾人城杞。

儀，公羊作「齊」，左氏無「邾人」。

傳：「晉平公，杞出也，故治杞。六月，知悼子合諸侯之大夫以城杞。鄭子大[二]叔與伯石往。子大叔見大叔文子與之語。文子曰：『甚乎！其城杞也。』子大叔曰：『若之何哉？晉國不恤周宗之闕，而夏肆是屏。其棄諸姬，亦可知也已。諸姬是棄，其誰歸之？吉也聞之，棄同即異，是謂離德。詩曰：「協比其鄰，婚姻孔云。」晉不鄰矣，其誰云之？』」

[一] 大，原作「太」，今據宋寶祐三年臨江軍庠刻本改。

胡氏傳[一]：「古之建國立家者，必親九族，然後及母族，有母族而後及妻族，此葛藟之詩所爲刺也。晉主夏盟，令行中國，平公不能修文、襄之業，獎王室而夏肄是屏，可謂知本乎？平王惟不撫其民而遠屯戍于母家，周人怨思而作詩，此揚之水所以降爲國風也。城杞之役，亦不待貶絕而可見矣。」

襄陵許氏曰[二]：「齊桓城衞而諸侯歸心焉者，桓公之志公天下也；晉平城杞而人疾其役，其志私也。動又不時，能無攜乎？」

晉侯使士鞅來聘。

傳：「范獻子來聘，拜城杞也。」

杞子來盟。

傳：「杞文公來盟，書曰『子』，賤之也。」

吳子使札來聘。

傳：「吳公子札來聘，通嗣君也。」

公羊傳：「謁也、餘祭也、夷昧也，與季子同母者四，季子弱而才，兄弟皆愛之，同欲立之以爲君，謁曰：

[一]「胡氏傳」上原有「民」字，今據宋寶祐三年臨江軍庠刻本刪。
[二]「襄陵許氏」上原有「民」字，今據宋寶祐三年臨江軍庠刻本刪。

『季子不受也，請無與子而與弟，兄弟迭爲君，而致國乎季子。』皆曰：『諾。』故謁也死，餘祭也立。餘祭也死，夷昧也立。夷昧也死，則國宜之季子者也。季子使而亡焉。僚者，長庶也，即之。季子至而君之爾。闔廬曰：『先君之所以不與子國而與弟者，凡爲季子故也。將從先君之命與，則國宜之季子者也。如不從先君之命而與子，我宜立者也。僚惡得爲君乎？』於是使專諸刺僚。而致國乎季子，季子不受，曰：『爾弑吾君，吾受爾國，是吾與爾爲篡也。爾殺吾兄，吾又殺爾，是父子兄弟相殺，終身無已也。』去之延陵，終身不入吳國。」

常山劉氏曰：「札何以不稱公子？辭國而生亂者，札爲之也。吳子壽夢有四子，季則札也。壽夢欲立札，札辭而去，遏緣先君之志，約以次，必致國于札。夷昧之卒，札宜受命以安社稷，而徇匹夫之節，辭位以逃。故春秋因札來聘，去其公子，以示貶焉。」

愚謹案，春秋之書季札無以異於秦術、楚椒，然則聖人不貴讓乎？曰：「辭讓之心，人皆有之。」至于義之所當受，分之所當處，而不得辭，雖聖人不敢徇小節而以退讓爲安。舜、禹之受天下，季歷、武王之受國，皆擇乎時中，當其可而居之者也。季子者，其父命之，其兄遂之，受之則父兄之意慊而國家安榮，不受則父兄之命塞而適以長亂，君子于此將何處而可哉？況身爲貴戚，古之聖賢未有視社稷之安危若是恝者，微子、箕子、比干之在商，反覆詔告，自靖自獻，以求無愧於先王。而吾可以有辭于永世矣。」季子爲其父之所立，其兄之所屬，違父兄之命而徒以潔身而去爲高，觀宗國之危亂，

僚與光之相殘賊，若秦人視越人之肥瘠，正夫子所謂「果哉，末之難矣」者。其復位而待之言曰：「非我生亂。」君子殆未之信也。劉質夫之傳得聖人之旨矣。

秋，九月，葬衛獻公。

齊高止出奔北燕。

杜氏注：「高止，高厚之子。北燕，燕國薊縣。」

愚案，南燕見桓十二年注。北燕，召公奭之後，姬姓之國，至此始見於經。

傳：「齊公孫蠆、公孫竈放其大夫高止於北燕。乙未，出。書曰『出奔』，罪高止也。高止好以事自為功，且專，故難及之。」

襄陵許氏曰：「案傳，子尾、子雅實放高止，而經書『出奔』，君子以為大夫而放于君，可也。臣放大夫，是無君也，不可以訓，故以『出奔』書也。」

冬，仲孫羯如晉。

傳：「孟孝伯如晉，報范叔也。」

三十年，春，王正月，楚子使薳罷來聘。

罷，公羊作「頗」，下同。

傳：「楚子使遠罷來聘，通嗣君也。」

愚案，魯以君朝而楚以大夫聘，此齊桓、晉文所以行乎列國者。故自宋之盟，夷夏不辨，楚人行霸主之禮於中國，非晉平、趙武之責，而誰責哉？

夏，四月，蔡世子般弒其君固。

傳：「蔡景侯爲太子般娶于楚，通焉。太子弒景侯。」

五月甲午，宋災。宋伯姬卒。

傳：「甲午，宋大災，宋伯姬卒，待姆也。」

「伯姬」上公羊、穀梁無「宋」字。

穀梁傳：「取卒之日加之災上者，見以災卒也。其見以災卒奈何？伯姬之舍失火，左右曰：『夫人少辟火乎！』伯姬曰：『婦人之義，傅母不在，宵不下堂。』遂逮乎火而死。婦人以貞爲行者也。伯姬之婦道盡矣。詳其事，賢伯姬也。」

伯姬傳：「取卒之日加之災上者，見以災卒也。其見以災卒奈何？伯姬之舍失火，左右曰：『夫人少辟火乎！』伯姬曰：『婦人之義，傅母不在，宵不下堂。』左右又曰：『夫人少辟火乎！』伯姬曰：『婦人之義，傅母不在，宵不下堂。』遂逮乎火而死。

劉氏意林曰：「使共姬避火而全生，未足以害其貞也。然而不以己之可以全其生之故，而違天下之常義，此安乎性命者乃能之。故審乎死生之度，辨乎榮辱之境，知禮之重，重于生，辱之甚，甚于死。伯夷、叔齊餓于首陽之下，何以過乎？詩曰：『彼己之子，舍命不渝。』」

襄陵許氏曰:「王化始于正家,春秋撥亂謹禮,以宋共姬爲婦道之表,故詳錄焉。」

天王殺其弟佞夫。王子瑕奔晉。

佞夫,公羊作「年夫」。

傳:「初,王儋季卒,其子括將見王,而歎。單公子愆期爲靈王御士,過諸廷,聞其歎而言曰:『必有此夫!』入以告王,且曰:『必殺之!不戚而願大,視躁而足高,心在他矣。』王曰:『童子何知?』及靈王崩,儋括欲立王子佞夫,佞夫弗知。戊子,儋括圍蒍,逐成愆。成愆奔平畤。五月癸巳,尹言多、劉毅、單蔑、甘過、鞏成殺佞夫。括、瑕、廖奔晉。書曰『殺其弟佞夫』,罪在王也。」

穀梁傳:「甚之也。」

愚案,王者之道,親親而及天下,則治有序。別嫌疑,以明賞罰,則政有經。佞夫不知而死,所厚者薄,本心亡矣。所以終欲黜嫡立庶,而致子朝之亂也。

秋,七月,叔弓如宋,葬宋共姬。

穀梁無下「宋」字。

公羊傳:「外夫人不書葬,此何以書?隱之也。其稱諡何?賢也。」

鄭良霄出奔許,自許入于鄭。鄭人殺良霄。

傳：「二十九年，鄭伯有使公孫黑如楚。辭曰：『楚、鄭方惡，而使余往，是殺余也。』伯有曰：『世行也。』子晳曰：『可則往，難則已，何世之有？』伯有將強使之。子晳怒，將伐伯有氏，大夫和之。十二月己巳，鄭大夫盟于伯有氏。三十年，伯有嗜酒，爲窟室，而夜飲酒，擊鐘焉。朝至未已，朝者曰：『吾公在壑谷。』皆自朝布路而罷。既而朝，則又將使子晳如楚，歸而飲酒。庚子，子晳以駟氏之甲伐而焚之。伯有奔雍梁，醒而後知之，遂奔許。大夫聚謀，子皮曰：『仲尼之門五尺之童子，言羞稱五霸，爲其先詐力而後仁義也。亦曰：彼以詐力假仁義以取之，則亦必以詐力假仁義以守之，是之謂也。』乙巳，鄭伯及其大夫盟于大宮。盟國人于師之梁之外。伯有聞鄭人之盟己也怒，聞子皮之甲不與攻己也喜，曰：『子皮與我矣。』癸丑晨，自墓門之瀆入，因馬師頡介于襄庫，以伐舊北門。駟帶率國人以伐之。伯有死于羊肆，子產襚之，枕之股而哭之，斂而殯諸伯有之臣在市側者。既而葬諸斗城。」

穀梁傳：「不言大夫，惡之也。」

劉氏傳：「曷爲不言復入？位未絕也。曷爲不言殺其大夫？非其大夫也，討賊之辭也。」

愚謂，良霄之出，公孫黑蓋有罪焉。春秋舍公孫黑專伐之罪，而罪良霄何也？曰：「嗜酒而不恤政，汰侈而好争，伯有之所爲，有喪家亡身之道焉。」春秋於喪國失家者，皆不書所逐之人，以明其身之有罪，此春秋所以正名以討賊之辭也。雖微公孫黑其能免于死乎？既亡而不自省，又入伐君而大亂其國，使有國有家者兢兢謹，而求所以保身也。知所以反身自修之道，則奔亡之禍遠矣。此春秋之大義也。孟子曰：「愛人不親，反其仁；治人不治，反其智。行有不得者，皆反求諸己。」非深于春秋者，其孰能知之？

冬，十月，葬蔡景公。

晉人、齊人、宋人、衛人、鄭人、曹人、莒人、邾人、滕人、薛人、杞人、小邾人會于澶淵，宋災故。

澶淵，衛地。

胡氏傳：「春秋大法，君弒賊不討則不書葬，況世子之于君父乎？偏刺天下之諸侯也。葬送之禮，在春秋時，視人情之疏密而為之者也。有嘗同盟，卒而不赴者；有雖同姓，赴而不會者，則以哀死而致襚為輕，弔生而歸賻為重，必矣。今蔡世子般弒其君，藏在諸侯之策，而往會其葬，是恩義情禮之篤於世子般，不以為賊而討之也。世子弒君，是誠為禽獸之不若也，而不知討，豈不廢人倫，滅天理乎？是恩義情禮之大法，君弒賊不討則不書葬，而蔡景公特書葬者，聖人深痛其所為，遍刺天下之諸侯也。」

傳：「為宋災故，諸侯之大夫會以謀歸宋財。冬十月，叔孫豹會晉趙武、齊公孫蠆、宋向戌、衛北宮佗、鄭罕虎及小邾之大夫會于澶淵。不書魯大夫，諱之也。」

劉氏傳：「會未有言其所為者，此言其所為者，譏。何譏爾？晉人與諸侯十二國之大夫會于澶淵，凡為宋災故謀之也。曰：『更宋之所喪，雖死者不可復生，其財復矣。』非務也。何言乎非務？會者，講禮正刑，一德紀天下也。曰：『告夫三子者。』蔡侯弒其君而不謀，宋災而謀之，微矣。陳恆弒其君，孔子沐浴而朝告于哀公，請討之。公曰：『告夫三子者。』之三子告，不可。孔子曰：『以吾從大夫之後，不敢不告也。』」又意林曰：『天下之事，

不一也。君子慮所遠，而小人恤所近。夫災，雖諸侯所當救，然而一時之變，一國之禍也，財足以周其乏，粟足以濟其用，則已矣，非所以爲天下之憂也。彼天下之憂者，臣弑君一，子弑父二，如是則倫斁矣，雖有粟，吾得而食諸？故孔子論天下之信則曰：『寧去食。』論陳恒之變則曰：『請討之。』其察於道之輕重緩急大小先後也，審矣，豈以姑息愛人哉！」

胡氏傳：「叔孫豹、晉趙武而下皆諸侯上卿，執國之政者也。三綱，國政之本，至于淪絶，無父無君。禽獸逼人，雖能一朝居矣。昔者伯禹過門不入，放龍蛇也；周公坐以待旦，驅猛獸也。今世子弑君，與之同群而不恤，有國者不戒于火，自亡其財，尚共來告，弔之可也。則合十二國之大夫，而謀更其所喪，尚爲知類也乎？蔡之亂，猶人有腹心之疾，而宋之災，譬諸桐梓雞犬之亡失也。以爲未之察也。苟察之而不謀，亦不仁矣。是故諸國之大夫貶而稱人，魯卿諱而不書，又特言禽之所爲，以垂戒後世，其欲人之自別于禽獸之害也，可謂深切著明矣。」

愚謹案，父子君臣之變，自文元年楚以商臣書，此猶蠻荆之事也。及是年，蔡以中國之臣子爲之，而魯會其葬，晉合諸侯爲會，而所恤者宋之火災而已，故於此章三致意焉。既變例書蔡景公之葬，又人諸侯之大夫而諱魯卿，又特書曰「宋災故」，而閔天下之日尋亂亡，以見深傷之意者，爲可知矣。

三十有一年，春，王正月。

夏，六月辛巳，公薨于楚宮。

傳：「公作楚宮。六月辛巳，薨于楚宮。」

杜氏注：「公適楚，好其宮，歸而作之。」

襄陵許氏曰：「公還自楚，不能增修政德，而反勤民傷財務作楚宮，公之志亦荒矣，其何振之有？又況變夏從夷，亂國經常，所以爲不祥之道也。」

秋，九月癸巳，子野卒。

傳：「立胡女敬歸之子子野，次于季氏。秋九月癸巳，卒，毀也。立敬歸之娣齊歸之子公子裯，穆叔不欲，曰：『太子死，有母弟則立，無則立長年。鈞擇賢，義鈞則卜，古之道也。非嫡嗣，何必娣之子？且是人也，居喪而不哀，在感而有嘉容，是謂不度。不度之人，鮮不爲患。若果立之，必爲季氏憂。』武子不聽，卒立之。比及葬，三易衰，衰衽如故衰。於是昭公十九年矣，猶有童心，君子是以知其不能終也。」

泰山孫氏曰：「襄公太子，未踰年之君也，名，未葬也。不薨不地，降成君也。」

胡氏傳：「般、赤弑而書『卒』，子野過毀亦書『卒』，何以辨乎？曰：『閔公內無所承，不書即位，則般之弑可知。』下書『夫人姜氏歸于齊』，上書『公子遂、叔孫得臣如齊』，則子赤之弑可知，與子野異矣。」

杜氏注：「不書葬，未成君也。」

己亥，仲孫羯卒。

傳：「孟孝伯卒。」

冬，十月，滕子來會葬。癸酉，葬我君襄公。

傳：「滕成公來會葬。癸酉，葬襄公。」

襄陵許氏曰：「子大叔曰：『先王之制，諸侯之喪，士弔，大夫送葬。』滕子會葬，非禮也。」

十有一月，莒人弒其君密州。

傳：「莒犂比公生去疾及展輿。既立展輿，又廢之。犂比公虐，國人患之。十一月，展輿因國人以攻莒子，弒之乃立。去疾奔齊，齊出也。展輿，吳出也。」

陸氏辯疑[二]曰：「據傳，則展輿弒其父，不當不書。恐傳是展輿因國人之攻莒子，弒之乃立，誤以之爲以字。」

───────

[二] 陸氏辯疑，唐陸淳所撰春秋集傳辯疑。

卷九

昭公名裯，襄公之子，齊歸所生。謚法：「威儀恭明曰昭。」

元年，春，王正月，公即位。

胡氏傳[一]：「子野有命立昭公，故穆叔雖不欲而不能止也。」

叔孫豹會晉趙武、楚公子圍、齊國弱、宋向戌、衛齊惡、陳公子招、蔡公孫歸生、鄭罕虎、許人、曹人于虢。

公羊「弱」作「酌」，「齊惡」作「石惡」，「罕虎」作「軒虎」，後及罕達同。「虢」，公羊作「漷」，穀梁作「郭」。

傳：「會于虢，尋宋之盟也。楚令尹圍請用牲，讀舊書，加于牲上而已。晉人許之。三月甲辰，盟，楚公

[一] 胡氏傳，北宋學者胡安國所著春秋胡氏傳。

子圍設服離衛。」

劉氏傳〔二〕：「此陳侯之弟招也，何以不稱『弟』？諸侯之尊，弟兄不得以屬通也。諸侯之尊，則弟兄曷爲不得以屬通？諸侯非始封之君臣，諸父昆弟其在朝廷，爵以德齒，以官體異姓也。族人不得以其戚戚君，尊尊也。」

謹案，會號尋宋之盟，而春秋不書者，當是時，公子圍恐晉之狎主盟約，于是請舊書加于牲上，而不復歃。春秋正內外之分，以宋之盟，楚欲爭先而晉不與較，今號之役，又以請讀書加牲上，則是以蠻荊而爭勝也。內外之分不可亂也，故二役皆先趙武焉。

三月，取鄆。

傳：「季武子伐莒，取鄆。莒人告于會。楚告于晉曰：『尋盟未退，而魯伐莒瀆齊盟，請戮其使。』樂桓子相趙文子，欲求貨于叔孫而爲之請，使請帶焉。弗與。梁其踁曰：『貨以藩身，子何愛焉？』叔孫曰：『諸侯之會，衛社稷也。我以貨免，魯必受師。是禍之也，何衛之爲？雖怨季孫，魯國何罪？叔出季處，有自來矣，吾又誰怨？然鮒也賄，弗與，不已。』召使者，裂裳帛而與之，曰：『帶其褊矣。』趙孟聞之，乃請諸楚曰：『魯雖有罪，其執事不辟難，子若免之，以勸左右可也。』封疆之削，何國蔑有？主齊盟者，誰能辯焉。莒、魯爭鄆，爲日久矣，苟無大害于其社稷，可無亢也。』固請諸楚，楚人許之，乃免叔孫。」

〔二〕劉氏傳，北宋經學家劉敞所著劉氏春秋傳。

程子曰：「乘莒之亂而取之，故隱辟其辭。」

胡氏曰：「不曰『伐莒取鄆』，爲內諱也。」

夏，秦伯之弟鍼出奔晉。

傳：「秦后子有寵于桓，如二君於景。其母曰：『弗去，懼選。』癸卯，鍼適晉，其車千乘。書曰『秦伯之弟鍼出奔晉』，罪秦伯也。」

公羊傳：「秦無大夫，此何以書？仕諸晉也。曷爲仕諸晉？有千乘之國，而不能容其母弟，故君子謂之『出奔』也。」

穀梁傳：「諸侯之尊，弟兄不得以屬通。其弟云者，親之也。親而奔之，惡也。」

胡氏傳：「夫后子出奔，其父禍之，而罪秦伯，何也？春秋以均愛望人父，以能友責人兄。父母有愛妾，猶終身敬之不衰，況兄弟乎？兄弟禽而後父母順矣，故不曰『公子』而特稱『秦伯之弟』云。」

六月丁巳，邾子華卒。

晉荀吳帥師敗狄于大鹵。

公羊、穀梁作「大原」。杜氏注：「大鹵，大原，晉陽縣。」公羊疏云：「案，古文及彼處人皆謂之大鹵，而今經及師讀皆謂之大原。」說文：「西方謂之鹵。」易曰：「兌爲剛鹵，西方之澤也。」春秋「大原」爲「大

鹵」，亦西方也。

傳：「晉中行穆子敗無終及群狄于大原，崇卒也。將戰，魏舒曰：『彼徒我車，所遇又阸，以什共車必克。困諸阸，又克。請皆卒。自我始。』乃毀車以為行，五乘為三伍。荀吳之嬖人不肯即卒，斬以徇。為五陳以相離，兩于前，伍于後，專為右角，參為左角，偏為前拒，以誘之。狄人笑之，未陳而薄之，大敗之。」

胡氏傳：「詩：『薄伐獫狁，至于太原。』而詩人美之者，謂不窮追遠討，及封境而止也。然則太原在禹服之內，而狄人來侵，攘斥宜矣。其過在毀車崇卒，以詐誘狄人而敗之，非王者之師耳。使後世車戰法亡，崇尚步卒，以詐變相高，日趨苟簡，皆此等啓之矣。書『敗狄』，譏之也。」

秋，莒去疾自齊入于莒。莒展輿出奔吳。

公羊、穀梁無「輿」字。陸德明注：「左傳云：一本無『輿』字。」

傳：「莒展輿立，而奪群公子秩。公子召去疾于齊。秋，公子鉏納去疾，展輿奔吳。」

程氏傳[二]：「去疾假齊之力以入莒，討展輿之罪，正也，故稱莒。遂自立，無所稟命，故不稱『公子』，以為公子可立也。展輿為弒君者所立，而以國氏者，罪諸侯也。虢之會，雖國亂未與，然諸侯與其立矣，故欲執叔孫也。稱『莒展輿』，見諸侯之與其立也。」

──────────
[二] 程氏傳，北宋理學家程頤所著。

叔弓帥師疆鄆田。

傳：「因莒亂也。」

杜氏注：「春取鄆，今正其封疆。」

趙氏[三]曰：「凡疆田而書帥師，皆有難也。」

劉氏傳：「何以書？譏。何譏爾？以亂爲利也。」

葬邾悼公。

冬，十有一月己酉，楚子麇卒。

麇，公、穀作「卷」。

傳：「冬，楚公子圍將聘于鄭，伍舉爲介。未出竟，聞王有疾而還。伍舉遂聘。十一月己酉，公子圍至，入問王疾，縊而弒之。遂殺其二子幕及平夏。葬王于郟，謂之郟敖。使赴于鄭，伍舉問應爲後之辭焉。對曰：『寡大夫圍。』伍舉更之曰：『共王之子圍爲長。』」

胡氏傳：「公子圍弒郟敖而以疾赴，諸侯曷爲因而不革乎？曰：『圍弒君以立，中國力所不加而莫能致討，則亦已矣。大合諸侯于申，與會者凡十有三國，其臣舉六王二公之事，其君用齊桓召陵之禮，宋向戌、鄭

[三] 趙氏，唐代經學家趙匡。

子產諸侯之良也，而皆有獻焉，不亦傷乎？若革其偽赴，而正以弒君，將恐天下後世以弒君之賊，非獨不必致討，又可從之以主盟會，而無惡矣。聖人至此閔中國之衰微而不振，懼人欲之橫流而莫遏，是故察微顯，權輕重，因諸侯之策，書而不正其篡弒之罪，所以扶中國，存天理也。』

謹案，隱公弒而書「薨」，為魯諱也；楚虔弒而書「卒」，為中國諱也；鄭僑、齊悼弒而書「卒」，為賢者諱也。考是三者，足以見聖人微顯志晦之法矣。

楚公子比出奔晉。

傳：「公子圍弒楚子。右尹子干出奔晉，宮廐尹子皙出奔鄭。」

二年，春，晉侯使韓起來聘。

傳：「晉侯使韓宣子來聘，且告為政而來見，禮也。觀書于太史氏，見易、象與魯春秋，曰：『周禮盡在魯矣。』吾乃今知周公之德，與周之所以王也。」

夏，叔弓如晉。

傳：「報宣子也。」

秋，鄭殺其大夫公孫黑。

傳：「元年，鄭徐吾犯之妹美，公孫楚聘之矣，公孫黑又使強委禽焉。犯懼，告子產。子產曰：『是國無

政，非子之患。唯所欲與。」適子南氏。子晳怒。既而櫜甲以見子南，欲殺之而取其妻。子南知之，執戈逐之。及衝，擊之以戈。子晳傷而歸，告大夫曰：「我好見之，不知其有異志也，故傷。」大夫皆謀之，子產曰：「直鈞，幼賤有罪。罪在楚也。」乃執子南，放之于吳。六月丁巳，鄭伯及其大夫盟于公孫段氏。罕虎、公孫僑、公孫段、印段、游吉、駟帶私盟于閨門之外，實薰隧。公孫黑強與於盟，使太史書其名，且曰七子。子產弗討。二年秋，鄭公孫黑將作亂，欲去游氏而代其位，傷疾作而不果。駟氏與諸大夫欲殺之。子產在鄙，聞之，懼弗及，乘遽而至。使吏數之，曰：「伯有之亂，以大國之事，而未爾討也，爾有亂心，無厭，國不女堪。專伐伯有而罪一也，昆弟爭室而罪二也，薰隧之盟，女矯君位而罪三也。有死罪三，何以堪之？不速死，大刑將至。」再拜稽首，辭曰：『死在朝夕，母助天為虐。』子產曰：『人誰不死？凶人不終，命也。不速死，司寇將至。』七月壬寅，縊。尸諸周氏之衢，加木焉。」

劉氏傳：「稱國以殺大夫者，罪累上也。黑有罪，其以累上言何？惡鄭伯也。何惡乎？鄭伯言不能討有罪，以放乎亂，奈何公孫黑伐良霄而逐之？君弗誅也，以為大夫。又與公孫楚爭娶徐吾氏，徐吾氏歸于楚，君放楚也。而盟諸大夫，黑於是自以為卿，又將為亂，疾作而卧。子產使吏數諸其家則幸而勝之爾。」

冬，公如晉，至河乃復。

傳：「晉少姜卒。公如晉，及河。晉侯使士文伯來辭曰：『非伉儷也。請君無辱！』公還，季孫宿遂致服焉。」

泰山孫氏曰：「『公如晉，至河乃復』者六，唯二十三年書『有疾』，明有疾而反。餘皆譏公數如晉見距，不能以禮自重，大取困辱也。」

常山劉氏曰：「凡人君動止有度，豈可非禮而行，無故而復哉？蓋進退皆非禮義也。」

季孫宿如晉。

穀梁傳：「公如晉而不得入，季孫宿如晉而得入，惡季孫宿也。」

泰山孫氏[二]曰：「公如晉而距之，季孫宿如晉而納之，是昭公季孫宿之不若也，此晉侯之惡，亦可見矣。」

胡氏傳：「書『公如晉，至河乃復』，季孫宿如晉，而昭公失國之因，季氏逐君之漸，晉人下比之迹，不待貶絕而皆見矣。」

三年，春，王正月丁未，滕子原卒。

公羊「原」作「泉」。

夏，叔弓如滕。五月，葬滕成公。

傳：「叔弓如滕，葬成公。」

[二] 泰山孫氏，北宋學者孫復。

襄陵許氏[一]曰：「以吾之大夫往報成公之會襄葬也。春秋卒、葬，諸侯有小大之體，有褒貶之義，有盛衰之變，有施報之情，無非教也。」

秋，小邾子來朝。

傳：「小邾穆公來朝，季武子欲卑之。穆叔曰：『不可。曹、滕、二邾實不忘我好，敬以逆之，猶懼其貳，又卑一睦，焉逆群好也？其如舊而加敬焉。』季孫從之。」

八月，大雩。

傳：「旱也。」

冬，大雨雹。

張氏正蒙[二]曰：「雹，戾氣也。此中國不振，而夷狄會諸侯之兆也。」

北燕伯款出奔齊。

傳：「燕簡公多嬖寵，欲去諸大夫而立其寵人。冬，燕大夫比以殺公之外嬖，公懼，奔齊。書曰『北燕伯款出奔齊』，罪之也。」

[一] 襄陵許氏，北宋學者許翰。
[二] 張氏正蒙，北宋著名理學家張載所撰。

胡氏傳：「君雖不君，臣不可以不臣。燕伯欲去諸大夫，固不君矣，而大夫相與比以殺其外嬖，是威脅其主而出之也。與鬻拳之兵諫無異，而獨罪燕伯何哉？大夫，國君之陪貳，以公心選之而不可私也，以誠意委之而不可疑也，以隆禮待之而不可輕也，以直追馭之而不可辱也，否則是忽其陪貳以自危矣。晉厲公殺三郤立胥童，而弒于匠麗氏；漢隱帝殺楊史立郭允明而弒于趙村；衛獻公蔑家卿而信其左右，故人主不尊陪貳，而與賤臣圖柄臣者，事成則失身而見弒，事不成則失國而出奔，此有國之大戒也。春秋凡見逐於臣者，皆以自奔為文，正其本之意。」

四年，春，王正月，大雨雹。

公、穀「雹」作「雪」。范氏注云：「或作雹。」

胡氏傳：「雹者，陰脅陽，臣侵君之象。當是時，季孫宿襲位世卿，將毀中軍，專執兵權以弱公室，故數月之間再有大變。申豐者，季氏之孚也。不肯端言其事，故暴揚于朝，歸咎藏冰之失。夫山谷之冰，藏之也周，用之也徧，亦古者本末備舉燮調之一事爾。謂能使四時無愆伏淒苦之變，雷出不震，無菑霜雹，則亦誣矣。意者昭公遇災而懼，以禮為國，行其政令無失其民，雹之災也，庶可禦也。不然，雖得藏兵之道，合于豳風七月之詩，其將能乎？」

夏，楚子、蔡侯、陳侯、鄭伯、許男、徐子、滕子、頓子、胡子、沈子、小邾子、宋

世子佐、淮夷會于申。

胡，杜氏曰：「汝陰縣西北有胡城。」淮夷，孔安國[一]曰：「淮浦之夷也。」後漢志：「下邳國有淮浦縣，申姜姓之國。」杜氏曰：「在南陽宛縣。」

傳：「正月楚子使椒舉如晉求諸侯。晉侯欲勿許。司馬侯曰：『晉、楚唯天所相，不可與爭。君其許之。』乃許楚使。楚子問於子產曰：『晉其許我諸侯乎？』對曰：『許君。晉君少安，不在諸侯。其大夫多求，莫厭其君。在宋之盟，又曰如一，若不許君，將安用之？』夏，諸侯如楚。魯、衛、曹、邾不會鄭伯，先待于申。六月丙午，楚子合諸侯于申。椒舉言于楚子曰：『臣聞諸侯無歸，禮以為歸。今諸侯無歸，君其歸之乎？夏啟有鈞臺之享，商湯有景亳之命，周武有孟津之誓，成有岐陽之蒐，康有酆宮之朝，穆有塗山之會，齊桓有召陵之師，晉文有踐土之盟。君其何用？宋向戌、鄭公孫僑在，諸侯之良也，君其選焉。』王曰：『吾用齊桓。』王使問禮於左師與子產。左師曰：『小國習之，大國用之，敢不薦聞？』獻公合諸侯之禮六。子產曰：『小國共職，敢不薦守？』獻伯、子、男會公之禮六。楚子示諸侯侈，椒舉曰：『夫六王二公之事，皆所以示諸侯禮也。今君以汰無乃不濟乎？』王弗聽。」

何氏[二]曰：「不殊淮夷[三]者，楚子主會，故君子不殊其類。」

―――

[一] 孔安國，漢代學者，字子國，孔丘十世孫，著有古文尚書、古文孝經傳、論語訓解等作品。
[二] 何氏，東漢經學家何休。
[三] 淮，原作「准」，今據宋寶祐三年臨江軍庠刻本改。

程氏傳：「晉平不在諸侯，楚於是强爲霸者之事。」

胡氏傳：「申之會，楚子爲主，而不殊淮[二]夷，是在會之諸侯皆狄也。其意也何？楚虔弑麇以立，而求諸侯于晉。晉人許之，中國從之，執徐子，圍朱方，遷賴于鄢，城竟莫校。畏其强盛，則曰『楚惟天所相』，滅陳不能救，則曰『陳亡而楚克，有之，天道也』，滅蔡而又不能救，則曰『天將棄蔡以壅楚，盈而降之罰也』。至使窮凶極惡，師潰于訾梁，身竄于棘里，而縊于申亥氏。人不致討而天自討之，是責命于天，以人事爲無益而弗爲也，而可乎？弑君之賊，在春秋時，有臣子討之，則衛人殺州吁是也；有四鄰討之，則蔡人殺陳佗是也。臣子不能討之于内，四鄰不能討之于外，有與之會以定其國，則齊侯及魯宣公會于平州是也；有受其賂以免于討，則晉侯及諸國會于扈是也。然至此極矣，則未有不以爲賊而又推爲盟主，相與朝事之，以聽順其所爲而不敢忤者也。故申之會不殊淮夷者，以在會諸侯皆爲荆楚之屬，皆王法所當斥，而不使楚執夏監之意也。」

愚謹案，春秋不書楚子虔之弑君，爲會于申而中國諸侯皆宗之，故用魯君見弑之法，而楚子麇書「卒」，爲中國諱也。然淮夷不殊會，以見其類之同，則在會諸侯之胥，變于夷，亦不可掩矣。志而晦，微而顯，婉而成章，其斯之謂歟！

楚人執徐子。

[二] 淮，原作「准」，今據宋寶祐三年臨江軍庠刻本改。

傳：「徐子，吳出也，以爲貳焉，故執諸申。」

秋，七月，楚子、蔡侯、陳侯、許男、頓子、胡子、沈子、淮夷伐吳。

傳：「秋七月，楚子以諸侯伐吳。宋太子、鄭伯先歸，宋華費遂鄭大夫從

執齊慶封，殺之。

傳：「使屈申圍朱方，八月甲申，克之。執齊慶封而盡滅其族。將戮慶封。椒舉曰：『臣聞無瑕者可以戮人。慶封唯逆命，是以在此，其肯從于戮乎？播于諸侯，焉用之？』王弗聽。負之斧鉞，以徇于諸侯，使言曰：『無或如齊慶封，弑其君，弱其孤，以盟其大夫。』慶封曰：『無或如楚共王之庶子圍弑其君兄之子麇而代之，以盟諸侯。』王使速殺之。」

穀梁傳：「『慶封其以齊氏何也？』爲齊討也。』慶封弑其君而不以弑君之罪罪之者，慶封不爲靈王服也，不與楚討也。春秋之義，用貴治賤，用賢治不肖，不以亂治亂也。孔子曰：『懷惡而討，雖死不服。』其斯之謂與！」

愚案，春秋書殺他國大夫之法有二：凡有罪而當誅者，書曰「某人殺某」，若楚人殺陳夏徵舒是也；無罪而不服者，書「執而殺之」，若執蔡世子有以歸用之，楚人執行人干[二]徵師殺之是也。慶封有與弑其君之罪，楚子殺之，宜也。不曰「殺齊慶封」而曰「執齊慶封殺之」者，楚靈有諸己而非諸人，是以慶封不服，而春秋亦

[二] 干，原作「于」，今據宋寶祐三年臨江軍庠刻本改。

不得純以討賊之法書之也。

遂滅賴。

賴，公羊、穀梁作「厲」。賴國，今蔡州褒信縣有賴亭。

傳：「遂以諸侯滅賴，遷賴于鄢。楚子欲遷許於賴，使鬥韋龜及公子棄疾城之而還。申無宇曰：『楚禍之首，將在此矣。召諸侯而來，伐國而克，城竟莫校。王心不違，民其居乎？民之不處，其誰堪之？不堪王命，乃禍亂也。』」

襄陵許氏曰：「惡其因義而為利，以惡終也。」

九月，取鄫。

傳：「莒亂，著丘公立而不撫鄫，鄫叛而來。」

孫氏[二]曰：「案，襄六年，莒人滅鄫，此言『取鄫』者，蓋莒滅鄫以為附庸，今魯取之。」

冬，十有二月乙卯，叔孫豹卒。

傳：「初，穆子去叔孫氏，及庚宗，遇婦人，使私為食而宿焉。問其行，告之故，哭而送之。適齊，娶於國氏，生孟丙、仲壬。及宣伯奔齊，魯人召之歸。既立，所宿庚宗之婦人獻以雉。問其姓，對曰：『余子長矣，

[二] 孫氏，北宋理學家孫復。

四五四

能奉雉而從我矣。」召而見之，名之曰牛，遂使爲豎。有寵，長使爲政。叔孫田于丘蕕，遂遇疾焉。豎牛欲亂其室，殺孟，逐仲。疾急，命召仲，牛許而不召。杜洩見，告之飢渴，授之戈。對曰：「求之而至，又何去焉？」豎牛曰：「夫子疾病，不欲見人。」使實饋于个而退。牛弗進，則置虛，命徹。十二月癸丑，叔孫不食。乙卯，卒。牛立昭子而相之。五年，仲至自齊，豎牛攻之，死。昭子即位，朝其家衆，曰：「豎牛殺嫡立庶，必速殺之。」豎牛懼，奔齊。孟、仲之子殺諸塞關之外。」

五年，春，王正月，舍中軍。

傳：「季孫謀去中軍，豎牛曰：『夫子固欲去之。』正月，舍中軍，卑公室也。毁中軍于施氏，成諸臧氏。初，作三軍，三分公室而各有其一。季氏盡征之，叔孫氏臣其子弟，孟氏取其半焉。及其舍之，四分公室，季氏擇二，二子各一。皆盡征之而貢于公。以書使杜洩告于叔孫之殯曰：『子固欲毁中軍，既毁之矣，故告。』杜洩曰：『夫子唯不欲毁也，故盟諸僖閎，詛諸五父之衢。』受其書而投之，帥士而哭之。」

正義〔二〕曰：「初，作三軍，季氏盡征之，並不入公室也。叔孫氏臣其子弟，以一家之内有父子兄弟四品，以父兄之税入公，子弟之税入己，大率半屬公，半入己。孟氏則于子弟中，取其半，或取子，或取弟，大率三

〔二〕正義，春秋左傳正義，共六十卷，左丘明撰，晉杜預注，唐孔穎達疏。

分歸公，一分入己。十二分其國民，三家得七，公得五，國民不盡屬公，公室已卑矣。今舍中軍，四分公室，三家自取其稅而各貢于公，公室彌卑矣。初云作三軍，今不云舍三軍者，舊有二軍，今更增一軍，人數不足，故各毀其乘，足成三軍。今此則唯舍中軍之衆，屬上下二軍，季氏因叔孫家禍，退之使同孟孫，獨取其半，爲專已甚，又擇取善者，是專之極，故傳言擇二，以見之。」

胡氏傳：「三軍作舍，皆自三家，公不與焉。公室益卑，而魯國之兵權悉歸于季氏矣。兵權，有國之司命；三綱，軍政之本原。書其『作』『舍』而公孫于齊，薨于乾侯，定公無正，必至之理也。書曰『舍中軍』，微辭以著其罪。」

愚謂，季孫自承行父爲政，即城費以保障私家，爲竊兵權之計。自作三軍之初，叔孫豹已知其必改而以盟詛要之。今叔孫豹死，纔未期年而改更前制，蔑公室以歸私家，利昭公之猶有童心，而叔孫既卒，魯遂無人。春秋舍中軍之書，殆著堅冰之已成也。

楚殺其大夫屈申。

傳：「楚子以屈申爲貳於吳，乃殺之。以屈生爲莫敖。」

劉氏傳：「稱國以殺大夫者，罪累上也。屈申之累上，奈何？楚人仇吳而疑屈申，謂屈申貳于吳也而殺之。然則屈申之罪何？屈申之爲人臣也，君弒則不能討，國亂則不能去，北面而事寇讎，足以殺其身而已矣。」

公如晉。

傳：「公如晉，自郊勞至于贈賄，無失禮。晉侯謂女叔齊曰：『魯侯不亦善于禮乎？』對曰：『是儀也，不可謂禮。禮所以守其國，行其政令，無失其民者也。今政令在家，不能取也。有子家羈，弗能用也。奸大國之盟，陵虐小國，利人之難，不知其私。公室四分，民食於他。思莫在公，不圖其終。為國君，難將及身，不恤其所。禮之本末，將于此乎在，而屑屑焉習儀以亟。言善于禮，不亦遠乎？』」

夏，莒牟夷以牟婁及防、茲來奔。

傳：「莒牟夷以牟婁及防、茲來奔，牟夷非卿而書，尊地也。」

范氏[二]曰：「竊地之罪重，故不得不錄其人。」

杜氏注：「城陽平昌縣西南有防亭，姑幕縣東北有茲亭。」地譜：「密州安丘縣有平昌故城，莒縣有姑幕故城。」

胡氏傳：「邾、莒之大夫名姓不登于史策，微也。牟夷，莒大夫，曷為以姓氏通？重地也。以地叛，雖賤必書地，以名其人終為不義，弗可滅矣。其書『來奔』是接我以利，而我入其利，兩譏之也。為國以義不以利，如以利，則上下交征而國危矣。為己以義不以利，如以利，則患得患失，亦無所不至矣。春秋於三叛人，

[二] 范氏，東晉經學家范寧。

雖賤必書其名，以懲不義，懼淫人，爲後戒也。

襄陵許氏曰：「卿會楚，方盟而伐莒取鄆，公如晉未返，而受莒牟婁及防、茲，惡季氏之專也。」

秋，七月，公至自晉。

傳：「莒人愬于晉。晉侯欲止公。范獻子曰：『不可。人朝而[一]執之，誘也。討不以師，而誘以成之，惰也。爲盟主而犯此二者，無乃不可乎？請歸之，間而以師討焉。』乃歸公。秋七月，公至自晉。」

戊辰，叔弓帥師敗莒師于蚡泉。

蚡，公羊作「濆」，穀梁作「賁」。蚡泉，杜氏曰：「魯地。」地譜：「魯東境之地。」

傳：「莒人來討，不設備。戊辰，叔弓敗諸蚡泉，莒未陳也。」

愚案，晉人方欲止公，而叔弓受牟夷，敗莒人。大夫之專，不顧霸討君辱，比書而罪大夫之專，可見矣。

秦伯卒。

傳：「秦后子復歸于秦，景公卒故也。」

冬，楚子、蔡侯、陳侯、許男、頓子、沈子、徐人、越人伐吳。

―――――――

[一] 而，原作「兩」，今據宋寶祐三年臨江軍庠刻本改。

越始見經，姒姓，夏后少康之庶子封于越，其先也。杜氏注：「越國，會稽山陰縣。」

傳：「四年冬，吳伐楚入棘、櫟、麻，以報朱方之役。五年冬十月，楚子以諸侯及東夷伐吳，以報棘、櫟、麻之役。遠以繁揚之師，會于夏汭。越大夫常壽過帥師會楚子于瑣。聞吳師出，楚子以諸侯伐吳，邊不設備，吳人敗諸鵲岸。楚子以馹至于羅汭。吳子使其弟蹶由犒師，楚人執之。楚師濟羅汭，沈尹赤會楚子，次于萊山。遠射帥繁揚之師，先入南懷，楚師從之。及汝清，吳不可入。楚子遂觀兵于坻箕之山。是行也，吳早設備，楚無功而還，以蹶由歸。

胡氏傳：「越始見經，而與徐皆得稱『人』，何也？吳以朱方處齊慶封而富於其舊，崇惡也。楚圍朱方執齊慶封殺之，討罪也。吳不顧義，入棘、櫟、麻以報朱方之役，狄道也。楚於是以諸侯伐吳，則比吳為善，師亦有名，其從之者，進而稱『人』可也。或者以辭為主，而謂不可云沈子、徐、越伐吳，故特稱『人』，誤矣。以不可為文辭而進『人』於越，一字褒貶義安在乎？」

六年，春，王正月，杞伯益姑卒。

杜氏注：「杞文公卒，弔如同盟，禮也。」

傳：「魯怨杞因晉取其田，不廢喪紀，故禮之。」

葬秦景公。

夏，季孫宿如晉。

傳：「拜莒田也。」

葬杞文公。

宋華合比出奔衛。

傳：「宋寺人柳有寵，太子佐惡之。華合比曰：『我殺之。』柳聞之，乃坎、用牲、埋書而告公曰：『合比將納亡人之族，既盟于北郭矣。』公使視之，有焉。遂逐華合比，合比奔衛。」

襄陵許氏曰：「經書『宋公殺其世子痤』『宋華合比出奔衛』，皆著寺人讒慝敗國，以爲世戒。而秦、漢以來，庸君衰季，溺心嬖習，遠去忠良，亂亡相屬，若出一軌。春秋惡可一日而不開明哉！」

胡氏傳：「宋公寵信閹寺，殺世適痤而父子之恩絕；逐華合比，而君臣之義睽。刑人之能敗國亡家，亦可畏矣。猶有任趙高以亡秦，信恭、顯、十常侍以亡漢，寵王守澄、田令孜以亡唐，而不知鑒覆車之轍者，不亦悲夫！凡此類，直書而義自見矣。」

秋，九月，大雩。

旱也。

楚薳罷帥師伐吳。

傳：「徐儀楚聘于楚。楚子執之，逃歸。懼其叛也，使薳洩伐徐。吳人救之。令尹子蕩帥師伐吳，師于豫章，而次于乾谿。吳人敗其師于房鍾，獲宮廄尹棄疾。子蕩歸罪于薳洩而殺之。」

襄陵許氏曰：「敗楚師者，非薳洩也，而洩伏其誅，故書薳罷伐吳，以正之。楚再不競於吳，乃移兵鋒有事陳、蔡，至復伐徐，而國亂矣。吳蓋自是休兵息民，國始寖强。」

冬，叔弓如楚。

傳：「叔弓如楚，聘且弔敗也。」

愚案，楚與吳仇敵之國，而昭公素婚吳而遠楚，故申之會，魯不與焉。今楚復伐吳而其惡益遠，昭公非能以中國自尊，而遠凶暴者。今始通好于楚，蓋不待薳啓强之召，已服楚而將朝之矣。

齊侯伐北燕。

傳：「十一月，齊侯如晉，請伐北燕也。晉侯許之。十二月，齊侯遂伐北燕，將納簡公。晏子曰：『不入。燕有君矣，民不貳。吾君賄，左右諂諛，作大事不以信，未嘗可也。』七年正月癸巳，齊侯次于虢。燕人行成，曰：『敝邑知罪，敢不聽命？先君之敝器，請以謝罪。』二月戊午，盟于濡上。燕人歸燕姬，賂以瑤罋、玉櫝、斚耳，不克而還。」

七年，春，王正月，暨齊平。

穀梁傳：「平者，成也。暨猶暨暨也。暨者，不得已也。」案，禮記曰：「戎容暨暨。」注云：果毅貌。

襄陵許氏曰：「襄公之世，齊數伐魯。至齊景公一使慶封來聘，而不書魯報，至是暨齊平。」

劉氏意林[二]曰：「齊大魯小，魯爲齊弱久矣。然而能暨齊以平者，介于楚也。夫不自計德之厚薄，勢之利害，而借人之威以憑諸侯，是以遠者不服，近者不親，此最得失之機也。崇蠻荆侮中國，昭公之棄其國，死于外，諸侯莫之救也，從此生矣。」

詳此即知魯與齊平，書「暨」之意，猶暨暨者，若魯以果毅之氣，迫而得其平也。

三月，公如楚。

傳：「楚子成章華之臺，願與諸侯落之。太宰遠啓彊曰：『臣能得魯侯。』遠啓彊來召公，辭曰：『昔先君成公，命我先大夫嬰齊曰：「吾不忘先君之好，將使衡父照臨楚國。」嬰齊受命于蜀，我先君共王，引領北望，日月以冀。傳序相授，于今四王矣。嘉惠未至，唯襄公之辱臨我喪。今君若步玉趾，辱見寡君，寵靈楚國，以信蜀之役，是寡君既受貺矣，何蜀之敢望？君若不來，使臣請問行期，寡君將承質幣而見于蜀，以請先君之貺。』三月，公如楚。」

叔孫婼如齊涖盟。

[二] 劉氏意林，宋劉敞撰劉氏春秋意林。

媵，公羊作「舍」，後同。況，公羊、穀梁作「莅」。

穀梁傳：「莅，位也。內之前定之辭，謂之『莅』；外之前定之辭，謂之『來』。」

襄陵許氏曰：「始暨齊平，故盟以結好。」

夏，四月甲辰朔，日有食之。

秋，八月戊辰，衛侯惡卒。

九月，公至自楚。

冬，十有一月癸未，季孫宿卒。

十有二月癸亥，葬衛襄公。

八年，春，陳侯之弟招殺陳世子偃師。夏，四月辛丑，陳侯溺卒。

傳：「陳哀公元妃鄭姬，生悼太子偃師，二妃生公子留，下妃生公子勝。二妃嬖，留有寵，屬諸司徒招與公子過。哀公有廢疾。三月甲申，公子招、公子過殺悼太子偃師而立公子留。夏四月辛亥，哀公縊。」

泰山孫氏曰：「其曰『陳侯之弟招殺陳世子偃師』，親之者，所以甚招之惡也。招以叔父之親，不顧宗社之重，殞冢嗣以立庶孽，致楚滅陳，招之由也。」

胡氏傳：「此公子招特以『弟』稱者，著招憑寵稔惡，而陳侯失親親之道也。招固有罪矣，陳侯信愛其

弟，何以爲失親親乎？尊賢者，親親之本，不能擇親之賢者，厚加尊寵以表公族，而徇其私愛施于不令之人，以至亡國敗家，豈不失親親之道乎？其曰『陳侯之弟招殺陳世子偃師』，交貶之也。」

襄陵許氏曰：「陳哀寵其世子，資以強輔，而濟之權以軋太子，使之失職，至于亂作躬受其禍，惟其暱愛，法不勝私也。悲夫！」

叔弓如晉。

傳：「晉侯築虒祁之宮。叔弓如晉，賀虒祁也。游吉相鄭伯以如晉，亦賀虒祁也。史趙見子太叔曰：『甚哉，其相蒙也！可弔也而又賀之！』」

襄陵許氏曰：「財費廣侈則國貧，力役煩勞則民敝，締構雕琢，輪奐之功盛，則恭儉純茂之德衰矣，此之謂可弔者也。而諸侯賀之，是以人君得意海內，則安于亂亡而不自知，蓋諛之者，衆也。志叔弓如晉，是已當楚之隆勢專諸夏，而晉弗慮圖，惟宮室之崇以爲安榮，平公其可謂志卑矣。」

楚人執陳行人干徵師，殺之，陳公子留出奔鄭。

傳：「干徵師赴于楚，且告有立君。公子勝愬之于楚，楚人執而殺之。公子留奔鄭。書曰『楚人執陳行人干徵師，殺之』，罪不在行人也。」

劉氏傳：「稱『人』以執者，非伯討也。此其爲非伯討奈何？楚人惡公子招而殺干徵師，非其罪也。古

者，兵交，使在其間，可也。」

蘇氏[二]曰：「楚將討陳，故留出奔。留既爲君矣，不曰『陳留』而曰『公子留』，何也？留立於招耳，未成爲君也。」

秋，蒐于紅。

紅，杜氏注：「魯地沛國蕭縣西有紅亭。」遠，疑。

劉氏傳：「蒐，春事也，秋興之，非正也。蒐有常地矣，于紅亦非正也。然則曷爲不言公？公不得與于蒐爾。公曷爲不得與於蒐？三家者，專魯而分之，政令出焉，公民食焉爾。」又意林曰：「紅之蒐，吾見其反天時矣，易地理矣，悖人倫矣。」

陳人殺其大夫公子過。

傳：「陳公子招歸罪于公子過而殺之。」

冬，十月壬午，楚師滅陳。執陳公子招，放之于越。殺陳孔奐。

大雩。

[二] 蘇氏，北宋文學家蘇轍。

傳：「九月，楚公子棄疾帥師奉孫吳圍陳，宋戴惡會之。冬十一月壬午，滅陳。」

穀梁傳：「惡楚子也。」

杜氏注：「招復稱公子，兄已卒。」

泰山孫氏曰：「招，殺世子之賊也，楚子執而放之；陳孔奐無罪之人也，楚子殺之。吁！楚靈暴虐無道，滅人之國，又爲淫刑也如此！」

今案，杜氏注云：「奐，招之黨。」他無所見，蓋杜氏意料之辭爾。然自宋之盟，見于經，執陳國之政久矣。視君之亂，從君于昏而無所正救，蓋不能爲有無者也。雖有罪，必不加于招矣。錄楚之放招而殺奐，以見楚子滅人之國而私意放殺其臣，初不問其罪之輕重，穀梁所謂惡楚者，得其旨矣。

葬陳哀公。

穀梁傳：「不與楚滅，閔之也。」

泰山孫氏曰：「十月壬午，楚師滅陳。葬陳哀公，如不滅之辭者，楚子葬之也。不言楚子葬之者，不與楚子滅陳，葬哀公，故以陳人自葬爲文，所以存陳也。」

九年，春，叔弓會楚子于陳。

傳：「叔弓、宋華亥、鄭游吉、衛趙黡會楚子于陳。」

襄陵許氏曰：「楚既滅陳，威震諸夏，是以無所號召，而諸國之大夫會之。」

許遷于夷。

傳：「二月庚申，楚公子棄疾遷許于夷。實城父，取州來、淮北之田以益之。」

杜氏注：「許畏鄭欲遷，故以自遷爲文。」

夏，四月，陳災。

公羊傳：「陳已滅矣，其言陳火何？存陳也，曰存陳悕矣。」

公羊、穀梁並作「火」。

胡氏傳：「凡外災，告則書。今楚已滅陳，夷于屬縣，使穿封戌爲公矣，必不使告於諸侯，言亡國之有災也，何以書于魯國之策乎？當是時，叔弓與楚子會于陳，則目擊其事矣，雖彼不來告，此不往弔，叔弓使畢而歸，語陳故也。魯史遂書之耳。如叔輒至自京師，言王室亂。春秋承其言遂書于策，仲尼作經，存而弗革者，蓋興滅國，繼絕世，以堯、舜三代公天下之心爲心，異于孤秦罷侯置守，欲私一人以自奉者，所以歸民心合天德也。公羊、穀梁以爲存陳，得其旨矣。」

秋，仲孫貜如齊。

傳：「孟僖子如齊殷聘，禮也。」

杜氏注：「自叔老聘齊至今二十年，禮意久曠，今修盛聘，以無忘舊好，故曰禮。」

冬，築郎囿。

傳：「築郎囿。季平子欲其速成也，叔孫昭子曰：『詩曰：「經始勿亟，庶民子來。」焉用速成？其以剿民也？無囿猶可，無民其可乎？』」

襄陵許氏曰：「公內制於強臣，外輕於亡危辱兆矣。是之弗慮，而築郎囿，不時孰甚焉！蒐田、築囿知公之志，以左傳觀之，有以見季孫意如逢其君以耳目之娛，而日竊其權，昭公安之而不悟也。人君于此，可不戒哉！

愚案，大國亂日以荒也。」

十年，春，王正月。

夏，齊欒施來奔。

齊，公羊作「晉」，非也。

傳：「齊惠欒、高氏皆耆酒，信內多怨，強于陳、鮑氏而惡之。夏，有告陳桓子曰：『子旗、子良將攻陳、鮑。』亦告鮑氏。桓子授甲而如鮑氏，遭子良醉而騁，遂見文子，則亦授甲矣。使視二子，則皆將飲酒。桓

子曰：『彼雖不信，聞我授甲，則必逐我。及其飲酒也，先伐諸？』陳、鮑方睦，遂伐欒、高氏。子良曰：『先得公，陳、鮑焉往？』遂伐虎門。公卜使王黑以靈姑銔率，吉，請斷三尺焉而用之。五月庚辰，戰于稷，欒、高敗，又敗諸莊。國人追之，又敗諸鹿門。欒施、高彊來奔。」

秋，七月，季孫意如、叔弓、仲孫貜帥師伐莒。

意如，公羊作「隱如」，後同。

傳：「季平子伐莒取鄆。臧武仲在齊聞之，曰：『周公其不饗魯祭乎！』」

杜氏注：「取鄆不書，公見討于平丘，故諱之。」

胡氏傳：「前已舍中軍矣，曷爲猶以三卿並將乎？季氏毀中軍，四分公室擇其二，二家各有其一。至是季孫身爲主將，二子各率一軍爲之副，則三軍固在。其曰舍之者，特欲中分魯國之衆爲己私耳，以爲復古，則誤矣。襄公以來，既作三軍，地皆三家之土，民皆三家之兵，每一軍出，各將其所屬，而公室無與焉，是知雖舍中軍，而三卿並將，舊額固存矣。」

戊子，晉侯彪卒。

傳：「晉平公卒。鄭伯如晉，及河，晉人辭之。游吉遂如晉。」

九月，叔孫婼如晉，葬晉平公。

傳：「九月，叔孫婼、齊國弱、宋華定、衛北宮喜、鄭罕虎、許人、曹人、莒人、邾人、滕人、薛人、杞人、小邾人如晉，葬平公也。」

十有二月甲子，宋公成卒。

杜氏注：「無冬，闕文。」成，公羊作「戌」。

十有一年，春，王二月，叔弓如宋，葬宋平公。

二月，公羊作「正月」。

夏，四月丁巳，楚子虔誘蔡侯般，殺之于申。楚公子棄疾帥師圍蔡。

傳：「楚子在申，召蔡靈侯。靈侯將往，蔡大夫曰：『王貪而無信，唯蔡於憾。今幣重而言甘，誘我也。不如無往。』蔡侯不可。三月丙申，楚子伏甲而饗蔡侯于申，醉而執之。夏四月丁巳，殺之，刑其士七十人。公子棄疾帥師圍蔡。韓宣子問于叔向曰：『楚其克乎？』對曰：『克哉！蔡侯獲罪於其君，而不能其民，天將假手於楚以斃之。何故不克？然肸聞之，不信以幸，不可再也。楚王奉孫吳以討于陳，曰：「將定而國。」陳人聽命，而遂縣之。今又誘蔡而殺其君，以圍其國，雖幸而克，必受其咎，弗能久矣。』」

公羊傳：「楚子虔何以名？絕。曷爲絕之？爲其誘討也。此討賊也？雖誘之，則曷爲絕之？懷惡而討

四七〇

不義，君子不予也。」

陸淳[二]曰：「蔡侯之罪自不容誅，楚子之惡亦已甚矣，故聖人名之，言其非人君也。」

胡氏傳：「般弑君父，諸侯與通會盟十有三年矣，是共忘其爲亂賊，而莫覺也。楚子若以大義奉辭討罪，殘身，瀦宮，謀于蔡衆，置君而去，雖古之征暴亂不越是矣。今虔本心欲圖其國，又挾欺毀信，重幣甘言，詐誘執殺，肆行無道，貪得一時，流毒于後。棄疾以是殺戎蠻，商鞅以是給魏將，秦人以是劫懷王。傾危成俗，天下大亂，劉、項之際，死者十九，聖人深惡楚虔而名之，其慮遠矣。後世誅討亂臣者，或畏其強，或幸其弱，憲不以大義興師，至用譎謀詐力，徼倖勝之。若事之捷，反側皆懼，苟其不捷，適足長亂，如代宗之圖思明，憲宗之紿王弁，昧于春秋垂戒之旨矣。」

五月甲申，夫人歸氏薨。

杜氏注：「昭公母，胡女，歸姓。」

大蒐于比蒲。

比蒲，地譜云：「是魯南鄙之地。」

劉氏傳：「此何以書？譏。何譏爾？夫人歸氏薨，大蒐于比蒲，非禮也。」

[二] 陸淳，唐代經學家。

胡氏傳：「大蒐，越禮也。君有重喪，國不廢蒐，不忌君也。三綱，軍政之本，君執此以馭其下，臣執此以事其上，政之大本于是乎在。君有三年之感，而國不廢一日之蒐，則無本矣。」

仲孫貜會邾子，盟于浸祥。

浸祥，地闕。公羊作「侵羊」。

傳：「齊歸薨，大蒐于比蒲，非禮也。孟僖子會邾子，盟于浸祥，修好，禮也。」

秋，季孫意如會晉韓起、齊國弱、宋華亥、衛北宮佗、鄭罕虎、曹人、杞人于厥慭。

厥慭，公羊作「屈銀」。

傳：「楚師在蔡，晉荀吳謂韓宣子曰：『不能救陳，又不能救蔡，物以無親，晉之不能，亦可知也已！爲盟主而不恤亡國，將焉用之？』秋，會于厥慭，謀救蔡也。鄭子皮將行，子產曰：『行不遠。不能救蔡也。蔡小而不順，楚大而不德，天將棄蔡以壅楚，盈而罰之，蔡必亡矣。且喪君而能守者，鮮矣。』晉人使狐父請蔡于楚，弗許。」

襄陵許氏曰：「蔡能嬰城堅，不下楚，此易助也。而厥慭合天下之兵，畏不能救，遣使請命示之不能，使楚益驕，有以量中國之力而卒取之，此韓起之罪也。」

胡氏傳：「文十五年，盟扈之役，八國諸侯略而不序，謀伐齊受賂而不克也。襄三十年，澶淵之會，十二

國大夫稱人，魯卿諱而不書者，賊蔡亂不能討而謀宋財也。略諸侯所以責其亡義利之分，貶大夫所以罪其失輕重之別。亡義利之分爲不仁，失輕重之別爲不智。今晉與諸侯心欲救蔡而力弗加焉，則其無能可知，而其情則爲惡也。故諸侯猶序而大夫無貶，此足以見聖人待人明義利、審輕重之權衡矣。」

九月己亥，葬我小君齊歸。

齊，謚也。

傳：「葬齊歸，公不慼。叔向曰：『魯公室其卑乎？君有大喪，國不廢蒐。有三年之喪，而無一日之慼。國不恤喪，不忌君也。君無慼容，不顧親也。國不忌君，君不顧親，能無卑乎？』」

冬，十有一月丁酉，楚師滅蔡，執蔡世子有以歸，用之。

傳：穀梁作「友」。

劉氏傳：「楚子滅蔡，用隱太子于岡山。」

傳：「世子，猶世世子也。楚子虔誘蔡侯般殺之，靈公弑其君，其子非正也。曷爲與之繼世？春秋之設辭也，非其人之謂也，蓋其道之謂也。楚子虔誘蔡侯般殺之，世子友守國，楚師圍之八月而克之，不能服，於是乎虐用之。古者，父母之仇，不與共天下，寢苫枕戈終身，則友之爲者，盡于世子矣。」

胡氏傳：「內入國而以其君來，外滅國而以其君歸，皆服而以之，易辭也。既書『滅蔡』矣，又書『執蔡

世子有」者，世子無降服之狀，強執以歸而虐用之也。世子繼世以有國之稱，必以此稱蔡有者，父母之仇不與共天下，與民守國，效死不降，至于力屈就擒，虐用其身而不顧也，則有之爲世子之道得矣。

師氏[二]曰：「春秋書滅國多矣，未有如此其暴者，聖人詳其始末而記之，書『誘』、書『圍』、書『執』，蓋以傷中國之微而深惡夷狄之暴也。」

十有二年，春，齊高偃帥師納北燕伯于陽。

傳：「高偃納北燕伯款于唐，因其衆也。」

杜氏注：「三年，燕伯出奔齊。今因唐衆欲納之，故得先入唐，不言于燕，未得國都也。高偃，高傒玄孫。陽即唐燕別邑，中山有唐縣。」

愚案，燕伯出奔名而納之不名者，其罪未至如衛朔、鄭突。諸侯失國，諸侯納之，正也。

三月壬申，鄭伯嘉卒。

簡公也。

夏，宋公使華定來聘。

傳：「通嗣君也。」

―――――――――
[二] 師氏，尚未考證。

公如晉,至河乃復。

傳:「取鄭之役,莒人愬于晉。晉有平公之喪,未之治也,故辭公。」

五月,葬鄭簡公。

楚殺其大夫成熊。

傳:「楚子謂成虎,若敖之餘也,遂殺之。或譖成虎于楚子,成虎知之而不能行。書曰『楚殺其大夫成虎』,懷寵也。」

熊,公羊作「然」,穀梁作「虎」。

秋,七月。

冬,十月,公子憖出奔齊。

憖,公羊作「整」,字之誤也。

傳:「季平子立,而不禮於南蒯。南蒯謂子仲:『吾出季氏,而歸其室於公,子更其位,我以費為公臣。』子仲許之。叔仲小、南蒯、公子憖謀季氏。憖告公,而遂從公如晉。南蒯懼不克。以費叛如齊。子仲還,及衞,聞亂,逃介而先。及郊,聞費叛,遂奔齊。」

楚子伐徐。

傳：「楚子狩于州來，次于潁尾，使蕩侯、潘子、司馬督、囂尹午、陵尹喜帥師圍徐以懼吳。楚子次于乾谿，以爲之援。」

晉伐鮮虞。

杜氏注：「鮮虞，白狄別種，在中山新市縣也。」案，地譜：「中山在戰國爲中山國，新樂縣。」漢志：「新市縣也。」古鮮虞國，子姓。

傳：「六月，晉荀吳僞會齊師者，假道于鮮虞，遂入昔陽。秋八月壬午，滅肥，以肥子緜皋歸。冬，晉伐鮮虞，因肥之役也。」

穀梁傳：「其曰晉，狄之也。」

蘇氏曰：「晉獻公假道于虞，以滅虢也，書『晉師』；其執虞公也，書『晉人』；今伐鮮虞書『人』，若師可也。特書『晉』，深罪之也。楚滅陳、蔡而晉不救，力誠不能，君子不罪也。能伐鮮虞而不救陳、蔡，非力不足也。特書『晉』，棄諸侯也，故以夷書之。」

常山劉氏[一]曰：「夫惇信明義，中國之道也；懷利尚詐，夷狄之道也。[二]晉，伯國也，鮮虞，微者也，晉

[一] 常山劉氏，北宋學者劉絢。
[二] 夫惇信明義，中國之道也；懷利尚詐，夷狄之道也。原作「夫惇信明義之也，懷利尚詐，中國之道也」，今據宋寶祐三年臨江軍庠刻本改。

悖伯主之道，反行小人之事，故書曰『晉伐鮮虞』以外之。噫！人之所以異于禽獸者，何哉？惟在于義利誠僞之間耳！信義一失，則遂入于禽獸，可不慎哉！故春秋之法，尤謹嚴于此也。」

十有三年，春，叔弓帥師圍費。

費，見襄七年注。

杜氏注：「南蒯以費叛故。」

傳：「叔弓圍費，弗克，敗焉。平子怒，令見費人執之，以爲囚俘。治區夫曰：『非也。若見費人，寒者衣之，飢者食之。爲之令主，而共其乏困。費來如歸，南氏亡矣。民將叛之，誰與居邑？若憚之以威，懼之以怒，民疾而叛，爲之聚也。若諸侯皆然，費人無歸，不親南氏，將焉入矣？』平子從之。費人叛南氏。十四年，南蒯奔齊。司徒老祁、慮癸來歸費，齊侯使鮑文子致之。」

陸氏[二]曰：「凡家臣以邑叛，悉不書『叛』。但書『大夫圍之』，則邑叛可知矣。且罪大夫無政，而使家臣得專邑而叛也。克之不書，本非他國之邑也。」

胡氏傳：「費，內邑也。命上卿爲主將，舉大衆圍其成，若敵國然者，家臣強，大夫弱也。語不云乎：『有一言而可以終身行之者，其恕矣！夫己所不欲，勿施於人。』所惡於下者，無以事上也；所惡於上者，無以使

[二] 陸氏，唐代經學家陸淳。

卷九

四七七

下也。然後家齊而國治矣。季孫意如以所惡於下者事上，而不忠於其君；以所惡於上者使下，而不禮於其臣，出乎爾者反乎爾，宜南蒯之及此也。春秋之法，不書內叛，反求諸己而已矣。其書『圍費』，欲著其實，不沒之也。」

愚案，圍棘之與圍費，皆為國內之人叛，而以兵將制服之也。汶陽之不服，南蒯、叔仲小之為亂，其要不過曰正其本而已。遠人不服，則修文德以來之。治人不治反其智，天下之理未有先于此者，故曰：其身正而天下歸之，制人之道豈有二理哉？

劉氏意林曰：「使周之王，必無廢文、武之法，無過天之道，諸侯雖大國，孰敢慢其上？諸侯必無僭天子，其大夫執陵。大夫必無脅其君，其陪臣執叛？故南蒯雖以費入齊，而春秋未以叛誅蒯，非寬蒯弗誅也。事有本末，法有原省，季氏未得以叛名蒯，則魯亦未得以強討季氏，魯未得以強討季氏，則周亦未得以僭絕魯，其不正相承，非一日之積矣。」

夏，四月，楚公子比自晉歸于楚，弒其君虔于乾谿。

穀梁作「溪」。乾谿，杜氏注：「在譙國城父縣東竟。」

傳：「楚遠氏之族及遠居、許圍、蔡洧、蔓成然皆王所不禮也。因群喪職之族，啟越大夫常壽過作亂，圍固城，克息舟，城而居之。觀起之死也，其子從在蔡，事朝吳，曰：『今不封蔡，蔡不封矣。我請試之。』以蔡公之命召子干、子皙，及郊，而告之情，強與之盟，入襲蔡。蔡公將食，見之而逃。觀從使子干食，坎，用

牲，加書而速行，已徇于蔡，曰：『蔡公召二子，將納之，與之盟而遣之矣，將執之。』蔡人聚，將執之。辭曰：『失賊成軍，而殺余，何益？』乃釋之。朝吳曰：『二三子若能死亡，則如違之，以待所濟。若求安定，則如與之，以濟所欲。且違上，何適而可？』衆曰：『與之。』乃奉蔡公，召二子而盟于鄧，依陳、蔡人以國。楚公子比、公子黑肱、公子棄疾，蔓成然、蔡朝吳帥陳、蔡、不羹、許、葉之師，因四族之徒，以入楚。及郊，蔡公使須務牟與史猈先入，因正僕人殺太子祿及公子罷敵。公子棄疾爲司馬，先除王宮。使觀從從師于乾谿，而遂告之，且曰：『先歸復所，後者劓。』師及訾梁而潰。王聞群公子之死也，自投于車下，曰：『人之愛其子也，亦如余乎？』侍者曰：『甚焉。小人老而無子，知擠于溝壑矣。』王曰：『余殺人子多矣，能無及此乎？』右尹子革曰：『請待于郊，以聽國人。』王曰：『衆怒不可犯也。』曰：『若入于大都而乞師于諸侯。』王曰：『皆叛矣。』曰：『若亡于諸侯，以聽大國之圖君也。』王曰：『大福不再，祇取辱焉。』然丹乃歸于楚。王沿夏，將欲入鄢。芋尹無宇之子申亥求王，遇諸棘闈以歸。夏五月癸亥，王縊于芋尹申亥氏。』

或謂公子比聞楚虔之弒君，即自楚奔晉以至今年，因國人之叛而自立，比也爵祿有列于朝，出入有詔于國，晉人以羈定其位，以國底其祿，而比之歸亦惟觀從之命是聽，下令國中，使之先歸復所，後者有刑，遂立乎其位，則弒君之罪，觀從爲從，而比實爲首，非比尸之而誰哉！春秋以比首弒，明于君臣之義，所以定名實也。故公羊子曰：

哉？愚謂比之出奔，懼罪而亡也。楚靈君其國十有三年，

「比之義宜乎效死不立。」

楚公子棄疾殺公子比。

殺，公羊作「弒」。

傳：「觀從謂子干曰：『不殺棄疾，雖得國，猶受禍也。』子干曰：『余不忍也。』從曰：『人將忍子，吾不忍俟也。』乃行。國每夜駭曰：『王入矣！』乙卯夜，棄疾使周走而呼曰：『王至矣！』國人大驚，使蔓成然走告子干、子皙曰：『王至矣！國人殺君司馬，將來矣！君若早自圖也，可以無辱。衆怒如水火焉，不可爲謀。』又有呼而走至者曰：『衆至矣！』二子皆自殺。丙辰，棄疾即位。」

胡氏傳：「棄疾立比爲王，而殺之，則宜書曰『棄疾弒其君比』。而曰殺公子比，何也？初，子干歸自晉，觀從假棄疾命而召之來則來，帥四族衆而使之入楚則入，殺太子祿而立之爲王，周走而呼于國中，謂衆怒如水火而逼之盟則盟。其行止久速，去就死生，皆觀從與國人所爲，而比未嘗可否之也，安得爲棄疾之君乎？然比兄也，黑肱弟也。立比爲王，肱爲令尹，疾爲司馬，蓋國人以長幼之序立之也，則宜書曰『楚人殺比』。而春秋變文歸罪棄疾者，誅其本意在於代比，而非討之也。」

夫公子比已爲王，棄疾爲司馬，則君臣若已定矣。及棄疾殺比，乃不以「弒君」書者，君臣之分未定，而棄疾譎殺之，固不得以「弒」書也。春秋定罪毫釐必察，比不能效死不立而貪爲君之利，不得不服首惡之罪。

若夫分未正而以譎殺之于曖昧之中，目之以兩下相殺可矣，未可謂之弒君也。

秋，公會劉子、晉侯、齊侯、宋公、衛侯、鄭伯、曹伯、莒子、邾子、滕子、薛伯、杞伯、小邾子于平丘。

平丘，今開封府封丘縣。在東漢志尚爲平丘縣。

傳：「晉成虒祁，諸侯朝而歸者皆有貳心。爲取鄆故，晉將以諸侯來討。叔向曰：『諸侯不可以不示威。』乃並徵會，告于吳。秋，晉侯會吳子于良。水道不可，吳子辭，乃還。七月丙寅，治兵于邾南，甲車四千乘，遂合諸侯于平丘。子産、子太叔相鄭伯以會。子産以幄幕九張行，子太叔以四十，旣而悔之。每舍，損焉。及會，亦如之。次于衛地，叔鮒求貨於衛，淫芻蕘者。衛人使屠伯饋叔向羹與一篋錦，曰：『諸侯事晉，未敢攜貳，況衛在君之宇下，而敢有異志？芻蕘者異於他日，敢請之。』叔向受羹反錦，曰：『晉有羊舌鮒者，瀆貨無厭，亦將及矣，爲此役也，子若以君命賜之，其已。』客從之，未退，而禁之。晉人將尋盟，齊人不可。晉侯使叔向告劉獻公曰：『抑齊人不盟，若之何？』對曰：『盟以底信。君苟有信，諸侯不貳，何患焉？告之以文辭，董之以武師，雖齊不許，君庸多矣。天子之老，請帥王賦：「元戎十乘，以先啓行。」遲速惟君。』叔向告于齊曰：『諸侯求盟，已在此矣。今君弗利，寡君以爲請。』對曰：『諸侯討貳，則有尋盟。若皆用命，何盟之尋？』叔向曰：『國家之敗，有事而無業，事則不經。有業而無禮，經則不序。有禮而無威，序則不共。有威而不昭，共則不明。不明棄共，百事不終，所由傾覆也。是故明王之制，使諸侯歲聘以志業，閒朝以講禮，再朝而會以示威，再會而盟以顯昭明。志業於好，講禮於等，示威以衆，昭明於神，自古以來，未之或失也。存亡之道，恆由是興。晉禮主盟，懼有不治，奉承齊犧，而布諸君，求終事也。君曰：「余必廢之，何齊之有？」惟君圖之，寡君聞命矣。』齊人懼，對曰：『小國言之，大國制之，敢不聽從？』叔向曰：『諸侯有間矣，不可以不示衆。』八月辛未，治兵，建而不旆。壬申，復旆之，諸侯畏之。」

愚案，當時晉平主盟，內惑于寵嬖，以女色盡其心，外崇建宮室，以侈麗夸諸侯，故楚虔盡召諸侯，而肆為宗主，吞滅親姻坐視不救。及平公卒，昭公立，而楚虔死，乃幸楚亂，欲立威以服諸侯，而不知大勢已去，徒治親眤，本末倒置，內外離心，諸侯益貳，此平丘之會，所以益墮霸業也。

胡氏傳：「方是時，楚人暴橫，陵蔑中華，乃敵國外患，當臨深履薄，恐懼省戒之時。其君當倚于法家拂士以德修國政，其臣急于責難陳善以禮格君心，內結夏盟，外敵王愾，復悼公之業，若未暇也。今乃安于不競，無自強之志，欲示威徵會而以兵甲耀之，不亦末乎？是以深惡此會，如下文所貶也。」

八月甲戌，同盟于平丘。公不與盟。

傳：「邾人、莒人愬于晉曰：『魯朝夕伐我，幾亡矣。我之不共，魯故之以。』晉侯不見公，使叔向來辭曰：『諸侯將以甲戌盟，寡君知不得事君矣，請君無勤。』子服惠伯對曰：『君信蠻夷之訴，以絕兄弟之國，棄周公之後，亦唯君。寡君聞命矣。』叔向曰：『寡君有甲車四千乘在，雖以無道行之，必可畏也。況其率道，其何敵之有？牛雖瘠，僨於豚上，其畏不死？』魯人懼，聽命。甲戌，同盟于平丘。」

程氏傳：「楚棄疾立，諸侯懼之，故同盟。公不與盟，晉罪公。」

邾、莒、杞、鄫之怒以討魯罪，間其二憂，其庸可棄乎？若奉晉之衆，用諸侯之師，因其何敵之有？牛雖瘠，僨於豚上，其畏不死？

胡氏傳：「會與盟同地，再書『平丘』者，書之重，詞之複，其間必有美惡焉。再書『平丘』，惡之也。」

實爲幸也。

杜氏注：「公不與盟，非國惡，故不諱。」

晉人執季孫意如以歸。

傳：「晉人執季孫意如以歸，子服湫從。」

胡氏傳：「稱人以執，非伯討也。自文公以來，公室微弱，三家專魯，而季氏罪之首也。宿及意如尤爲強逼，不臣，何以非伯討乎？晉人若按邾、莒有無之狀，究南蒯、子仲奔叛之因，告于諸侯以其罪執之，請于天子以大義廢之，選于魯卿更意如之位，收斂私邑爲公室之民，使政令在君，三家臣順，則方伯之職修矣。今晉徒以邾、莒之言曰：『我之不共，魯故之以』，遂辭魯君而執意如，則是意在貨財，而不責其無君臣之義也，何得爲伯討乎？稱『人』以執，罪晉之偷也。」

公至自會。

蔡侯廬歸于蔡。陳侯吳歸于陳。

傳：「楚之滅蔡也，靈王遷許、胡、沈、道、房、申于荊焉。平王即位，既封陳、蔡而皆復之。隱太子之子廬歸于蔡，悼太子之子吳歸于陳。」

公羊傳：「此皆滅國也，其言歸何？不與諸侯專封也。」

泰山孫氏曰：「楚靈暴，滅二國。楚平既立，將矯楚靈之惡，以説中國也，故復二國之後。然則楚靈滅之，

楚平復之善與？非善也。聖王不作，諸侯不振，二國之命制在夷狄故也。孔子以陳、蔡自歸爲文，所以抑強夷而存中國也。」

常山劉氏曰：「陳、蔡者，先王之建國，非楚可滅，非楚可復也。故書『爵』、書『歸』，言二國之嗣位，其所固有，國其所宜歸也。二君名者，素非諸侯，至此始立也。」

胡氏曰：「棄疾封之，可謂有奉矣。不言自楚者，不與楚子之得封也。不與楚子之得封，是以蠻荆制諸夏也。陳，列聖之後，蔡，王室之親，見滅于楚虔，而諸侯不能救，復封於棄疾，而諸侯不能與，聖人至是懼之甚，蓋有不得已焉。制春秋爲後法，大要皆天子之事也，其事則以公天下爲心，興滅國、繼絕世，異於自私其身，欲擅而有之者，故書法如此。爲天下國家而不封建，欲望先王之治，難矣。」

冬，十月，葬蔡靈公。

陸氏纂例[二]曰：「國復乃葬，凡三十一月。」

穀梁傳：「變之不葬有三：失德不葬，弑君不葬，滅國不葬。然且葬之，不與楚滅也。」

公如晉，至河乃復。

傳：「公如晉。荀吴謂韓宣子曰：『諸侯相朝，講舊好也。執其卿，而朝其君，有不好焉，不如辭之。』

――――――

[二] 陸氏纂例，唐陸淳所撰春秋集傳纂例，共十卷，此書爲陸氏闡發其師啖助、其友趙匡關於春秋經説之作。

乃使士景伯辭公于河。」

吳滅州來。

傳：「吳滅州來。楚令尹子期請伐吳，王弗許，曰：『吾未撫民人，未事鬼神，未修守備，未定國家而用民力，敗不可悔。』州來在吳，猶在楚也。子姑待之。』」

十有四年，春，意如至自晉。

傳：「季孫猶在晉，子服惠伯私于中行穆子曰：『魯事晉，何以不如夷之小國？魯，兄弟也，土地猶大，所能命具。若為夷棄之，使事齊、楚，其何瘳於晉？』穆子告韓宣子，且曰：『楚滅陳、蔡不能救，而為夷執親，將焉用之？』乃歸季孫。惠伯曰：『寡君未知其罪，合諸侯而執其老。若猶有罪，死命可也。若曰無罪而惠免之，諸侯不聞，是逃命也，何免之為？請從君惠于會。』宣子患之，使叔魚見季孫曰：『鮒也聞諸吏，將為子除館于西河。』平子懼，先歸。惠伯待禮。」

泰山孫氏曰：「不稱氏，前見也。」

胡氏傳：「其始執之，為乏郳、莒之供，而非有扶弱擊強之義，其終歸之，為土地猶大，所命能具，而非有不能救蔡，為夷執親之悔也。然則晉人喜怒皆以利發，其勸沮皆以利，行違道甚矣，故平丘之會深加貶斥。自是而後，諸侯不合二十餘年。至于召陵，又以賄貶十有八國之諸侯，而書『侵楚』以譏之。於是晉日益衰，

外攜內叛，不復振矣。利之能敗人國家如此，春秋之深戒也。」

三月，曹伯滕卒。

夏，四月。

秋，葬曹武公。

八月，莒子去疾卒。

冬，莒殺其公子意恢。

襄陵許氏曰：「昭公以來，微國皆葬，而莒著丘公不葬者，莒卒無謚，廢周禮也。春秋是以不書葬也。」

傳：「莒著丘公卒，郊公不慼。國人弗順，欲立著丘公之弟庚輿。蒲餘侯惡公子意恢而善於庚輿，郊公惡公子鐸而善于意恢。公子鐸因蒲餘侯而與之謀曰：『爾殺意恢，我出君而納庚輿。』許之。冬十二月，蒲餘侯茲夫殺莒公子意恢，郊公奔齊。公子鐸逆庚輿于齊。」

高郵孫氏[二]曰：「公、穀之說，皆以為曹、莒無大夫，蓋曹、莒小國，其君之爵才當大國之大夫，其大夫之位才當大國之士。春秋諸侯之士皆不書名，故曹、莒大夫之名不得見于經也。其有事繫懲勸，法當書者，則

[二] 高郵孫氏，北宋學者孫覺。

雖賤而名之，郰庶其、黑肱、莒牟夷、意恢是也。」

襄陵許氏曰：「公子鐸首亂而無見焉者，韓愈曰：『春秋書王法，不誅其人。』凡此類，皆所以表見王道，若鐸不書者多矣。」

十有五年，春，王正月，吳子夷末卒。

公羊作「夷昧」。

二月癸酉，有事于武宮。籥入，叔弓卒。去樂，卒事。

傳：「禘于武宮，叔弓涖事，籥入而卒，去樂，卒事，禮也。」

胡氏傳：「有事于宗廟，聞大夫之喪，則去樂而祭，可也？案，曾子問：『君在祭不得成禮』，夫子語之詳矣，而無有及大臣者，是知祭而去樂不可也。有事于宗廟，遭大夫之變，則以聞可乎？案禮，衛太史柳莊寢疾，君曰：『若疾亟』，雖當祭必告』，是知祭而以聞不可也。禮莫重于當祭，大夫有變而不以聞，則內得盡其誠敬之心於宗廟，外全隱恤之意于大臣，是兩得之也。然則有事于宗廟，大臣涖事，籥入而卒于其所，則如之何？禮雖未之有，可以義起也。有事于宗廟，大臣涖事，籥入而卒於其所，去樂卒事，其可也。緣孝子之心，視已設之饌，必不忍輕徹，故去樂而卒事，其可也。宗廟合禮者，常事不書。苟以爲可，則春秋何書乎？此記禮之變而書之者也。」

高郵孫氏曰：「武宮廢廟也，成六年立之事，所不當有者，春秋因變禮而推言之。」

夏，蔡朝吳出奔鄭。

朝，公羊作「昭」，無「出」字。

傳：「楚費無極害朝吳之在蔡也，欲去之，乃謂之曰：『王唯信子，故處子于蔡。子亦長矣，而在下位，辱，必求之，吾助子請。』又謂其上之人曰：『王唯信吳，故處諸蔡，二三子莫之如也，而在其上，不亦難乎？弗圖，必及于難。』夏，蔡人逐朝吳，朝吳出奔鄭。王怒曰：『余唯信吳，故實諸蔡。且微吳，吾不及此。女何故去之？』無極對曰：『臣豈不欲吳？然而前知其爲人之異也。吳在蔡，蔡必速飛。去吳，所以翦其翼也。』」

胡氏傳：「楚子棄疾以朝吳忠于舊君而信之，使居舊國，可謂知所信矣。然費與極害其寵，使之出奔，而楚子不能察，遂致無極屏王之耳目，使不聰明，去朝吳，出蔡侯朱，殺連尹奢，喪太子建，卒使吳師入郢，辱及宗廟，可不畏乎？爲國有九經而尊賢爲上，勸賢有四事而去讒爲首。志朝吳出奔，而入郢之師兆矣。然朝吳居舊國，處危疑之地，不能以忠信自任，杜讒慝之謀，而聽無極之計，欲爲之請，以名利累其心而莫覺其矣！特書其『出奔』，亦罪吳也。」

六月丁巳朔，日有食之。

秋，晉荀吳帥師伐鮮虞。

傳：「晉荀吳帥師伐鮮虞，圍鼓。鼓人或請以城叛，穆子弗許。人以城來，吾獨何好焉？不可以欲城而邇姦。」使鼓人殺叛人而繕守備。圍鼓三月，鼓人或請降，使其民見，曰：『猶有食色，姑修而城。』鼓人告食竭力盡，而後取之。以鼓子鳶鞮歸。」

胡氏傳：「晉滅潞氏、甲氏，及再伐鮮虞，皆用大夫將，而或稱『人』或書『名氏』，何也？以殄滅爲期而無惻隱之心則稱人，見利忘義以欺詐狄道行之則稱國，以正兵加敵而不納其叛臣則稱名氏。稱名氏者，非褒之也，纔免貶耳，於此可見春秋用兵禦狄之略矣。」

冬，公如晉。

傳：「平丘之會故也。」

十有六年，春，齊侯伐徐。

傳：「齊侯伐徐。二月丙申，齊師至于蒲隧。徐人行成。徐子及郯人、莒人會齊侯，盟于蒲隧，賂以甲父之鼎。

叔孫昭子曰：『諸侯之無伯，害哉！齊君之無道也，興師而伐遠方，會之有成而還，莫之亢也，無伯也夫。』」

愚案，景公立二十餘年矣，自崔、慶相殘賊之後，委政二惠，及欒、高敗乃始親政，不能收權修德，明政刑以強其國，故於晉將衰，而般樂嗜利，及晉既亂，而欲以無政之國爭強圖霸，宜其遂不振，而國爲陳氏之有

也。晏子雖隨事諷諫，而於此已無術以格其心，所謂以其君顯者，亦末矣。

楚子誘戎蠻子殺之。

蠻，公羊作「曼」。

杜氏注：「河南新城縣有蠻城。」今伊闕縣即新城也。

傳：「楚子聞蠻氏之亂也，與蠻子之無質也，使然丹誘戎蠻子嘉殺之，遂取蠻氏。」

蘇氏曰：「楚子誘蔡侯殺之，名而書地，以蠻荊害中國，疾之也。誘殺戎蠻不名不地，其類相殘，略之也。

戎蠻不名告，略也。」

夏，公至自晉。

傳：「正月，公在晉，晉人止公，不書，諱之也。夏，公至自晉。」

胡氏傳：「案傳言，晉人止公，不書，諱之也。昭公數朝于晉，三至于河而不得入，兩得見晉侯，又欲討其罪而止㤀，其困辱亦甚矣。在易之困曰『困亨』，困窮而致亨也。夫困於心，衡於慮，而後作；徵於色，發於聲，而後喻。此正憤悱自強之時，而夏少康、衛文公、越勾踐、燕昭王四君子者，由此其選也。今昭公安于危辱，無激昂勉厲之志，即所謂自暴自棄，不可與有爲，而人亦莫之告矣，不亦悲乎！諱而不書，貶之深也。」

秋，八月己亥，晉侯夷卒。

九月，大雪。

旱也。

冬，十月，葬晉昭公。

季孫意如如晉。

十有七年，春，小邾子來朝。

傳：「小邾穆公來朝。」

夏，六月甲戌朔，日有食之。

傳：「祝史請所用幣。叔孫婼曰：『日有食之，天子不舉，伐鼓于社；諸侯用幣于社，伐鼓于朝，禮也。』平子禦之，曰：『止也。唯正月朔，慝未作，日有食之，於是乎有伐鼓用幣，其餘則否。』太史曰：『在此月也。』平子弗從。昭子退曰：『夫子將有異志，不君君矣。』」

杜氏曰：「正月，謂建巳正陽之月也。於周爲六月，于夏爲四月。」

秋，郯子來朝。

八月，晉荀吳帥師滅陸渾之戎。

陸，公羊作「賁」。「之」字公、穀並無。

傳：「晉侯使屠蒯如周，請有事于雒與三塗。九月丁卯，晉荀吳帥師涉自棘津，使祭史先用牲于雒。陸渾人弗知，師從之。庚午，遂滅陸渾，數之以其貳于楚也。陸渾子奔楚，其衆奔甘鹿。」

胡氏傳：「林父之于潞氏，士會之于申氏，荀吳之于陸渾戎，皆滅之也，而林父、士會稱『人』，荀吳舉其名氏何哉？内外宜别，陸渾之戎而縱之雜處，則非尊京師别内外之義也，與闢土服遠以圖强霸則異矣。然舉其名氏，非褒辭也，纔得無貶耳。」

冬，有星孛于大辰。

公羊傳：「孛者何？彗星也。大辰者何？大火也。」

傳：「有星孛于大辰，西及漢。申須曰：『彗所以除舊布新也。天事恒象，今除于火，火出必布焉。諸侯其有火災乎？』鄭裨竈言于子產曰：『宋、衛、陳、鄭將同日火，若我用瓘斝玉瓉，鄭必不火。』子產弗與。」

胡氏傳：「大辰，心也。爲明堂，天子之象，其前星太子，後星庶子。字星加心，象天子嫡庶將分争也。後五年，景王崩，王室亂，劉子、單子立王猛，尹氏、召伯立子朝，歷數載而後定。至哀十三年，有星孛于東方。不言宿名者，不加于宿也。當是時，吳人僭亂，憑陵上國，日敝于兵，暴國如莽，其戾氣所感，固將雍吳而降之罰也，故氛祲所指在于東方。假手越人，吳國遂滅，天之示人顯矣，史之有占明矣。」

許氏[二]曰：「星孛大辰，火災應之，天地之符也。大辰明堂，當宋之分，故王室亂，宋亦亂。衛、陳、鄭，災氣所溢也。衛亂君奔，陳敗卿獲，惟鄭有令政，而無後災，是知禍福之可轉矣。」

楚人及吳戰于長岸。

長岸，楚地，地譜曰：「水戰也。」

傳：「吳伐楚。令尹陽匄、司馬子魚戰于長岸。子魚先死，楚師繼之，大敗吳師，獲其乘舟餘皇。吳公子光請于其眾，曰：『喪先王之乘舟，豈唯光之罪，眾亦有焉。請藉取之，以救死。』眾從之。使長鬣者三人，潛伏于舟側，曰：『我呼餘皇，則對。』三呼，皆迭對。楚人從而殺之，楚師亂，吳人大敗之，取餘皇以歸。」

胡氏傳：「言戰不言敗，勝負敵也。楚地五千里，帶甲數十萬，戰勝諸侯，威動天下，本非吳敵也。惟不能去讒賤貨，使費無極以讒勝，囊瓦以貨行，而策士奇才爲敵國用，故日以侵削。至雞父之師，七國皆敗，柏舉之戰，國破君奔，幾於亡滅，吳日益强而楚削矣。是故爲國必以得賢爲本，勸賢必以去讒賤貨爲先。不然，雖廣土衆民，不足恃也。考其所書本末强弱之由，其爲後世戒，明矣。」

十有八年，春，王三月，曹伯須卒。

[二] 許氏，北宋學者許翰。

夏，五月壬午，宋、陳、鄭災。

傳：「夏五月，火始昏見。丙子，風。戊寅，風甚。壬午，大甚。宋、衛、陳、鄭皆火。火作，子產辭晉公子、公孫于東門。使司寇出新客，禁舊客勿出於宮。使子寬、子上巡群屏攝，至于大宮。使府人、庫人各儆其事。司馬、司寇列居火道，城下之人，伍列登城。明日，使野司寇各保其徵。書焚室而寬其征，與之材。三日哭，國不市。使行人告于諸侯。宋、衛皆如是。陳不救火，許不弔災，君子是以知陳、許之先亡也。」

公羊傳：「何以書？記異也。何異爾？異其同日而俱災也。外異不書，此何以書？爲天下記異也。」

六月，邾人入鄅。

鄅，妘姓國，在琅邪開陽縣，今屬沂州臨沂縣。

傳：「六月，鄅人藉稻。邾人襲鄅，鄅人將閉門，邾人羊羅攝其首焉，遂入之，盡俘以歸。鄅子曰：『余無歸矣。』從帑于邾，邾莊公反鄅夫人，而舍其女。」

秋，葬曹平公。

冬，許遷于白羽。

白羽，一名析，楚邑，今鄧州內鄉縣。

傳：「楚左尹王子勝言于楚子曰：『許於鄭，仇敵也，而居楚地，以不禮于鄭。晉、鄭方睦，鄭若伐許，

而晉助之，楚喪地矣。君盍遷許？』冬，楚子使王子勝遷許于析。」

十有九年，春，宋公伐邾。

傳：「鄎夫人，宋向戌之女也，故向寧請師。二月，宋公伐邾，圍蟲。三月，取之，乃盡歸鄎俘。」

胡氏傳：「此所謂聲罪執言之師也，故書伐邾而釋其取邑之罪，此亦善善長惡惡短之義。」

夏，五月戊辰，許世子止弒其君買。

傳：「許悼公瘧。五月戊辰，飲太子止之藥，卒。太子奔晉。書曰『弒其君』。」

穀梁傳：「止，不弒也。不弒而曰弒，責止也。止曰：『我與夫弒者。』不立乎其位，以與其弟虺，哭泣歠飦粥，嗌不容粒，未踰年而死。故君子即止自責而責之也。」

愚案，藥劑所以致人之死者，非一端，姑以瘧言之。今之治瘧以砒煅而弭之多愈，然煅不得法而反殺人者多矣。然止以「弒」書之，何也？孟子曰：「殺人以梃與刃有以異乎？」曰：「無以異也。」「以刃與政，有以異乎？」曰：「無以異也。」進藥而藥殺，可不謂之弒哉？其所以異于商臣、蔡般者，過與，故不同耳。心雖不同而春秋之文一施之者，以臣子之於君父不可過也。

己卯，地震。

秋，齊高發帥師伐莒。

傳：「齊高發帥師伐莒。莒子奔紀鄣。使孫書伐之。」

初，莒有婦人，莒子殺其夫，已爲嫠婦。及老，託于紀鄣，紡焉以度而去之。及師至，則投諸外。或獻諸子占，子占使師夜縋而登。登者六十人，縋絶。師鼓譟，城上之人亦譟。莒共公懼，啓西門而出。七月丙子，齊師入紀。

冬，葬許悼公。

公羊傳：「賊未討何以書葬？不成乎弒也。曷爲不成乎弒？止進藥而藥殺，是以君子書弒焉爾，曰：『許世子止弒其君買，是君子之聽止也。葬許悼公是君子之赦止也。赦止者，免止之罪詞也。』」

穀梁傳：「何以書葬不使止爲弒父也？曰：『子既生，不免乎水火，母之罪也。羈貫成童，不就師傅，父之罪也。就師學問無方心，志不通，身之罪也。心志既通，而名譽不聞，友之罪也。名譽既聞，有司不舉，有司之罪也。有司舉之，王者不用，王者之過也。』許世子止不知嘗藥，累及許君也。」

范甯[一]注：「許君不授子以師傅，使不識嘗藥之義，故曰『累』之也。」

胡氏曰：「觀止自責可謂有過人之質矣。乃至以弒君獲罪，此爲人臣子而不知春秋之義者也。」

二十年，春，王正月。

[一] 范甯，東晉經學家。

夏，曹公孫會自鄸出奔宋。

鄸，穀梁作「夢」。今興仁府乘氏縣有大饗城，古老云古鄸城也。

劉氏傳：「奔未有言自者，此其言自何？待放也。大夫有罪，待放于境三年，君賜之環，則復賜之玦則去。逾境，則爲位鄉國而哭。素衣、素裳、素冠、徹緣鞮，履素蒯，乘髦馬，不蚤鬋，不祭食，不說人以無罪，婦人不當御，三月而復服，此去國之禮也。」

胡氏傳：「曹無大夫，其曰公孫，賢之也。」

賢者之後，苟有善，焉斯進之矣。」

秋，盜殺衛侯之兄縶。

縶，公羊、穀梁並作「輒」。

傳：「衛公孟縶狎齊豹，奪之司寇與鄸。有役則反之，無則取之。公孟惡北宮喜、褚師圃，欲去之。公子朝通于襄夫人宣姜，懼，而欲以作亂。故齊豹、北宮喜、褚師圃、公子朝作亂。初，齊豹見宗魯於公孟，爲驂乘焉。將作亂，而謂之曰：『公孟之不善，子所知也，勿與乘，吾將殺之。』對曰：『吾由子事公孟，子假吾名焉，故不吾遠也。雖其不善，吾亦知之。抑以利故，不能去，是僭子也。子行事乎，吾將死之，以周事子，而歸死于公孟，其可也。』丙辰，衛侯在平壽，公孟有事于蓋獲之門外，齊子氏帷下門

外，而伏甲焉。使祝鼃寘戈于車薪以當門，使一乘從公孟以出。使華齊御公孟，宗魯驂乘。及閎中，齊氏用戈擊公孟，宗魯以背蔽之，斷肱，以中公孟之肩。皆殺之。

任公輔曰：『齊豹非卿，故曰「盜」。』春秋非卿者，皆謂之「盜」。尉止也、齊豹也、公孫翩也、陽虎也，皆大夫也。」

愚謂，縶以有疾不得列下宗而廢，是以靈公得立。則所以事其兄全其身者，必無所不用其至，親愛之而不得有爲於其國，此舜所以盡其恩于兄弟也。靈公受其國于有疾之兄，乃聽其無禮于大夫，且俾之預于政，而又不能正其母，以預制其禍亂，使齊豹、北宮喜、褚師圃、公子朝之倫如盜賊竊發。兄死身危，幾亡其國。故書『盜殺衛侯之兄縶』，以深罪之也。

冬，十月，宋華亥、向寧、華定出奔陳。

傳：「公羊作『甯』，後皆同。

公子。公子問之，則執之。夏六月丙申，殺公子寅、公子禦戎、公子朱、公子固、公孫援、公孫丁，拘向勝、向行于其廩。癸卯，取太子欒與母弟辰、公子地以爲質。公亦取華亥之子無慼、向寧之子羅、華定之子啓與華氏盟，以爲質。公請于華費遂，將攻華氏，曰：『『子死亡有命，余不忍其詢。』』

冬十月，公殺華、向之質而攻之。戊辰，華、向奔陳，華登奔吳。向寧欲殺太子，華亥曰：『干君而出，又殺

公子。『宋元公無信多私，而惡華、向。華定、華亥與向寧謀曰：『亡愈于死，先諸？』華亥偽有疾以誘群

其子，其誰納我？』且歸之有庸。」使少司寇墊以歸。

泰山孫氏曰：「三卿並出，危之。」

十有一月辛卯，蔡侯廬卒。

二十有一年，春，王三月，葬蔡平公。

夏，晉侯使士鞅來聘。

傳：「晉士鞅來聘，昭子爲政。季孫欲惡諸晉，使有司以齊鮑國歸費之禮爲士鞅。士鞅怒曰：『鮑國之位下，其國小而使鞅從其牢禮，是卑敝邑也。』魯人恐，加四牢焉，爲十一牢。」

襄陵許氏曰：「禮好不結，而財求無度，則聘義亡矣。蓋自是聘不復志。」

宋華亥、向寧、華定自陳入于宋南里以叛。

叛，公羊作「畔」。

傳：「宋華費遂生華貙、華多僚、華登。貙爲少司馬，多僚爲御士，與貙相惡，乃譖諸公曰：『貙將納亡人。』公懼，使告司馬。司馬歎曰：『必多僚也。吾有讒子而弗能殺，吾又不死。抑君有命，可若何？』乃與公謀逐華貙。五月丙申，子皮殺多僚，劫司馬以叛而召亡人。壬寅，華、向入。樂大心、豐愆、華牼禦諸橫。華氏居盧門，以南里叛。六月庚午，宋城舊鄘及桑林之門而守之。冬十月，華登以吳師救華氏。丙寅，齊師、

宋師敗吳師于鴻口。華登帥其餘以敗宋師。公欲出，厨人濮曰：「吾小人，可藉死而不能送亡，君請待之。」齊烏枝鳴曰：「用少莫如齊致死，齊致死莫如去備。彼多丘矣，請皆用劍。」從之。華氏北，復即之。遂敗華氏于新里。十一月癸未，公子城以晉師至。曹翰胡會晉荀吳、齊苑何忌、衛公子朝救宋。丙戌，與華氏戰于赭丘。大敗華氏，圍諸南里。楚薳越帥師逆華氏。

穀梁傳：「自陳，陳有奉焉爾。入者，內弗受也。以者，不以者也。」

胡氏傳：「凡書『叛』有入于戚者，而不言衛；有入于朝歌者，而不言晉；有入于蕭者，而不言宋。此獨稱『宋南里』何也？戚與朝歌及蕭，皆其所食邑也。若南里，則宋國城内之里名也。傳稱『華氏居盧門，以南里叛，宋城舊廓及桑林之門以守』，是華氏與宋分國而居矣，故其出入皆以南里繫之宋，此深罪叛臣逼脅其君已甚之辭也。」

秋，七月壬午朔，日有食之。

八月乙亥，叔輒卒。

輒，公羊作「痤」。

冬，蔡侯朱出奔楚。

朱，穀梁作「東」。

傳:「三月,葬蔡平公。蔡太子朱失位,位在卑。大夫送葬者歸,見昭子。昭子問蔡故,以告。昭子歎曰:『蔡其亡乎!若不,是君也必不終。詩曰:「不解于位,民之攸墍。」今蔡侯始即位,而適卑,身將從之。』蔡侯朱出奔楚。費無極取貨于東國,而謂蔡人曰:『朱不用命于楚,君王將立東國。若不先從王欲,楚必圍蔡。』蔡人懼,出朱而立東國。」

公如晉,至河乃復。

傳:「鼓叛晉,晉將伐鮮虞,故辭公。」

二十有二年,春,齊侯伐莒。

傳:「公失其重久矣,故晉得輕進退之。」

襄陵許氏曰:「公失其重久矣,故晉得輕進退之。」

傳:「王二月甲子,齊北郭啓帥師伐莒。莒子將戰,苑羊牧之諫曰:『齊帥賤,其求不多,不如下之。大國不可怒也。』弗聽,敗齊師于壽餘。齊侯伐莒,莒子行成。司馬竈如莒涖盟,盟于稷門之外。莒于是乎大惡其君。」

宋華亥、向寧、華定自宋南里出奔楚。

傳:「楚薳越使告于宋曰:『寡君聞君有不令之臣爲君憂,寡君請受而戮之。』諸侯之戍謀曰:『若華氏知困而致死,楚恥無功而疾戰,非吾利也。不如出之,以爲楚功,其亦無能爲也已。』乃固請出之,宋人從之。

己巳，宋華亥、向寧、華定、華貙、華登、皇奄傷、省臧、士平出奔楚。

胡氏傳：「華、向誘殺群公子，又劫其君，取其太子與母弟為質，又求助於吳、楚入披其國都以叛，此必誅不赦之罪也。宋宜竭力必討之於內，諸侯宜協心必救之於外，楚子宜執叛臣之使而戮之于境。今楚人釋君而臣是助，諸侯之成，怠于救患，固請逸賊，而宋又從之，則皆罪也。故晉荀吳、齊苑何忌、衛公子朝、曹大夫皆略而不書。其曰『自宋南里』者，譏宋之縱釋有罪不能致討。曰『出奔楚』者，不待貶絕而亡不衰、獎亂人之惡自見矣。」

大蒐于昌間。

間，公羊作「姦」。

穀梁傳：「秋而曰蒐，此春也，其曰蒐何也？以蒐事也。」

劉氏傳：「何以書？譏。何譏？爾大蒐于昌間，公不與，非禮也。蓋不得與爾。」

襄陵許氏曰：「八年秋蒐，十一年夏蒐，以為書，不時也。今此春蒐時矣而書，則凡昭公書『蒐』，主刺大夫咸強，公失其政，兵戎是務而禮防不興，上下相與以樂愷憂也。文王之時，人倫既正而後軍旅以律，朝廷既治而後田野即功，是以詩歌庶類蕃殖而蒐田以時。當魯昭之季，朝廷人倫逆亂極矣，而惟蒐田之是務，是以屢書以刺之。」

夏，四月乙丑，天王崩。

傳：「王子朝、賓起有寵于景王，王與賓孟說之，欲立之。劉獻公之庶子伯蚠事單穆公，惡賓孟之爲人也，願殺之。又惡王子朝之言，以爲亂，願去之。賓孟適郊，見雄雞自斷其尾。問之，侍者曰：『自憚其犧也。』遽歸告王，且曰：『雞其憚爲人用乎！人異于是。犧者實用人，人犧實難，已犧何害？』王弗應。夏四月，王田北山，使公卿皆從，將殺單子、劉子。王有心疾。乙丑，崩于榮錡氏。戊辰，劉子摯卒，無子，單子立劉蚠。五月庚辰，見王，遂攻賓起，殺之，盟群王子于單氏。」

六月，叔鞅如京師。葬景王。王室亂。

杜氏注：「叔鞅，叔弓子。三月而葬，速，亂故。」

傳：「葬景王。王子朝因舊官、百工之喪職秩者與靈、景之族以作亂。帥郊、要、餞之甲，以逐劉子。壬戌，劉子奔揚。單子逆悼王于莊宮以歸。王還夜取王以如莊宮。癸亥，單子出。王子還與召莊公謀，曰：『不殺單旗，不捷，與之重盟，必來。背盟而克者多矣。』從之。樊頃子曰：『非言也，必不克。』遂奉王以追單子。及領，大盟而復，殺摯荒以說。劉子如劉，單子亡。乙丑，奔平畤。群王子追之，單子殺還、姑、發、弱、鬷、延、定、稠，子朝奔京。丙寅，伐之。京人奔山。劉子入于王城。辛未，鞏簡公敗績于京。乙亥，甘平公亦敗焉。叔鞅至自京師言王室之亂也。閔馬父曰：『子朝必不克，其所與者，天所廢也。』」

劉氏傳：「何言乎王室亂？亂自內作者也。」

呂氏[二]曰：「不言京師亂而言王室亂者，言京師則通乎上下，言王室則其父子兄弟自亂之耳。」

胡氏傳：「景王寵愛子朝，使孽子配嫡，以本亂者。其言王室，譏國本之不正也。」

劉子、單子以王猛居于皇。

杜氏注：「河南鞏縣有黃亭。」東漢志：「鞏有黃亭，西北有湟水。」

傳：「單子欲告急于晉。秋七月戊寅，以王如平畤，遂如圃車，次于皇。劉子如劉。單子使王子處守于王城。盟百工于平宮。辛卯，鄩肸伐皇。大敗，獲鄩肸。壬辰，焚諸王城之市。八月辛酉，司徒醜以王師敗績于前城。百工叛。己巳，伐單氏之宮，敗焉。庚午，反伐之。辛未，伐東圉。」

胡氏傳：「以者，不以者也。而曰以，能左右之也；地而曰以，能取與之也；人而曰以，能死生之也。單子、劉蚠、單旗，臣也，曷爲能以王猛也？猛無寵于景王，不能自定其位，制在劉、單，其曰以者，能廢立之也。案左氏，景王太子壽以昭十五年卒，至是八年矣，猛與匄皆其母弟，王愛庶子朝，欲立以爲嗣，未果而王崩。故諸大臣競立君，諸王子爭欲立。以正禮無疑于當立。久而未立者，王愛庶子朝，欲立以爲嗣，未果而王崩。故諸大臣競立君，諸王子爭欲立。以正禮無疑于當立。久而未立者，則有猛，以寵則有朝。猛雖正而無寵，其威不足以攝群下；朝雖寵而不正，其分不足以服人心。二子廢立，皆

[二] 呂氏，南宋學者呂本中。

恃大臣強弱而後定者也，故特稱曰『以』。而景王之弱其後嗣、輕其宗社，罪亦著矣。」

襄陵許氏曰：「易曰：『王居，无咎。』曰居于皇者，春秋所正也。其稱王猛，未即位也。顧命康王，當喪書王而悼王以名繫之，書志事，春秋書法也。」

愚謂，以經書魯之法推之，天王之喪未葬，當稱『王子某』。既葬，當稱『王子』，逾年稱『王』。今王猛當稱王子者也，適當子朝争立之際，猛雖王而位未定，不可以不名，故書『王猛』焉。以别嫌而明其正也。

秋，劉子、單子以王猛入于王城。

杜氏注：「王城，郟鄏。」今河南縣。

愚案，河南縣，乃周書洛誥所謂澗水，東瀍水，西爲定鼎之地，平王東遷即都于此，而春秋所謂京師，皆指此也。

傳：「冬十月丁巳，晉籍談、荀躒帥九州之戎及焦、瑕、温、原之師，以納王于王城。庚申，單子、劉蚠以王師敗績于郊，前城人敗陸渾于社。」

胡氏傳：「未踰年，何以稱王？示當立也。既當立矣，何以稱名？明嗣君也。曰『王猛』者，見居尊得正，又以别乎諸王子也。君前臣名，劉、單不名而王名，不嫌于倒置乎？曰：君前臣名，禮也。禮當其變，臣有不名，名不當稱，立爲君而稱『猛』，皆禮之變也。惟可與權者，能知其變而不越乎道之中。再書劉子、單子之以王何也？春秋辭繁而不殺者，必有美惡焉，劉子、單子蓋挾天子而專國柄

者也。書而未足，故再書于策，以著上下舛逆，爲後世戒。」

愚案，劉、單輔猛，苟能如諸葛輔後主，則必不如是書矣。

冬，十月，王子猛卒。

杜氏注：「未即位，不稱王。雖未立，周人謚曰『悼王』。」

傳：「王子猛卒，不成喪也。己丑，敬王即位，館于子旅氏。十二月，晉師取前城，軍其東南。王師軍于京楚。」

泰山孫氏曰：「其曰『王子猛』者，言王所以明當嗣之人也。言『子』所以見未踰年之君也；言『猛』所以別羣王子也。不崩不葬者，降成君也。」

劉氏傳：「其謂之卒何？未踰年之王也。謂之『卒』則可，謂之『薨』則不可。」

十有二月癸酉朔，日有食之。

二十有三年，春，王正月，叔孫婼如晉。

傳：「邾人城翼，還，自離姑。武城人塞其前，斷其後之本而弗殊，邾師過之，乃推而蹶之，遂取邾師，獲徐鉏、丘弱、茅地。邾人愬于晉，晉人來討，叔孫婼如晉。」

癸丑，叔鞅卒。

晉人執我行人叔孫婼。

傳：「晉人執之，書曰『晉人執我行人叔孫婼』，言使人也。晉人使與邾大夫坐。叔孫曰：『列國之卿當小國之君，固周制也。邾又夷也。寡君之命介子服回在，請使當之。』乃不果坐。韓宣子使邾人聚其衆，將以叔孫與之。叔孫聞之，去衆與兵而朝。乃弗與。士伯御叔孫，從者四人，過邾館以如吏。乃館諸箕。范獻子求貨於叔孫，使請冠焉。取其冠法，而與之兩冠，曰：『盡矣。』」

蘇氏曰：「執之稱『行人』，言非其罪也。」

晉人圍郊。

傳：「三師圍郊。癸卯，郊鄩潰，王使告閒。庚戌，二師還。」

東萊呂氏[二]曰：「當是時，王必自以爲無假于晉師，故使之閒，而晉因此遂還。然晉師還，而子朝之勢復熾。若因郊潰，遂取子朝，不至如後日之難也。」

胡氏傳：「晉不書大夫之名氏，又不稱『師』而曰『人』，微之也，所謂以其事而微之者。當是時，天子蒙塵，晉爲方伯，不奔問官守，省視器具，徐遣大夫往焉，勤王尊主之義若是乎？書晉人圍郊而罪自見矣。」

夏，六月，蔡侯東國卒于楚。

[二] 東萊呂氏，南宋著名理學家呂祖謙。

秋，七月，莒子庚輿來奔。

傳：「莒子庚輿虐而好劍，苟鑄劍，必試諸人。國人患之。又將叛齊。烏存帥國人以逐之。庚輿將出，聞烏存執殳而立于道左，懼將止死。苑羊牧之曰：『君過之！烏存以力聞可矣，何必以弒君成名？』遂來奔。齊人納郊公。」

胡氏傳：「三代之得失天下也，以仁與不仁而已。苟無仁心，甚則身弒國亡，不甚則身危國削。庚輿免死道左而出奔于魯，幸耳。入國不書，而書其出奔，惡之也。郊公出入皆不書，微之也，所謂以其人而微之者也。微之爲義，或以位，或以人，或以事。春秋書法達王事，名氏不登于史策，若此類亦衆矣。」

戊辰，吳敗頓、胡、沈、蔡、陳、許之師于雞父。胡子髡、沈子逞滅，獲陳夏齧。

杜氏注：「雞父，楚地。安豐縣南有雞備亭。」今屬壽州。

父，穀梁作「甫」。逞，公羊作「楹」，穀梁作「盈」。

傳：「吳人伐州來，楚薳越帥師及諸侯之師奔命救州來。吳人禦諸鍾離。子瑕卒，楚師熸。吳公子光曰：『諸侯從于楚者衆，而皆小國也，畏楚而不獲已，是以來。七國同役而不同心，若分師先以犯胡、沈與陳，必先奔。三國敗，諸侯之師乃搖心矣。諸侯乖亂，楚必大奔。請先者去備薄威，後者敦陳整旅。』吳子從之。戊辰，戰于雞父。吳子以罪人三千先犯胡、沈與陳，三國爭之。吳爲三軍以繫於後：中軍後王，光帥右，掩餘帥

左。吳之罪人或奔或止,三國亂。吳師擊之,三國敗,獲胡、沈之君及陳大夫。舍胡、沈之囚,使奔許與蔡、頓曰:『吾君死矣!』師譟而從之,三國奔,楚師大奔。書曰『胡子髠、沈子逞滅』,獲陳夏齧』,君臣之辭也。」

公羊傳:「其言『滅』『獲』何?別君臣也。君死于位曰『滅』;生得曰『獲』。大夫生死皆曰『獲』。」

泰山孫氏曰:「春秋之戰書敗者多矣,未有諸侯之師略而不序者。此六國之師略而不序者,皆以外之也。賤其舍中國而與蠻荒,故皆外之也。其言『胡子髠、沈子逞滅』者,深惡二國之君不得其死,皆以自滅爲文也。」

胡氏傳:「吳伐州來,楚令尹帥師及諸侯之師與吳戰,曷爲不書?楚令尹既喪,楚師已熸,六國先敗,楚師遂奔,是以不書也。諸侯之師,曷爲略而不序?楚人親將。言戰,則未陳也;言敗績,則或滅或獲,其事不同也。故總言吳人以詐取勝于前,而以君與大夫序六國于後。胡、沈則其君親將,蔡、陳、許則大夫帥師。書『爵』書『名』書『滅』者,二國之君幼而狂,不能以禮自守,役屬于楚,悉師以出,一敗而身與衆俱亡也。其曰『胡子髠、沈子逞滅』者,若曰非有能滅之者,咸其自取焉耳。或曰『滅』或曰『獲』,別君臣也。書其敗,不以國分而以君大夫爲序;書其死,不以事同而以君臣爲別。皆所以辨上下、定民志,雖顛沛必於是也,其義行而亂自熄矣。」

天王居于狄泉。尹氏立王子朝。

傳：「六月壬午，王子朝入于尹。癸未，尹圉誘劉佗殺之。丙戌，單子從阪迫，劉子從尹道伐尹。單子先至而敗，劉子還。己丑，召伯奐、南宮極以成周人戍尹。庚寅，單子、劉子、樊齊以王如劉。甲午，王子朝入于王城，次于左巷。秋七月戊申，鄩羅納諸莊宮。尹辛敗劉師于唐。丙辰，又敗諸鄩。甲子，尹辛取西闈。丙寅，攻蒯，蒯潰。」

狄泉，即僖二十九年翟泉。杜氏注：「洛陽城內大倉西南池水，時在城外。」

愚案，踰年而稱天王所居，明天下之大君也。書尹氏立朝，則其篡明矣。

八月乙未，地震。

冬，公如晉。至河，有疾乃復。

公、穀「有疾」上再有「公」字，羨文也。

公羊傳：「何言乎公有疾乃復？殺恥也。」

胡氏傳：「公兩朝于晉，而一見止；五如晉，而四不得入。以爲恥然後能知恥，知恥而後能自強，自強而後能爲善，爲善而後能立身，身立而後能行其政令，保其國家矣。昭公內則受制于權臣，外則見陵于方伯，此正憂患千乘之君，執幣帛修兩君之好而不見納，可恥之大者也。以周公之胄，疢疾，有德慧術智，保生免死之時也，而安於屈辱，甘處微弱，無憤悱自強之心，其失國出奔，死於境外，咸

自取之哉。」

二十有四年，春，王二月丙戌，仲孫貜卒。

孟僖子也。

婼至自晉。

公羊作「叔孫舍」，胡氏從之。

夏，五月乙未朔，日有食之。

秋，八月，大雩。

傳：「旱也。」

丁酉，杞伯郁釐卒。

郁，公羊作「鬱」。

冬，吳滅巢。

傳：「楚子為舟師以略吳疆。越大夫胥犴勞王于豫章之汭，王及圉陽而還。吳人踵楚，而邊人不備，遂滅巢及鍾離而還。沈尹戌曰：『亡郢之始，于此在矣。王一動，而亡二姓之師，幾如是而不及郢？』」

葬杞平公。

二十有五年，春，叔孫婼如宋。

夏，叔詣會晉趙鞅、宋樂大心、衛北宮喜、鄭游吉、曹人、邾人、滕人、薛人、小邾人于黃父。

詣，公、穀作「倪」。大心，公羊作「世心」，後同。黃父，即黑壤，晉地。

傳：「二十四年，鄭伯如晉，子太叔相，見范獻子。獻子曰：『若王室何？』對曰：『老夫其國家不能恤，敢及王室？抑人有言曰：「縶不恤緯，而憂宗周之隕，爲將及焉。」今王室實蠢蠢焉，吾小國懼矣。然大國之憂也，吾儕何知焉？吾子其早圖之！』詩曰：「缾之罄矣，惟罍之恥。」王室之不寧，晉之恥也。』獻子懼，而與宣子圖之。乃徵會于諸侯，期以明年。二十五年夏，會于黃父，謀王室也。趙簡子令諸侯之大夫輸王粟，具戍人，曰：『明年將納王。』宋樂大心曰：『我不輸粟。我於周爲客，若之何使客？』晉士伯曰：『自踐土以來，宋何役之不會，而何盟之不同？「同恤王室」，子焉得辟之？子奉君命，以會大事，而宋背盟，無乃不可乎？』右師不敢對，受牒而退。」

胡氏傳：「以王猛兄弟之無寵，劉、單之屢敗，子朝之衆，尹召、南宮、甘氏之黨，疑多助之在朝也。然黃父之會十國，無異議，是知邪不勝正久矣。然王室不靖，諸侯之責，何美之有？春秋以正待人之體也。」

有鸜鹆來巢。

鸜，公羊作「鸛」。

傳：「有鸜鹆來巢，書所無也。」

公羊傳：「何以書？記異也。何異爾？非中國之禽也。」

愚聞之，邵子[二]曰：「天下將治，則天地之氣自北而南；天下將亂，則天地之氣自南而北。」禽鳥，飛類，得氣之先者也。春秋書六鷁退飛，鸜鹆來巢，氣使之也。鸜鹆不踰濟，而至魯，豈非氣自南而北之驗哉？當此之先，楚雖爲中國患，而齊、晉猶足以抑之。自此之後，晉霸不競，吳、楚、越皆以南夷迭主夏盟。諸侯斂衽事之，馴至大亂，則知鸜鹆來巢之祥，不特昭公出奔之兆也。

秋，七月上辛，大雩；季辛，又雩。

傳：「再雩，旱甚也。」

九月己亥，公孫于齊，次于陽州。

己亥，穀梁作「乙亥」。陽，公羊作「揚」。

傳：「初，季公若怨平子，邴昭伯亦怨之。臧昭伯之從弟會爲讒於臧氏，而逃于季氏。臧氏執旃。平子怒，

[二] 邵子，北宋著名理學家邵雍，北宋五子之一。

拘臧氏老。將禘于襄公，萬者二人，其衆萬于季氏。臧孫曰：「此之謂不能庸先君之廟。」大夫遂怨平子。公若獻弓于公爲，且與之出射于外，而謀去季氏。公爲告公果、公賁，公賁使侍人僚柤告公。公寢，將以戈擊之，乃走。公曰：「執之。」亦無命也。懼而不出，數月不見，公不怒。又使言，公果自言，公以告臧孫，臧孫以可，勸。告子家懿伯，懿伯曰：「讒人以君徼幸，事若不克，君受其名，不可爲也。舍民數世，以求克事，不可必也。且政在焉，其難圖也。」公退之。辭曰：「臣與聞命矣，言若洩，臣不獲死。」乃館于公。叔孫昭子如闞，公居于長府。九月戊戌，伐季氏，殺公之于門，遂入之。平子登臺而請，弗許。「請囚于費」，弗許。「請以五乘亡」，弗許。子家子曰：「君其許之！政自之出久矣，隱民多取食焉，爲之徒者衆矣，日入慝作，弗可知也。衆怒不可蓄也，蓄而弗治，將薀。薀蓄，民將生心。生心，同求將合。君必悔之！」弗聽。公使郈孫逆孟懿子。叔孫氏之司馬鬷戾言于其衆曰：「我，家臣也，不敢知國。凡有季氏與無，於我孰利？」皆曰：「無季氏，是無叔孫氏也。」鬷戾曰：「然則救諸！」帥徒以入。公徒釋甲執冰而踞。遂逐之。孟氏執郈昭伯，殺之于南門之西，遂伐公徒。子家子曰：「諸臣僞劫君者，而負罪以出，君止。意如之事君也，不敢不改。」公曰：「余不忍也。」公與臧孫如墓謀，遂行。己亥，公孫于齊，次于陽州。

穀梁傳：「孫之爲言猶孫也，諱奔也。次于陽州，次，止也。」

胡氏傳：「魯自東門遂殺適立庶，魯君於是乎失政。禄去公室，政在季氏，於此君也四公矣，作三軍盡征

其一，舍中軍兼有其二，民賦入於其家半矣。受命救臺也遂入鄆，帥師取卞也不以聞，軍政在其手專矣。行父消息盈虛之理，正身率德，擇任忠賢，待時馴致，不忍一朝之忿，求逞其私欲，而以群小謀之，其及也宜矣。」片言，而東門氏逐，南蒯一動而公子憗奔，魯之群臣亦無敢忠于公室而獻謀者，所謂屯難之時也。昭公不明乎

杜氏曰：「陽州，魯境。上不得入齊，待命于境上也。」

齊侯唁公于野井。

野井，齊地。杜氏曰：「濟南祝阿縣東有野井亭。」

傳：「齊侯將唁公于平陰，公先至于野井。齊侯曰：『寡人之罪也。使有司待於平陰，為近故也。』齊侯子家子曰：『自莒疆以西，請致千社，以待君命。寡人將帥敝賦以從執事，唯命是聽。君之憂，寡人之憂也。』公喜。子家子曰：『天祿不再。天若胙君，以魯足矣。失魯而以千社為臣，誰與之立？且齊君無信，不如早之晉。』弗從。」

公羊傳：「唁公者何？昭公欲伐季氏，告子家駒。子家駒曰：『諸侯僭天子，大夫僭諸侯久矣。』昭公曰：『吾何僭矣哉？』子家駒曰：『設兩觀，乘大輅，朱干、玉戚，以舞大夏，八佾以舞大武，此皆天子之禮也。且夫牛馬維婁，委己者也而柔焉。季氏得民衆久矣，君無多辱焉。』昭公不從其言，終伐之而敗焉。走之齊，齊侯唁公于野井曰：『奈何君去魯國之社稷？』再拜顙，慶子家駒曰：『慶子免君于大難矣。』『臣不佞，陷君于大難，君不忍加之鈇鑕，賜之以

死。」再拜顙。高子執簞食與四脡脯，國子執壺漿，曰：「吾寡君聞君在外，餕饔未就，敢致糗于從者。」昭公曰：「君不忘吾先君，延及喪人，錫之以大禮。」再拜稽首，以衽受。高子曰：「有夫不祥，君無所辱大禮。」昭公蓋祭而不嘗。景公曰：「寡人有不腆先君之服，未之敢服。有不腆先君之器，未之敢用，敢以請。」昭公曰：「喪人不佞，失守魯國之社稷，執事以羞，敢辱大禮，敢辭。」景公曰：「寡人有不腆先君之服，未之敢服，有不腆先君之器，未之能以出，敢固辭。」昭公曰：「以吾宗廟之在魯也，有先君之服，未之敢用，有先君之器，未之能以服，有先君之器，未之能以出，敢固辭。」景公曰：「寡人有不腆先君之服，未之敢服，有不腆先君之器，未之敢用，請以饗乎從者。」昭公曰：「喪人其何稱？」景公曰：「執君而無稱。」昭公于是㗑然而哭，諸大夫皆哭，以人爲菑，以幦爲席，以鞍爲几，以遇禮相見。孔子曰：「其禮與其辭足觀矣。」

石氏[三]曰：「觀公羊齊侯致餕饔之禮，與昭公喪人之稱，則其爲禮不誠，其爲辭不哀，可見矣。」

冬，十月戊辰，叔孫婼卒。

傳：「昭子自闕歸，見平子。平子稽顙，曰：『子若我何？』對曰：『人誰不死？子以逐君成名，子孫不忘，不亦傷乎？將若子何？』平子曰：『苟使意如得改事君，所謂生死而肉骨也。』昭子從公于齊，與公言。子家子命適公館者執之。公與昭子言于幄内，曰：『將安衆而納公。』公徒將殺昭子，伏諸道。左師展告

[三] 石氏，北宋初學者石介。

公。公使昭子自鑄歸。平子有異志。冬十月辛酉，昭子齊於其寢，使祝宗祈死。戊辰卒。

十有一月己亥，宋公佐卒于曲棘。

曲棘，宋地。

杜氏注：「陳留外黃縣城中有曲棘里。」據地譜：「外黃城在開封雍丘縣。」

傳：「宋元公將爲公故如晉。己亥，卒于曲棘。」

胡氏傳：「宋元，意如之外舅也。元公夫人曹氏生女，妻意如。不此之顧，而求欲納公，是以正倫恤患爲心，而不恤其私親者也，其賢于當時諸侯遠矣。故卒其封内，而特書地，以別之。」

十有二月，齊侯取鄆。

公羊傳：「外取邑不書，此何以書？爲公取之也。」

胡氏傳：「鄆，魯邑也。直書齊侯取之，何也？齊不自取，而爲公取之也。昭公出奔，經書『次于陽州』，見公未絶於魯，而季氏逐君爲不臣。及書『齊侯取鄆』，則見公已絶於魯，而逐于季氏爲不臣。君者，有其土地人民，以奉其宗廟之典籍者也。己不能有而他人是保，則不君矣。春秋之義，欲爲君盡君道，爲臣盡臣道，各守其職而不渝也。昭公失道，季氏爲亂，君臣各渝其職，而不守其爲，後世戒深矣。」

呂氏曰：「齊侯取鄆以處公也，不能討季氏以正君臣大義，而獨取鄆以處公，其無意于善而忽遠略，可

二十有六年，春，王正月，葬宋元公。

杜氏注：「三月而葬，速。」

三月，公至自齊，居于鄆。

傳：「言魯地也。」

高郵孫氏[二]曰：「凡公行，反而告廟則書至。在外，雖不告而書至，所以存公也。」

胡氏傳：「昭公失國出奔，而稱居于鄆者，存一國之防也。諸侯之於封國四境之内，莫非其土，非大夫所得專也。」

夏，公圍成。

傳：「齊侯將納公，命無受魯貨。申豐從女賈，以幣錦二兩，縛一如瑱，適齊師。謂子猶之人高齮：『能貨子猶，為高氏後，粟五千庾。』高齮以錦示子猶，子猶欲之。齮曰：『魯人買之，百兩一布，以道之不通，先入幣財。』子猶受之，言于齊侯曰：『群臣不盡力於魯君者，非不能事君也，然據有異焉。宋元公為魯君如晉，卒于曲棘，叔孫昭子求納其君，無疾而死。不知天之棄魯邪，抑魯君有罪于鬼神，故及此也？君若待于曲

[二] 高郵孫氏，北宋學者孫覺。

棘,使群臣從魯君以卜焉。若可,師有濟也,君而繼之,茲無敵矣。若其無成,君無辱焉。」齊侯從之,使公子鉏帥師從公。成大夫公孫朝謂平子曰:「有都,以衛國也,請我受師。」許之。請質,弗許,曰:『信女,足矣。』告于齊師,曰:『孟氏,魯之敝室也。用成已甚,請息肩于齊。』齊師圍成。成人伐齊師之飲馬于淄者,曰:『將以厭衆。』魯成備而後告曰:『不勝衆。』師及齊師戰于炊鼻。」

泰山孫氏曰:「『公圍成』書者,見國內皆叛也。」

胡氏傳:「不書齊師者,景公怵于邪說,爲義不終,故微之也。書『公圍成』則季氏之不臣,昭公之不君,齊侯之不能修方伯連帥之職,其罪咸具矣。」

傳:「謀納公也。」

秋,公會齊侯、莒子、邾子、杞伯,盟于鄟陵。

公至自會,居于鄆。

九月庚申,楚子居卒。

楚平王也。

冬,十月,天王入于成周。

傳:「單子如晉告急。七月,王次于滑。晉知躒、趙鞅帥師納王。十月丙申,王起師于滑。辛丑,遂次于

尸。十一月辛酉，晉師克鞏。召伯盈逐王子朝。王子朝及召氏之族、毛伯得、尹氏固、南宮囂奉周之典籍以奔楚。陰忌奔莒以叛。召伯逆王于尸，及劉子、單子盟。遂軍圉澤，次于隄上。癸酉，王入于成周。甲戌，盟于襄宮。晉師使成公般戍周而還。十二月癸未，王入于莊宮。定五年，王人殺子朝于楚。」

東萊呂氏曰：「河南即郟鄏，周武王遷九鼎，周公營以爲都，是爲王城。洛誥所謂『我乃卜澗水，東瀍水，西惟洛食』者也。平王東遷定都于王城。王子朝之亂其餘黨多在王城，敬王畏之，徙都成周。成周狹小，故請城之。」則敬王定遷乃在三十二年已城之後也。如高郵孫氏及胡氏皆以成周即京師，蓋未考王城、成周實不同所而誤以爲一也。

今案，左傳則冬十月入成周，而十二月入王城矣。然至三十二年書城成周，杜氏於是年請城成周注云：「子朝之亂其餘黨多在王城，敬王畏之，徙都成周。」

尹氏、召伯、毛伯以王子朝奔楚。

胡氏傳：「取國有五利，寵居一焉。子朝有寵于景王，爲之黨者衆矣，卒不能立，至于奔楚，何也？是非有出于人之本心者，不可以私愛是，亦不可以私惡非，卒歸于公而止矣。景王寵愛子朝，將蘄于見是，而天下不以爲是；疏薄子猛，將蘄于見非，而天下卒不以爲非。人心不附；適子恃正，爲人心之所向，而群小不從。故伯服雖殺，而平王亦不能復宗周之盛；申生已死，而卓子、奚齊亦不能勝里克之兵，是兩棄之也。景王不鑒覆車，王猛、子朝之際，危亦甚矣。春秋詳書爲後世戒，可謂深切著明也哉！」

何休注公羊傳云：「立子朝獨尹氏，出奔并舉召、毛者，明本尹氏爲首惡，當先誅，後治其黨。」

二十有七年，春，公如齊。公至自齊，居于鄆。

夏，四月，吳弒其君僚。

傳：「吳子欲因楚喪而伐之，使公子掩餘、公子燭庸帥師圍潛。使延州來季子聘于上國。楚莠尹然、工尹麇帥師救潛。吳師不能退。吳公子光曰：『此時也，弗可失也。』告鱄設諸曰：『我，王嗣也，吾欲求之。』夏四月，光伏甲于堀室而享王。鱄設諸寘劍于魚中以進，抽劍刺王，鈹交于胸，遂弒王。吳公子掩餘奔徐，公子燭庸奔鍾吾。」

劉氏傳：「親弒僚者，闔閭也。其稱國以弒何？稱國以弒者，衆弒君之辭也。闔閭弒僚則曷爲以衆弒君之辭言之？謁也，餘祭也，夷昧也，不與子國而與弟，凡爲季子也。季子使而亡焉。僚者，長庶也，即之是廢讓而毀義，以成篡也。國人莫說，故謂之衆弒其君也。」

胡氏傳：「諸樊兄弟以次相及，必欲致國于季子，而季子終不受，則國宜之光者，僚惡得爲君？故稱國以弒者，吳大臣之罪也。大臣任大事，事莫大于置君矣，故君存而國本定，君終而嗣子立。社稷嘉靖，人無間言，此秉政大臣之任，伊、召之所以安商、周，孔明之所以定劉漢也。若廢立進退出于群小閹寺，而當國大臣不與焉，則將焉用彼相矣？此春秋歸罪大臣，稱國弒君之意。」

楚殺其大夫郤宛。

郤，穀梁作「郄」。

傳：「郤宛直而和，國人說之。鄢將師為右領，與費無極比而惡之。令尹子常賄而信讒，無極譖諸令尹曰：『子惡欲飲子酒。』又謂子惡：『令尹欲飲酒于子氏。』子惡曰：『令尹欲飲酒於賤人之家乎？』無極曰：『令尹好甲兵，子出之，吾擇焉。』取五甲五兵，曰：『置諸門，令尹至，必觀之，而從以酬之。』及饗日，帷諸門左。無極謂令尹曰：『吾幾禍子。子惡將為子不利，甲在門矣。』令尹使視郤氏，則有甲焉。不往，召鄢將師而告之。將師退，遂令攻郤氏，且爇之。子惡聞之，遂自殺也。令尹盡滅郤氏之族黨。」

劉氏意林曰：「君不明，故臣得專其威，殺其大夫而莫之止也，不亦甚乎？然而郤宛則有以取之者，辟嫌不審也。辟嫌不審，罪也。」

愚謂，恃國人之悅己而無見幾知人之明，以立於無道之朝，至于見殺宜矣。春秋書郤宛以為比之匪人，無道不隱者之戒。

秋，晉士鞅、宋樂祁犂、衛北宮喜、曹人、邾人、滕人會于扈。

傳：「會于扈，令戍周，且謀納公也。宋、衛皆利納公，固請之。范獻子取貨於季孫，乃辭小國而以

胡氏曰：「文十五年諸侯盟于扈，將爲魯討齊，齊賂之而不克討，故在會諸侯略而不序。今納公，亦以賂故不克納，而諸國之大夫皆序，何也？曰：利于納公，宋、衛之大夫也；受賂而不欲納公者，獨范鞅主之爾。又況戍周之令行乎，所以列序而不略也。以此見聖人取舍之大情，而輕重審矣。」

襄陵許氏曰：「士鞅謀納公而以貨解無貶辭者，以令戍周故也。霸國不競，苟有一善則爲之匿諸惡而存之，此春秋之所以扶微救亂也。」

難復。」

冬，十月，曹伯午卒。

邾快來奔。

公如齊。公至自齊，居于鄆。

二十有八年，春，王三月，葬曹悼公。

公如晉，次于乾侯。

乾侯，晉境內邑。杜氏注：「在魏郡斥丘縣。」地譜：「今大名府成安縣東南有斥丘故城。」

傳：「公如晉，將如乾侯。子家子曰：『有求于人，而即其安，人孰矜之？其造于竟。』弗聽，使請逆于晉。

晉人曰:『天禍魯國,君淹恤在外。君亦不使一个辱在寡人,而即安于甥舅,其亦使逆君?』使公復于竟[一],而後逆之。」

泰山孫氏曰:「公一年如齊者再,皆不見禮,故如晉也。」

任氏[二]曰:「齊、晉大國也,皆與季氏,不恤昭公。中國主盟,所以在夷狄乎?」

夏,四月丙戌,鄭伯寧卒。

六月,葬鄭定公。

秋,七月癸巳,滕子寧卒。

冬,葬滕悼公。

齊侯使高張來唁公。

杜氏注:「以乾侯至,不得見晉侯故。」

傳:「齊侯使高張來唁公,稱主君。」

二十有九年,春,公至自乾侯,居于鄆。

〔一〕竟,原作「晉」,今據宋寶祐三年臨江軍庠刻本改。
〔二〕任氏,尚未考證。

胡氏傳：「遣使來唁淺事也，亦書于經者，罪齊侯不能修方伯連帥之職也。」

公如晉，次于乾侯。

傳：「子家子曰：『齊卑君矣，君祗辱焉。』公如乾侯。」

許氏曰：「書『次于乾侯』，復不見受也。」

夏，四月庚子，叔詣卒。

秋，七月。

冬，十月，鄆潰。

杜氏注：「民逃其上，曰潰。潰散叛公。」

穀梁傳：「潰之為言，上下不相得也。上下不相得則惡矣，亦譏公也。」

胡氏傳：「公之出奔，處鄆四年，民不見德，亡無愛徵，至于潰散，豈非昏迷不反，自納于咎攫陷穽之中，期改過以補前行之愆也。自棄甚矣，視如土芥，其下不堪，所以潰與？然則去宗廟社稷而出奔，而猶不惕然恐懼，其從者又皆艾殺其民，視如土芥，欲不亡，得乎？故書以為後世之戒也。」

三十年，春，王正月，公在乾侯。

穀梁傳：「中國不存公，存公故也。」范氏注：「中國猶國中也。」

劉氏傳：「其言公在乾侯何？正月以存公也。曷爲存公？公在外也。公在外久矣。曷爲于此乎存公？居于鄆，有魯也；在乾侯，無魯也。公雖無魯，魯不可無公也。」

常山劉氏曰：「書『公在乾侯』，存公也。君失其居，在于乾侯而不得歸，故因朝正之時，則存君父、罪臣子、譏諸侯之意皆可具見也。」

胡氏傳：「公去社稷于今五年，每歲首月不書公者，在魯四封之内，則無適而非其所也。至是鄆潰，客寄乾侯，非其所矣。歲首必書公之所在者，蓋以存君，不與季氏之專國也。唐武氏廢遷中宗，革命自立，史臣列于本紀，欲著其罪，而君子以爲非春秋之法，其言曰：『天下者，唐之天下，中宗受之于其父，武后安得廢之而絶先君之世？復繫嗣君之年，黜武氏之號，自以爲竊取春秋之義。』信矣。」

夏，六月庚辰，晉侯去疾卒。

秋，八月，葬晉頃公。

傳：「夏六月，晉頃公卒。秋八月，葬。鄭游吉弔且送葬。魏獻子使士景伯詰之，曰：『悼公之喪，子西弔，子蟜送葬。今吾子無貳，何故？』對曰：『先王之制：諸侯之喪，士弔，大夫送葬；惟嘉好、聘享、三軍之事，於是乎使卿。晉之喪事，敝邑之間，先君有所助執紼矣。若其不間，雖士、大夫有所不獲數矣。我先君簡公在楚，我大夫印段實往，敝邑之少卿也。王吏不討，恤所無也。』晉人不能詰。」

冬，十有二月，吳滅徐，徐子章羽奔楚。

羽，公羊作「禹」。

傳：「吳子使徐人執掩餘，使鍾吾人執燭庸，二公子奔楚。楚子大封，而定其徙。使監馬尹大心逆吳公子，使居養。莠尹然、左司馬沈尹戌城之，取於城父與胡田以與之。將以害吳也。子西諫曰：『吳光新得國，而親其民，視民如子，辛苦同之，將用之也。若好吾邊疆，使柔服焉，猶懼其至。吾又強其讎，以重怒之，無乃不可乎！』王弗聽。冬十二月，吳子執鍾吾子，遂伐徐，防山以水之。己卯，滅徐。徐子章禹斷其髮，攜其夫人，以逆吳子。吳子唁而送之，使其邇臣從之，遂奔楚。楚沈尹戌帥師救徐，弗及，遂城夷，使徐子處之。吳子問于伍員曰：『初而言伐楚，余知其可也，而恐其使余往也，又惡人之有餘之功也。今余將自有之矣，伐楚何如？』對曰：『楚執政眾而乖，莫適任患。若爲三師以肄焉，一師至，彼必皆出。彼出則歸，彼歸則出，楚必道敝。亟肄以罷之，多方以誤之。既罷而後以三軍繼之，必大克之。』闔廬從之，楚于是乎始病。」

常山劉氏曰：「齊滅譚，楚滅弦，狄滅溫，君奔皆不名者，強暴加于小弱，力不能勝而奔，義未絕也。訴于天子方伯，則理可伸，而邦可復，豈可遽絕之哉？惟徐子章羽既已服吳，而後奔楚，則既降矣，安有興復之志乎？故名之，以著其絕也。」

三十有一年，春，王正月，公在乾侯。

季孫意如會晉荀躒于適歷。

躒，公羊、穀梁作「櫟」，下同。

傳：「晉侯將以師納公。范獻子曰：『若召季孫而不來，則信不臣矣，然後伐之，若何？』晉侯召季孫，獻子使私焉，曰：『子必來，我受其無咎。』季孫意如會晉荀躒于適歷。

陸氏微旨[二]曰：『季氏逐君之臣也，晉不罪之而反與之爲會，書曰「季孫意如會晉荀躒于適歷」，晉之爲盟主可見矣，荀躒之爲人臣可知矣，此不待貶絶而惡自見者也。』

夏，四月丁巳，薛伯穀卒。

晉侯使荀躒唁公于乾侯。

傳：「季孫從知伯如乾侯。子家子曰：『君與之歸。一慙之不忍，而終身慙乎？』公曰：『諾。』衆曰：『在一言矣，君必逐之！』荀躒以晉侯之命唁公，且曰：『寡君使躒以君命討于意如，意如不敢逃死，君其入也！』公曰：『君惠顧先君之好，施及亡人，將使歸糞除宗祧以事君，則不能見夫人。已所能見夫

[二] 陸氏微旨，唐代經學家陸淳所著春秋微旨，共二卷。

人者,有如河!」荀躒掩耳而走,曰:「寡君其罪之恐,敢與知魯國之難!」臣請復于寡君。」退而謂季孫:「君怒未怠,子姑歸祭。」子家子曰:「君以一乘入于魯師,季孫必與君歸。」公欲從之。衆從者脅公,不得歸。」

呂氏曰:「齊侯唁公于野井,晉侯使荀躒唁公于乾侯,言大國盟主皆不能討亂,無助順向正之意也。」

秋,葬薛獻公。

冬,黑肱以濫來奔。

肱,《公羊》作「弓」。吳氏詩補音云:「古『弓』『肱』同音。」

濫,杜氏注:「東海昌慮縣。」

傳:「邾黑肱以濫來奔,賤而書名,重地故也。」

襄陵許氏曰:「邾快、黑肱相繼來奔,季孫當國以類至也。」

十有二月辛亥朔,日有食之。

三十有二年,春,王正月,公在乾侯,取闞。

杜氏注:「闞,魯邑。」

今案，昭公之難，叔孫如闞；定元年，季孫使役如闞，公氏將溝焉，此魯地而公取之也。

呂氏曰：「取鄆、取闞皆言公之無遠圖，求目下之利，而戕其民，無復國之慮也。」

夏，吳伐越。

傳：「始用師於越也。」

秋，七月。

冬，仲孫何忌會晉韓不信、齊高張、宋仲幾、衛世叔申、鄭國參、曹人、莒人、薛人、杞人、小邾人，城成周。

傳：「秋八月，王使富辛與石張如晉，請城成周。范獻子謂魏獻子曰：『與其成周，不如城之。雖有後事，晉勿與知可也。』冬十一月，晉魏舒、韓不信如京師，合諸侯之大夫于狄泉，尋盟且令城成周。己丑，士彌牟營成周，計丈數，揣高卑，度厚薄，仞溝洫，物土方，議遠邇，量事期，計徒庸，慮材用，書餱糧，以令役于諸侯，屬役賦文，書以授帥，而效諸劉子。韓簡子臨之，以爲成命。」

「莒人」下公羊、穀梁有「邾人」。

穀梁傳：「天子微，諸侯不享覲。天子之在者，惟祭與號。故諸侯之大夫，相帥以城之，此變之正也。」

愚案，杜氏注「子朝之亂其餘黨多在王城，敬王畏之，徙都成周」，此乃自王城而遷都之時，故

因諸大夫之城而以成周書，以紀實也。

十有二月己未，公薨于乾侯。

傳：「公薨，書曰『公薨于乾侯』，言失其所也。趙簡子問于史墨曰：『季氏出其君，而民服焉，諸侯與之，君死于外而莫之或罪也。』對曰：『物生有兩、有三、有五、有陪貳。天生季氏，以貳魯侯，爲日久矣。民之服焉，不亦宜乎！魯君世從其失，季氏世修其勤，民忘君矣。雖死于外，其誰矜之？社稷無常奉，君臣無常位，自古以然。故詩曰：「高岸爲谷，深谷爲陵。」三后之姓，于今爲庶。在易卦雷乘乾曰大壯，天之道也。昔成季友，桓之季也，文姜之愛子也。有大功于魯，受費以爲上卿，至于文子、武子，世增其業，不廢舊績。魯文公薨，而東門遂殺適立庶，魯君於是乎失國，政在季氏，于此君也四公矣。民不知君，何以得國？是以爲君慎器與名，不可以假人。』」

胡氏傳：「諸侯失國出奔者多矣，昭公在外八年，終以客死，爲天下笑，何也？祭仲雖專，而世權不重于季氏；衛侯失國猶夫人也，而有推挽之者，所以雖失而復得也。魯自季友受費以爲上卿，至於意如專執國命四世矣，其臣皆季氏之孚也，其民皆季氏之獲也。而昭公有一子家駒，言不見聽，計不行也，不能復國，宜矣。公雖失國，然每歲首月必書『公在乾侯』，誅意如也。書『齊侯取鄆』『公圍成』『鄆潰』，絕昭公也。爲人君者，觀所書『圍成』『鄆潰』，知社稷之無常奉也，亦必少警矣。嗚呼！可謂深切著明者矣！」

卷十

定公名宋，襄公之子，昭公之弟。諡法：「安民大慮曰定。」

元年，春，王。

公羊傳：「定何以無正月？正月者，正即位也。定無正月者，即位後也。即位何以後？昭公在外，得入不得入未可知也。曷爲未可知？在季氏也。定、哀多微辭，主人習其讀而問其傳，則未知己之有罪焉爾。」

穀梁傳：「不言正月，定無正。定無正何也？昭公之終，非正終也。定之始，非正始也。昭無正終，故定無正始也。」

劉氏傳[二]：「其非正始奈何？定公者，公子宋也，昭公之弟也。昭薨于乾侯，季孫逆其喪，廢太子衍及務人而立公子宋焉。喪至于壞隤，公子宋先入以主社稷，蓋受之季氏也，非受之先君者也。定無正則何以不言正

[二] 劉氏傳，北宋經學家劉敞所著劉氏春秋傳。

月?微辭也。」

今案，昭公自去年十二月，薨于乾侯，魯國之政聽命強臣，春秋不書正月，所以見一國之無主，而正朔之無所承也。

三月，晉人執宋仲幾于京師。

傳：「正月辛巳，晉魏舒合諸侯之大夫城成周，屬役于韓簡子。庚寅，栽。宋仲幾不受功，曰：『滕、薛、郳，吾役也。』薛宰曰：『宋為無道，絕我小國于周，以我適楚，故我常從宋。各復舊職。』仲幾曰：『踐土固然。』薛宰曰：『薛之皇祖奚仲居薛，以為夏車正。奚仲遷于邳，仲虺居薛，以為湯左相。若復舊職，將承王官，何故以役諸侯？』仲幾曰：『三代各異物，薛焉得有舊？為宋役，亦其職也。』士伯怒，謂韓簡子曰：『縱子忘之，山川鬼神其忘諸乎？』士伯怒，謂韓簡子曰：『薛徵于人，宋徵于鬼，宋罪大矣。且已無辭，而抑我以神，誣我也。』『啓寵納侮』，其此之謂矣。必以仲幾為戮。』乃執仲幾以歸。三月，歸諸京師。城三旬而畢，乃歸諸侯之戍。」

穀梁傳：「此大夫，其曰人何也？微之也。何為微之？不正其執人於尊者之所也。」

胡氏[二]曰：「周官凡卿大夫之獄訟，斷以邦法，則大司寇之職也。不告于司寇，而執人于天子之側，故雖以王事討有罪，猶貶。凡此類，皆篡弑之萌，履霜之漸，執而書其地，謹之也。」

夏，六月癸亥，公之喪至自乾侯。戊辰，公即位。

傳：「叔孫成子逆公之喪于乾侯。季孫曰：『子家子亟言于我，未嘗不中吾志也。吾欲與之從政，子必止之，且聽命焉。』子家子不見叔孫，易幾而哭。叔孫請見子家子，子家子辭，曰：『羈未得見，而從君以出。君不命而薨，羈不敢見。』叔孫使告之曰：『公衍、公爲實使群臣不得事君。若公子宋主社稷，則群臣之願也。凡從君出而可以入者，將唯子是聽。子家子未有後，季孫願與子從政。此皆季孫之願也，使不敢以告。』對曰：『若立君，則有卿士、大夫與守龜在，羈弗敢知。若從君者，則貌而出者，入可也；寇而出者，行可也。若羈也，則君知其出也，而未知其入也，羈將逃也。』喪及壞隤，公子宋先入，從公者皆自壞隤反。六月癸亥，公之喪至自乾侯。戊辰，公即位。」

穀梁傳：「殯而後即位也。定無正，見無以正也。即位，授受之道也。先君無正終，則後君無正始也。戊辰，公即位，謹之也。定之即位，不可不察也。公即位，何以日也？戊辰之日，然後即位也。癸亥，公之喪至自乾侯，何爲戊辰之日然後即位也？正君乎國，然後即位也。」沈子曰：「正君有正終，則後君有正始也。戊辰，公即位，謹之也。

[二] 胡氏，北宋學者胡安國。

棺乎兩楹之間，然後即位也。」內之大事日。即位，君之大事也，其不日何也？以年決者，不以日決也。此則其日何也？著之也。何著焉？踰年即位，厲也。於厲之中，又有義焉。未殯，雖有天子之命猶不敢，況未殯而臨諸臣乎？」

胡氏傳：「昭公之喪，已越葬期，猶未得反，至于六月癸亥然後喪至，而定之即位乃在是月之戊辰，蓋遲速進退，惟意如所制，不得專也。以周書顧命考之，成王之崩在四月乙丑，宰臣太保即于是日，命仲桓、南宮毛，俾爰齊侯呂伋以二干戈，虎賁百人，逆王世子釗于南門之外，延入翼室宅憂爲天下主。不待崇朝而後定也。今昭公喪至，在葬期之後，公子宋自壞隤先入，猶未得立，是知爲意如所制，不得以時定，非謂正棺乎兩楹之間，故定之即位不可不察也。夫即位，大事也。宗嗣先定，則變故不生。蓋代君享國而主其祭，宜戚宜懼，一失幾會，或萌窺伺之心，至于生變，則爲不孝矣，古人所以貴於早定國家之本也。今昭公之薨，定之即位，春秋詳書于策，非爲後法，乃見諸行事爲永鑒耳。」

愚案，季氏親逐其君，暴露七月而後反國，黜適而立不正。至于喪歸君立，乃欲辨區區之禮文而行之，豈非所謂不能三年之喪而緦小功之察乎？春秋詳書以見亂臣擅國，定公不正，三綱淪斁，魯之君子罔不盡傷心之時，大本既失，而進退舉措，尚何禮之足言哉！此所謂爲永鑒者也！

秋，七月癸巳，葬我君昭公。

傳：「季孫使役如闞公氏，將溝焉。榮駕鵝曰：『生不能事，死又離之，以自旌也？縱子忍之，後必或恥

之。」乃止。季孫問于榮駕鵞曰：「吾欲爲君謚，使子孫知之。」對曰：「生弗能事，死又惡之，以自信也？將焉用之？」乃止。秋七月癸巳，葬昭公于墓道南。孔子之爲司寇也，溝而合諸墓。

呂氏曰：「葬必曰『我君』，所以隆君父之恩，盡忠愛之義。至於此時，詳味書法，然後有以大警動於其臣下者。」

九月，大雩。

穀梁傳：「雩月，雩之正也。秋大雩，非正也。冬大雩，非正也。秋大雩之爲非正，何也？毛澤未盡，人力未竭，未可以雩也。雩月，雩之正也。月之爲雩之正何也？其時窮，人力盡，然後雩，雩之正也。何謂『其時窮，人力盡』？是月不雨，則無及矣。是謂其時窮，人力盡也。雩之必待其時窮，人力盡何也？雩者，爲旱求者也。求者，請也。古之人重請。何重乎請？人之所以爲人者，讓也。請道去讓也，則是舍其所以爲人也，是以重之。焉請哉？請乎應上公，古之神人有應上公者，通乎陰陽。君親帥諸大夫道之而以請焉。夫請者，非可詒託而往也，必親之者也，是以重之。」

立煬宮。

杜氏注：「煬公，伯禽子也。」

傳：「昭公出故，季平子禱于煬公。九月，立煬宮。」

愚案,季氏未嘗知鬼神之理,妄禱而僭立,踰祀典以立久祧之宮。聖人特書,必有曾謂煬公不如林放之歎矣。

冬,十月,隕霜殺菽。

杜氏注:「周十月今八月,隕霜殺菽,非常之災。」

蘇氏[二]曰:「僖三十三年書隕霜不殺草,今指言殺菽何也?於其不殺而言草,言其廣也;於其殺而言菽,言其害也。」

二年,春,王正月。

夏,五月壬辰,雉門及兩觀災。

杜氏注:「雉門,公宮之南門。兩觀,闕也。天火曰災。」

正義曰:「明堂位云:『庫門,天子皋門;雉門,天子應門。』是魯之雉門,公宮南門之中門也。釋宮云:『觀,謂之闕。』郭璞曰:『宮門雙闕,周禮太宰正月之吉,縣治象之法于象魏,使萬民觀治象。』鄭眾曰:『象魏,闕也。』劉熙釋名云:『闕在門兩旁,中央闕然爲道也。』然則其上縣法象,其狀巍然高大謂之象魏,使人觀之謂之觀也,兩觀、與象魏、闕,一物而三名也。觀與雉門俱災,則兩觀在雉門之兩旁矣。」

[二] 蘇氏,北宋文學家蘇轍。

秋，楚人伐吳。

傳：「桐叛楚。吳子使舒鳩氏誘楚人，曰：『以師臨我，我伐桐，爲我使之無忌。』秋，楚囊瓦伐吳師于豫章。吳人見舟于豫章，而潛師于巢。冬十月，吳軍楚師于豫章，敗之。遂圍巢，克之，獲楚公子繁。」

襄陵許氏[一]曰：「自襄三年書『楚伐吳』，終于人之，則楚力竭矣。于是有吳入郢。自昭三十二年書『吳伐越』，終於越再入吳，于是吳亡。楚介在南荒，夷蠻相攻，不可單錄，他役皆敗。無功書伐而不書敗者，積其陵暴首兵之咎，故刪取其要如此，以爲伐國之戒。七書楚伐，僅能一克于朱方，將微之于此，而後至于禍敗失國也。」

杜氏注：「囊瓦稱人，見誘以敗軍。」

冬，十月，新作雉門及兩觀。

穀梁傳：「言新，有故也。作，爲也，有加其度也。」

劉氏意林[二]曰：「魯用王禮，是以其庫門天子皋門，雉門天子應門，而設兩觀，僭君甚矣。習舊而不知以爲非，覩變而不知以爲戒，無怪於季氏之脅其主矣，此春秋之微辭至意也。」

[一] 襄陵許氏，北宋學者許翰。
[二] 劉氏意林，宋劉敞所撰劉氏春秋意林。

三年，春，王正月，公如晉，至河乃復。

程子[二]曰：「季孫意如上不請命于天子，下不告于方伯而立定公，故晉怒而公往朝焉。晉辭公而復，故明年因會而請盟于皋鼬。」

二月辛卯，邾子穿卒。

二月，公、穀並作「三月」。

夏，四月。

秋，葬邾莊公。

冬，仲孫何忌及邾子盟于拔。

拔，公羊作「枝」。穀，地闕。

傳：「盟于郯，修邾好也。」杜氏注：「郯即拔也。」

四年，春，王二月癸巳，陳侯吳卒。

三月，公會劉子、晉侯、宋公、蔡侯、衛侯、陳子、鄭伯、許男、曹伯、莒子、邾子、

[二] 程子，北宋理學家程頤。

頓子、胡子、滕子、薛伯、杞伯、小邾子、齊國夏于召陵,侵楚。

召陵,見僖四年。

傳:「蔡昭侯爲兩佩兩裘以如楚,獻一佩一裘于昭王。昭王服之以享蔡侯。蔡侯亦服其一。子常欲之,弗與,三年止之。唐成公如楚,有兩肅爽馬,子常欲之,弗與,亦三年止之。唐人或相與謀,請代先從者飲先從者酒,醉之,竊馬而獻之子常。子常歸唐侯。自拘於司敗,曰:『君以弄馬之故,隱君身,棄國家。群臣請夫人以償馬,必如之。』唐侯曰:『寡人之過也,二三子無辱。』皆賞之。蔡人聞之,固請而獻佩于子常。子常朝,見蔡侯之徒,命有司曰:『蔡君之久也,官不共也。明日禮不畢,將死。』蔡侯歸,及漢,執玉而沈曰:『余所有濟漢而南者,有若大川。』蔡侯如晉,以其子元與其大夫之子爲質焉,而請伐楚。三月,劉文公合諸侯于召陵,謀伐楚也。晉荀寅求貨于蔡侯,弗得。言于范獻子曰:『國家方危,諸侯方貳,將以襲敵,不亦難乎!水潦方降,疾瘧方起,中山不服,棄盟取怨,無損于楚,而失中山,不如辭蔡侯。吾自方城以來,楚未可以得志,祇取勤焉。』乃辭蔡侯。晉人假羽旄於鄭,鄭人與之。明日,或旆以會。晉於是乎失諸侯。」

杜氏注:「入楚境,故書侵。」

程子傳[二]：「楚恃其強，侵陵諸侯，晉上請于天子，大合諸侯以伐之，而不能明暴其罪，以行天討，無功而還，故書『侵』以罪之。」

劉氏意林曰：「楚之不義其矣，晉以霸主之勢，憑王命之重而不能討，顧使吳乘其釁中國不振旅，功近而禍遠矣，不亦病乎？春秋別嫌明微之書也，孔子獨傷之，是所以眷眷於皋鼬之盟者也。」

襄陵許氏曰：「皋鼬之盟諸侯攜矣，梁丘據說錦幣而昭公不復，囊瓦志于佩裘使蔡侯自絕，晉士鞅以賂罷扈之盟，荀寅求貨弗得沮召陵之謀，故正勝于明時而賄流于衰世，此晉霸之所以衰，而吳之所以橫政於上國也。」

今案，書十八國諸侯之衆，所以見其勢之足以有爲也，而終之以侵楚，深以罪其志卑而義不勝，終之以無能爲也，而晉自此微矣。

夏，四月庚辰，蔡公孫姓帥師滅沈，以沈子嘉歸，殺之。

公羊作「公孫歸姓」，後同。

傳：「沈人不會于召陵，晉人使蔡伐之。夏，蔡滅沈。」

胡氏傳：「所惡於前，無以先後。出乎爾者，反乎爾者也。蔡侯視楚，猶沈視蔡也。昭侯拘于郢，三年而

[二] 程子傳，北宋理學家程頤所著。

後反,非以國小而弱乎?沈雖不會召陵,未有大罪惡也,而特強殺之,甚矣,能無公孫翩之及哉!」書『滅』,罪蔡也;書『以歸』,罪沈子不死于位也;言『殺之』,又譏蔡侯也。」

五月,公及諸侯盟于皋鼬。

陸氏微旨曰:「書『滅』,罪蔡也;書『以歸』,罪沈子不死于位也;言『殺之』,又譏蔡侯也。」

皋鼬,公羊作「浩油」。杜氏注:「許地,繁昌縣東南有城皋亭。」

傳:「及皋鼬,將長蔡于衛。衛侯使祝鮀私于萇弘,乃長衛侯于盟。」

陸氏纂例[二]曰:「重言諸侯,劉子不與盟也。」

程氏傳:「公以不獲見于晉,故乃因會而求盟,則此盟公意也,故書『公及』。」

杞伯成卒于會。

成,公羊作「戌」。

六月,葬陳惠公。

許遷于容城。

容城,地闕。任公輔以爲華容縣,亦析之近地也。

[二] 陸氏纂例,唐陸淳所著春秋集傳纂例,共十卷,此書爲陸氏闡發其師啖助、其友趙匡關於春秋經説之作。

秋，七月，公至自會。

不至以侵楚者，公以得盟為幸，危不在侵也。

劉卷卒。

杜氏注：「即劉蚠也。」

陸氏纂例：「畿內諸侯不同列國，故不言劉子卷卒，亦譏來赴，故書之。」

葬杞悼公。

楚人圍蔡。

傳：「楚為沈，故圍蔡。」

襄陵許氏曰：「圍蔡不書卿帥師者，見其驕暴而不自反，溢而必決，將敗之徵，是以微之。」

晉士鞅、衛孔圉帥師伐鮮虞。

襄陵許氏曰：「謀楚而不能討，盟蔡而不能救，則惟中山是伐。書卿與師，著威勝不行于彊暴，而行于寡弱也。」

蘇氏曰：「昭十二年，楚滅陳、蔡，晉人不救而伐鮮虞，稱晉以夷之。今晉既不為蔡伐楚，楚人圍蔡亦弗之救，而於其伐鮮虞也，稱晉士鞅、衛孔圉何也？晉雖有棄諸侯之罪，而蔡無國滅之禍，輕重之異也。」

葬劉文公。

趙氏[二]曰：「劉文公，天子畿內諸侯，列國不當與行交往之禮。今會其葬，記非禮也。」

冬，十有一月庚午，蔡侯以吳子及楚人戰于柏舉，楚師敗績。楚囊瓦出奔鄭。

柏舉，公羊作「柏莒」，今本穀梁作「柏舉」。

傳：「伍員爲吳行人以謀楚。楚之殺郤宛也，伯氏之族出。伯州犁之孫嚭爲吳太宰以謀楚。楚自昭王即位，無歲不有吳師。蔡侯因之，以其子乾與其大夫之子爲質于吳。冬，蔡侯、吳子、唐侯伐楚。舍舟于淮汭，自豫章與楚夾漢。左司馬戌謂子常曰：『子沿漢而與之上下，我悉方城外以毀其舟，還塞大隧、直轅、冥阨。子濟漢而伐之，我自後擊之，必大敗之。』既謀而行。武城黑謂子常曰：『吳用木也，我用革也，不可久也，不如速戰。』史皇謂子常：『楚人惡子而好司馬。若司馬毀吳舟于淮，塞城口而入，是獨克吳也。子必速戰！不然，不免。』乃濟漢而陳，自小別至于大別。三戰，子常知不可，欲奔。史皇曰：『安求其事，難而逃之，將何所入？子必死之，初罪必盡說。』十一月庚午，二師陳于柏舉。闔閭之弟夫槩王晨請于闔閭曰：『所謂「臣義而行，不待仁，其臣莫有死志，先伐之，其卒必奔，而後大師繼之，必克。』弗許。夫槩王曰：『所謂「臣義而行，不待命」者，其此之謂也。今日我死，楚可入也。』以其屬五千先擊子常之卒。子常之卒奔，楚師亂，吳師大敗之。

[二] 趙氏，唐代經學家趙匡。

子常奔鄭。

公羊傳：「吳何以稱子？夷狄也，而憂中國。其憂中國奈何？昭公朝於楚[二]，有美裘焉，囊瓦求之，昭公不與，爲是拘昭公於南郢數年，然後歸之。於其歸焉，用事于河，曰：『天下諸侯，苟有能伐楚者，寡人請爲之前列。』楚人聞之怒。爲是興師，使囊瓦將而伐蔡。蔡請救于吳，伍子胥復曰：『蔡非有罪也，楚人爲無道，君如有憂中國之心，則若時可矣。』于是興師而救蔡。」

穀梁傳：「吳其稱子何也？以蔡侯之以之，舉其貴者也。蔡侯之以之，則其舉貴者何也？吳信中國而攘荊楚，吳進矣。何以不言救也？救大矣。」

胡氏傳：「晉主夏盟，中國所仰，若嘉穀之望雨也。有請于吳，如彼其難。吳國天下莫強焉，非諸侯之所能以也，有請于吳，如此其易。故召陵大合諸侯而書『侵楚』。闔廬、柏舉之戰，蔡用吳師，特書曰『以』者，深罪晉人保利棄義，難于救蔡。然則何以不言救乎？救大矣。闔廬、子胥、宰嚭皆懷謀楚之心，蔡人往請，會逢其適，非有救災恤鄰、從簡書、憂中國之實也。聖人道大德宏，樂與人爲善，故因其從蔡，特進而書爵。囊瓦貪以敗國，又不能死，可賤甚矣，故記其出奔，於其戰也特貶而稱人，春秋之情見矣。」

庚辰，吳入郢。

〔二〕楚，原作「蔡」，今據宋寶祐三年臨江軍庠刻本改。

郯，《公羊》、《穀梁》並作「楚」。

傳：「吳從楚師，五戰，及郢。己卯，楚子取其妹季羋畀我以出。庚辰，吳入郢，以班處宮。子山處令尹之宮，夫槩王欲攻之，懼而去之，夫槩王入之。楚子涉雎，濟江，入于雲中。盜攻之，以戈擊王。王奔鄖。鄖公辛與其弟巢以王奔隨。初，伍員與申包胥友。其亡也，謂申包胥曰：『我必復楚國。』申包胥曰：『勉之！子能復之，我必能興之。』及昭王在隨，申包胥如秦乞師，曰：『吳為封豕、長蛇，以薦食上國，虐始於楚。寡君失守社稷，越在草莽，使下臣告急，曰：「夷德無厭，若鄰於君，疆場之患也。逮吳之未定，君其取分焉。若楚之遂亡，君之土也。若以君靈撫之，世以事君。」』秦伯使辭焉，曰：『寡人聞命矣。子姑就館，將圖而告。』對曰：『寡君越在草莽，未獲所伏，下臣何敢即安？』立于庭牆而哭，日夜不絕聲，勺飲不入口七日。秦哀公為之賦〈無衣〉。九頓首而坐。秦師乃出。五年夏，秦子蒲、子虎帥車五百乘以救楚。子蒲曰：『吾未知吳道。』使楚人先與吳人戰，而自稷會之，大敗夫槩王于沂。吳人獲薳射于柏舉，其子帥奔徒以從子西，敗吳師于軍祥。秋七月，子期、子蒲滅唐。吳師敗楚師于雍澨，秦師又敗吳師。吳師居麇，子期焚之，又戰，吳師敗，又戰于公壻之谿。吳師大敗，吳子乃歸。」

《穀梁傳》：「何以不稱子？反夷狄也。」

《公羊傳》：「吳何以不稱子？狄之也。何謂狄之也？壞宗廟，徙陳器，撻平王之墓。君居其君之寢，而妻其君之妻；大夫居其大夫之寢，而妻其大夫之妻，蓋有欲妻楚王之母者，不正。乘敗人之績，而深為利，居人

之國，故反其狄道也。」

胡氏傳：「聖人誰毀誰譽，救災恤鄰，則進而書爵，非有心於與之，順天命也。乘約肆淫，則黜而舉號，非有心於貶之，奉天討也。伐國者，固將拯民於水火之中而鳩集之耳。殺其父兄，係其子弟，毀其宗廟，遷其重器而亂男女之配也。如水益深，如火益熱，則善小而惡大，功不足以掩之矣。聖人心無毀譽，如鏡之無妍醜也，因事物善惡而施襃貶焉，不期公而自公爾。明此而後可以司賞罰之權矣。」

五年，春，王三月辛亥朔，日有食之。

三，公羊作「正」。

夏，歸粟于蔡。

傳：「歸粟于蔡，以周亟，矜無資。」

穀梁傳：「諸侯無粟。諸侯相歸粟，正也。孰歸之？諸侯也。不言歸之者，專辭也，義邇也。」

胡氏曰：「二傳皆稱諸侯歸蔡粟，其略而不序何也？蔡爲楚人所因則環視而不能救。吳既破楚入郢，解蔡圍矣。然後相率而歸之粟，非救災恤鄰，從簡書之道也，故特書魯而不序諸侯，見其事之末矣。」

於越入吳。

傳：「吳在楚也。」

劉氏傳：「於越者何？於越者，其自稱者也。越者，中國稱之者也。」

六月丙申，季孫意如卒。

傳：「季平子卒，陽虎將以璵璠斂，仲梁懷弗與，曰：『改步改玉。』陽虎欲逐之，告公山不狃。不狃曰：『彼爲君也，子何怨焉？』既葬，桓子行東野，及費。子洩爲費宰，逆勞于郊，桓子敬之。勞仲梁懷，仲梁懷弗敬。子洩怒，謂陽虎：『子行之乎？』九月乙亥，陽虎囚季桓子及公父文伯而逐仲梁懷。冬十月丁亥，殺公何藐。己丑，盟桓子于稷門之內。庚寅，大詛。逐公父歜及秦遄，皆奔齊。」

劉氏傳：「意如逐君，死何以卒之？或曰：『定之大夫也。』或曰：『不嫌也。』有待貶絕而罪惡見者，貶絕以見罪惡也；有不待貶絕而罪惡見者，不貶絕以見罪惡也。」

意林[二]曰：「意如親逐其君而卒之，其異于鞏何也？曰：以定公爲君，則不得不以意如爲大夫，孰有大夫卒而君不爲之變者乎？夫意如之逐昭公也明，鞏、遂之弒君也隱，而叔仲惠伯之蔽惡也未形，春秋固有不待貶絕而罪惡見，此之謂也。且夫意如之罪固著矣，及其卒也而絕之，則其著不亦彌信乎？而春秋弗爲也。以謂定不書正月，適足以見定之非正，而猶未足以見其受國于季氏，故於是復明意如爲定之大夫也。使定公誠能明君臣之義，不賞私勞，討先君之賊，致季氏之誅，則意如不免矣。故雖逆取而順守之，猶賢乎已！今一不然，

[二] 意林，宋劉敞撰劉氏春秋意林。

苟於利而忘其辱，幸於禍而忘其讐，謂意如，定之大夫也，不亦宜乎？」

秋，七月壬子，叔孫不敢卒。

冬，晉士鞅帥師圍鮮虞。

傳：「三年秋，鮮虞人敗晉師于平中，獲晉觀虎，恃其勇也。五年冬，晉士鞅圍鮮虞報觀虎之敗也。」

襄陵許氏曰：「晉始以土地之故與鮮虞睽，咎不在鮮虞也。而晉不自反，縱兵橫加而不能服，則又圍之。兵益忿，義益不勝，君子是以惡晉也。」

六年，春，王正月癸亥，鄭游速帥師滅許，以許男斯歸。

傳：「鄭滅許，因楚敗也。」

速，公羊作「遬」，後同。

今案，許自隱十一年，齊、魯、鄭之入，至今年大抵困於與鄭爲鄰。至成十五年，遷葉之後，又畏鄭而遷定四年方自析遷容城以依楚，不數年，楚用于吳，鄭遂滅之。然自哀元年以後，許復見者，其亡一見害於鄭，其存一恃于楚。不過百年，韓遂滅鄭，亦有由也。

二月，公侵鄭。公至自侵鄭。

傳：「周儋翩率王子朝之徒，因鄭人將以作亂于周，鄭於是伐馮、滑、胥靡、負黍、狐人、闕外。六月，

晉閻沒戍周，且城胥靡。冬，天王處于姑蕕，避亂也。公侵鄭取匡，爲晉討鄭之伐胥靡也。往不假道于衛，及還，陽虎使季、孟自南門入，出自東門。衛侯怒，使彌子瑕追之。公叔文子老矣，輦而如公，曰：『尤人而效之，非禮也。天將多陽虎之罪以斃之，君姑待之，若何？』乃止。

愚謂，奉晉命以討鄭之黨亂人，正也。然陪臣方執國命，使衛侯不聽公叔文子之言，魯師危矣，故致之。

夏，季孫斯、仲孫何忌如晉。

傳：『季桓子如晉，獻鄭俘也。陽虎強使孟懿子往報夫人之幣。晉人兼享之。孟孫立于房外，謂范獻子曰：『陽虎若不能居魯，而息肩于晉，所不以爲中軍司馬者，有如先君！』獻子曰：『寡君有官，將使其人，鞅何知焉？』獻子謂簡子曰：『魯人患陽虎矣，孟孫知其釁，以爲必適晉，故強爲之請，以取入焉。』春秋本其禍之所構，自二子之使。夫以二子之力，專國擅君，而陽虎能制之，方復爲之請於霸主之國，此其無所忌，必爲亂之效也。』

秋，晉人執宋行人樂祁犂。

傳：『宋樂祁言於景公曰：『諸侯唯我事晉，今使不往，晉其憾矣。』樂祁告其宰陳寅。陳寅曰：『必使子往。』他日，公謂樂祁曰：『唯寡人說子之言，子必往。』陳寅曰：『子立後而行，吾室亦不亡。唯君亦以我

爲知難而行也。」見溷而行。趙簡子逆，而飲之酒於緜上，獻楊楯六十於簡子。陳寅曰：『昔吾主范氏，今子主趙氏，又有納焉，以楊楯賈禍，弗可爲也已。然子死晉國，子孫必得志于宋。』范獻子言于晉侯曰：『以君命越疆而使，未致使而私飲酒，不敬二君，不可不討也。』乃執樂祁。

謹案，諸侯唯宋事晉，懼討而遣使，善逆以懷之，猶懼不來，而大夫瀆貨賄，爭權利，卒使來者是執，叛者得志。書此所以著晉之亂政甌行，霸統所由絕也。

胡氏曰：「使范、趙方睦，皆有獻焉，則弗執之矣。執異國行人，出于列卿私意，威柄不復在其君矣。三卿分晉，而靖公廢爲家人，豈一朝一夕之故哉？」

冬，城中城。

季孫斯、仲孫忌帥師圍鄆。

杜氏注：「何忌不言何，闕文。鄆貳于齊，故圍之。」

七年，春，王正月。

夏，四月。

秋，齊侯、鄭伯盟于鹹。

傳：「齊侯、鄭伯盟于鹹，徵會于衛。」

襄陵許氏曰：「霸道隳，諸侯散離，盟始復，志此，蓋自是中國無殷會矣。齊、鄭之盟，叛晉也。」

齊人執衛行人北宮結以侵衛。齊侯、衛侯盟于沙。

公羊作「沙澤」。杜氏注：「陽平元城縣東南有沙亭。」案，元城，今屬大名府。

傳：「衛侯欲叛晉，諸大夫不可。使北宮結如齊，而私于齊侯曰：『執結以侵我。』齊侯從之，乃盟于瑣。」

襄陵許氏曰：「齊、衛之盟，叛晉也。晉定之季，鄭獻、衛靈叛而從齊，齊可以伯而景不足望也。」

劉氏意林：「善爲國者，親近而遠信之，附內而外歸之。衛侯欺其群臣以給晉，殘其百姓以奉[二]齊。齊之執結也，固非伯討矣，而衛之無良又甚焉。從此觀之，孟子曰：『今之諸侯，五霸之罪人也。』不亦信乎！」

大雩。

齊國夏帥師伐我西鄙。

傳：「齊國夏伐我。陽虎御季桓子，公斂處父御孟懿子，將宵軍齊師。齊師聞之，墮，伏而待之。處父曰：『虎不圖禍，而必死。』苫夷曰：『虎陷二子于難，不待有司，余必殺女。』虎懼，乃還，不敗。」

蘇氏曰：「魯事晉而齊叛之，故伐我。」

〔二〕 奉，原作「秦」，今據宋寶祐三年臨江軍庠刻本改。

襄陵許氏曰:「東夏諸侯惟魯事晉,故齊伐之。景公乘晉之衰,不思惟德之務,以懷諸侯,而欲力征經營以定霸統,是知時之或可,而不知己之不可者也。」

九月,大雩。

冬,十月。

八年,王正月,公侵齊。

傳:「公侵齊,門于陽州。士皆坐列,曰:『顏高之弓六鈞。』皆取而傳觀之。陽州人出,顏高奪人弱弓,籍丘子鉏擊之,與一人俱斃。偃,且射子鉏,中頰,殪。顏息射人中眉,退曰:『我無勇,吾志其目也。』師退,冉猛偽傷足而先。其兄會乃呼曰:『猛也殿。』」

謹案,魯陽虎用事無軍政,用兵無法,故以「侵」書之。

公至自侵齊。

軍政不立,公之親行,致以危之。

二月,公侵齊。三月,公至自侵齊。

傳:「公侵齊,攻廩丘之郛。」

泰山孫氏[二]曰:「公一歲而再侵齊,以重其怨,甚矣。」

曹伯露卒。

夏,齊國夏帥師伐我西鄙。

傳:「齊國夏、高張伐我西鄙。」

襄陵許氏曰:「春秋內伐二十,宣以後九;內侵七,宣以後六;伐我二十一,宣以後十七;侵我五,宣以後一。用兵則侵多而伐少,被兵則伐多而侵少,蓋魯自中世衰矣,而欲與齊構怨,以侵易伐,其能久乎?」

公會晉師于瓦。公至自瓦。

瓦,衛地。杜氏注:「東郡燕縣東北有瓦亭。」今滑州白馬縣。

傳:「晉士鞅、趙鞅、荀寅救我。公會晉師于瓦。范獻子執羔,趙簡子、中行文子皆執鴈。魯于是乎始尚羔。」

胡氏傳:「案左氏,晉士鞅、趙鞅、荀寅救魯,則其書公會晉師何也?春秋大法,雖師次于君而與大夫敵,至用大衆,則君與大夫皆以師爲重,而不敢輕也。故棐林之會,不言『趙盾』而言『晉師』;瓦之會,書

[二] 泰山孫氏,北宋學者孫復。

『晉師』而不書『士鞅』,于以見人臣不可取民有衆、專主兵權之意。陳氏厚施于齊以移其國,季氏盡征於魯以奪其民,皆王法所禁也。春秋之義行,則不得爲爾矣。」

秋,七月戊辰,陳侯柳卒。

晉士鞅帥師侵鄭,士,《公羊》作「趙」。遂侵衛。

傳:「晉師將盟衛侯于鄟澤。趙簡子曰:『群臣誰敢盟衛君者?』涉佗、成何曰:『我能盟之。』將歃,涉佗捘衛侯之手,及腕。衛侯怒,王孫賈趨進,曰:『盟以信禮也,有如衛君,其敢不唯禮是事而受此盟也?』衛侯欲叛晉,而患諸大夫。王孫賈使次于郊。大夫問故,公以晉詬語之,且曰:『寡人辱社稷,其改卜嗣,寡人從焉。』大夫曰:『是衛之禍,豈君之過也?』公曰:『又有患焉,謂寡人:「必以而子與大夫之子爲質。」』大夫曰:『苟有益也,公子則往,群臣之子敢不皆負羈絏以從?』將行,王孫賈曰:『苟衛國有難,工商未嘗不爲患,使皆行而後可。』公以告大夫,乃皆將行之。行有日,公朝國人,使賈問焉,曰:『若衛叛晉,晉五伐我,病何如矣?』皆曰:『五伐我,猶可以戰。』賈曰:『然則如叛之,病而後質焉,何遲之有?』乃叛晉。晉人請改盟,弗許。秋,晉士鞅會成桓公侵鄭,圍蟲牢,報伊闕也。遂侵衛。」

襄陵許氏曰:「招攜以禮,懷遠以德。鹹沙之盟,諸侯已貳,晉不思德禮之是務,而欲恃力攘服,則失霸

何日之有,報伊闕云者,假王命也。」

葬曹靖公。

九月,葬陳懷公。

季孫斯、仲孫何忌帥師侵衛。

傳:「師侵衛,晉故也。」

冬,衛侯、鄭伯盟于曲濮。

曲濮,衛地。杜氏注:「叛晉也。」

從祀先公。

杜氏注:「從,順也。先公,閔公、文公、僖公也。將正二公之位次所順,非一親盡,故通言先公。」

公羊傳:「從祀者何?順祀也。文公逆祀去者三人,定公順祀叛者五人。」

劉氏傳:「從者何?順也。其何?禘也。禘則曷為不言禘?譏。何譏爾?從祀先公正也,所以從祀先公則非正也。其非正奈何?陽虎專季氏,季氏專魯,陽虎欲去三桓而代之。從祀先公以說焉,非能正者也,雖通其義,君子不與也。」

盜竊寶玉、大弓。

傳：「季寤、公鉏極、公山不狃皆不得志於季氏，叔孫輒無寵于叔孫氏，叔仲志不得志于魯，故五人因陽虎。陽虎欲去三桓，以季寤更季氏，以叔孫輒更叔孫氏，已更孟氏。冬十月，順祀先公而祈焉。辛卯，禘于僖公。壬辰，將享季氏于蒲圃而殺之，戒都車，曰『癸巳至』。成宰公斂處父告孟孫曰：『季氏戒都車，何故？』孟孫曰：『吾弗聞。』處父曰：『然則亂也，必及于子，先備諸？』與孟孫以壬辰爲期。陽虎前驅，林楚御桓子，虞人以鈹、盾夾之，陽越殿，將如蒲圃。桓子咋謂林楚曰：『而先皆季氏之良也，爾以是繼之。』對曰：『臣聞命後。陽虎爲政，魯國服焉，違之徵死，死無益於主。』桓子曰：『何後之有？而能以我適孟氏乎？』對曰：『不敢愛死，懼不免主。』桓子曰：『往也！』孟氏選圉人之壯者三百人以爲公期築室于門外。林楚怒馬，及衢而騁。陽越射之，不中。築者闔門。有自門間射陽越，殺之。陽虎劫公與武叔以伐孟氏。公斂處父帥成人自上東門入，與陽氏戰于南門之內，弗勝；又戰于棘下，陽氏敗。陽虎說甲如公宮，取寶玉、大弓以出，舍於五父之衢，寢而爲食。其徒曰：『追其將至。』虎曰：『魯人聞余出，喜於徵死，何暇追余？』從者曰：『嘻！速駕！公斂陽在。』公斂陽請追之，孟孫弗許。陽欲殺桓子，孟孫懼而歸之。子言辨舍爵於季氏之廟而出。陽虎入于讙，陽關以叛。」

公羊傳：「盜者執謂？謂陽虎也。陽虎者曷爲者也？季氏之宰也。季氏之宰則微者也，惡乎得國寶而竊之？陽虎專季氏，季氏專魯國。寶者何？璋判白，弓繡質，龜青純。」

杜氏注：「盜，謂陽虎也。家臣賤，故曰盜。寶玉，夏后之璜。大弓，封父之繁弱。」

蘇氏曰：「陽虎將殺季孫斯，不勝而出，取寶玉、大弓于公宮以行。其稱盜，陪臣也。寶玉、大弓，魯之分器也，所謂夏后之璜，封父之繁弱。是時陽虎以鄆、讙、龜陰叛奔齊。十年，侯犯以郈叛，及昭十二年，南蒯以費叛，皆以賤不書。其書竊寶玉、大弓何也？分器重于地也。分器重于地者，賤貨而貴命也。」

常山劉氏曰：「寶玉、大弓，天子所錫，先君之分器，藏之于國，子孫世世保之，不可失墜。而爲盜所竊，國慢無政，可知矣。故書『竊』以志不恭之大也。」

九年，春，王正月。

夏，四月戊申，鄭伯蠆卒。

蠆，公羊作「囆」。

得寶玉、大弓。

傳：「陽虎歸寶玉、大弓。魯伐陽關。陽虎使焚萊門。師驚，犯之而出，奔齊，請師以伐魯曰：『三加，必取之。』齊侯將許之。鮑文子諫曰：『魯免其疾，而君又收之，無乃害乎？』齊侯執陽虎。虎遂奔晉，適趙氏。仲尼曰：『趙氏其世有亂乎！』」

公羊傳：『何以書？國寶也。喪之書，得之書。』

胡氏傳：『穀梁子曰：「寶玉，封圭，大弓，武王之戎弓。周公受賜，藏之魯。」子孫世守，罔敢失墜，

以昭先祖之德，存肅敬之心耳。古者告終易代，弘璧、琬琰、天球、夷玉、兊之戈、和之弓、垂之竹矢，莫不陳列，非直爲美觀也。先王所寶，傳及其身，能全而歸之，則可以免矣。魯失其政，陪臣擅權，雖先公分器，猶不能守，而盜得竊諸公宫，其能國乎？故失之書，得之書，所以譏公與執政之臣，見不恭之大也。此義行，則有天下國家者，各知所守之職，不敢忽矣。」

六月，葬鄭獻公。

秋，齊侯、衛侯次于五氏。

杜氏注：「五氏，晉地。」[二]

傳：「齊侯伐晉夷儀，克之。晉車千乘在中牟，衛侯將如五氏，卜過之，龜焦。衛侯曰：『可也！衛車當其半，寡人當其半，敵矣。』乃過中牟。中牟人欲伐之。衛褚師圃亡在中牟曰：『衛雖小，其君在焉，未可勝也。齊師克城而驕，其帥又賤，遇，必敗之，不如從齊。』乃伐齊師，敗之。齊侯致禚、媚、杏于衛。」

任氏[三]曰：「此伐晉也，不書『伐』而書『次』者，晉實大國，未敢輕伐。始盟于沙中，次于五氏，又次于垂葭。至哀公元年而後伐，其欲有所逞久矣。」

────────

[二] 晉地，原作「晉地得」，今據宋寶祐三年臨江軍序刻本改。
[三] 任氏，尚未考證。

秦伯卒。

冬，葬秦哀公。

襄陵許氏曰：「秦自晉悼以後，寖不見於春秋，則知秦益退保西戎，軍旅禮聘之事不交于中國矣。」

十年，春，王三月，及齊平。

杜氏注：「平前八年再侵齊之怨。」

呂氏曰：「及齊平，我志也。」

夏，公會齊侯于夾谷。公至自夾谷。

夾，公羊、穀梁作「頰」。夾谷，魯地，漢東海祝其縣有夾山，今海州懷仁縣。

傳：「公會齊侯于祝其，實夾谷。孔丘相。犁彌言于齊侯曰：『孔丘知禮而無勇，若使萊人以兵劫魯侯，必得志焉。』齊侯從之。孔丘以公退，曰：『士兵之！兩君合好，而裔夷之俘以兵亂之，非齊君所以命諸侯也。裔不謀夏，夷不亂華，俘不干盟，兵不偪好，於神爲不祥，於德爲愆義，於人爲失禮，君必不然。』齊侯聞之，遽辟之。將盟，齊人加於載書曰：『齊師出竟，而不以甲車三百乘從我者，有如此盟！』孔丘使茲無還揖對，曰：『而不反我汶陽之田，吾以共命者，亦如之！』齊侯將享公，孔丘謂梁丘據曰：『齊、魯之故吾子何不聞焉？事既成矣，而又享之，是勤執事也。且犧、象不出門，嘉樂不野合。饗而既具，是棄禮也。若其不

具，用秕稗也。用秕稗，君辱，棄禮，名惡。子盍圖之！夫享，所以昭德也。不昭，不如其已也。」乃不果享。

穀梁傳：「其致何也？危之也。其危之奈何？頰谷之會，孔子相焉。兩君就壇，兩相相揖。齊人鼓譟而起，欲以執魯君。孔子歷階而上，不盡一等，而視歸乎齊侯，曰：『兩君合好，夷狄之民何爲來爲？』命司馬止之。齊侯逡巡而謝曰：『寡人之過也。』退而屬其二三大夫曰：『夫人率其君與之行古人之道。二三子獨率我而入夷狄之俗，何爲？』罷會，齊人使優施舞于魯君之幕下。孔子曰：『笑君者，罪當死。』使司馬行法焉，首足異門而出。齊人來歸鄆、讙、龜陰之田者，蓋爲此也。因是以見雖有文事，必有武備。孔子于頰谷之會見之矣。」

晉趙鞅帥師圍衛。

傳：「報夷儀也。反役，晉人討衛之叛故，曰：『由涉佗、成何。』於是執涉佗以求成于衛。衛人不許，晉人遂殺涉佗。」

襄陵許氏曰：「使晉有以服齊，則衛可無用兵而服也。今圍衛而不能服，則徒以堅齊之從而已矣。」

齊人來歸鄆、讙、龜陰田。

穀梁「田」上有「之」字。杜氏注：「三邑皆汶陽田也。泰山博縣北有龜山，陰田在其北也。」任公輔

公羊傳：「齊人曷爲來歸鄆、讙、龜陰田？孔子行乎季孫，三月不違，齊人爲是來歸之。」

史記孔子世家：「會于夾谷。孔子却萊人，誅倡優。景公懼而動，知義不若，歸而大恐，告其群臣曰：『魯以君子之道輔其君，而子獨以夷狄之道教寡人，得罪於魯君，爲之奈何？』有司進對曰：『君子有過則謝以質，小人有過則謝以文。君若悼之，則謝以實。』于是齊侯乃歸所侵魯之鄆、汶陽、龜陰之田以謝過。」

胡氏傳：「齊桓以義責楚而楚人來盟，夫子以禮責齊而齊人歸地，皆書曰『來』，序績也。」

程氏傳：「齊服義而來歸之，故書『來歸』。」

叔孫州仇、仲孫何忌帥師圍邿。

郈，叔孫氏邑君。任公輔曰：「地譜：『東平無鹽縣，東南有郈鄉。』」無鹽，在今鄆州須城縣東。

傳：「初，叔孫成子欲立武叔，公若藐固諫，曰：『不可。』成子立之而卒。公若爲郈宰。武叔既定，使郈馬正侯犯殺公若，弗能。使其圉人殺之。侯犯以郈叛，武叔、懿子圍郈，弗克。」

秋，叔孫州仇、仲孫何忌帥師圍邿。

郈，公羊作「費」，誤也。

傳：「二子及齊師復圍郈，弗克。叔孫謂郈工師駟赤曰：『郈非惟叔孫氏之憂，社稷之患也。將若之何？』對曰：『臣之業在揚水卒章之四言矣。』叔孫稽首。駟赤與郈人爲之宣言于郈中曰：『侯犯將以郈易于齊，齊人將遷郈民。』衆兇懼。駟赤將射之，侯犯止之，曰：『謀免我。』侯犯請行，許之。駟赤止，而納魯人。侯犯奔齊，齊人乃致郈。」

胡氏傳：「侯犯以郈叛，不書于策，書『圍郈』，則叛可知矣。再書二卿帥師圍郈，則強亦可知矣。天子失道，征伐自諸侯出；諸侯失道，征伐自大夫出，而後家臣強。其逆彌甚，則其失彌速。故自諸侯出，十世希不失矣；自大夫出，五世希不失矣；陪臣執國命，三世希不失矣。三家專魯，爲日既久，至是家臣爭叛，亦其理宜矣。春秋制法本忠恕，施諸己而不願，亦勿施諸人。所惡於上，不以使下；所惡於下，不以事上。二三子知傾公室以自張，而不知家盤之擬其後也。凡此類，皆據事直書，深切著明也。」

宋樂大心出奔曹。

傳：「九年春，宋公使樂大心盟于晉，且逆樂祁之尸。辭，偽有疾。乃使向巢如晉，且逆子梁之尸。子明謂桐門右師出，曰：『吾猶衰絰，而子擊鐘，何也？』右師曰：『喪不在此故也。』既而告人曰：『已衰絰而生子，余何故舍鐘？』子明聞之，怒，言于公曰：『右師將不利戴氏。不肯適晉，將作亂也。不然，無疾。』乃逐桐門右師。」

宋公子地出奔陳。

地，公羊作「池」。

傳：「宋公子地有白馬四。公嬖向魋，魋欲之。公取而朱其尾鬣以與之。地怒，使其徒抶魋而奪之。魋懼，將走。公閉門而泣之，目盡腫。母弟辰曰：『子爲君禮，不過出竟，君必止子。』公子地出奔陳，公弗止。辰爲之請，弗聽。辰曰：『是我迋吾兄也。吾以國人出，君誰與處？』冬，母弟辰暨仲佗、石彄出奔陳。」

叔孫州仇如齊。

傳：「武叔聘于齊。」

冬，齊侯、衛侯、鄭游速會于安甫。

安甫，公羊作「鞌」。安甫，齊地。案，地譜，今屬鄆州平陰縣。

宋公之弟辰暨仲佗、石彄出奔陳。

杜氏注：「謝致郈也。」

公羊、穀梁「暨」下有「宋」字。

劉氏傳：「暨者何？及也，猶暨暨也，蓋强脅之也。」

胡氏傳：「其弟云者，罪宋公以嬖魋故而失二弟，無親親之恩；暨云者，罪辰以兄故帥其大夫出奔，無尊

十有一年，春，宋公之弟辰及仲佗、石彄、公子地自陳入于蕭以叛。

穀梁傳：「入者，内弗受也。以者，不以者也。叛，直叛也。」

劉氏意林：「其出也，謂之『暨』；其入也，謂之『及』。及，非不得已之言也，得已而不已也。君親無將，將而誅焉。又況據邑以伐其君者乎？其罪一施之。」

夏，四月。

胡氏傳：「宋公母弟辰暨仲佗、石彄、公子地入于蕭以叛。四卿在蕭以叛，而大心自曹從之，其叛可知矣，故不書叛而曰入于蕭。人，逆辭也。書『自陳』『自曹』者，結鄰國以入叛，陳與曹之罪亦著矣。」

秋，宋樂大心自曹入于蕭。

傳：「宋公之弟辰見脅于辰，不能自立，無大臣之節。」

君之義。夫暨者，不得已之辭。又以見仲佗、石彄見脅于辰，不能自立，無大臣之節。」

冬，及鄭平。叔還如鄭涖盟。

傳：「及鄭平，始叛晉也。」

杜氏注：「平六年侵鄭取匡之怨。」

襄陵許氏曰：「夫晉之為晉自若也，定亦未有他惡，而諸侯離心焉者，政在多門，貨賄讒慝，汩昏其間，

則無以令天下，極于執樂祁也。」

十有二年，春，薛伯定卒。

夏，葬薛襄公。

叔孫州仇帥師墮郈。

傳：「仲由為季氏宰將墮三都。于是叔孫氏墮郈。」

謹案，墮，毀也。毀其所恃以為固者，所以制陪臣，抑私家而復強幹弱枝之勢也。仲由之舉，此議蓋因南蒯、侯犯之謀，而為三家忠謀，使強臣不敢恃強以叛君，陪臣不敢負固以跋扈，而上下皆順然。侯犯、南蒯皆以叛，為季氏、叔氏之害，故費、郈皆墮。獨公斂處父恃強以敗陽虎，而孟孫用之，故二邑雖墮，而成獨不服。雖定公圍之，而卒不克也。聖人雖用于魯，而季氏三月之餘受女樂，而違孔子。孟孫惑於偽不知之說，陰與公斂處父比成。既方命，而聖人去魯，豈非天哉？所以墮都之謀，終于圍成而不果也。

衛公孟彄帥師伐曹。

傳：「衛公孟彄伐曹，克郊。」

季孫斯、仲孫何忌帥師墮費。

傳：「季氏將墮費，公山不狃、叔孫輒帥費人以襲魯。公與三子入于季氏之宮，登武子之臺。費人攻之，

弗克。入及公側，仲尼命申句須、樂頎下，伐之，費人北。國人追之，敗諸姑蔑。二子奔齊，遂墮費。

公羊傳：「曷爲帥師墮郈、墮費？孔子行乎季孫三月不違，曰：『家不藏甲，邑無百雉之城。』於是帥師墮郈，帥師墮費。雉者何？五板而堵，五堵而雉，百雉而城。」

常山劉氏[二]曰：「禮曰：『制國不過千乘，都城不過百雉，家富不過百乘，以此防民，諸侯猶有叛者』孔子曰：『祿之去公室五世矣，政逮于大夫四世矣。』故夫三桓之子孫微矣。費也、郈也、成也，三家之邑也，政在大夫。三家越禮各固其城，數有叛者，故三家亦不能制也。至屢圍而不克，帥師而後墮。成強而不服公，圍而不克，有天下而不謹于禮，末流之患，可勝言哉。」

胡氏曰：「三都之墮，是謂以禮爲國，可以爲之兆也。推而行之魯國而凖，則地方五百里，凡侵小而得者，必有興滅國、繼絕世之義。諸侯大夫各謹于禮，不以所惡於上者使下，亦不以所惡於下者事上，上下交相順而王政行矣。故曰：『苟有用我者，期月而可，三年有成。』」

秋，大雩。

冬，十月癸亥，公會齊侯，盟于黃。

齊，公羊作「晉」，誤也。黃，齊地。杜氏注：「盟，結叛晉。」

[二] 常山劉氏，北宋學者劉絢。

十有一月丙寅朔，日有食之。

公至自黃。

十有二月，公圍成。公至自圍成。

蘇氏曰：「或曰：『昭公之去季氏而失國，失民故也。魯君之失民，與三桓之得民久矣。故將以治魯而墮三桓，亦幾於亂。』孔子之為，是何也？曰：『昭公將去季氏而失國，孔子為魯而墮三都，其不從者，其家臣也。家臣未能得魯之衆也，雖其不從，不能為患，此孔子所以墮三都而無疑也。』」

胡氏傳：「按是年，圍成，弗克。越明年，孔子由大司寇攝相事，然後誅少正卯，與聞國政，三月而商賈信于市，男女別于途，及齊人餽女樂，孔子遂行。然則圍成之時，仲尼雖用事，未能專得魯國之政，成雖未墮，無與為比，亦不能為患。使聖人得志行乎魯國以及期月，則不待兵革而自墮矣。」

傳：「將墮成，公斂處父謂孟孫：『墮成，齊人必至于北門。且成，孟氏之保障也。無成，是無孟氏也。』子偽不知，我將不墮。」冬十二月，公圍成，弗克。

十有三年，春，齊侯、衛侯次于垂葭。

葭，公羊作「瑕」。穀梁無「衛侯」字。

杜氏注：「垂葭，一名郹氏，高平鉅野縣有郹亭。」今屬濟州。

傳：「齊侯、衛侯次于垂葭，實郹氏。使師伐晉，將濟河，諸大夫皆曰不可，邴意茲曰：『可。銳師伐河内，傳必數日而後及絳。絳不三月不能出河，則我既濟水矣。』乃伐河内。」

杜氏注：「二君將使伐晉，次垂葭，以爲之援。」

夏，築蛇淵囿。

襄陵許氏曰：「魯政不修，而非時勤民，築囿奉己而已，志不及國也。夫囿成弗克，歸而力此，何振之有？」

大蒐于比蒲。

衛公孟彄帥師伐曹。

秋，晉趙鞅入于晉陽以叛。

晉陽，唐曰「太原府」，本朝并州。

傳：「趙鞅謂邯鄲午曰：『歸我衛貢五百家，吾舍諸晉陽。』午許諾。歸告其父兄，父兄皆曰：『不可。衛是以爲邯鄲，而寘諸晉陽，絕衛之道也。不如侵齊而謀之。』乃如之，而歸之于晉陽。趙孟怒，召午，而囚諸晉陽。使其從者說劍而入，涉賓不可。乃使告邯鄲人曰：『吾私有討于午也，二三子唯所欲立。』遂殺午。趙

稷、涉賓以邯鄲叛。夏六月，上軍司馬籍奏圍邯鄲。邯鄲午，荀寅之甥也，而相與睦，故不與圍邯鄲，將作亂。董安于聞之，告趙孟曰：『先備諸？』趙孟曰：『晉國有命，始禍者死，爲後可也。』安于曰：『與其害於民，寧我獨死。請以我説。』趙孟不可。秋七月，范氏、中行氏伐趙氏之宮，趙鞅奔晉陽。晉人圍之。」

微旨趙氏曰：「趙鞅之入晉陽，拒范中行也。而書曰『叛』，人臣不當專土也。」

冬，晉荀寅、士吉射入于朝歌以叛。

公羊傳「寅」下有「及」字。朝歌，晉地，衛州衛縣西有朝歌城，南有牧野。

傳：「范皋夷無寵于范吉射，而欲爲亂于范氏。梁嬰父嬖于知文子，文子欲以爲卿。韓簡子與中行文子相惡，魏襄子亦與范昭子相惡。故五子謀，將逐荀寅，而以梁嬰父代之；逐范吉射而以范皋夷代之。荀躒言於晉侯曰：『君命大臣，始禍者死，載書在河。今三臣始禍，而獨逐鞅，刑已不鈞矣。請皆逐之。』冬十一月，荀躒、韓不信、魏曼多奉公以伐范氏、中行氏，弗克。二子將伐公，齊高强曰：『三折肱知爲良醫。唯伐君爲不可，民弗與也。我以伐君在此矣，若先伐君，是使睦也。』弗聽，遂伐公。國人助公，二子敗，從而伐之。丁未，荀寅、士吉射奔朝歌。」

胡氏傳：「晉主夏盟，威服天下，及大夫專政，賄賂公行，内外離析，示威平丘而齊叛，辭請召陵而蔡叛，盟于沙、鹹而鄭叛，次于五氏而衛叛，泲盟于鄭，會于夾谷，戯于黄而魯叛。諸侯叛于外，大夫叛于内，故奔

于晉陽而趙鞅叛,入于朝歌而荀寅、士吉射叛。以晉國之大,天下莫强焉,邦分崩而不能守也。春秋之於晉事,或略而不序,或賤而稱人,或書侵以陋之,責亦備矣。至是三卿內叛,直書于策,見其效也。故臧哀伯曰:『國家之敗,由官邪也,官之失德,寵賂章也。』晉卿始禍,緣衛貢也;樂祁見執,獻楊楯也;蔡侯從吳,荀寅貨也;昭公弗納,范鞅賂也。而晉室自是不復能主盟矣。故為國以義不以利,春秋之大法在焉。見諸行事,亦可謂深切著明矣。」

晉趙鞅歸于晉。

傳:「韓、魏以趙氏為請。十二月辛未,趙鞅入于絳,盟于公宮。」

蘇氏曰:「鞅、寅、吉射之叛,其罪均也。鞅以有助,故得復。寅、吉射以無援,故終叛。春秋無所與也,鞅之言歸,寅、吉射既出,則無難也。」

胡氏傳:「叛逆,人臣之大惡,始禍晉國之載書,既不能致辟于鞅,奉行天討以警亂臣,又亢不衷,徇韓、魏之請而許之復,無政刑矣,其能國乎?」

薛弒其君比。

十有四年,春,衛公叔戍來奔。衛趙陽出奔宋。

胡氏傳:「稱國以弒者,當國大臣之罪也。」

衛，公羊、穀梁作「晉」。

傳：「初，衛公叔文子朝而請享靈公。退，見史鰌而告之。史鰌曰：『子必禍矣！子富而君貪，罪其及子乎！』文子曰：『然。吾不先告子，是吾罪也。君既許我矣，其若之何？』史鰌曰：『無害。子臣，可以免。富而能臣，必免于難，上下同之。戌也驕，其亡乎！』文子卒。衛侯始惡于公叔戌，以其富也。公叔戌又將去夫人之黨，夫人愬之曰：『戌將爲亂。』十四年春，衛侯逐公叔戌與其黨，故趙陽奔宋，戌來奔。」

胡氏傳：「衛侯不能正家，以喪其大臣，戌又以富見惡于衛侯。夫富者，怨之府也。使戌積而能散，以財發身，不爲貪人之所怨，於以保其爵位，儻庶幾乎？」

二月辛巳，楚公子結、陳公孫佗人帥師滅頓，以頓子牂歸。

二月，公羊作「三月」。公孫，公羊作「公子」。牂，作「牆」。

傳：「頓子牂欲事晉背楚而絶陳好。二月，楚滅頓。」

啖氏[一]曰：「凡書滅，又書以歸及名者，罪重于奔者也。既責其不死位，又責其無興復之志也。」

夏，衛北宮結來奔。

傳：「北宮結來奔，公叔戌之故也。」

────────
[一] 啖氏，唐代經學家啖助。

五月，於越敗吳于檇李。吳子光卒。

檇，公羊作「醉」。檇李，吳地。杜氏注：「吳郡嘉興縣南醉李城。」今爲秀州治所。

傳：「吳伐越。越子勾踐禦之，陳于檇李。勾踐患吳之整也，使死士再禽焉，不動。使罪人三行，屬劍于頸，遂自剄。師屬之目，越子因而伐之，大敗之。靈姑浮以戈擊闔廬，闔廬傷將指，取其一屨。還，卒于陘，去檇李七里。夫差使人立于庭，苟出入，必謂己曰：『夫差！而忘越王之殺而父乎？』則對曰：『唯，不敢忘！』三年，乃報越。哀公元年，吳王夫差敗越于夫椒，報檇李也。遂入越。越子以甲楯五千，保于會稽，使大夫種因吳太宰嚭以行成。吳子將許之。伍員曰：『不可。臣聞之：「樹德莫如滋，去疾莫如盡。」』勾踐能親而務施，施不失人，親不棄勞。與我同壤，而世爲仇讎。于是乎克而弗取，將又存之，違天而長寇讎，以是求霸，必不行矣。』弗聽。退而告人曰：『越十年生聚，而十年教訓，二十年之外，吳其爲沼乎！』三月，越及吳平。」

胡氏傳：「書敗者，詐戰也。定公五年，於越入吳，至是敗吳于檇李，會黃池之歲，越又入吳，棲勾踐于會稽之上，豈獨不告而史册不書？疑仲尼削之也。吳子光卒，夫差使人立于庭，苟出入，必謂己曰：『而忘越王之殺而父乎？』則對曰：『唯。』三年乃報越。然則夫椒之戰，復父讎也，非報怨也。春秋削而不書，以爲常事也，其旨微矣。」

公會齊侯、衛侯于牽。

牽，公羊作「堅」。

杜氏注：「魏郡，黎陽縣東北有牽城。」

公至自會。

傳：「晉人圍朝歌，公會齊侯、衛侯于脾、上梁之間，謀救范、中行氏。」

愚謂，齊景公欲求霸，誅晉之亂臣以正其國可也。當是時，孔子已去魯，故會齊、衛合謀救范、中行氏。

三國之君，同為范、中行為會，而助不衷，故致公以危之也。

秋，齊侯、宋公會于洮。

洮，見僖八年。

傳：「范氏故也。」

襄陵許氏曰：「齊、宋、魯、衛崇獎亂逆，謀動干戈，大義亡矣。」

天王使石尚來歸脤。

公羊傳：「石尚者何？天子之士也。脤者何？俎實也。腥曰脤，熟曰燔。」

劉氏傳：「膰脤以親兄弟之國，受脤，禮也。歸脤，非禮也。」

衛世子蒯聵出奔宋。

傳：「衛侯爲夫人南子召宋朝。會于洮，太子蒯聵獻盂于齊，過宋野。野人歌之曰：『既定爾婁豬，盍歸吾艾豭？』太子羞之，謂戲陽速曰：『從我而朝少君，少君見我，我顧，乃殺夫人。』速曰：『諾。』乃朝夫人。夫人見太子，太子三顧，速不進。夫人見其色，啼而走，曰：『蒯聵將殺余。』公執其手，以登臺。太子奔宋。」

劉氏權衡曰：「衛世子蒯聵出奔宋，左氏敘蒯聵事曰：『蒯聵欲殺夫人，夫人啼而走。公執其手以登臺。太子出奔宋。』予謂蒯聵雖不善謀，安有此事哉？且殺夫人，蒯聵獨得全乎？彼所羞者，以夫人名惡也。如殺其母，爲惡愈大，反不知可羞乎？蓋蒯聵聞野人之歌，其心慼焉，則以謂夫人惡其斥己之淫，則啼而走言太子將殺余，以誣之。靈公惑于南子所言，必聽從，故外則召宋朝，內則逐公叔戍，趙陽，彼不恥召宋朝，固亦不難逐蒯聵矣，此其真也。不當如左氏所記。又蒯聵出乃奔宋。宋，南子家也。蒯聵負殺南子之名而走，又入其家，使真有其事者，敢乎哉？此亦一證也。」

常山劉氏曰：「蒯聵出奔，春秋不去其世子者，衛侯之罪也。南子之惡亦已甚矣，其欲去世子之意，亦已明矣，如哀姜亂魯，驪姬亂晉，若此比者，不鮮矣。而靈公聽南子之譖，謂蒯聵欲弒其母，不能爲辨明，以致其出奔，豈非靈公之罪乎？哀二年，晉趙鞅納世子蒯聵于戚，亦書『世子』，同此義。」

愚案，劉氏之説，發明蒯聵之不敢弒其母，當合劉質夫解觀之。自古讒婦之誣其子多矣，故考二劉之言，

足以知左氏所記乃南子之讒言，而非當時之實録也。不然春秋至趙鞅之納，猶與以世子之名，何哉？

衛公孟彄出奔鄭。

傳：「衛太子奔宋，盡逐其黨，故公孟彄奔鄭。自鄭奔齊。」

宋公之弟辰自蕭來奔

大蒐于比蒲。邾子來會公。

蒐而邾子來會，則公親蒐矣。而不書「公」，以軍政不屬公而專于三家，則季孫、孟孫氏之所爲也。

城莒父及霄。

皆魯邑。莒父，子夏嘗爲之宰。

此年無冬，闕文。

十有五年，春，王正月，邾子來朝。

傳：「邾隱公來朝。」

鸜鵒食郊牛，牛死，改卜牛。

公羊傳：「曷爲不言所食？漫也。」

唐趙伯循言上元二年，因避地，旅于會稽時，牛災，小鼠噬牛纔，傷皮膚輒死。

二月辛丑，楚子滅胡，以胡子豹歸。

傳：「吳之入楚也，胡子盡俘楚邑之近胡者。楚既定，胡子豹又不事楚，曰：『存亡有命，事楚何爲？多取費焉。』二月，楚滅胡。」

胡氏傳：「夫滅人之國，其罪大矣。然胡子豹乘楚之約，盡俘其邑之近胡者，所謂『國必自滅，而後人滅之』，非滅之者獨有罪也。國君造命，不可委命者，既以爲有命，而又貪生忍辱，不死於社稷，則是不知命矣。書『以歸』罪豹之不能死位而與歸也，故楚子書爵而胡子豹名。」

夏，五月辛亥，郊。

公羊傳：「曷爲以夏五月郊？三卜之運也。」

何氏注：「運轉也。已卜春三正，不吉。復轉卜夏三月，周五月，得二吉，故五月郊。」

壬申，公薨于高寢。

穀梁傳：「高寢，非正也。」

襄陵許氏曰：「春秋所大正始與終，禮卒以正終也。内卒凡十四公，得正而薨者，惟莊、宣、成。是以君子務力於禮，而順命之變，又何求焉？」

高寢，宮名。

鄭罕達帥師伐宋。

罕,公羊作「軒」。

傳:「鄭罕達敗宋師于老丘。」

杜氏注:「老丘,宋地。宋公子地奔鄭,鄭人爲之伐宋,欲取地以處之。事見哀十二年。」

襄陵許氏曰:「宋大國也,資王霸之遺業,至于景公而鄭能困之,則桓魋之爲也。無競維人,豈不信哉?」

齊侯、衛侯次于渠蒢。

傳:「謀救宋也。」

公羊作「籧篨」。

邾子來奔喪。

襄陵許氏曰:「齊、衛新與鄭、宋同盟畔晉,故爲宋出請,爲鄭次止。其不言救,爲其不誠于救也。」

公羊傳:「其言『來奔喪』何?奔喪,非禮也。」

穀梁傳:「喪急,故以『奔』言之。」

常山劉氏曰:「當周之衰,天子崩、葬,諸侯皆無奔喪、會葬之事,而邾、滕反行于强大之國,非禮明矣。」

秋，七月壬申，姒氏卒。

姒，穀梁作「弋」，下同。

公羊傳：「姒氏者何？哀公之母也。何以不稱夫人？哀未君也。」

陸氏曰：「自成風之後，妾母皆僭用夫人禮。故亦書薨者，其非禮也。哀公母定姒卒時，子未踰年，雖行喪禮，不可加于母，故書『卒』。子既未成君，故不稱夫人也。」

八月庚辰朔，日有食之。

九月，滕子來會葬。

杜氏注：「諸侯會葬，非禮也。」

呂氏曰：「邾子來奔喪，畏魯甚也。滕差遠而大于邾，故但來會葬，此專以利害強弱爲國者也。」

丁巳，葬我君定公，雨，不克葬。戊午，日下昃，乃克葬。

昃，穀梁作「稷」。乃古「昃」字。

穀梁傳：「葬既有日，不爲雨止，禮也。雨不克葬，喪不以制也。戊午日下稷，乃克葬。乃，急辭也，不足乎日之辭也。」

辛巳，葬定姒。

公羊傳：「定姒何以書葬？未踰年之君也，有子則廟，廟則書葬。」

胡氏傳：「曾子問：『並有喪，則如之何？』子曰：『葬先輕而後重；其奠也，其虞也，先重而後輕。』」

冬，城漆。

杜氏注：「邾庶其邑。」

余氏[二]曰：「前年冬城莒父，此年秋葬定公，又葬定姒。冬，城漆，其勞民也甚矣。愚案，城漆，謀伐邾也。定公之喪，邾子來奔，事魯謹矣。哀公初立，不務善鄰而以土地之故勞民力，啓鄰怨，二年取其田，七年俘其君，卒使吳人乘間以伐其國，齊人問罪而取讙、闡。利未得而害隨之，謀國如此，其不終也宜哉！

[二] 余氏，尚未考證

卷十一

哀公名蔣，定公之子，蓋夫人定姒所生。謚法：「恭仁短折曰哀。」

元年，春，王正月，公即位。

楚子、陳侯、隨侯、許男圍蔡。

杜氏注：「隨世服于楚，不通中國。吳之入楚，昭王奔隨，隨人免之，卒復楚國。楚人德之，使列於諸侯，故得見經。定六年，鄭滅許，此復見者，蓋楚封之。」

傳：「楚子圍蔡，報柏舉也。里而栽，廣丈，高倍。夫屯晝夜九日，如子西之素。蔡人男女以辨，使疆于江、汝之間而還。蔡于是乎請遷於吳。」

胡氏傳[二]：「夫男女以辨，則是降也；疆於江、汝，則遷其國也。而獨書『圍蔡』何也？蔡嘗以吳師入

[二] 胡氏傳，北宋學者胡安國所著的春秋胡氏傳。

鄑，昭王奔隨，壞宗廟，徙陳器，撻平王之墓矣。至是楚國復寧，帥師圍蔡，降其衆，遷其國，而春秋略之者，見蔡宜得報，而楚子復讎之事可恕也。聖人以直報怨，故議讎之輕重，有至于不與共戴天者。今楚人禍及宗廟，辱建父母，若包羞忍恥而不能一洒之，則不可以有立而天理滅矣，故特書『圍蔡』而稱爵，恕楚之罪辭也。」

襄陵許氏[一]曰：「蔡侯怨楚，不思本務修德以俟時，而輕謀兵革，以得志于大國，是益禍也。故蔡昭之志愧于勾踐矣。」

鸜鼠食郊牛，改卜牛。夏，四月辛巳，郊。

穀梁傳「郊牛」下有「角」字。

「鸜鼠食郊牛角，改卜牛，志不敬也。郊牛日展觓角而知傷，展道盡矣。郊自正月至于三月，郊之時也。夏四月郊，不時也。五月郊，不時也。夏之始可以承春，以秋之末承春之始，蓋不可矣。不志三月卜之時也。」

胡氏傳：「鸜鼠食郊牛角，改卜牛，不敬也。夏四月郊，書不時也。孔子曰：『魯之郊禘，非禮也，周公其衰矣！』成王欲尊魯而賜以人臣不得用之禮樂，豈所以康周公也哉？天子祭天地，諸侯祭社稷，大夫祭五祀，郊何也？我以十二月下辛卜正月上辛，如不從，則以正月下辛卜二月上辛。如不從，則以二月下辛卜三月上辛。如不從，則不郊矣。」

[一] 襄陵許氏，北宋學者許翰。

庶人祭其祖，此定理也。今魯得郊，以爲常事。春秋欲削而不書，則無以見其失禮，盡書之乎，則有不勝書者，故聖人因其失禮之中又有失焉者，則書于策，所謂由性命而發言也，聖人奚容心哉？因事而書，以誌其失，爲後世戒，其垂訓之義大矣。」

秋，齊侯、衛侯伐晉。

傳：「齊侯、衛侯會于乾侯，救范氏也。師及齊師、衛孔圉、鮮虞人伐晉，取棘蒲。」

襄陵許氏曰：「霸主奉王以正天下，而諸侯至于合從以伐矣，春秋特書以著中國之無霸也。王道既盡，霸統復亡，春秋之變，至是而窮矣。」

冬，仲孫何忌帥師伐邾。

二年，春，王二月，季孫斯、叔孫州仇、仲孫何忌帥師伐邾，取漷東田及沂西田。

傳：「二年春，伐邾，將伐絞。邾人愛其土，故略以漷、沂之田，而受盟。」

師氏曰：「前此嘗伐邾，取其田，自漷水矣。今又取其漷東之田，猶以爲未足，故又取沂西之田，則其貪欲無厭，必至于盡取而後已，可知也。以區區之邾國，而魯兩納其叛人邑，三取其田，時無王霸，強陵弱之亂，至于如此。」

癸巳，叔孫州仇、仲孫何忌及邾子盟于句繹。

杜氏注：「句繹，邾地。」

劉氏傳[二]：「曷爲三人伐而二人盟？季孫臨之，叔仲成之。季孫之汰也，蓋自謂猶君矣。」

胡氏傳：「曷爲列書三卿？哀公得國，不張公室，三卿並將，魯衆悉行。伐國取地以盟其君，而已不與焉，適越之辱兆矣。定公之薨，邾子來奔，喪事魯恭矣，而不免于見伐，徒自辱焉，不知以禮爲國之故也。邾在邦域之中，不加矜恤，而諸卿相繼伐之，既取其田而又強與之盟，不知以義睦鄰之故也，故詳書以著其罪。」

夏，四月丙子，衛侯元卒。

滕子來朝。

晉趙鞅帥師納衛世子蒯聵于戚。

傳：「初，衛侯遊于郊，子南僕。公曰：『余無子，將立女。』不對。他日，又謂之，對曰：『郢異于他子。且君没於吾手，若有之，郢必聞之。且亡人之子輒在。』乃立輒。六月乙酉，晉趙

[二] 劉氏傳，北宋經學家劉敞所著劉氏春秋傳。

輒納衛太子于戚。

公羊傳：「戚者何？衛之邑也。曷爲不言入于衛？父有子，子不得有父也。」

愚案，蒯聵必無欲弒其母之事，二劉氏嘗辨之於定十四年出奔宋之傳矣。靈公惑于南子，左氏承誣言載之，傳以爲實。觀春秋再以世子書之，則知蒯聵爲無罪而被此名以出，故春秋正其名而謂之世子，所謂與之繼世者也。輒據其位而與父爭立，若以衛戚書，則是蒯聵不得有其國，故書戚而不繫之衛，公羊所謂子不得有父者是也。

秋，八月甲戌，晉趙鞅帥師及鄭罕達帥師戰于鐵，鄭師敗績。

鐵，公羊作「栗」。杜氏注：「衛地，在戚城南。」

傳：「齊人輸范氏粟，鄭子姚、子般送之。士吉射逆之，趙鞅禦之，遇于戚。甲戌，將戰，郵無恤禦簡子，衛太子爲右。登鐵上，鄭人擊簡子中肩，斃于車中，獲蜂旗。太子救之以戈。鄭師北，獲溫大夫趙羅。太子復伐之，鄭師大敗，獲齊粟千車。」

劉氏傳：「戰而言及之者，主之者也，猶曰趙鞅爲志乎此戰也云爾。」

冬，十月，葬衛靈公。

七月而葬。

十有一月，蔡遷于州來。蔡殺其大夫公子駟。

傳：「吳洩庸如蔡納聘，而稍納師。師畢入，眾知之。蔡侯告大夫，殺公子駟以說。哭而遷墓。冬，蔡遷于州來。」

杜氏注：「元年，蔡請遷于吳。今殺駟以說吳，言不時遷，駟之爲。」

胡氏傳：「實吳人之所遷也，而經以自遷爲文，何也？楚既降蔡，使疆于江、汝，蔡人聽命而還師矣，復倍楚請遷于吳，而又自悔也，其謀之不臧甚矣。夫遷國，大事也。盤庚五遷，利害甚明，眾猶胥怨，不適有居，至于丁寧反覆，播告之修而後定也。今蔡介于吳、楚二大國之間，倍楚詐吳，及其事急，又委罪于執政，其誰之咎也？故經以自遷爲文。而殺公子駟則書『大夫』而稱國，言君與用事大臣擅殺之也。放公孫獵，則書『大夫』而稱人，言國亂無政，眾人擅放之也。駟與獵，其以請遷于吳爲非者乎？」

襄陵許氏曰：「蔡悔請遷，知吳師入而後可免，則寧亡國而已矣。稱國以殺，殺無罪也。聖人殺一不辜，雖得天下不爲，而況于國乎？使蔡昭必殺公子駟而後可免，則寧亡國而已矣。稱國以殺，殺無罪也。大正不渝，此國鎮也。故蔡自殺公子駟，上下危疑，遂以禍敗。」

三年，春，齊國夏、衛石曼姑帥師圍戚。

傳：「齊、衛圍戚，求援于中山。」

《論語》:「冉有曰:『夫子爲衛君乎?』子貢曰:『諾。吾將問之。』入,曰:『伯夷、叔齊何人也?』曰:『古之賢人也。』曰:『怨乎?』曰:『求仁而得仁,又何怨?』出,曰:『夫子不爲也。』」孫氏曰:「齊國夏序衛石曼姑上者,齊國夏主乎圍戚也。國夏助輒圍父,逆亂人理,莫甚乎此!故曰齊國夏、衛石曼姑帥師圍戚,以誅其惡。」

襄陵許氏曰:「觀乎蒯聵之亂,則齊景之不霸可知矣。晉以君臣稱兵,而齊爲臣伐君,衛以父子爭國,而齊助子圍父,以是令于諸侯,君子是以知齊之將亂也。」

夏,四月甲午,地震。

五月辛卯,桓宫、僖宫災。

傳:「夏五月辛卯,司鐸火。火踰公宫,桓、僖災。孔子在陳,聞火,曰:『其桓、僖乎!』」

高郵孫氏[一]曰:「桓公者,哀公之十世祖也。僖公者,哀公之七世祖也。諸侯五廟,而十世之廟猶存,蓋非禮矣。」

劉氏[二]曰:「桓、僖久矣,其宫何以存?不毀也。曷爲不毀?三家者出于桓,立于僖,以是爲悦者也。」

―――――――
[一] 高郵孫氏,北宋學者孫覺。
[二] 劉氏,北宋著名經學家劉敞。

季孫斯、叔孫州仇帥師城啓陽。

啓，《公羊》作「開」。陸德明云：「避漢景諱也。」杜氏注：「魯黨范氏，故懼晉，比年四城啓陽。」今琅邪開陽縣。

襄陵許氏曰：「所城近敵，故帥師焉。地震、廟災，變異弗圖，而取田、城邑，兵役相繼，可謂不畏天命矣。中失而外鍵，本亡而末務，此魯之季世也。」

宋樂髡帥師伐曹。

襄陵許氏曰：「宋始闖曹，曹不量力而奸強國，不修德而圖大功，則適足以取亡而已矣。」

蔡人放其大夫公孫獵于吳。

秋，七月丙子，季孫斯卒。

杜氏注：「公子駰之黨。」

胡氏傳見上殺公子駰傳。

冬，十月癸卯，秦伯卒。

叔孫州仇、仲孫何忌帥師圍邾。

襄陵許氏曰：「句繹之盟，踰年而渝之師，圍其國，雖云邾政不修，有以致寇，魯之棄信亦已甚矣。」

四年,春,王二月庚戌,盜殺蔡侯申。蔡公孫辰出奔吳。

二月,公羊作「三月」。殺,公羊、穀梁作「弑」。

傳:「蔡昭侯將如吳。諸大夫恐其又遷也。公孫翩逐而射之,入于家人而卒。以兩矢門之,衆莫敢進。文之鍇後至,曰:『如牆而進,多而殺二人。』鍇執弓而先,翩射之,中肘。鍇遂殺之。故逐公孫辰而殺公孫姓、公孫盱。」

穀梁傳:「稱盜以弑君,不以上下道道也。」

胡氏傳:「案左氏,翩非微者,其以盜稱,何也?蔡侯倍楚誑吳,又委罪于執政,其謀國如是,則信義俱亡,禮文並棄,無以守身而自衛,夫人得而害之矣,故變文書盜,以警有國之君也。翩弑君而略其名氏,姓與霍皆翩之黨,稱國以殺而不去其官者,二公孫蓋嘗謀國,不使其君至于是而弗見庸者也,故書法如此。」

孫氏[二]曰:「盜者,微賤之稱。不言弑者,賤盜也。其曰『盜殺蔡侯申』,責蔡臣子不能距難。」

愚謂,凡弑君稱弑,翩非微者,其以盜稱,何也?蓋國君之尊,其勢位之崇高,非臣下所得輕危之也。故其謀必非一朝一夕之故而得行焉。今蔡昭不君,上得罪于大國,下無道於其民,忠謀不用,無罪見殺,人心已離,故公孫翩之事成于一旦。春秋以盜殺書之,所以見其幾於獨夫也。餘祭稱弑,蔡申稱殺,上下之名猶存也,君道亡矣。

[二] 孫氏,北宋理學家孫復。

葬秦惠公。

宋人執小邾子。

襄陵許氏曰：「天下無霸，故宋人得以執小邾子，伐鄭入曹而無所忌。」

夏，蔡殺其大夫公孫姓、公孫霍。

霍即盱也。傳及胡氏注並見上。

晉人執蠻子赤，歸于楚。

蠻，《公羊》作「曼」。

傳：「楚人既克夷虎，乃謀北方。左司馬眅、申公壽餘、葉公諸梁致蔡于負函，致方城之外於繒關，曰：『吳將泝江入郢，將奔命焉。』為一昔之期，襲梁及霍。單浮餘圍蠻氏，蠻氏潰。蠻子赤奔晉陰地。司馬起豐、析與狄戎，以臨上雒。左師軍于菟和，右師軍于倉野，使謂陰地之命大夫士蔑曰：『晉、楚有盟，好惡同之。若將不廢寡君之願也。不然，將通于少習以聽命。』士蔑請諸趙孟。趙孟曰：『晉國未寧，安能惡於楚，必速與之！』士蔑乃致九州之戎，將裂田以與蠻子而城之，且將為之卜。蠻子聽卜，遂執之與其五大夫，以畀楚師于三戶。司馬致邑立宗焉，以誘其遺民，而盡俘以歸。」

孫氏曰：「蠻夷猾夏久矣，晉人執戎蠻子不歸于京師，而歸于楚，其惡可知也。」

胡氏傳：「其日晉人云者，罪之也。蠻子赤何以名？夷狄也。無罪見執亦書名，外之也。文公執曹伯則曰『畀宋人』，今此曷云『歸于楚』？歸于楚者，猶曰京師楚也。晉主夏盟，爲日久矣，不競至此，春秋所惡。」

城西郛。

六月辛丑，亳社災。

杜氏注：「備晉也。」

亳，公羊作「蒲」。范氏注：「亳即殷也。殷都于亳。武王克殷，班其社于諸侯，以爲亡國之戒。」

公羊傳：「亳社者何？亡國之社也。社者封也。亡國之社蓋掩之，掩其上而柴其下。」

程子曰：「書曰：『湯既勝夏，欲遷其社。不可，作夏社。』國既亡，則社自當遷。湯存之，以爲後戒，故但屋之，則與遷之無以異。既爲亡國之社，則自王都至國都皆有之，使爲戒也。記曰：『喪國之社，屋之不受天陽也。』」

又曰：「亳社北牖，使陰明也。」故春秋書亳社災，然則魯有亳社災，屋之，故有災，此制計之必始于湯也。

秋，八月甲寅，滕子結卒。

冬，十有二月，葬蔡昭公。

葬滕頃公。

五年，春，城毗。

公羊作「比」。陸氏釋文云：「本又作『芘』。」杜氏注：「備晉也。」

夏，齊侯伐宋。

晉趙鞅帥師伐衛。

傳：「趙鞅伐衛，范氏之故也，遂圍中牟。」

秋，九月癸酉，齊侯杵臼卒。

杵，公羊作「處」。

傳：「齊燕姬生子，不成而死，諸子鬻姒之子荼嬖。諸大夫恐其為太子也，言于公曰：『君之齒長矣，未有太子，若之何？』公曰：『二三子間于憂虞，則有疾疢。亦姑謀樂，何憂于無君？』公疾，使國惠子、高昭子立荼，實群公子於萊。秋，齊景公卒。冬十月，公子嘉、公子駒、公子黔奔衛，公子鉏、公子陽生來奔。」

冬，叔還如齊。

閏月，葬齊景公。

愚案，景公自襄之二十六年即位，至今五十八年矣。前有晏嬰，後有孔子。晏嬰告之以陳氏將竊其國，孔子告以君君、臣臣、父父、子子，公亦知說而從之矣，而卒不能用。及大臣以未有太子告之，反使之姑謀樂而勿憂無君。卒致身死，肉未寒，子死國亂。曾未十年，陳恒弒簡公而移其社稷，真范祖禹所謂治愈久而政愈弊，

六年，春，城邾瑕。

瑕，公羊作「葭」。杜氏注：「任城亢父縣北有邾婁城。」今濟州任城縣地也。

襄陵許氏曰：「定、哀十六年間，凡八城邑。魯既不得事晉，諸侯方爭，是以高城深池，務守其國，以捍禍亂隱虞至矣。雖然，使魯能修其政如治城者，則天下歸之，豈特勤勤自守而已？是以譏之。三年以來，歲書城邑，以著魯無德政，勞民薦數如此。後雖城邑，不復志矣。」

晉趙鞅帥師伐鮮虞。

傳：「晉伐鮮虞，治范氏之亂也。蓋四年，鮮虞人納荀寅于柏人云。」

吳伐陳。

傳：「吳之入楚也，使召陳懷公。懷公朝，國人而問焉。逢滑曰：『臣聞國之興也，視民如傷。吳日敝于兵，暴骨如莽，而未見德焉。禍之適吳，其何日之有？』陳侯從之。及夫差克越，乃復侵陳，修先君之怨也。今吳伐陳，復修舊怨也。楚子曰：『吾先君與陳有盟，不可以不救。』乃救陳師于城父。」

愚謂，夫差修怨黷兵，以取滅亡，故春秋狄之。

夏，齊國夏及高張來奔。

傳：「齊陳乞僞事高、國者。又謂諸大夫曰：『二子恃得君而欲謀二三子，盍及其未作也，先諸？』大夫從之。夏六月戊辰，陳乞、鮑牧及諸大夫以甲入于公宫。昭子聞之，與惠子乘如公。戰于莊，敗。國人追之，國夏奔莒，遂及高張、晏圉、弦施來奔。」

愚謂，高國爲國世臣，從君于昏，受其顧命，力不足以衛上，委君而出奔，故名以罪其不忠也。

叔還會吳于柤。

柤，見襄十年注。

襄陵許氏曰：「叔還以吳在柤，故往會之。始結吳好也。吳人驕蹇，可以盛强服，難以衰弱御，以魯政之不修，務與吳親，以資其力。君子志柤之會於此，知魯之將有吳患矣。」

秋，七月庚寅，楚子軫卒。

傳：「楚子在城父，將救陳。卜戰，不吉；卜退，不吉。王曰：『然則死也。再敗楚師，不如死。棄盟，逃讎，亦不如死。』命公子申爲王，不可；則命公子結，亦不可；則命公子啓，五辭而後許。將戰，王有疾。庚寅，昭王攻大冥，卒于城父。子閭退，曰：『君王舍其子而讓羣臣，敢忘君乎？』與子西、子期謀，潛師閉塗，逆越女之子章立之，而後還。是歲也，有雲如衆赤鳥，夾日以飛三日。楚子使問諸周太史。周太史曰：『其當王身乎！若禜之，可移於令尹、司馬。』王曰：『除腹心之疾，而寘諸股肱，何益？不穀不有大過，天

其夭諸？有罪受罰，又焉移之？』遂弗祭。初，昭王有疾。卜曰：『河爲祟。』王弗祭。大夫請祭諸郊。王曰：『三代命祀，祭不越望。江、漢、雎、漳，楚之望也。禍福之至，不是過也。不穀雖不德，河非所獲罪也，遂弗祭。』孔子曰：『楚昭王知大道矣！其不失國也，宜哉！』」

齊陽生入于齊。

傳：「齊陳僖子使召公子陽生。逮夜，至于齊，僖子使子士之母養之，與饋者皆入。冬十月丁卯，立之。將盟，鮑子醉而往。其臣差車鮑點曰：『此誰之命也？』陳子曰：『受命于鮑子。』悼公稽首，曰：『吾子奉義而行者也。若我可，不必亡一大夫；若我不可，不必亡一公子。義則進，否則退，敢不唯子是從？廢興無以亂，則所願也。』鮑子曰：『汝忘君之爲孺子牛而折其齒乎，而背之也？』」

程氏傳：「稱『齊陽生』，見景公廢長立少，以啓亂也。」

或問：「春秋譏景公之廢長立幼而不稱公子陽生何也？愚謂人君立子而不以正者，皆徒設此心，兩棄之也。故凡當然而其君父處之不以其道者，君子不欲立其位，而伯夷、叔齊寧他人有之，而不敢當以公子，而正名之哉？春秋豈敢遂予之

齊陳乞弑其君荼。

荼，公羊作「舍」。

傳：「公使朱毛告於陳子，曰：『微子，則不及此。然君異于器，不可以二。器二不匱，君二多難，敢布諸大夫。』僖子不對而泣，曰：『君舉不信群臣乎？以齊國之困，困又有憂，少君不可以訪，是以求長君，庶亦能容群臣乎！不然，夫孺子何罪？』毛復命，公悔之。毛曰『君大訪于陳子，而圖其小可也。』使毛遷孺子于駘，不至，殺諸野幕之下，葬諸殳冒淳。」

杜氏注：「弒荼者，朱毛與陽生也，而書陳乞，所以明乞立陽生而荼見弒，則禍由乞始也。楚比劫立，陳乞流涕，子家懼老皆疑于免罪，故春秋明而書之以爲弒主。」

高郵孫氏曰：「陽生入齊而陳乞弒君，則是陽生與聞乎故也。不以陽生首惡者，陽生之入，陳乞召之。荼之弒，陳乞爲之加，陽生以弒君之罪，則陳乞廢立之迹不明。書陽生之入而陳乞弒君，則陳乞之惡著，而陽生與有罪焉。」

冬，仲孫何忌帥師伐邾。

宋向巢帥師伐曹。

七年，春，宋皇瑗帥師侵鄭。

傳：「宋師侵鄭，鄭叛晉故也。」

愚案，老丘之役，宋、鄭始因隙地以起兵爭，卒致各取其師以逞其殺人之志，所以詳其交爭之實也。

晉魏曼多帥師侵衛。

傳：「晉師侵衛，衛不服也。」

夏，公會吳于鄫。

鄫即舊鄫國。杜氏注：「今琅邪鄫縣。」

傳：「公會吳于鄫。吳來徵百牢，子服景伯對曰：『先王未之有也。』吳人曰：『宋百牢我，魯不可以後宋。且魯牢晉大夫過十，吳王百牢，不亦可乎？』景伯曰：『晉范鞅貪而棄禮，以大國懼敝邑，故敝邑十一牢之。君若以禮命於諸侯，則有數矣。周之王也，制禮，上物不過十二，以爲天之大數也。今棄周禮而曰必百牢，亦唯執事。』吳人弗聽，乃與之。反自鄫，以吳爲無能爲也。」

今案，比年書會吳，所以著哀公之失謀于始，而遺患于後日也。

秋，公伐邾。八月己酉，入邾，以邾子益來。

傳：「季康子欲伐邾，乃饗大夫以謀之。子服景伯曰：『小所以事大，信也。大所以保小，仁也。背大國，不信；伐小國，不仁。』孟孫曰：『二三子以爲何如？惡賢而逆之？』對曰：『禹合諸侯于塗山，執玉帛者萬國。今其存者，無數十焉。唯大不字小，小不事大也。知必危，何故不言？魯德如邾，而以衆加之，可

乎?』不樂而出。秋，伐邾，及范門，猶聞鐘聲。大夫諫，弗聽。茅成子請告于吳，不許，曰：『魯擊柝聞于邾，吳二千里，不三月不至，何及于我?』成子以茅叛，師遂入邾，處其公宮。衆師晝掠，邾衆保于繹。師宵掠，以邾子益來，獻于亳社，因諸負瑕。邾茅夷鴻以束帛乘韋自請救于吳，曰：『魯弱晉而遠吳，馮恃陵我小國。若夏盟于鄫衍，秋而背之，四方諸侯其何以事君？且魯賦八百乘，君之貳也。邾賦六百乘，君之私也。以私奉貳，唯君圖之!』吳子從之。」

蘇氏曰：「魯入邾，以邾子益來，而不書滅，何也？在外曰以歸，在内曰以來，内外之别也。」

劉氏曰：「邾子益何以名？賤之也。賤之奈何？虜服也。」

胡氏曰：「恃強陵弱，無故伐人，而入其國，處其宮，晝夜掠，以其君來，獻于亳社，囚于負瑕，此天下之大惡也。曷爲不諱？以其不念舊惡，能去之，而不積。歸邾子益于邾，則有改過遷善之美，而前惡不足以累之，故于此書而不諱，見聖人道隆德盛而待人之弘且厚也。」

宋人圍曹。冬，鄭駟弘帥師救曹。

傳：「宋人圍曹。鄭桓子思曰：『宋人有曹，鄭之患也。不可以不救。』冬，鄭師救曹，侵宋。」

〔二〕 蘇氏，北宋文學家蘇轍。

八年，春，王正月，宋公入曹，以曹伯陽歸。

傳：「曹伯陽即位，好田弋，曹鄙人公孫彊好弋，獲白鴈，獻之，且言田弋之說。說之。因訪政事，大說之。有寵，使爲司城以聽政。彊言霸說於曹伯，曹伯從之，乃背晉而奸宋。宋人伐之，晉人不救，築五邑於其郊，曰黍丘、揖丘、大城、鍾、邘。宋公伐曹將還，褚師子肥殿。曹人詬之，不行。師待之。公聞之，怒，命反之。遂滅曹，執曹伯及司城彊以歸，殺之。」

蘇氏曰：「此滅曹也。其不書滅，言自滅也。猶虞之滅，言晉人執虞公，而不言滅也。」

吳伐我。

傳：「吳爲邾故。三月，伐我。武城，克之。吳師克東陽而進，舍于五梧，明日，舍於蠶室。公賓庚、公甲叔子與戰于夷，獲叔子與析朱鉏，獻于王。王曰：『此同車，必使能，國未可望也。』明日，舍于庚宗，遂次于泗上。吳人行成，將盟，景伯曰：『楚人圍宋，易子而食，析骸而爨，猶無城下之盟。我未及虧，而有城下之盟，是棄國也。吳輕而遠，不能久，將歸矣，請少待之。』弗從。景伯負載，造于萊門。乃請釋子服何於吳，吳人許之。以王子姑曹當之，而後止。」

蘇氏曰：「不言四鄙而直言伐我，兵加于國都也。於是爲城下之盟而還，不書，諱之也。吳人盟而還。」

胡氏傳：「春秋不言四鄙及與吳盟，欲見其實而深諱之。以爲後世謀國之士，不能以禮義自彊，偷生旦夕，

至于侵削陵遲，而不知恥者之戒也。」

夏，齊人取讙及闡。

闡，杜氏注：「在東平剛縣北。」地譜：「今宛丘襲蛇縣也。」

程氏傳[二]：「内失邑不書，君辱當諱也。不能保其土地人民，是不君也。已與之，彼以非義而受，則書取，此與濟西田是也。魯人邾，而以其君來，致齊怒，吳伐，故賂齊以說之。」

襄陵許氏曰：「外取邑不書，以即歸我，故書之也。」

歸邾子益于邾。

傳：「齊侯使如吳請師，將以伐我。乃歸邾子。邾子又無道，吳子使太宰子餘討之，囚諸樓臺，栫之以棘。使諸大夫奉太子革以爲政。」

秋，七月。

冬，十有二月癸亥，杞伯過卒。

謹案，凡取邑之類少有復歸之者，今魯不遂其惡而歸之，故以順辭言之也。

[二] 程氏傳，北宋理學家程頤所著。

六〇〇

齊人歸讙及闡。

傳：「及齊平。九月，臧賓如如齊涖盟。齊閭丘明來涖盟，且逆季姬以歸。冬十二月，齊人歸讙及闡。」

程氏傳：「不云我田，既歸邾子，亦歸其田，非以爲惠也。」

九年，春，王二月，葬杞僖公。

宋皇瑗帥師取鄭，師于雍丘。

雍丘，杜氏注：「縣屬陳留。」今屬開封。

傳：「鄭武子賸之嬖許瑕求邑，無以與之。請外取，許之，故圍宋雍丘。宋皇瑗圍鄭師，每日遷舍，壘合，鄭師哭。子姚救之，大敗。二月甲戌，宋取鄭師于雍丘，使有能者無死，以郟張與鄭羅歸。」

襄陵許氏曰：「春秋之季，日尋干戈，詐力相傾，奇變滋起，於是始志取人之師，甚其譎，惡其盡也。鄭以不義深入敵境，而圍其邑，此固喪師之道也。」

夏，楚人伐陳。

傳：「陳[二]即吳故也。」

〔二〕陳原作「鄭」，今據宋寶祐三年臨江軍庠刻本改。

秋，宋公伐鄭。

杜氏注：「報雍丘。」

冬，十月。

傳：「邾隱公來奔。齊甥也，故遂奔齊。」

十年，春，王二月。邾子益來奔。

公會吳伐齊。

三月戊戌，齊侯陽生卒。

傳：「九年春，齊侯使公孟綽辭師于吳。吳子曰：『昔歲寡人聞命，今又革之，不知所從，將進受命于君。』冬，吳子使來儆師伐齊。十年，公會吳子、邾子、郯子伐齊南鄙，師于鄎。齊人弒悼公，赴于師，吳子三日哭于軍門之外。徐承帥舟師將自海入齊，齊人敗之，吳師乃還。」

胡氏傳：「春秋不著齊人弒君之罪而以卒書者，亦猶鄭伯髡頑弒而書卒也。齊侯爲是取讙及闡，如吳請師討之也，魯人悔懼，歸讙及闡，是知其罪而能改也。齊侯爲是歸讙及闡，辭師于吳，是變之正也。夫變之正者，禮義之所在，中國之君也。吳人欲遂前言而背違正理，狄道也。齊之臣子不能將順，上及其君，此天下之大變，常理之所無者也，故沒其見弒之禍，而以卒書。從鄭伯髡頑之例，望人之所

以討亂賊,而存天理之意微矣。」

襄陵許氏曰:「人事之變,有幸、不幸。而春秋之義,裁成天地,見正命焉。」

夏,宋人伐鄭。

襄陵許氏曰:「春取其師,秋又伐之,明年夏又伐之,惡其修怨不已也。」

晉趙鞅帥師侵齊。

襄陵許氏曰:「趙鞅帥師伐齊,取犁及轅,毀高唐之郭,侵及賴而還。」

傳:「助吳亂華,伐齊之喪,其文以見其罪。」

五月,公至自伐齊。

師氏曰:「公會吳師以伐強齊。吳人之心不可信,而強齊之禍不可測,其危可知矣。」

葬齊悼公。

衛公孟彄自齊歸于衛。

薛伯夷卒。

秋,葬薛惠公。

夷,《公羊》作「寅」。

冬，楚公子結帥師伐陳。吳救陳。

傳：「冬，楚子期伐陳。吳延州來季子救陳，謂子期曰：『二君不務德，而力爭諸侯，民何罪焉？我請退以爲子名，務德而安民。』乃還。」

胡氏傳：「春秋惡首亂，善解紛。自誅亂臣討賊子之外，凡書『救』者，未有不善之也。救在王室，則罪諸侯，子突救衛是也；救在遠國，則罪四鄰，晉陽處父救江是也；鄭、狄救齊、吳救陳是也。吳雖蠻荒之國，來會于戚，則進而書『子』矣。使季札聘，則又進而書『人』矣。救而果善，曷爲獨以號舉而不進之者？其以號舉而不進之也，深著楚罪而僅存爾。今又無故興師，肆行侵伐，而列國諸侯縱其暴橫，不修方伯連帥之職，而吳能救之，獨以號舉，深著楚罪而傷中國之衰也。觀春秋書吳救陳之事，而聖人之意傷矣。」

或問：「春秋幸吳之救，而不以『人』及『師』書之，何也？」愚謂宣、昭二公之時，楚主中國者也，楚猶近于中國也，故春秋于楚書「師」、書「人」，不以號稱。定、哀之時，吳主中國也，吳遠于中國者也，故雖有小善，而猶以號舉。嗚呼！茲足以觀世變，而知春秋之嚴矣。

十有一年，春，齊國書帥師伐我。

傳：「齊爲鄆故，國書、高無丕帥師伐我，及清。季孫謂其宰冉求曰：『齊師在清，必魯故也。若之何？』求曰：『一子守，二子從公禦諸竟。』季孫曰：『不能。』求曰：『居封疆之間。』季孫告二子，二子不可。求曰：『若不可，則君無出。一子帥師，背城而戰，不屬者，非魯人也。魯之群室，衆于齊之兵車。一室敵車，優矣。子何患焉？二子之不欲戰也宜，政在季氏。當子之身，齊人伐魯而不能戰，子之恥也，大不列于諸侯矣。』季孫使從于朝，俟于黨氏之溝。武叔呼而問戰焉，對曰：『君子有遠慮，小人何知？』懿子強問之。對曰：『小人慮材而言，量力而共者也。』武叔曰：『是謂我不成丈夫也。』退而蒐乘。孟孺子洩帥右師，顏羽御，邴洩爲右。冉求帥左師，管周父御，樊遲爲右。季孫曰：『須也弱。』有子曰：『就用命焉。』季氏之甲七千，冉有以武城人三百爲己徒卒。老幼守宮，次于雩門之外。五日，右師從之。公叔務人見保者而泣，曰：『事充政重，上不能謀，士不能死，何以治民？吾既言之矣，敢不勉乎！』師及齊師戰于郊。齊師自稷曲，師不踰溝。樊遲曰：『非不能也，不信子也。請三刻而踰之。』如之，衆從之。師入齊軍。右師奔，齊人從之。陳瓘、陳莊涉泗。孟之側後入以爲殿，抽矢策其馬，曰：『馬不進也。』林不狃之伍曰：『走乎？』曰：『誰不如？』曰：『然則止乎？』不狃曰：『惡賢？』徐步而死。師獲甲首八十，齊人不能師。宵，諜曰：『齊人遁。』冉有請從之三，季孫弗許。公爲與其嬖僮汪錡乘，皆死，皆殯。孔子曰：『能執干戈以衛社稷，可無殤也。』冉有用矛于齊師，故能入其軍。孔子曰：『義也。』」

劉氏傳：「不言鄆者，受之也。此其爲受之奈何？蓋伐喪也。」

胡氏傳：「諸侯來伐，無有不書四鄙者。今齊師及清涉泗，非有城下之盟，可諱之辱，亦書『伐我』，何也？傅說復于高宗曰：『惟甲胄起戎，惟干戈省厥躬。』夫『省厥躬』者，自反之謂也。自反而縮則爲壯，自反而不縮則爲老，師之老壯在曲直，曲直自我而不繫乎人者也。邾子，齊之甥。魯嘗入邾以其君來，齊人爲是取讙及闡，請師于吳，曲在我矣。及歸讙及闡，又辭吳師，直在齊矣。魯人何名會吳伐之也？故春秋之記斯師，特曰『伐我者』，欲省致師之由而躬自厚也，垂訓之義大矣。」

夏，陳袁頗出奔鄭。

袁，左氏、穀梁作「轅」。

傳：「初，轅頗爲司徒，賦封田以嫁公女。有餘，以爲己大器。國人逐之，故出。」

襄陵許氏曰：「春秋書袁頗之奔，所以爲人臣附上以刻下，託公以營私者之戒也。」

五月，公會吳伐齊。甲戌，齊國書帥師及吳戰于艾陵。齊師敗績，獲齊國書。

傳：「爲郊戰故，公會吳子伐齊。五月，克博。壬申，至于嬴。中軍從王，胥門巢將上軍，王子姑曹將下軍，展如將右軍。齊國書將中軍，高無㔻將上軍，宗樓將下軍。陳僖子將下軍，甲戌，戰于艾陵。展如敗高子，國子敗胥門巢。王卒助之，大敗齊師，獲國書、公孫夏、閭丘明、陳書、東郭書，革車八百乘，甲首三千，以獻于公。」

劉氏意林曰：「夫以吳之無道，犯閒上國，涉數千里之地以伐人之邦，固求棄疾於人，與之俱靡焉耳！」國

書之用齊也，內不能安其君，外不能交鄰國，而輕與之戰，其不愛百姓也，不亦甚乎！」

呂氏曰：「公會吳伐齊而戰，不言公，齊國書帥師，而來主與吳戰，不為魯也。」

秋，七月辛酉，滕子虞母卒。

冬，十有一月，葬滕隱公。

衛世叔齊出奔宋。

傳：「衛太叔疾出奔宋。初，疾娶于宋子朝，其娣嬖。子朝出，孔文子使疾出其妻而妻之。疾使侍人誘其初妻之娣寘于犁，而為之一宮，如二妻。文子怒，欲攻之，仲尼止之。遂奪其妻。或淫于外州，外州人奪之軒以獻。恥是二者，故出。」

十有二年，春，用田賦。

傳：「季孫欲以田賦使冉有訪諸仲尼。仲尼曰：『丘不識也。』三發，卒曰：『子為國老，待子而行，若之何子之不言也？』仲尼不對。而私於冉有曰：『君子之行也，度于禮，施取其厚，事舉其中，斂從其薄。如是，則以丘亦足矣。若不度於禮，而貪冒無厭，則雖以田賦，將又不足。且子季孫若欲行而法，則周公之典在；若欲苟而行，又何訪焉？』十二年春，王正月，用田賦。」

何氏[二]注：「田謂一井之田賦者，斂取其財物也。言用田賦者，若今漢家斂民錢以田爲率矣。不言井者，城郭里巷亦有井，嫌悉賦之。禮，稅民公田，不過什一。軍賦十井，不過一乘。哀公外慕強吳，空盡國儲，故復用田賦過什一。」

襄陵許氏曰：「先王之法，九夫爲井，四井爲邑，井邑未有賦也。四邑爲丘，丘十六井，乃有牛馬之賦。今以丘賦爲不足也，於是更用田賦，籍井而取之，不待及丘，此非禮也。古者蓋田有稅，稅以足食，賦以足兵。」

胡氏傳：「哀公問於有若曰：『年饑用不足，如之何？』有若對曰：『盍徹乎？』曰：『二吾猶不足，如之何其徹也？』曰：『百姓足，君孰與不足？百姓不足，君孰與足？』古者公田什一，助而不稅。魯自宣公初稅畝，後世遂以爲常而不復矣，至是二猶不足，故又以田賦也。夫先王制土，籍田以力而砥其遠邇。周制，宅不毛者有里布，無職事者征夫家。今用田賦軍旅之征，非矣。田以出粟爲主而足食，賦以出軍爲主而足兵。二者猶不足而用田賦，是重困農民而削其本免也。今二猶不足而用田賦，是重困農民而削其本也，何以爲國？書曰『用田賦』，用者，不宜用者也。近世議弛商賈之征，達于時政者欲先省國用，首寬農民，後及商賈，知春秋譏田賦之意矣。」

[二] 何氏，東漢經學家何休。

愚案，田賦之實不書，其詳于傳，獨孔子言「以丘足矣」，可見加賦于古。合何氏、許氏之說觀之，可以得春秋之旨矣。

夏，五月甲辰，孟子卒。

傳：「夏五月，昭夫人孟子卒。昭公娶于吳，故不書姓。」

公羊傳：「孟子者何？昭公之夫人也。其稱孟子何？諱娶同姓，蓋吳女也。」

何氏注：「禮不娶同姓，買妾不知其姓，則卜之。為同姓，共祖亂人倫，與禽獸無別。昭公既娶吳，諱而謂之吳孟子。春秋不繫吳者，禮婦人繫姓，不繫國。雖不諱，猶不繫國也。不稱夫人，不言薨，不書葬者，深諱之。」

胡氏傳：「昭公不謹于禮，欲結好強吳以去三家之權，忍娶同姓以混男女之別，不命于天子以弱其配，不見于廟不書于冊，以廢其常典，禮之大本喪矣。故陳司敗問：『昭公知禮乎？』子曰：『知禮。』孔子退，揖巫馬期而進之，曰：『吾聞君子不黨，君子亦黨乎？君娶於吳為同姓，謂之吳孟子，君而知禮，孰不知禮？』巫馬期以告。子曰：『丘也幸，苟有過，人必知之。』書『孟子卒』，雖曰為君隱，而實亦不可掩矣。」

呂氏曰：「魯之君豈苟為無禮，而亂男女之別哉？迫于強吳之威，而欲自固其國也。欲自固其國而不知

〔三〕呂氏，南宋學者呂本中。

公會吳于橐皋。

橐，音章夜反，一音「託」。橐皋，吳地。杜氏注：「在淮南逡遒縣東南。」地譜云：「逡遒故城」在今廬州慎縣東南。

傳：「公會吳于橐皋，吳子使太宰嚭請尋盟。公不欲，使子貢對曰：『盟所以周信也，故心以制之，玉帛以奉之，言以結之，明神以要之。寡君以爲苟有盟焉，弗可改也已。若猶可改，日盟何益？今吾子曰：「必尋盟」，若可尋也，亦可寒也。』乃不尋盟。」

秋，公會衛侯、宋皇瑗于鄖。

鄖，公羊作「運」。

杜氏注：「鄖，發陽也。」廣陵海陵縣東南有發繇亭。」地譜：「吳地，海陵。」今泰州城下。

傳：「吳徵會于衛。初，衛侯會吳于鄖。公及衛侯、宋皇瑗盟，而卒辭吳盟。吳人藩衛侯之舍。子貢見太宰嚭，語及衛故。太宰嚭曰：『寡君願事衛君，衛君之來也緩，寡君懼，故將止之。』子貢曰：『衛君之來，必謀於其衆，其衆或欲或否，是以緩來。其欲來者，子之黨也，其不欲來者，子之讎也。若執衛君，是墮黨而崇讎也。夫墮子者得其志矣。且合諸侯而執衛君，誰敢不懼，墮黨崇讎，而懼諸侯，或者難以霸乎！』太宰嚭

說,乃舍衛侯。」

宋向巢帥師伐鄭。

傳:「宋、鄭之間有隙地焉,曰彌作、頃丘、玉暢、嵒、戈、錫。子產與宋人爲成,曰:『勿有是。』及宋平、元之族自蕭奔鄭,鄭人爲之城嵒、戈、錫。九月,宋向巢伐鄭,取錫,殺元公之孫,遂圍嵒。十二月,鄭罕達救嵒。丙申,圍宋師。」

冬,十有二月,螽。

公羊作「蝝」。

傳:「冬十二月,螽。季孫問諸仲尼。仲尼曰:『丘聞之,火伏而後蟄者畢。今火猶西流,司曆過也。』」

杜氏注:「周十二月,今十月,是歲應置閏而失不置。雖書十二月,實今之九月,司曆誤一月。九月之初尚溫,故得有螽。」

十有三年,春,鄭罕達帥師取宋師于嵒。

傳:「宋向魋救其師。鄭子賸使徇曰:『得桓魋者有賞。』魋也逃歸。遂取宋師于嵒,獲成讙、郜延。以六邑爲虛。」

泰山孫氏[二]曰:「報雍丘之師也。二國覆師以相償,報其惡如此。」

[二] 泰山孫氏,北宋學者孫復。

夏，許男成卒。

成，公羊作「戌」。

公會晉侯及吳子于黃池。

黃池，晉地。杜氏注：「陳留封丘縣南有黃亭，近濟水。」地譜：「東京開封縣有黃池。」

傳：「公會單平公、晉定公、吳夫差于黃池。六月丙子，越子伐吳，爲二隧，疇無餘、謳陽自南方，先及郊。吳太子友、王孫彌庸、壽於姚自泓上觀之。彌庸見姑蔑之旗曰：『吾父之旗也。不可以見讎而弗殺也。』太子曰：『戰而不克，將亡國。請待之。』彌庸不可，屬徒五千，王子地助之。乙酉，戰，彌庸獲疇無餘，地獲謳陽，越子至，王子地守。丙戌，復戰，大敗吳師，獲太子友、王孫彌庸、壽於姚。丁亥，入吳。吳人告敗于王，王惡其聞也，自到七人于幕下。秋七月辛丑，盟，吳、晉爭先。吳人曰：『於周室，我爲長。』晉人曰：『於姬姓，我爲伯。』趙鞅呼司馬寅曰：『日旰矣，大事未成，二臣之罪也。建鼓整列，二臣死之，長幼必可知也。』對曰：『請姑視之。』反，曰：『肉食者無墨。今吳王有墨，國勝乎？太子死乎？且夷德輕，不忍久，請少待之。』乃先晉人。」

外傳吳語曰：「夫差會晉公午于黃池。越王勾踐襲吳人其郛，焚其姑蘇。吳、晉爭長未成，邊遽乃至，以越亂告。吳王懼，乃合大夫而謀曰：『今無會而歸，與會而先晉，孰利？』王孫雄曰：『二者莫利。必會而先

之。今夕必挑戰以廣民志，請王厲士以奮其勢，彼將不戰而先我。」吳王昏乃秣馬食士。夜中，命服兵擐甲，陳士卒百人，以爲徹行，萬人以爲方陣，王中陳，而立左右，軍亦如之。爲帶甲三萬，以勢攻。昧明，王乃秉枹，親鼓，三軍皆譁釦以振旅。晉師大駭不出，乃令董褐請事吳王曰：『天子有命，周室卑約，貢獻莫入。王室不平安是憂，億晉負衆庶，不式諸戎狄、楚、秦，將不長弟，以力征一二兄弟之國。孤欲守先君之班爵，進則不敢，退則不可。孤之事君與不得事君皆在今日。』董褐還，致命，乃告趙鞅曰：『臣觀吳王之色，類有大憂。不可與戰。主其許之先，然不可徒許也。』趙鞅許諾。使褐復命曰：『君掩王東海，以淫名聞于天子，則何有於周室？夫命圭有命，固曰「吳公」，不曰「吳王」。諸侯是以敢辭。夫諸侯無二君，而周無二王，君若無卑天子，以干其不祥，而曰「吳公」，孤敢不順君命長弟！』吳王乃退，就幕而會。吳公先歃，晉侯亞之。」

公羊傳：「吳何以稱子？吳主會也。吳主會，則曷爲先言晉侯？不與夷狄之主中國也。其言及吳子何？會兩伯之辭也。不與夷狄之主中國，則曷爲以會兩伯之辭言之？重吳也。曷爲重吳？吳在是則天下諸侯莫敢不至也。」

襄陵許氏曰：「兩伯之盟，左氏曰先晉，國語曰先吳，此二國史籍之異也。顧自宋之盟，則晉已爲楚所先陵遲，至于黃池之時，豈能復與吳爭？國語信也。晉人恥吳先之，故諱焉耳。」

穀梁傳：「黃池之會，吳進乎哉，遂子矣。吳，夷狄之國也，祝髮文身，欲因魯之禮，因晉之權而請冠端

而襲。其藉于成周，以尊天王，吳進矣。吳，東方之大國也，累累致小國以會諸侯，以合乎中國。吳能爲之，則不臣乎，吳進矣。王，尊稱也。子，卑稱也。辭尊稱而居卑稱，以合乎諸侯，以尊天王。吳王夫差曰：『好冠來。』孔子曰：『大矣哉！夫差未能言冠而欲冠也。』」

廬陵李氏[一]曰：「此條先晉之說，當主公羊；爵吳之說，當主穀梁；書及之說，公羊、胡氏皆得之。其事實，則國語所載爲詳。但所載尊周室之事，蓋二國假此以相勝耳。黃池之會，左氏傳以爲先晉，而外傳乃謂夫差以三萬兵脅晉而先之，二者將孰從哉？愚以春秋書法及事理考之，外傳之說是也。何也？春秋未嘗許吳也，而此會特書吳子，若夫差無能改於其德，因爲越所敗而先晉，則不書晉侯及吳子矣。考之經，會吳始于鍾離，自是至橐皋，凡七會吳，誠以夫差易王而稱公耳。夫去其王而稱公，此齊桓之所不能行于楚者也。而夫差稱吳公以會，春秋以其尚存周室，是以爵稱之，而異于他日會吳之書也。不然，黃池之去橐皋一二年間耳，春秋安得遽予之哉？或曰：『夫差迫于越之禍，不得已而從耳。』孟子曰：『有人於此，力不能勝一匹雛，則爲無力人矣。今日舉百鈞，則爲有力人矣。』聖人予吳人之改過遷善，立法以垂世，豈必窮其不得已之意哉？

楚公子申帥師伐陳。

―――――
[一] 廬陵李氏，尚未考證。

於越入吳。

傳見上。

孫氏曰：「於越入吳者，吳子方會，乘其無備也。」

胡氏傳：「吳自柏舉以來，憑陵中國，黃池之會，遂主夏盟，可謂強矣。而春秋繼書『於越入吳』，所謂因事屬辭，垂戒後世，見深切著明之義也。」

又曾子曰：「戒之戒之！出乎爾者，反乎爾。」老氏曰：「佳兵，不祥之器，其事好還。」夫以力勝人者，人亦以力勝之矣。吳嘗破越，遂有輕楚之心，及其破楚，又有驕齊之志，既勝齊師，復與晉人爭長，自謂莫之敵也，而越已入其國都矣。吳侵中國而越滅之，越又不監，而楚滅之；楚又不監，而秦滅之；秦又不監，而漢滅之。老子、曾子其言豈欺也哉？

薛氏[二]曰：「吳子不戒，爭中國之諸侯，而越卒入吳，所謂無遠慮，有近憂矣。吳子忘不共戴天之恥，而求諸侯于外，此越所以霸諸侯乎？」

秋，公至自會。

晉魏曼多帥師侵衞。

[二] 薛氏，南宋哲學家薛季宣。

公羊無「曼」字，脱也。

許氏[二]曰：「晉以范中行之難伐衛、伐鮮虞，間齊之難而一侵之，又再侵衛，而諸侯卒莫之宗者，惟其國無政也。師雖數出，能侵而已，益玩而頓矣，此王霸道盡之時也。」

高氏[三]曰：「蒯聵在戚，十有二年矣。晉人不能以此討衛，乃以范中行故而數興師，故書『侵』。」

葬許元公。

九月，螽。

高氏曰：「周之九月，夏之七月也，其爲農災，又非冬十有二月之比也。」

冬，十有一月，有星孛于東方。

公羊傳：「孛者何？彗星也。其言于東方何？見于旦也。何以書？記異也。」

泰山孫氏曰：「光芒四出曰孛。不言所在之次者，見于旦也。案，文十四年，有星孛入于北斗，昭十七年有星孛于大辰，此不言所在之次者，見于旦可知也。」

盜殺陳夏區夫。

[二] 許氏，北宋學者許翰。
[三] 高氏，尚未考證。

區，公羊作「疆」。

十有二年，冬螽。

呂氏曰：「此年九月螽，十二月又螽，又比年十二月螽，陰陽錯亂之甚。當世君臣亦可以自省矣。」

許氏曰：「自用田賦而比年三書螽，貪殘無已之應也。螽每在十二月，傳以爲司曆之過，此曆不時革之敝與？春秋書魯人事至用田賦，書魯天災至于二年而三螽，則見其民力已窮，天命已去，君子之心于魯已矣。故春秋以大斂之顛終也。」

十有四年，春，西狩獲麟。

傳：「西狩于大野，叔孫氏之車子鉏商獲麟，以爲不祥，以賜虞人。仲尼觀之曰：『麟也。』然後取之。」

杜氏曰：「大野在魯西，故曰西狩。」

詩釋文：「麟，麕身，牛尾，馬足，一角。角端有肉毛，蟲之長也。不踐生草，不履生蟲，音中鍾呂，行中規矩。王者至仁，則出。」

公羊傳：「麟，仁獸也。有王者則至，無王者則不至。有以告者曰：『有麕而角者。』孔子曰：『孰爲來哉！』顏淵死，子曰：『噫！天喪子。』子路死，子曰：『噫！天祝予！』西狩獲麟，孔子曰：『吾道窮矣！』君子曷爲爲春秋？撥亂世，反諸正，莫近諸春秋。則未知其爲是與？其諸君子樂道堯、舜之道與？末

不亦樂乎堯、舜之知君子也。制春秋之義，以俟後聖，以君子之爲，亦有樂乎此也。」

愚謂，麒麟之於走獸，猶聖人之於人，出類拔萃爲人物之法則者也。故聖人之生，必以四靈爲畜，包犧畫卦而龍馬出，大舜作樂而鳳凰儀。周公告召公曰：「耇造德不降我，則鳴鳥不聞。」孔子曰：「鳳鳥不至，河不出圖，吾已矣夫！」然則夫子生于周末，而麟見于大野，以仁聖之君子，天錫仁獸之應，乃理之當然，無足疑者。

韓愈〔二〕氏曰：「麟爲聖人出也。聖人必知麟是以西狩之獲，必夫子觀之而知爲麟也。然氣數之不偶，固異于堯、舜之盛，而王霸之道方窮，亦非文王麟趾之時，是以麟雖爲夫子出，然獲于鉏商，而謂爲不祥，以賜虞人，然後取之。其與明王不興，而天下不能宗，夫子何以異哉！」

程子曰：「始隱周之衰也，終麟感之始也。世衰道不行，有述作之意舊矣。但因麟而發耳，麟不出，春秋亦必作也。春秋之作，不過因魯國之史而天地四時之無窮，所以察其遷變而紀其差忒者，無一略也。中國四荒之廣，莫所以紀其交際，而別其典禮者，無一遺也。其大且廣者，如此則凡小且偏者，何一事一物之不得其治且理哉？故曰：『言天下之至動而不可亂也，言天下之至賾而不可惡也。』夫子之贊易者，即其所以修春秋也。以區區一魯國之史，而兼紀周、齊、晉、宋諸國之事，其尊卑、大小統屬之序，秩然無毫髮之不順，盡書

〔二〕韓愈，唐代傑出的文學家、思想家，世稱「韓昌黎」，唐代古文運動的倡導者，被後人尊爲「唐宋八大家」之首，著有韓昌黎集等。

六一八

治忽失得陵僭賊亂之變，森然一循乎條理而無一之非法，故曰：『非聖人誰能修之也！』夫其至動至賾之不齊，而聖人何以一之哉？曰仁而已矣。故萬物之聚散，經世之紀綱，聖人一道以成之，曰仁。觀論語之書，而知聖心之安仁。書于春秋者，無非此理。觀西狩之獲而知天瑞之類應，聖人先天後天而天且弗違，而春秋之終不外乎此也。」

附錄一 傳記資料

一 宋史張洽傳

張洽字元德，臨江之清江人。父綎，第進士。洽少穎異，從朱熹學，自六經傳注而下，皆究其指歸，至於諸子百家、山經地志、老子浮屠之說，無所不讀。嘗取管子所謂「思之，思之，又重思之，思之不通，鬼神將通之」之語，以爲窮理之要。熹嘉其篤志，謂黃幹曰：「所望以永斯道之傳，如二三君者不數人也。」

時行社倉法，洽請於縣，貸常平米三百石，建倉里中，六年而歸其本於官，鄉人利之。嘉定元年中第，授松滋尉。湖右經界不正，弊日甚，洽請行推排法，令以委洽。洽於是令民自實其土地疆界產業之數投於匭，乃籌核而次第之，吏姦無所匿。其後十餘年，訟者猶

援以爲證云。

改袁州司理參軍。有大囚，訊之則服，尋復變異，且力能動搖官吏，累年不決，而逮系者甚衆。洽以白提點刑獄，殺之。有盜點甚，辭不能折。會獄有兄弟爭財者，洽諭之曰：「訟於官，祇爲胥吏之地，且冒法以求勝，孰與各守分以全手足之愛乎？」辭氣懇切，訟者感悟。盜聞之，自伏。民有殺人，賄其子焚之，居數年，事敗，洽治其獄無狀，憂之，且白郡委官體訪。俄夢有人拜於庭，示以傷痕在脅。翌日，委官上其事，果然。郡守以倉廩虛，籍倉吏二十餘家，命洽鞫之，洽廉知爲都吏所責。都吏者，州之巨蠹也，嘗幹於倉不獲，故以此中之。洽度守意銳未可嬰，姑繫之，而密令計倉庾所入以白守曰：「君之籍二十餘家者，以胥吏也。今校數歲之中所入，已豐於昔，由是觀之，胥吏妄矣。君必不忍受胥吏之妄，而籍無罪之家也。若以罪胥吏，過乃可免。」守悟，爲罷都吏，而免所籍之家。

知永新縣。一日謁告，聞獄中榜笞聲，蓋獄吏受賕，乘間訊囚使誣服也。洽大怒，亟執付獄，明日以上於郡，黥之。湖南酈寇作亂，與縣接壤，民大恐。洽單車以往，邑佐、

寓士交諫，弗聽。至則寇未嘗至，乃延見隅官，訪利害而犒之，因行安福境上，結約土豪，得其歡心。未幾，南安舒寇將犯境，聞有備，乃去。

以江東提舉常平薦，通判池州。獄有張德修者，誤蹴人以死，獄吏誣以故殺，洽訊而疑之，請再鞫，守不聽。濫刑而致旱，伸冤而得雨，載于方册可考也。今天大旱，焉知非由德修事乎？」甫以來，會提點常平袁甫至，時方大旱，禱不應，洽言於甫曰：「漢、晉以來，濫刑而致旱，伸冤而得雨，載于方册可考也。今天大旱，焉知非由德修事乎？」甫爲閱款狀於獄，復白郡請鐫徵稅，寬催科，以召和氣，守爲寬稅。三日果大雨，民甚悅。洽數以病請祠，至是主管建昌仙都觀，以慶壽恩賜緋衣、銀魚。

時袁甫提點江東刑獄，甫以白鹿書院廢弛，招洽爲長。洽曰：「嘻，是先師之迹也，其可辭！」至則選好學之士日與講說，而汰其不率教者。凡養士之田乾没於豪右者復之，學興，即謝病去。

端平初，大臣多薦洽，召赴都堂審察，洽以疾不赴，乃除秘書郎，尋遷著作佐郎。度正、葉味道在經幄，帝數問張洽何時可到，將以説書待洽，洽固辭，遂除直秘閣，主管建康崇禧觀。嘉熙元年，以疾乞致仕，十月卒，年七十七。

洽自少用力於敬，故以「主一」名齋。平居不異常人，至義所當爲，則勇不可奪。居閑不言朝廷事，或因災異變故，輒顰蹙不樂，及聞一君子進用，士大夫直言朝廷得失，則喜見顏色。所交皆名士，如呂祖儉、黃榦、趙崇憲、蔡淵、吳必大、輔廣、李道傳、李燔、葉味道、李閎祖、李方子、柴中行、真德秀、魏了翁、趙汝讜、陳貴誼、杜孝嚴、度正、張嗣古，皆敬慕之。卒後一日，有旨除直寶章閣。所著書有春秋集注、春秋集傳、左氏蒙求、續通鑒長編事略、歷代郡縣地理沿革表、文集。

二 宋元學案滄洲諸儒學案

張洽，字元德，清江人。少穎異，從文公學，博極群書。嘗取管子「思之，思之，又重思之，思之不通，鬼神將通之」之語，要爲窮理之要。時行社倉法，請于縣，貸常平米，建倉里中，鄉人利之。嘉定元年中第，授松滋尉。湖右經界弊甚，先生請行推排法，吏姦無所匿。改袁州司理參軍。尋知永新縣。湖南鄘寇作亂，雲濠案：鄘寇，史傳作「雋寇」。

與縣接壤，民大恐。先生單車往，延見隅宮，詢利害，犒之，寇竟不至。薦通判池州，數請祠。時袁甫提刑江東，以白鹿書院廢弛，招先生爲長，曰：「是先師之也，其可辭！」已，復謝病去。端平初，用薦召都堂審察，不赴，除祕書郎，尋遷著作佐郎。帝數問度正、葉味道曰：「張洽何時可到？」將處以説書，固辭，遂除直祕閣，主管建康崇禧觀。以疾乞致仕，卒，年七十七。卒後有旨除寶章閣。先生自少力于敬，故以「主一」名齋。所著有春秋集注、春秋集傳、左氏蒙求、讀通鑑長編事略，賜同進士出身。

附錄二 春秋集注版本著錄

書名	卷次存佚	作者	版本	藏館
春秋集注	十一卷綱領一卷	張洽	宋寶祐三年臨江軍庠刻本	北京圖書館
春秋集注	十一卷綱領一卷	張洽	宋德祐元年華亭義塾刻本	北京圖書館遼寧省圖書館
春秋集注	十一卷綱領一卷	張洽	明嘉靖四十三年朱睦㮮聚樂堂刻本	臺北故宮博物院
春秋集注	十一卷綱領一卷	張洽	明抄本	上海圖書館
春秋集注	十一卷綱領一卷	張洽	清初毛氏汲古閣影宋抄本	北京圖書館
春秋集注	十一卷綱領一卷	張洽	清影宋抄本	上海圖書館
春秋集注	十一卷綱領一卷	張洽	清康熙通志堂刻通志堂經解一百四十種本	臺北故宮博物院上海圖書館中共北京市委圖書館

續表

書名	卷次存佚	作者	版本	藏館
春秋張氏集注	十一卷綱領一卷	張洽	清乾隆寫文淵閣四庫全書本	北京市文化局 天津圖書館 富平縣莊裏中學 山東師範大學圖書館 山東省圖書館 復旦大學圖書館 故宮博物院圖書館 新鄉市圖書館 武漢大學圖書館 河南省圖書館 清華大學圖書館 湖北省圖書館 燕湖市圖書館 西北師範學院圖書館 雲南省圖書館 首都圖書館 黑龍江大學圖書館
春秋張氏集注	十一卷綱領一卷	張洽	清乾隆間寫四庫全書薈要本	

中外哲學典籍大全·中國哲學典籍卷
已出版書目

《讀禮疑圖》，〔明〕季本著，胡雨章點校。

《王制通論》《王制義按》，程大璋著，呂明烜點校。

《關氏易傳》《易數鉤隱圖》《删定易圖》，劉严點校。

《易說》，〔清〕惠士奇著，陳峴點校。

《易漢學新校注（附易例）》，〔清〕惠棟著，谷繼明校注。

《春秋尊王發微》，〔宋〕孫復著，趙金剛整理。

《春秋師說》，〔元〕黃澤著，〔元〕趙汸編，張立恩點校。

《宋元孝經學五種》，曾海軍點校。

《孝經集傳》，〔明〕黃道周撰，許卉、蔡傑、翟奎鳳點校。

《孝經鄭注疏》《孝經講義》，常達點校。

《孝經鄭氏注箋釋》，曹元弼著，宮志翀點校。

《孝經學》，曹元弼著，宮志翀點校。

《四書辨疑》，〔元〕陳天祥著，光潔點校。

《小心齋劄記》，〔明〕顧憲成著，李可心點校。

《太史公書義法》，孫德謙著，吳天宇點校。

《肇論新疏》，〔元〕文才著，夏德美點校。

《張九成集》，〔宋〕張九成著，李春穎點校。

《周易口義》，〔宋〕胡瑗著，白輝洪、于文博、〔韓〕徐尚賢點校。

《周易外傳校注》,〔清〕王夫之著,谷繼明校注。

《周易內傳校注》,〔清〕王夫之著,谷繼明校注。

《春秋集注》,〔宋〕張洽著,蔣軍志點校。

《春秋集傳》,〔宋〕張洽著,陳峴點校。

《錢時著作三種》,〔宋〕錢時著,張高博點校。

《涇皋藏稿》,〔明〕顧憲成著,李可心點校。

《周易玩辭》,〔宋〕項安世著,杜兵點校。

《高子遺書》,〔明〕高攀龍著,李卓點校。

《周易學》,曹元弼著,周小龍點校。

更多典籍敬請期待……